Grundlagen der Berufs- und Erwachsenenbildung

Herausgegeben von Prof. Dr. Rolf Arnold

Band 22

Forschung kann man nur durch Forschung lernen?

Berufsbezogene Weiterbildung von Forschenden im Kontext des Managements außeruniversitärer Forschungseinrichtungen

Von

Nicole Hoffmann

Schneider Verlag Hohengehren GmbH

Grundlagen der Berufs- und Erwachsenenbildung
Herausgegeben von Rolf Arnold

Gedruckt auf umweltfreundlichem Papier (chlor- und säurefrei hergestellt).

Inaugural-Dissertation zur Erlangung des Doktorgrades an der Fakultät
Pädagogik, Philosophie, Psychologie der Otto-Friedrich-Universität Bamberg,
vorgelegt 1999

Die Deutsche Bibliothek – CIP-Einheitsaufnahme

Ein Titeldatensatz für diese Publikation ist
bei der Deutschen Bibliothek erhältlich

(Grundlagen der Berufs- und Erwachsenenbildung ; Bd. 22)
ISBN 3-89676-297-4

© Schneider Verlag Hohengehren, 2000.
    Printed in Germany –

FÜR BETTINA

SIE UND VIELE ANDERE HABEN MICH
IN DER ZEIT DER ENTSTEHUNG DIESER ARBEIT
MIT RAT UND TAT UNTERSTÜTZT.
MEIN DANK GILT IHNEN ALLEN.

INHALTSVERZEICHNIS

Kapitel V
Berufsbezogene Weiterbildung
aus der Sicht des Wissenschaftsmanagements am Beispiel der
„Wissenschaftsgemeinschaft Blaue Liste" -
Aufbereitung und Analyse des empirischen Materials 120

Vorwort des Reihenherausgebers:

»Kann man Forschung nur durch Forschung lernen?« Mit dieser (rhetorischen) Fragestellung begründet Nicole Hoffmann den weiten Spannungsbogen einer explorativen Feldstudie zur Weiterbildung in außeruniversitären Forschungsinstitutionen. Dass sie sich damit thematisch in weitgehend unerforschtes Terrain begibt, gibt sie selbst mehrfach zu bedenken (z. B. S. 102) und es ist umso erfreulicher, dass dessen »Landkarte« durch die vorliegende Arbeit um einige Wegmarken erweitert worden ist. Auf den ersten Blick mag es überraschen, dass Weiterbildung im Kontext derjenigen, die »Wissenschaft als Beruf« (Max Weber) ausüben, kaum thematisiert ist, jedoch wird schnell ersichtlich, dass angesichts der permanenten Anforderung des Dazulernens an Berufsforscher allzu leicht der Verdacht aufkommt, Weiterbildung sei hier gleichsam in die berufliche Tätigkeit eingebaut – eine Vermutung, die auch darin zum Ausdruck kommt, dass die von Hoffmann interviewten Experten verschiedenste Aspekte des informellen Lernens am Arbeitsplatz deutlich betonen (vgl. z. B. S. 142f).

Dass Forschen als Tätigkeit ein integraler Bestandteil des Weges ist, auf dem sich Wissenschaftler für ihre Profession qualifizieren, steht außer Frage. Gleichzeitig stellt sich jedoch die Frage, ob und wie neben dieser Tätigkeit weitere Wege beruflicher Weiterbildung für Menschen erschlossen werden können, deren Beruf Forschung ist. Um der Antwort auf diese Frage näher zu kommen, rekonstruiert Hoffmann zunächst den Begriff »Beruf« in der pädagogischen Diskussion – er erweist sich hierbei als Bezugsgröße für den Begriff »Bildung« (1.1, S. 8), indem berufliche Bildung der allgemeinen Bildung gegenübergestellt wurde. In der gegenwärtigen Diskussion wird dieser Antagonismus zunehmend in Frage gestellt und Aspekte wie die daraus hervorgehende Frage nach der Bedeutung *metafachlicher Qualifikationen* werden in der vorliegenden Arbeit aufgegriffen (S. 120ff). Der Bezug zwischen Bildung und Beruf stellt den ersten Fokus der Untersuchung dar.

Im zweiten Teil von Kapitel II wird der Frage nach Weiterbildung und Lernen nachgegangen, wobei der Aspekt des Lernens zu Gunsten desjenigen der Weiterbildung zurücktritt; diese bildet dann – bezogen auf die außeruniversitären Forschungsinstitute – den zweiten Fokus.

Weiterbildung erfordert schließlich nicht nur koordinierte Handlungen, sondern die Einbettung der einzelnen Maßnahmen in ein Konzept des (Personal-)Managements. Diese zu untersuchen bildet den dritten Fokus der Arbeit.

Das Forschungsfeld, in dem die Studie positioniert ist, wird im folgenden Kapitel dargestellt. Es kann nicht ausbleiben, dass sich die Autorin – angesichts der fragmentarischen Forschungslage zu weiten Teilen ihres Themas – zu einzelnen Fragen eher spekulativ äußern muss. Dennoch wird auf breiter Basis theoretisch untersucht, welchen beruflichen Anforderungen Wissenschaftlerinnen und Wissenschaftler entsprechen müssen. Weiterhin erfährt man nicht nur, auf welcher Grundlage Weiterbildung in die Personalentwicklung im Bereich der Forschung eingebunden ist, sondern auch viel über die Forschungslandschaft und ihre organisationelle Integration schlechthin (Kap. 3.2).

Im IV. Kapitel wird das Forschungsdesign entfaltet. Dabei ist zunächst der Umgang mit einer Besonderheit des gewählten Feldes darzustellen, nämlich der »zweifachen Zugehörigkeit zum „Stammeskontext"« (S. 103) – Wissenschaftler, die das Feld der Forschung selbst untersuchen, »sind stets sowohl Teil der Gesamtgesellschaft als auch Teil ihrer einschlägig sozialisierten Berufsrolle« (ebd). Aus dieser und weiterer Bedingungen leitet Hoffmann als angemessenen methodischen Zugang das Führen von Experteninterviews ab. Wohl überlegt erscheint dabei die Fokussierung auf Vertreter von Instituten der Wissenschaftsgemeinschaft Gottfried Wilhelm Leibniz. Diese Institute sind als außeruniversitäre Einrichtungen nicht in die Lehre eingebunden und somit besonders geeignet, ausschließlich den Bereich der Forschung widerzuspiegeln.

In Interviews mit diesen Experten hat Hoffmann Material über die einleitend entwickelten drei Foki (Berufsausübung, Weiterbildung, institutionelles Management) zusammengetragen. Dabei überzeugt der Zugang, die Fragen nach der Weiterbildungsaktivität innerhalb eines Instituts vor dem Hintergrund der Berufsausübung zu betrachten. Das heißt, dass zunächst die nach Ansicht der Experten bedeutsamen Kompetenzen im Zusammenhang mit dem Arbeitsfeld Forschung herausgearbeitet wurden. Diese wurden in ferner von den Experten daraufhin beurteilt, in welchem Ausmaß sie erlernbar seine. Erst vor diesem Hintergrund kann dann die Weiterbildungsaktivität in den Instituten angemessen ermittelt und beurteilt werden.

Auch die Frage nach der Einbettung der Weiterbildung in das Gesamtmanagement der Institute bedarf einer differenzierten Behandlung, da in den untersuchten Instituten – wie die Autorin herausarbeitet – mehrheitlich kein Verständnis von Wissenschaftsmanagement vorherrscht, dass direkt in gängige betriebswirtschaftliche Standardkonzepte übersetzbar wäre (Kapitel IV, Teilkapitel 3.1). Kontrastiert werden diese Ergebnisse durch eine Befragung von Unternehmens- und PersonalberaterInnen sowie WeiterbildnerInnen.

Das Fazit der Arbeit macht nicht nur die Heterogenität der »Weiterbildungslandschaft« im untersuchten Feld deutlich, sondern macht auch auf eindrucksvolle Weise deutlich, auf welch geringem Reflexionsniveau diese in der Forschung teilweise konzeptionalisiert wird, wobei aber keineswegs die feldspezifischen Bedingungen übergangen werden. Darüber hinaus leiten sich aus der Untersuchung direkt eine Reihe von Weiterbildungsbedarfen ab, von denen man z. T. erwarten darf, dass sie zukünftig innerhalb von Institutionen der Forschung einen größeren Stellenwert einnehmen werden.

Ein breiter Strang der erwachsenenpädagogischen Diskussion befasst sich bereits mit der zunehmenden Notwendigkeit von Weiterbildung angesichts des technologischen und gesellschaftlichen Wandels wie der wachsenden Internationalisierung der Arbeitswelt. Es ist nicht verwunderlich, dass dementsprechend Weiterbildungsbedarfe und berufliche Felder besonders in den Blick rücken, die von diesen Veränderungstendenzen am stärksten betroffen sind. Mit der vorliegenden Arbeit gelingt es Nicole Hoffmann, in diesem Kontext eine Lücke zu schließen, indem sie gleichsam einen Blick in den »toten Winkel« vorgenommen hat, in dem die »Forschung als Beruf« vor sich selbst bislang weitgehend verborgen geblieben ist.

Rolf Arnold   Kaiserslautern, im Mai 2000

Kapitel I
Von "Bildung und Wissenschaft" –
Fragestellung und Anlage der Studie

"Bildung, Forschung, Innovation: Von dieser Begriffstriade wird unsere Zukunft maßgeblich bestimmt werden", mit diesen Worten eröffnete Hubert Markl, der Präsident
der Max-Planck-Gesellschaft, seinen Vortrag anläßlich eines Bildungskongresses (1998,
S.12). In Sätzen wie diesem wird auf die vertraute Kombination von "Bildung und
Wissenschaft"/"Forschung und Lehre" angespielt. Zumeist stehen die Begriffe dabei
unverbunden nebeneinander; manchmal werden sie in ein komplementäres Verhältnis
gesetzt. In der vorliegenden Arbeit steht hingegen ihr wechselseitiger Bezug im Vordergrund. Es wird speziell nach der Bedeutung von (Weiter-)Bildung im Berufsfeld von
Wissenschaft und Forschung gefragt.

Dabei geht es jedoch nicht um 'wissenschaftliche Weiterbildung' und ihre zwei Haupt-
zielrichtungen im üblichen Sinne: d.h. es geht nicht um die Schulung der Kompetenzen
von Universitätsangehörigen - etwa im Bereich der Hochschuldidaktik - und nicht um
Hochschulen als Weiterbildungseinrichtungen akademisch ausgebildeten Personals aus
hochschul-externen Berufen[1].

Vielmehr beschäftigt sich diese Studie mit der Frage, wie es um die berufsbezogenen
Bildungsprozesse derer steht, die ausschließlich in der wissenschaftlichen Forschung
arbeiten, z.B. WissenschaftlerInnen[2] in außeruniversitären Forschungseinrichtungen.
Konkreter noch: Wie nehmen die Forschungsinstitutionen - vertreten durch ihr Management - die Belange der beruflichen Weiterbildung ihres wissenschaftlichen Personals
wahr bzw. wie gehen sie damit um?

In Gesprächen löst diese Fragestellung oftmals irritiertes Kopfschütteln aus. Sie wird
damit abgetan, daß die wissenschaftliche Arbeit per se ein fortlaufender Prozeß des
'Sich-neu-Aneignens', also der Bildung bzw. des Lernens sei. 'Bildung' und 'Wissenschaft' erscheinen auch dem Alltagsverständnis zufolge als selbstverständlich miteinander verwobene Elemente. Dies würde bedeuten, daß Forschende - bedingt durch ihren
Beruf - quasi Prototypen des 'life-long-learning' darstellen. Diese These bzw. dieses
Phänomen erfährt jedoch bislang kaum größere Aufmerksamkeit; weder in der Außendarstellung des Personalwesens von Forschungseinrichtungen noch in den mit Fragen
der Bildung beschäftigten Wissenschaften.

So ist zunächst zu fragen, was einer Beachtung von 'Weiterbildung in der Forschung'
im Wege stehen könnte bzw. inwiefern sie dennoch von Relevanz ist.

Zunächst kann vermutet werden, daß die Größe des Forschungssektors in der Bundesrepublik Deutschland zu gering sei, um entsprechende Aufmerksamkeit auf sich zu
ziehen. Allerdings wird bereits angesichts des Personalvolumens der wissenschaftlichen
Einrichtungen die Dimension dieser Gruppe deutlich. Mit einem Personalumfang von
insgesamt über 67.000 MitarbeiterInnen (davon mehr als die Hälfte Forschende) stehen
öffentlich geförderte Forschungseinrichtungen, wie die Max-Planck-Gesellschaft, die
Fraunhofer-Institute u.ä., neben den beiden anderen großen Bereichen der Hochschulforschung mit über 100.000 Beschäftigten (darunter ca. 67.000 Forschende) und der
unternehmenseigenen Industrieforschung mit fast 300.000 Beschäftigten (darunter ca.

---

[1] (dazu vgl. Konzertierte Aktion Weiterbildung 8/90, 5/91, 7/92, 8/92 oder Dikau 1995)
[2] Bei der Formulierung des Textes wird darauf geachtet, "Frauen in der Sprache sichtbar und
hörbar zu machen" (Braun 1991, S. 9). Zu diesem Zweck werden die Mittel der sprachlichen
Differenzierung (einschließlich des sog. "großen I"), der Neutralisierung (z.B. Forschende) oder
der Abstraktion eingesetzt. Originalzitate werden unverändert übernommen.

130.000 Forschende)[3]. Nutzen in der Wirtschaft bereits Klein- und Mittelbetriebe eigene Ressourcen und/oder Ressorts für die Weiterbildung bzw. im Bereich der Personalentwicklung, so könnte dies analog bei den genannten Forschungseinrichtungen erwartet werden.

Darüber hinaus hat sich für die Belange der Privatwirtschaft ein relativ dichtes Netz an Bildungsinstitutionen sowie eine auch in den Medien präsente Debatte um Fragen der beruflichen Aus- und Weiterbildung etabliert. Es ist erstaunlich, daß die (fach-) öffentliche Diskussion, die sich etwa im Zusammenhang mit den Kontroversen um den "Wirtschaftsstandort Deutschland" so ausführlich mit Qualitäten und Mängeln des Personals in bundesdeutschen Betrieben und Verwaltungen auseinandersetzt, die Qualifizierungsprozesse *innerhalb* des sog. "Innovationsfaktors Forschung" kaum berücksichtigt. Anstöße hierzu sind zwar beispielsweise in den Debatten um den "Hochschullehrer der Zukunft" (Bolz 1998, S. 340)[4] zu erkennen, doch bleibt die Diskussion zumeist auf die Universitäten beschränkt. Personal und Qualifikation in anderen öffentlichen Forschungsbereichen stehen selten im medialen Rampenlicht. Auch wird in der außeruniversitären Forschung zwar vielfach der Trend zu einer verstärkten Nutzung betriebswirtschaftlicher Modelle in der Wissenschaftsorganisation diagnostiziert, kritisiert bzw. propagiert, doch bleibt eine Debatte um eine daran orientierte Personalentwicklung oder Weiterbildung für die Forschung weit im Hintergrund. Wird der Berücksichtigung der Variable 'Personal' aber generell zunehmend mehr Bedeutung für Arbeitszufriedenheit und -erfolg zugeschrieben[5], so könnte dieser Umstand auch für die öffentlichen Forschungseinrichtungen geltend gemacht werden.

Weiterhin könnte eingewandt werden, daß die in der Forschung tätigen AkademikerInnen mit dem Studium über eine verhältnismäßig lange berufliche Erstausbildung verfügen, in der sie sich im Idealfall neben dem fachlichen Grundwissen auch die notwendigen Fertigkeiten bzw. Fähigkeiten für den wissenschaftlichen Berufsalltag angeeignet haben. Doch liegen über die Notwendigkeiten eines späteren berufsbegleitenden Kompetenzerwerbs bisher nur sehr wenige empirische Studien für die Bundesrepublik Deutschland vor. Das gilt insbesondere für den Bereich der außeruniversitären Forschungseinrichtungen und deren Praxis berufsbezogener Weiterbildung.

Somit bleiben viele Fragen offen, die Anlaß zu der vorliegenden Arbeit gaben[6] und den Themenbereich abstecken:

- Inwieweit bereitet das Studium auf die späteren Anforderungen in der Forschung vor - bzw. welche Kompetenzen sind nach dem Berufseinstieg in die Forschung von Relevanz?
- Welche Qualifikationen sind für die Arbeit an Forschungseinrichtungen noch zu erwerben? Bezieht sich die weitergehende Bildung von Forschenden auf fachlich-disziplinäre Inhalte und/oder auch auf jenseits des Fachlichen liegende, übergreifende 'Schlüsselqualifikationen'?
- In welchen Formen vollzieht sich berufsbezogenes Lernen in der Forschung?
- Wie wird Weiterbildung institutionell wahrgenommen bzw. beeinflußt?
- An welchen Modellvorstellungen orientieren sich das Personalwesen in der Forschung? Werden z.B. Konzepte aus dem betrieblichen Kontext genutzt?

---

[3] (Berechnung in Vollzeitäquivalenten für das Jahr 1993; vgl. Statistisches Bundesamt 1997, S. 401)

[4] (vgl. Schwerpunktthema der Zeitschrift Forschung & Lehre: Heft 7/98)

[5] (vgl. Hölterhoff/Becker 1986; Sattelberger 1989; Antoni 1989; Rationalisierungs-Kuratorium der Deutschen Wirtschaft 1990; Merk 1992)

[6] Die Gelegenheit dazu bot sich im Rahmen der Beschäftigung der Autorin als Weiterbildungsbeauftragte an einer außeruniversitären Forschungseinrichtung.

Diese Teilfragen wurden unter dem Titel der Arbeit zu der folgenden Themenstellung zusammengefaßt als:

"Forschung kann man nur durch Forschung lernen"? –
Berufsbezogene Weiterbildung von Forschenden
im Kontext des Managements außeruniversitärer Forschungseinrichtungen.

Die Formulierung, Forschung sei nur durch Forschung zu erlernen, greift dabei eine These aus den Interviews der vorliegenden Studie auf, die das eingangs erwähnte Problem der engen Verstrickung von Berufsausübung und Bildungsprozeß thematisiert. Da 'learning by doing' jedoch nur eine von vielen Möglichkeiten des Erwerbs professioneller Kompetenz darstellt, wurde die These mit einem Fragezeichen versehen. In der Studie sollte zunächst offen gelassen werden, auf welchen Wegen berufsrelevante Inhalte und Methoden im Hinblick auf die forscherische Tätigkeit erlangt werden können oder müssen. Um den Möglichkeitsraum von **'Bildung/Weiterbildung'** in diesem Kontext nicht vorab zu beschneiden, wurde entsprechend ein exploratives Vorgehen gewählt.

Die o.g. Fragen deuten aber bereits an, daß 'Weiterbildung' hier in Abhängigkeit vom Berufskontext betrachtet wird. So ist zu vermuten, daß die spezifische Konstitution von **'Forschung' als 'Beruf'** auf das Weiterbildungsgeschehen ein- bzw. rückwirkt. Zu den Einflußfaktoren gehört dabei insbesondere das organisatorische Setting, in dem 'Forschung' praktiziert wird. Der **Kontext des Wissenschaftsmanagements** an den Einrichtungen wurde bei der Bearbeitung des Themas in den Vordergrund gerückt, da hierin die institutionellen Rahmenbedingungen (mit-) gestaltet werden, unter denen sich die berufsbezogene Weiterbildung der Forschenden vollzieht.

Obwohl die Handhabung der Weiterbildung im betrieblichen Kontext in dieser Studie z.T. als Referenzfolie herangezogen wird, wird keineswegs vorab davon ausgegangen, daß betriebliche Weiterbildungs- oder Personalentwicklungskonzepte nahtlos in die außeruniversitäre Forschungsorganisation übernommen werden (könnten). Vielmehr ist zunächst offen, inwiefern sich dort eine spezifische Weiterbildungspraxis etabliert hat bzw. wie diese aus der Sicht des Wissenschaftsmanagements beschrieben und bewertet wird.

Da insbesondere für außeruniversitäre Wissenschaftseinrichtungen - im Gegensatz zur Weiterbildung im betrieblichen Kontext - ein bisher nur wenig ausgebauter Forschungsstand zu konstatieren ist, wurde für die vorliegende Untersuchung eine breite, sondierende Anlage gewählt. Sie widmet sich explorativ sowohl einer theoretischen Auslotung als auch einer exemplarischen empirischen Analyse von Weiterbildung in der Forschung.

Abbildung 1 veranschaulicht die thematische Struktur der vorliegenden Studie, deren Argumentationsgang[7] im folgenden erläutert wird.

---

[7] Der lineare Argumentationsgang der schriftlichen Fassung mit seiner Ausrichtung der theoretischen Ausführungen auf die empirische Untersuchung ist der textlichen Darstellungsform geschuldet. Der tatsächliche Forschungsprozeß bewegte sich hingegen alternierend, z.T. rekursiv zwischen der Rezeption von Befunden aus der Wissenschaftsforschung zum Berufsfeld 'Forschung', der bildungswissenschaftlichen Debattenlage im Kontext beruflicher Weiterbildung sowie verschiedenen empirischen Annäherungen an Verständnis und Relevanz von 'Weiterbildung' in Forschungseinrichtungen.

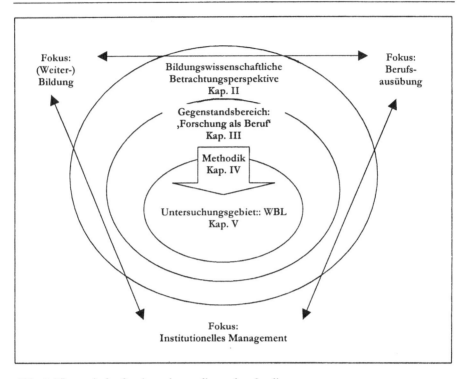

Abb. 1: Thematische Struktur der vorliegenden Studie

Die Fragestellung der Arbeit spannt das thematische Feld zwischen den drei bereits angesprochenen inhaltlichen **Foki** auf und wird in ihrer Mitte, d.h. in ihrem spannungsreichen Überlappungsbereich, angesiedelt. 'Bildung/Weiterbildung', 'Berufsausübung' und 'institutionelles Management' werden als ein sich wechselseitig beeinflussendes Bedingungsgefüge verstanden. Der mit dem Thema gewählte Kontext des institutionellen Managements bringt eine bestimmte Wahrnehmung von Bildung und Beruf - als systematischen Kategorien - mit sich. Das Augenmerk richtet sich auf die Perspektive der Institutionen, d.h. konkret auf die Handhabung und Organisation berufsbezogener Weiterbildung von Forschenden durch das Wissenschaftsmanagement der Einrichtungen. Es wird davon ausgegangen, daß die konkreten Bedingungen der institutionellen Forschung sich sowohl auf die darin stattfindende Bildung als auch auf die berufliche Praxis auswirken. In der Gegenrichtung beeinflussen jedoch auch die spezifische Form der Verberuflichung forscherischen Tuns sowie die faktischen Möglichkeiten und Grenzen menschlicher Bildung das organisatorische Setting von Wissenschaftseinrichtungen. 'Bildung' - innerhalb der Berufsausübung gesehen - gewinnt hierbei vor allem als 'Weiterbildung' Relevanz. Umgekehrt steht die ‚Berufsausübung‘ hier primär im Hinblick auf die Bedeutung von Bildung im Vordergrund. In diesen allgemeinen Zusammenhang von ‚Beruf/Bildung/Institution‘ sind alle Teilschritte der Studie eingebettet. Er begrenzt das thematische Feld bzw. filtert das spezifische Verständnis des Themas und wird als gliederndes Gerüst innerhalb der Kapitel genutzt: Sowohl die Konkretisierung der bildungswissenschaftlichen Betrachtungsperspektive als auch der Gegenstandsbereich - 'Forschung als Beruf' - sowie schließlich die konkrete empirische Untersuchung (vgl. Kreise in Abb.1) richten sich jeweils an den drei Foki aus.

In **Kapitel II**, der bildungswissenschaftlichen Perspektive, wird zunächst der Blickwinkel der Fragestellung konkretisiert (vgl. äußerer Kreis in Abb.1). Den Blickwinkel konstituieren Aspekte aus theoretischen Diskussionssträngen, die zur Spezifizierung der drei Foki - im Sinne der Erfassung und Differenzierung berufsbezogener Weiterbildung - im gewählten Gegenstandsbereich beitragen sollen. Besonderes Gewicht wird dabei auf Problemlagen und Konzepte der bildungswissenschaftlichen Forschung gelegt, die sich aus dem Zusammenhang von Beruf und Bildung, aus dem Konzept lebenslangen Lernens sowie aus der Organisation berufsbezogener Weiterbildung ergeben. Die Zusammenstellung dient der Präzisierung des Begriffsinventars und der Entwicklung von Referenzfolien, die Anknüpfungspunkte zur empirischen Erschließung möglicher Weiterbildungsprozesse in der Forschung bieten.

Mit dem Ziel einer kontextuellen Einbettung wird in **Kapitel III** der Gegenstandsbereich, das Berufsfeld 'Forschung', in den Blick genommen (vgl. mittlerer Kreis in Abb. 1). Hierbei wird der Anschluß an den Forschungsstand zu beruflichen Anforderungen sowie zur berufsbezogenen Weiterbildung in Wissenschaftseinrichtungen gesucht, wobei die interne Gliederung des Kapitels den spezifizierten Foki - berufliche Anforderungen, (Weiter-) Bildungspraxis sowie institutionelles Management von Weiterbildung - entspricht. Da bisher jedoch relativ wenige konkrete Befunde vorliegen, kann die Fülle des allgemeinen Materials der Wissenschaftsforschung z.T. nur indirekt genutzt werden. So wird versucht, den beruflichen Bildungsanforderungen anhand verschiedener Facetten der spezifischen Konstitution forscherischen Handelns und seiner institutionellen Einbettung nachzugehen.

Dem allgemein explorativen Charakter der Studie folgend wird dabei nicht vorab nach Wissenschaftsbereichen oder gar einzelnen Disziplinen differenziert. Jenseits der zwei, drei oder noch mehr Wissenschaftskulturen der Geistes-, Sozial- und Naturwissenschaften (vgl. Huber/Thurn 1993) wird von prinzipiellen Gemeinsamkeiten in der beruflichen Praxis von Forschung und ihrem Management ausgegangen. Im Bildungsbereich wären diese beispielsweise hinsichtlich der sog. metafachlichen Kompetenzen oder 'Schlüsselqualifikationen' zu vermuten, die für das Berufsfeld 'Forschung' generell von Relevanz sein könnten. Dazu gehören beispielsweise qualifikatorische Anforderungen, die sich aus Aufgaben der Leitung von Projekten, der Kooperation und Kommunikation in Teams und Hierarchien oder der Informationsverarbeitung ergeben. Solche Aufgaben stellen sich prinzipiell sowohl in einem naturwissenschaftlichen Labor als auch in einer geistes- oder sozialwissenschaftlichen Einrichtung.

Aus institutionstheoretischer Sicht ist allgemeiner danach zu fragen, inwieweit berufliche Bildungsprozesse von Variablen wie Größe und Aufbau der Institutionen, Fachinhalten und Arbeitsformen oder von den Leitungspersönlichkeiten geprägt sind (vgl. Mayntz 1985; hierunter fällt dann auch die Problematik einer generellen Abgrenzung der Forschungseinrichtungen von Wirtschaftsunternehmen, öffentlichen Verwaltungen oder Non-profit-Organisationen).

Daran anschließend wird in **Kapitel IV** die empirische Herangehensweise der Untersuchung von Weiterbildung im Bereich der außeruniversitären Forschung entwickelt und das Auswertungsverfahren erläutert (vgl. Pfeil in Abb. 1).

Es wurde die Form leitfadengestützter Experteninterviews ausgewählt, um einen empirischen Zugang zu Deutung und Handhabung von Weiterbildung in den Forschungseinrichtungen zu vermitteln. Ergänzend fließen Text-Materialien aus den Instituten ein.

Mit diesem Analyse-Instrumentarium erfolgt in **Kapitel V** die letzte Stufe der Fokussierung des Feldes, d.h. die Aufbereitung und Analyse des Datenmaterials aus der empirischen Fallstudie (vgl. innerer Kreis in Abb.1). Am Beispiel der "Wissenschaftsgemeinschaft Blaue Liste" (WBL[8]) wird der Sicht des Wissenschaftsmanagements außeruniversitärer Forschungseinrichtungen nachgegangen. Unter der Annahme, daß diejenigen, welche Forschung "managen", eine Schlüsselrolle bei der Gestaltung beruflicher Weiterbildung einnehmen, kommen u.a. RepräsentantInnen des Präsidiums der Blauen Liste - einschließlich der SektionssprecherInnen - zu Wort. Zudem wird ergänzend bzw. kontrastierend auf schriftliche Materialien aus den Instituten zurückgegriffen. Der systematisierenden Erfassung und Einordnung der empirischen Ergebnisse dienen die in Kap. II und III entwickelten Begriffe und Referenzfolien aus der bildungs- und wissenschaftswissenschaftlichen Fachdiskussion.

Die Ergebnisdarstellung orientiert sich demgemäß wiederum an den drei gewählten, inzwischen spezifizierten Foki; Berufsbild/qualifikatorische Anforderungen, Weiterbildungspraxis sowie institutionelles Weiterbildungsmanagement in der Forschung.

Schließlich folgt mit **Kapitel VI** ein zusammenfassender Ausblick in Form eines Fazits.

Ziel der vorliegenden Arbeit ist es, einen Überblick über das bis dato wenig 'beackerte Feld' forschungsinterner Weiterbildung zu gewinnen. Sondierend wird auf die spezifische Konstitution von Weiterbildungsprozessen im Berufsfeld der Forschung unter Bezug auf die bildungstheoretischen Diskussionen ebenso eingegangen wie auf die praktische Wahrnehmung der Lernprozesse durch das Forschungsmanagement in einer sich verändernden Wissenschaftslandschaft.

Zwangsläufig können dabei nur erste 'Landmarken' bezüglich der Struktur des Feldes gesetzt werden, da zunächst mögliche Kategorien und Ordnungsmuster entwickelt bzw. geprüft werden müssen. Deshalb wird in relativer Breite verschiedenen Facetten der Fragestellung nachgegangen – und nicht eine These vertiefend geprüft. Es wird weder die individuelle Sicht der einzelnen Forschenden noch ein einrichtungs- oder disziplinspezifisches Konzept einzelfallanalytisch näher betrachtet. Zwar muß aufgrund der explorativen Anlage der Anspruch auf allgemeine Übertragbarkeit der Ergebnisse relativiert werden, doch reicht die empirische Basis aus, um grundlegende Problemlagen und Einflußgrößen des Weiterbildungsgeschehens in außeruniversitären Forschungseinrichtungen zu ermitteln. Zugleich werden Ansatzpunkte weitergehender Untersuchungen erkennbar.

Die Untersuchung versteht sich somit als "kontextbildende Forschung" (vgl. Patzelt 1993, S. 113) im Rahmen einer vertiefenden Diskussion über die speziellen Problemlagen von Weiterbildung, die mit dem Berufsbild von erwerbsmäßig Forschenden, dem Managementverständnis der Führungskräfte und den gesellschaftlichen Entwicklungsbedingungen von Wissenschaft verknüpft sind.

---

[8] Der Verbund von knapp 80 Forschungseinrichtungen der Bundesrepublik, der zum Zeitpunkt der Untersuchung unter diesem Namen firmierte, hat sich inzwischen umbenannt und heißt nun *"Wissenschaftsgemeinschaft Gottfried Wilhelm Leibniz"* (WGL).

Kapitel II
'Berufsbezogene Weiterbildung' und ihre Organisation -
Die Konstituierung der Betrachtungsperspektive

Als pädagogischer Schlüsselbegriff definiert und redefiniert, verabschiedet und erneut begrüßt, erfährt die Diskussion um 'Bildung' - insbesondere als semantisches Spezifikum des deutschen Sprachraumes[9] - immer wiederkehrende Konjunkturen.

Dabei ist bereits im 17. Jahrhundert in den Postulaten von Comenius die Vorstellung anzutreffen, daß Bildung alle Lebensbereiche zu umfassen habe. Mit der zunehmenden 'Verberuflichung' des auf den Lebensunterhalt gerichteten Teils menschlichen Tuns muß jedoch im Hinblick auf den holistischen Anspruch von Bildung gesondert die Einordnung jener Bildungsprozesse thematisiert werden, die zur Sicherung des Erwerbs in berufsförmig organisierten Strukturen vollzogen werden. In diversen Formen gesellschaftlicher Praxis umgesetzt, theoretisch in unterschiedlichen Ansätzen konzipiert, oftmals normativ aufgeladen, reicht die wechselvolle Geschichte des Verhältnisses von Beruf und Bildung bis in unsere Tage.

Mit einer Themenstellung, die unter dem Stichwort ‚berufsbezogene Weiterbildung' diese beiden Bereiche kombiniert, ist es deshalb notwendig, sich der komplexen Verknüpfung von 'Bildung' und 'Beruf' anzunähern.

Fast unüberschaubar ist bereits die Zahl der Komposita: Von allgemeiner und fachlicher bzw. beruflicher, formaler und materialer Bildung, Fort- und Weiterbildung, Berufsbildung und Bildungsberufen etc. ist die Rede. Obligatorisch muß die Einschränkung erfolgen, daß es in dieser Arbeit nicht um eine umfassende Auseinandersetzung mit einzelnen Begriffsgeschichten oder Debattenverläufen gehen kann. Ziel des folgenden Kapitels ist es vielmehr, unter Bezug auf einige zentrale Problemfelder von 'Beruf' und '(Weiter-) Bildung' den spezifischen Blickwinkel der Fragestellung zu charakterisieren, der zur Erschließung des Gegenstandsbereichs und des empirischen Untersuchungsfelds gewählt wird. Dieser wird gemäß der Themenstellung durch das Bedingungsgefüge dreier Foki konstituiert (vgl. Abb. 1 in Kap. I), die im Rahmen dieses Kapitels als kategoriales Gerüst konkretisiert werden.

Das erste Teilkapitel geht dabei der Frage nach, wie sich der Begriff des Berufs im Kontext der bildungswissenschaftlichen Diskussionen darstellt.

Zur Erfassung berufsbezogener Weiterbildung geht es in Teilkap. 2 - unter dem Fokus von Bildung und Lernen - speziell um Berufstätigkeit als Phase des Erwerbs bzw. Erhalts berufsbezogener Kompetenzen vor dem Hintergrund einer sich verändernden Wahrnehmung im Kontext des lebenslangen Lernens.

Im dritten Teilkapitel wird abschließend auf die gesellschaftliche Organisation von Weiterbildung und das institutionelle bzw. betriebliche Management als drittem Fokus berufsbezogener Bildungsprozesse eingegangen.

---

[9] - aber auch im Russischen (vgl. Tenorth 1986, S. 10) -

1   'Bildung' und 'Beruf'

Mit 'Bildung' und 'Beruf' werden zwei ebenso zentrale wie umstrittene Begriffe der Fachwissenschaften angesprochen. Zur Annäherung an ihr Verhältnis zueinander wird zunächst der Karriere des Berufsbegriffs in der Pädagogik nachgegangen (Teilkap. 1.1). Anschließend steht im Lichte der pädagogischen Debatten die Frage im Vordergrund, inwiefern Bildung aus beruflichen Anforderungen abgeleitet werden kann (Teilkap. 1.2). Beide Teilkapitel führen schließlich zur Konkretisierung von 'Beruf unter dem Primat der Bildung' als erstem Fokus der vorliegenden Studie (Teilkap. 1.3).

1.1   Zur Karriere des Berufsbegriffs in der Pädagogik

Etymologisch eng mit dem Begriff der 'Berufung' verknüpft, stehen begriffsgeschichtlich zunächst die Aspekte individueller Lebensführung in bezug auf das berufliche Tun im Vordergrund. Mit Blick auf seinen Beitrag zum seelischen Heil des Menschen wird der Beruf in der christlichen Tradition etwa bei Augustinus und Benedikt als Arbeitsauftrag Gottes, als "vocatio dei" konzipiert (vgl. Baumgardt 1979). Mit Luther gewinnt schließlich ein Verständnis an Bedeutung, das die Berufung nicht nur dem klerikalen Stand mit dem rituellen Akt des Gelübdes zubilligt, sondern auch als für die weltlichen Aufgaben eines jeden Menschen bestimmend erachtet (vgl. Luers 1988).[10]

Mit fortschreitender Säkularisierung hat der Begriff in seiner langen Geschichte eine Vielzahl von Bedeutungsvarianten und -schwerpunkten erfahren. Neben einem theologisch fundierten Verständnis unterscheidet dazu Blankertz (1967) eine individuelle und eine gesellschaftliche Berufung. Mit Nachlassen der Orientierung am christlichen Weltbild treten an "die Stelle Gottes" zunächst der Landesfürst oder im Zuge republikanischer und demokratischer Staatsauffassungen die Gebote des Gemeinwohls (vgl. Luers 1988, S. 68ff). Was Stratmann als "vocatio rei publicae" (1966, S. 573) bezeichnet, kann als Ergebnis eines Säkularisierungsprozesses der göttlichen zur gesellschaftlichen Berufung verstanden werden.

Mit zunehmender Individualisierung gewinnen persönliche Fähigkeiten, Begabungen und Neigungen sowie deren Entfaltungs- und pädagogische Gestaltungsmöglichkeiten an Aufmerksamkeit. Als einschränkender Gegensatz oder als Verwirklichungsmöglichkeit wird hinsichtlich des Berufs verstärkt die strukturelle Einbindung der einzelnen in ein gesellschaftliches Schicht- und Geschlechtergefüge betrachtet. In den Wissenschaften erfolgt eine Differenzierung (auch Atomisierung) des Verständnisses von Beruf mit der thematischen und methodologischen Spezialisierung der Disziplinen.

In der Pädagogik bzw. der Erziehungswissenschaft tritt der Beruf vor allem unter den Aspekten der "Bildungsbedeutsamkeit des Berufes" bzw. der "Berufsbedeutsamkeit der Bildung" in Erscheinung (Baumgardt 1979, S. 163). Neben dem Grundkonsens über diesen "geistigen Angelpunkt" (Baumgardt 1979, S. 164) haben sich je nach Wissenschaftsverständnis, Epoche, Methodologie und Fragestellung eine Vielzahl von Ansätzen entwickelt, die Zabeck (1992) selbst für die Teildisziplin der Berufs- und Wirtschaftspädagogik einen Paradigmenpluralismus als wissenschaftstheoretisches Programm fordern lassen.

---

[10] Insbesondere die Webersche Analyse der 'Protestantischen Ethik' verdeutlicht die Verknüpfung individueller Pflichterfüllung in innerweltlicher Askese mit der Aussicht auf ein himmlisches Paradies (vgl. Weber 1920/1969).

Neben einer frühen, eher vermittelten und punktuellen Auseinandersetzung mit dem Verhältnis von Bildung und Beruf bei Pestalozzi, Schleiermacher, den Philanthropen oder Dilthey kann zwar Luers (1988) zufolge erst mit Beginn des 20. Jahrhunderts - etwa mit Kerschensteiner - von 'Beruf' als pädagogischem Begriff gesprochen werden. Doch wirken die Wurzeln der Disziplin - aus dem 19. Jahrhundert bzw. bis zurück zu humanistischem und antikem Gedankengut - noch immer nach. So prägte die Auffassung des Neuhumanismus von der menschlichen Verwirklichung durch Bildung 'jenseits weltlicher Zwecke' - in Abgrenzung von utilitaristischen und rationalistischen Ansätzen - die Diskussion maßgeblich. Exemplarisch kann hierfür folgende Formulierung Wilhelm von Humboldts angesehen werden: "Jeder ist offenbar nur dann ein guter Handwerker, Kaufmann, Soldat und Geschäftsmann, wenn er an sich und ohne Hinsicht auf seinen besonderen Beruf ein guter, anständiger, seinem Stand nach aufgeklärter Mensch und Bürger ist" (1809/1903, S. 205). Folgenreich für die Wahrnehmung des Beruflichen wird in dieser Epoche ein umfassender Anspruch von Bildung formuliert, der Bildung eng mit der menschlichen Bestimmung als anthropologischem Grundelement verknüpft. "'Bildung' wird zum Leitbegriff einer gesellschaftlichen Bewegung, in der Freiheit und Autonomie der Bürger, ihr Verständnis von Individualität und Persönlichkeit formuliert und zugleich die gesellschaftliche Bedeutung der Bildungseinrichtungen, der gelehrten Berufe und der Gebildeten für den Staat ausgedrückt wird" (Tenorth 1986, S. 10).

In der Auflehnung gegen die althergebrachte ständische Ordnung wird damit andererseits ein neues Kriterium gesellschaftlicher Ungleichheit eingeführt: Die Unterscheidung zwischen 'Gebildeten' und 'Ungebildeten'. Die im Zuge der bürgerlichen Emanzipation einsetzende Blüte des Auf- und Ausbaus von Bildungseinrichtungen führt zu einer Neuregelung des Zugangs zu gesellschaftlich einflußreichen Positionen über Grad bzw. Art der Bildung. In seiner Kopplung an soziales Prestige erfährt das ganzheitlich-klassische Bildungsideal eine normative Hierarchisierung in allgemeine und fachliche Bildung einschließlich einer Assoziation mit bestimmten gesellschaftlichen Aufgaben bzw. Berufen.

Erst mit dem Konzept der "Kulturwerthaftigkeit" des Berufs bei Kerschensteiner und Spranger wird die berufliche Praxis unter dem Aspekt ihres Bildungs*wertes* als pädagogisches Thema partiell rehabilitiert. Die Arbeiten von Friedrich Schlieper schaffen die Grundlage für die wissenschaftliche Teildisziplin der ‚Wirtschafts- bzw. Berufspädagogik' (vgl. Baumgardt 1979), wobei sich die Debatten um die Bestimmung der berufspädagogischen Fragestellung sowie um die Etablierung als Teildisziplin unter dem Label Arbeits-, Wirtschafts- und/oder Berufs-Pädagogik bis in die neunziger Jahre verfolgen lassen (vgl. Zabeck 1992, Schelten 1991, Arnold et al. 1998).

In der Perspektive einer Berufspädagogik konnte 'Beruf' erst zum eigenständigen Gegenstand der Analyse werden, als der "Ordo-Zusammenhang" von Leben und Arbeiten des christlichen Weltbildes an normativer Kraft verlor (vgl. Luers 1988). Neben aller Problematik der sich später anschließenden (normativ einseitigen) Unterscheidung zwischen beruflich-utilitärer und allgemeiner, der 'Menschwerdung' dienender Bildung eröffnete diese Trennung doch eine spezifische Sicht auf das Verhältnis von Bildung und Beruf auf individueller wie auf gesellschaftlicher Ebene. Der Beruf wurde sowohl zu einer die abendländischen Gesellschaften normierenden Kategorie, zu einer individuelle Biographien strukturierenden Bezugsgröße als auch zu einem Terminus der wissenschaftlichen Analyse und Konzeptualisierung. Es bleibt insgesamt festzuhalten, daß der Begriff 'Beruf' je nach Gebrauchskontext und Herkunft sehr unterschiedlich verwendet wird. Dabei ist für die Pädagogik - anders als etwa in der Psychologie - zu beobachten, daß seit den 70er Jahren in neueren pädagogischen Lexika kein Versuch gemacht wird, den Berufsbegriff an sich erziehungswissenschaftlich zu bestimmen (vgl. Luers 1988, S. 21). Baumgardt spricht davon, daß der Begriff "durch den häufig wechselnden Gebrauch fast bis zur Unbrauchbarkeit verschlissen" sei, jedoch noch immer zu den "Reizworten auch in der aktuellen Fachdiskussion" gehöre (1979, S. 147). Diese Diagnose kann sicherlich auch in den 90er Jahren noch Geltung beanspruchen. Die historische Perspektive verdeutlicht die Notwendigkeit einer steten Orientierung eines wissenschaftlich-analytisch eingesetzten Berufsbegriffs an sich verändernden gesellschaftlichen Umfeldern. Zugleich bleiben die Bildungsrelevanz des Berufs sowie die Berufsrelevanz von Bildung in unserem Kulturkreis bis heute geprägt von einem Gedankengut, das die Chancen zu Erschließung und Gestaltung mit dem Druck zur Anpassung an extern definierte Bedarfe und Zugangsregelungen sowie den Risiken einer bildungsbürgerlichen Innerlichkeit und Statuszuweisung zu verbinden hat.

1.2 Probleme der inhaltlichen Bestimmung berufsbezogener Bildung anhand beruflicher Anforderungen

Soll nun ein Berufsfeld hinsichtlich der Relevanz von Bildung untersucht werden, so gilt es auch zu klären, was als Bildung im Kontext dieses Berufes von Relevanz ist. Naheliegend wäre hierbei die Vermutung, daß Bildungserfordernisse direkt aus den beruflichen Anforderungen abgeleitet werden könnten. Die Problematik einer Bestimmbarkeit von Bildung unter der Perspektive des Beruflichen soll im folgenden anhand folgender Argumentationsstränge der Fachdiskussion exemplarisch verdeutlicht werden:

- Bestimmung von beruflicher Bildung über die Bildungswirksamkeit der **Inhalte** eines beruflichen oder disziplinären Faches: Gibt es ausschließlich fachlich und ausschließlich allgemeinbildende Inhalte? (Teilkap. 1.2.1)
- Bestimmung von beruflicher Bildung durch die spätere berufliche **Verwertung**: Wovon ist die Nutzung von Bildung abhängig, bzw. ist die spätere berufliche Verwertung von seiten des Arbeitsmarktes her prognostizierbar? (Teilkap. 1.2.2)
- Bestimmung von beruflicher Bildung anhand der **Ziele** von Bildung als Teil des individuell-anthropologischen Bildungsprozesses: Gelingt z.B. mit den "Schlüsselqualifikationen" eine Aufhebung der Spannung zwischen beruflichem Bedarf und menschlichem Bedürfnis? (Teilkap. 1.2.3)

1.2.1 Allgemeine und fachliche (Berufs-)Bildung

Zu erwarten wäre eine inhaltliche Bestimmung beruflicher Bildung etwa von der auch im Alltag gebräuchlichen Differenzierung zwischen Allgemeinbildung und fachlicher/ beruflicher Bildung. Anknüpfungspunkt dieses Strangs der theoretischen Debatte bildet die "Theorie formaler Bildung" humanistischer Tradition, "die von bestimmten als klassisch eingeschätzten und historisch legitimierten Bildungsinhalten bzw. Fächern (zumindest in besonderem Maße) die (harmonische) Bildung *aller* personalen Kräfte erwartet" (Heid 1986, S. 97; Hervorh. im Orig.). Anderen Inhalten, z.B. der Buchhaltungslehre, wird hingegen eine rein fachlich spezialisierende Bildungswirkung zugeschrieben. Heid kritisiert daran jedoch die Diffamierung beruflicher Bildung als nur spezialisierend - insbesondere unter Bezug auf die Lerntransfer-Forschung, die gegen eine Hierarchisierung von Bildungsinhalten bzw. -formen spreche: "Wie auch immer man zu einzelnen Paradigmen, Methoden und Befunden experimenteller Transferforschung stehen mag, die Auffassung, Latein oder Englisch oder Mathematik oder Musik

bildeten 'alle' und Wirtschaftskunde oder Technologie nur 'einzelne' (spezielle) Kräfte, dürfte heute als indiskutabel angesehen werden" (Heid 1986, S. 104).
Geht man davon aus, daß auch in Inhalten und Prozessen der beruflichen Bildung eine Vielzahl personaler Kräfte zum Tragen kommen, "insofern als auch die allerspezialisiertest intendierte (Lern-)Aktivität eine Fülle von sehr komplexen und anspruchsvollen psychischen und somatischen (sozusagen den ganzen Menschen in seiner historischen und sozialen Existenz fordernden und betreffenden) Voraussetzungen, Implikationen und Konsequenzen hat, ohne die menschliches (Lern-)Handeln überhaupt nicht denkbar ist" (Heid 1986, S. 99), kann die traditionelle Unterscheidung zwischen fachlicher und allgemeiner Bildung nicht zur Bestimmung beruflicher Bildung herangezogen werden. Auch beispielsweise "'Paukkurse für Kellnerenglisch' bewirken *real* unvermeidbar 'mehr' als Kellnerenglisch - und sei es auch nur dies, daß sie eine pädagogisch verantwortbar erscheinende Fremdsprachenkompetenz zerstören" (Heid 1986, S. 100). Umgekehrt kann auch nicht-berufsbezogene, sog. allgemeine Bildung unter der Perspektive ihrer zwangsläufigen Selektivität der Anforderungen an die Lernenden, d.h. unter ihrer spezialisierenden Wirkung betrachtet werden.
Trotzdem würden etwa KellnerInnen durchaus zwischen ‚Paukkursen für Kellnerenglisch' und ‚Englischkursen für den Urlaub' als von größerer oder geringerer Relevanz für ihren Beruf unterscheiden. Dies ist jedoch von der Wahl der Betrachtungsperspektive abhängig, nicht von dem jeweiligen Bildungsinhalt an sich. Unter der Perspektive des Berufs stellt sich demnach weniger die Frage, ob bestimmte Inhalte, sondern eher ob bestimmte Intentionen die berufliche Bildung bestimmen. Damit gewinnt der Verwertungsaspekt von Bildung an Bedeutung.

1.2.2   Bildung unter dem Verwertungsaspekt

Sei es im Sinne einer bedarfsanalytischen Ableitung oder im Sinne einer kritischen Hinterfragung der Indienstnahme des Subjekts - die Betrachtung von Bildung unter dem Aspekt ihrer (beruflichen) Verwertung hat sich stets auch mit dem Wandel der gesellschaftlichen wie individuellen Bedeutung von ‚Beruf' auseinanderzusetzen. "Diese Frage, die so alt ist wie das berufliche Bildungswesen selbst, kann nicht ein für allemal beantwortet werden; sie stellt sich mit der technologischen und gesellschaftlichen Entwicklung immer wieder neu" (Dedering/Schimming 1984, S. 2).
Vor allem im Zuge der Industrialisierung gewannen Beruf und Bildung als gesellschaftliche Strukturelemente eine spezifische Form (vgl. Tenorth 1986), die noch heute konzeptionelle Prägekraft erweist. Max Weber beschreibt diese Entwicklung als umfassenden Prozeß einer Rationalisierung und Bürokratisierung, in dem "Fachwissen" erst die o.g. spezifisch differenzierende Qualität gewinnt: "Die Qualifikation der Herrenschicht als solcher beruhte auf einem Mehr an 'Kulturqualität' (in dem durchaus wertfreien, wandelbaren Sinn, der diesem Begriff hier beigelegt wurde), nicht im Fachwissen. Das kriegerische, theologische, juristische Fachkönnen wurde natürlich dabei eingehend gepflegt. Aber im hellenistischen wie im mittelalterlichen wie im chinesischen Bildungsgang bildeten ganz andere als fachmäßig 'nützliche' Erziehungselemente den Schwerpunkt. Hinter allen Erörterungen der Gegenwart um die Grundlagen des Bildungswesens steckt an irgendeiner entscheidenden Stelle der durch das unaufhaltsame Umsichgreifen der Bürokratisierung aller öffentlichen und privaten Herrschaftsbeziehungen und durch die stets zunehmende Bedeutung des Fachwissens bedingte, in alle intimsten Kulturfragen eingehende Kampf des 'Fachmenschen'-Typus gegen das alte 'Kulturmenschentum'" (Weber 1986, S. 43). Wenn nun der Typus des Fachmenschen

mit seiner Kopplung an eine berufsmäßig verfaßte Gesellschaftsformation auf der Grundlage fortschreitender Arbeitsteilung noch heute Leitbild-Charakter hat, dann wären - unter dem Verwertungsaspekt gesehen - die Inhalte beruflicher Bildung aus der jeweiligen Verfaßtheit des Berufes abzuleiten. Verallgemeinert können hierzu prinzipiell drei eine Verwertung definierende Einflußgrößen unterschieden werden: das Wirtschaftssystem, der Staat und die wissenschaftliche Entwicklung.

- Auch das Augenmerk der Berufsbildungsforschung richtete sich in den Anfängen vor allem auf die jeweiligen Produktionsverhältnisse des Wirtschaftssystems, auf die Anforderungen des Arbeitsmarktes, auf die Definitionsmacht derer, die 'Arbeit geben'. 'Bildung' tritt dann als Wirtschafts- und Produktionsfaktor in Erscheinung. Neben grundlegenden Fragen (vgl. Entfremdung vs. Autonomie; Humanisierung der Arbeitswelt) werden hierbei in bezug auf die Bildung vor allem Auswirkungen im Zusammenhang mit zunehmender Rationalisierung und dem Einsatz neuer Technologien oder mit dem ostdeutschen Strukturwandel diskutiert (vgl. Merk 1992; Wagner 1993, auch Teilkap. 1.2.3).

- Spätestens mit der Bildungsreform gewann zudem der Staat als Akteur an Aufmerksamkeit, wobei die Erwartungen an staatliche Interventionen von Demokratisierungseffekten durch die Erweiterung der Bildungsteilnahmemöglichkeiten sowie der Vergrößerung von Transparenz und Durchlässigkeit in den Bildungsgängen bis zur nachfrage-adäquaten Steuerung von Bildungsinhalten und -graden in bezug auf die Erfordernisse des Arbeitsmarktes reichen. Berufliche Bildungspolitik pendelt zwischen Wirtschafts-, Struktur- und Sozialpolitik; beispielhaft etwa in der Diskussion um Weiterbildung als städteplanerischer Standortfaktor (vgl. Nuissl, H. 1995) oder um die Novellierungen des Arbeitsförderungsgesetzes (vgl. Lenhardt 1980). Bereits die Arbeiten von Offe verweisen am Beispiel der Berufsbildungsreform jedoch darauf, daß der Staat dabei weder autonom in seinen Zielsetzungen verfahren kann, noch als homogener Akteur oder lineare Verlängerung gesamtgesellschaftlicher Interessen zu sehen ist (vgl. Offe 1975). Für den Bildungsbereich entscheidend ist hierin der Nachweis, daß die Annahme der klassischen Bildungsökonomie nicht zu halten ist, die von einer alleinigen Bestimmung und Bestimmbarkeit von Bildungsinhalten durch einen steuerbaren Arbeitsmarkt ausgeht.

- Einsetzend mit einer Kritik an Offe, ergänzt Weingart das Feld der bildungswirksamen Determinanten um den Faktor der "Autonomisierung der Wissensentwicklung" (1976, S. 207). Neben der Eigendynamik, die die umfassende Institutionalisierung von Bildungseinrichtungen mit sich bringt, ist die Durchsetzung eines systematischen, reflexiven Wissenstypus, der im Zuge einer Verwissenschaftlichung von Gesellschaft das Erfahrungswissen ablöst bzw. durchdringt, zudem als Grund für die Expansion beruflicher Bildung anzusehen. "Hinter der Forderung, Lernprozesse unmittelbar an die wissenschaftliche und technische Entwicklung anzukoppeln, verbirgt sich eine grundlegend neue Konzeption zur Organisation des Bildungssystems und seiner gesellschaftlichen Funktion" (Weingart 1976, S. 209). Denn diese Kopplung erfordert aufgrund hohen Veränderungstempos und geringer Prognostizierbarkeit weniger inhaltlich-materiale Festlegungen als vielmehr formale Flexibilität. "Indem die Möglichkeit der Anpassung durch Erfahrung zunehmend geringer wird, verliert auch das Prinzip der biographischen Trennung zwischen Lernen und Wissensanwendung, wie sie im gegenwärtigen Bildungssystem noch institutionalisiert ist, seine Funktionalität. M.a.W., der Generationswechsel als Verteilungsmechanismus für die Bestimmung von Quantität und Inhalt des zu lernenden Wissens wird außer Kraft gesetzt. An seine Stelle tritt das Prinzip des lebenslangen Lernens bzw. der ständigen Weiterbildung" (Weingart 1976, S. 222).

Die Konsequenzen im Sinne eines 'lebenslangen Lernens' werden auch von Arbeiten bestätigt, die von der "Entwicklung von der Berufs- zur Arbeitsgesellschaft" (Arnold 1994, S. 227), von einer "Weiterbildungsgesellschaft" (Merk 1992, S. 1), von "Entberuflichung" und "Neuer Beruflichkeit" (Kutscha 1992, im Titel) oder einer "Reprofessionalisierung" im Zusammenhang mit dem Ende der klassischen Arbeitsteilung (Kern/Schumann 1986) sprechen. Eine entsprechende Reorganisation der betrieblichen Arbeit hat Auswirkungen auf die Fähigkeiten, die von den Beschäftigten in den komplexeren Arbeitsprozeß eingebracht werden müssen. Doch handelt es sich nur um *eine* Erscheinungsform der Entwicklung von "in sich differenzierten, widersprüchlichen und facettenreichen Arbeits- und Beschäftigungsformen" (Arnold 1994, S. 228). Beck spricht in diesem Zusammenhang von einer "Entstandardisierung der Erwerbsarbeit" (1986, S. 228).

Somit scheint die klassische Vorstellung des Lebens- und Vollberufs, der einmal erlernt und dann ausgeübt wird, sowohl an biographie- als auch an arbeitsmarktstrukturierender Wirkung zu verlieren. "Mit der zunehmenden Umschlagsgeschwindigkeit des Fachwissens in den technischen Disziplinen und den verbesserten Möglichkeiten, Detailwissen in Datenbänken und Expertensystemen rasch abrufbar bereitzuhalten, verliert das Fachwissen sogar seine dominierende Funktion, während Methodenkompetenzen (z.B. Problemlösungsmethoden u.a.) sowie Kommunikations- und Kooperationsfähigkeiten immer mehr zum eigentlichen Kern der beruflichen Handlungskompetenz werden" (Arnold 1994, S. 227). Zwar steht ein umfassenderer Nachweis noch aus, inwiefern es sich bei der "neuen Beruflichkeit" wirklich um ein gesamtgesellschaftliches Phänomen handelt und ob sich die o.g. Trends weiter fortschreiben werden, doch sind die Auswirkungen in der Diskussion um berufliche Bildung bereits nachhaltig präsent. Trotz der Verschiebungen innerhalb der beruflichen Anforderungen bleibt das Spannungsverhältnis zwischen Verwertungsdruck und individuellen Bedürfnissen erhalten. Exemplarisch kann hierzu auf die kontroversen Debatten um die sog. 'Schlüsselqualifikationen' verwiesen werden, die das Augenmerk darauf richten, daß auch Fähigkeiten im Kontext beruflicher Tätigkeit vonnöten sind, die nicht unmittelbar an die fachlichen Inhalte der jeweiligen Aufgabe gebunden sind.

1.2.3   Zielkonflikte in der Bildung

In der Gegenüberstellung von Begriffen wie 'Qualifikation' versus 'Bildung' spiegelt sich bereits terminologisch eine Kontroverse wider, die in der Frage nach allgemeiner oder fachlicher Bildung ihren Ausgangspunkt hatte. "Noch immer ist die Berufspädagogik nicht aus dem Getto erlöst, in das sie ein unvernünftiger Überidealismus eingeschlossen hat. Noch immer bemühen sich viele Berufspädagogen krampfhaft zu beweisen, daß die Berufsfertigkeiten gar nicht auf Nutzen und Tüchtigkeit, sondern 'eigentlich' auf 'Bildung' gerichtet seien - was ihnen mit Recht niemand glaubt" (Blättner 1959, S. 39). Das Problem besteht in der Frage nach der Vereinbarkeit der Ziele: Zwischen den Zielen, die mit den beruflich erforderlichen Qualifikationsprozessen verbunden sind, und jenen, die Menschen in ihrem Leben im allgemeinen verfolgen. Kann bzw. soll 'Bildung' vom 'Menschen' her erfaßt werden oder als 'Qualifikation' aus den Bedarfen des Berufs abgeleitet werden? Es mag eine falsche, d.h. der Wirklichkeit unangemessene Gegenüberstellung sein (vgl. Heid 1986), doch schreibt sich ihre Diskussion fort.

Exemplarisch hierfür kann das Konzept der **"Schlüsselqualifikationen"** angeführt werden, das von einem Kanon jenseits des Fachlichen liegender Qualifikationen, wie Kommunikations- und Kooperationsfähigkeit, Flexibilität, Verantwortungsbereitschaft oder Selbständigkeit ausgeht.[11] Hier scheint die Problematik ökonomischen Anpassungsdrucks und personalen Autonomiestrebens paradoxerweise im Wandel des Produktionssystems selbst ein Ende zu finden: "Die unveränderte Notwendigkeit, vor die sich die Betriebe gestellt sehen, nämlich die Notwendigkeit, die Qualifikation der Mitarbeiter an die technische Entwicklung 'anzupassen', erfordert von ihnen (den Betrieben!) - aufgrund der besonderen, partiell offenen 'Beschaffenheit' dieser (notwendigen) Qualifikationen, daß sie ihre Mitarbeiter in einer Weise qualifizieren, die die zugrunde-liegende Anpassungsabsicht selbst konterkariert" (Arnold 1994, S. 234).

In einer Lesart avancieren die Beschäftigten durch den Veränderungsdruck zu "Koalitionsmitgliedern" in einem "umfassenden Verhandlungsprozeß" (Pullig 1980, S. 22f.). Entsprechend werden betriebliche Bildungsmaßnahmen zu einem "Instrument des Interessenausgleichs" (Rationalisierungskuratorium der Deutschen Wirtschaft 1990, S. 48f.). Die KritikerInnen verwehren sich auf der anderen Seite dagegen, hierfür den Bildungsbegriff beanspruchen zu wollen. Sie fragen nach der tatsächlichen Verbreitung dieses neuen Arbeitgeber- wie Arbeitnehmertyps und verweisen auf die nach wie vor bestehende Abhängigkeit von der Definitionsmacht der Betriebe, sollte sich deren Bedarf z.B. wieder ändern. Es wird vor einer Instrumentalisierung der Ganzheitlichkeit von (Weiter-) Bildung in scheinemanzipatorischem Gewand gewarnt (vgl. u.a. Nuissl 1985, Strunk 1989, Schönweiss 1994, Arnold 1997).

Formal verdeutlichen die drei Diskussionsstränge dieses Teilkapitel vor allem die Bedeutung der Prämissen, d.h. die Theoriegebundenheit in der Art der inhaltlichen Bestimmung beruflicher Weiterbildung, sowie die Zeit- und Situationsgebundenheit bzw. die Abhängigkeit vom jeweiligen gesellschaftlichen Kontext. Auf der inhaltlichen Seite ist zusammenfassend zu konstatieren, daß berufsbezogene 'Bildung' - unter dem Primat des Beruflichen betrachtet - nicht als ausschließlich durch die Anforderungen eines fixierten Berufsbildes determiniert konzipiert werden kann. Weder berufliche Inhalte, Zwecke noch Ziele reichen dafür aus. In der Konsequenz gewinnen berufliche Erstausbildung und Weiterbildung einen anderen Status: Angesichts sich rasch verändernder Rahmenbedingungen erscheint die berufliche Tätigkeit selbst als eine "Dauer-Lern-Aufgabe", die unterschiedlichste Inhalte, Zwecke und Ziele stets auf's Neue auszutarieren hat. Unter den Stichworten "life-long-learning" oder "just-in-time"-Qualifizierung gewinnt eine aktualisierende und flexibel spezifizierende "Weiter"-Bildung besondere Relevanz (vgl. auch Teilkap. 2.1).

1.3 Beruf unter dem Primat der Bildung – Der erste Fokus der vorliegenden Studie

Das problematische Spannungsverhältnis von Bildung und Beruf wirkt sich - im Hinblick auf die vorliegende Studie - in mehrfacher Weise auf die Betrachtung des Gegenstands aus. Obwohl "Beruf unter dem Primat der Bildung" nicht im Sinne eines zwangsläufigen Ableitungszusammenhangs zu verstehen ist, kann der für die Arbeit gewählte erste Fokus 'Beruf' (vgl. Kap. I, Abb. 1) trotzdem dazu dienen, als kontextueller Filter die Ausrichtung und Auswertung der Fragen in der Empirie formal zu kanalisieren.

---

[11] Die inhaltliche Füllung dieser Liste variiert auch in der Literatur.

Der **Begriff 'Beruf'** wird insofern als **Arbeitsbegriff** beibehalten. Er wird in Kap. III als kriteriologisches Raster zur detaillierteren Betrachtung des Gegenstandsbereichs 'Forschung' genutzt.

Eine Voraussetzung hierfür ist allerdings wiederum ein berufskontext-offenes bzw. sensitives Bildungsverständnis. Im Hinblick auf 'Bildung' scheint die Aussage von Blankertz noch immer Geltung zu besitzen, daß der Begriff "terminologische, aber auch sachliche Widersprüche" einschließe, d.h. "es gibt keine Möglichkeit einer gehaltvollen Definition, die der faktischen Begriffsverwendung voll gerecht werden könnte" (1974, S. 65). Angesichts der Problematik der Bestimmbarkeit von 'Bildung' im Kontext von 'Beruf' wird deshalb in der vorliegenden Arbeit ein formaler Weg beschritten, d.h. es wird nicht von einer materialen, über Inhalte bestimmbaren Definition von 'Bildung' ausgegangen. Es steht also weniger die theoretische Seite des jeweiligen Wissenssystems - etwa das Fachwissen einer Disziplin -, sondern mehr die des professionellen Handlungssystems und seiner Praxis im Vordergrund (vgl. auch Merten 1998, S. 18). Mit dem Bezug auf das 'Handeln' soll dabei gezielt die aktive Seite der Berufsausübung hervorgehoben werden. Insofern wird im vorliegenden Kontext **'Bildung'** als Prozeß **des Erwerbs und Erhalts von (beruflicher) 'Handlungskompetenz'** aufgefaßt. Unter ‚Handlungskompetenz' werden im folgenden auch Begriffe wie Qualifikation, Disposition, Fähigkeit, Fertigkeit, Lernen etc. als jeweils bestimmte Aspekte spezifizierende Konzepte zusammengefaßt. In Anlehnung an Brandes (1980, S. 44ff.) wird davon ausgegangen, daß 'Qualifikation' prinzipiell als Manifestation persönlicher Handlungskompetenz verstanden werden kann, welche als Verfahrens- und Sachkenntnis, steuernde Fähigkeit oder routinisierte Fertigkeit in Lernprozessen erworben wird (vgl. auch Rühle 1982, S. 47ff.). Persönliche Handlungskompetenz ist damit keineswegs auf den beruflichen Bereich allein begrenzt, doch bildet die berufliche Sphäre den Ausschnitt, auf den hin Handlungskompetenz bzw. ihr Zustandekommen in Lernprozessen hier analysiert wird.

Die 'Person' ist in ihrer spannungsreichen Einbindung in Freiräume und Restriktionen des beruflichen Settings von Forschungseinrichtungen zu betrachten. Dabei gehen in die berufsspezifische Regulation von Handlungen auch habituelle Qualitäten ein. Sie können als Dispositionen, als Leistungsvoraussetzungen oder grundlegende Leitbilder konzipiert und ggf. unter dem allgemeinen Begriff des **'Berufsbildes'** betrachtet werden. In der empirischen Studie ist dazu konkret zu untersuchen, wie die Begriffswahl der Befragten ausfällt, welche 'Handlungskompetenzen' von den InterviewpartnerInnen als für die Forschung notwendig erachtet werden sowie in welches Verhältnis sie zueinander gesetzt werden. Es steht somit der Blick auf die Terminologie und das Verständnis der im untersuchten Feld Agierenden im Vordergrund.

Auch hinsichtlich der Differenzierung und Strukturierung verschiedener **Arten berufsbezogener Kompetenzen** wird vorab eine formal strukturierende Unterscheidung gewählt. Sie werden auf einem Kontinuum zwischen den Polen der fachlichen und metafachlichen beruflichen Kompetenzen verortet. 'Fachlich' meint in diesem Fall die eher an die jeweilige wissenschaftliche Disziplin gebundenen inhaltlichen wie methodischen Fähigkeiten, während 'metafachlich' den Pol umschreibt, der zwar tätigkeitsspezifisch auf die Arbeit in Forschungseinrichtungen bezogen werden kann, aber nicht an ein spezifisches Fach gebunden sein muß. Die gesonderte Berücksichtigung der metafachlichen Kompetenzen geschieht aufgrund der allgemein fachdisziplin-übergreifenden Anlage der Studie sowie auf der Basis folgenden Befundes: "Solche über die Fachkompetenz hinausgehenden Qualifikationen sind", so Rühle (1982, S. 1), "vor allem für Tätigkeiten relevant, die den Ausführenden Handlungsfreiräume lassen und den Umgang mit Menschen umfassen, etwa für Führungstätigkeiten und für die Tätigkeiten von Freiberuflern, Wissenschaftlern und vergleichbaren Berufsgruppen". Inwiefern diese These mit der Relevanzwahrnehmung durch das Wissenschaftsmanagement übereinstimmt, darauf ist im Rahmen der empirischen Untersuchung gesondert einzugehen. Die metafachlichen Kompetenzen können insofern als 'Schlüsselqualifikationen' bezeichnet werden, als sie im wörtlichen Sinn eine Schlüsselfunktion bei der handlungspraktischen Bewältigung beruflicher Anforderungen einnehmen, die sich aus deren spezifscher institutionell-organisatorischer, professionalisierter Konstitution ergeben. Dazu könnten z.B. Fähigkeiten im Bereich der Kooperation mit anderen WissenschaftlerInnen oder des Projektmanagements verstanden werden. Von Unterscheidungen, wie "extrafunktional versus funktional", "prozeßunabhängig versus prozeßabhängig" oder "überschießend versus normal" (vgl. Rühle 1982, S. 31ff.), wird hier abgesehen, da diese häufig der einen Seite ein Surplus zuschreiben und für die fachliche Seite rein berufsgebundene Funktionalität unterstellen. Auch soll nicht von einem geschlossenen Katalog bestimmter Kompetenzen ausgegangen werden. Wiederum ist dabei offen zu halten, welche Ordnungsmuster von den InterviewpartnerInnen selbst gewählt sowie welche inhaltlichen Bestimmungen aus Sicht der Forschungseinrichtungen als relevant erachtet werden.

Neben der Frage nach den für den Beruf 'ForscherIn' als erforderlich eingeschätzten Handlungskompetenzen und ihrer Strukturierung wird zum dritten den Äußerungen der InterviewpartnerInnen zu **Herkunft bzw. Erwerb dieser Handlungskompetenzen** nachgegangen. Im Kontext der berufsbezogenen Weiterbildung ist dabei die sich ggf. auch im vorliegenden Untersuchungsfeld verändernde Rolle der Erstausbildung von Relevanz. Vor dem Hintergrund der angesprochenen Diskussionen um eine "neue Beruflichkeit" bzw. einen Wandel hin zu einem Verständnis von Beruf als "Dauer-Lern-Aufgabe" wäre etwa zu prüfen, ob sich die Frage des Erwerbs der als notwendig erachteten Kompetenzen in der Wahrnehmung der Forschungseinrichtungen spezifisch stellt; z.B. ob auch dort eine Verlagerung des Lernens in die Zeit der Berufsausübung festzustellen ist, ob in den Wissenschaften von einer quasi berufungsgegebenen Kompetenz der Forschenden ausgegangen wird oder ob 'Bildung' als strukturelles Moment im Berufsverständnis von WissenschaftlerInnen verankert wird.

2 'Weiterbildung' und 'Lernen'

Bereits bei den in Teilkap. 1.2 geschilderten pädagogischen Kontroversen um Beruf und Bildung lag der Schwerpunkt auf einem Kernproblem des abendländischen Bildungsverständnisses. Die Diskussionen alternieren zwischen den Polen der Fremd- und der Selbstbestimmtheit des Handelns bzw. den eröffnenden Chancen und restriktiven Zwängen, die dem Bildungsprozeß innewohnen. Diese klassischen Debatten erhalten unter den Stichworten des "life-long learning" oder des "selbstorganisierten" Lernens[12] neue Nahrung. Da insbesondere die berufsbezogene Weiterbildung von einem Verständnis von Arbeit als lebenslangem Lernprozeß betroffen ist, wird im folgenden der Problematik einer derartigen Lern-Konzeption nachgegangen. In einer begrifflichen Annäherung an 'Weiterbildung' werden dazu verschiedene Probleme diskutiert, die sich bei der Bestimmung berufsbezogener Weiterbildung ergeben (Teilkap. 2.1). In Teilkap. 2.2 wird anschließend eine formale Operationalisierungsmöglichkeit der Erfassung beruflicher Lernprozesse, im Sinne des zweiten Fokus' der Studie, eingeführt.

2.1 'Weiterbildung' und 'life-long learning'

Prinzipiell kann sicherlich jede menschliche Regung unter dem Aspekt des Lernens betrachtet werden: "Der Mensch lernt mit jedem Denken, mit allem Tun hinzu. In zahllosen bewußten und unbewußten Handlungen festigt er im Lauf seines Lebens Kenntnisse, stabilisiert Fertigkeiten, gewöhnt sich an Gegebenheiten, nimmt Wandel vor oder vollzieht die umgestaltete Lebensumwelt nach" (Hölterhoff/Becker 1986, S. 16). Es häufen sich Diagnosen, die eine Durchsetzung dieser Wahrnehmung menschlichen Tuns unter dem Aspekt des Lernens konstatieren und von einem diesbezüglich partiellen oder gar umfassend internationalen Wandel in den Industriegesellschaften sprechen. Eine Veränderung von einer "Schulbildungs- zur Weiterbildungsgesellschaft" (Geißler/Wittwer 1989, S. 93) oder "the emergence of a learning society, one in which life-long study, as well as training and retraining, are possible and taken for granted by large fractions of the population" (Gibbons et al. 1994, S. 74) werden beschrieben (vgl. Teilkap. 1.2.2). Diese Tendenz wird vor allem in Verbindung gebracht mit der wachsenden Verbreitung akademischer Ausbildung in Folge von Bildungsreformen sowie mit dem technologischem Wandel und seinen Auswirkungen auf die Wirtschaftsstrukturen. Berufliche Bildung habe heute die paradoxe Aufgabe, auf komplexe, spezifische berufliche Anforderungen vorzubereiten - trotz der alltäglichen Erfahrung, daß Aufgaben und Fähigkeiten u.U. häufig gewechselt werden: "the only skill that does not become obsolete is the skill of learning new skills" (Gibbons et al. 1994, S. 75). Damit können und/oder müssen sich Lernprozesse über das ganze Leben erstrecken.
Lang erstrebte Ziele von Bildungsreformen, die Möglichkeiten der Bildung nicht auf wenige zu beschränken und sie nicht in inadäquater Weise in den Dienst 'fremder Mächte' stellen zu müssen, scheinen erfüllt zu werden.[13] Auch in der pädagogischen Forschung werden die **Chancen** diskutiert, die mit einem Lernen in allen Altersstufen verbunden sein könnten. Lernende werden weniger als Opfer, sondern im Hinblick auf

---

[12] (vgl. zur Übersicht u.a. das Heft 39 (1997) des Literatur- und Forschungsreportes Weiterbildung: "Lebenslanges Lernen - Selbstorganisiert?")
[13] Die Argumentation ähnelt der Debatte im Zusammenhang mit den Schlüsselqualifikationen (vgl. Teilkap. 1.2.3).

ihre Einflußmöglichkeiten als sich selbst organisierende Subjekte wahrgenommen. Mündigkeit wird weniger als kontrafaktisches Ideal, sondern als Ausdruck konkreter Gestaltungsoptionen beschrieben. Dies gilt insbesondere für die Gestaltung der beruflichen Umwelt. So verändert sich unter der Perspektive fortwährenden Lernens auch das Verhältnis zu Technologie und Technik. "In den Sozialwissenschaften herrschte lange Zeit die Vorstellung eines Technikdeterminismus vor, der das Erkenntnisinteresse (...) auf die sozialen Auswirkungen technischer Innovation etwa in den Bereichen der Arbeitsorganisation und/oder der Qualifikationsanforderungen konzentrierte. Der Gedanke an eine Gestaltbarkeit technischer Systeme nach gesellschaftlichen, politischen oder arbeitsorganisatorischen Kriterien ist in der Soziologie verhältnismäßig jung" (Mai 1993, S. 9). Die Konsequenzen für die Bildung sieht Mai in einer grundlegenden Veränderung: "Der technisch-organisatorische Wandel kann nicht mehr als unabänderlich ablaufendes Geschehen begriffen werden, sondern als prinzipiell gestaltbar. Daraus folgt, daß auch die Festlegung von Qualifizierungsinhalten einen erheblichen Beitrag zur Technikgestaltung leisten kann" (1993, S. 16).

Hoffnungsvoll wird nicht nur von einer Gestaltbarkeit der beruflichen Umwelt ausgegangen. Auch die Lernenden als Person müssen sich nicht mehr allein qualifikatorischen Anforderungen unterordnen: "Was früher Ziel war - das Beherrschen fachlicher Fertigkeiten -, wird nun Mittel, um daran persönliche Handlungsfähigkeit zu üben; Berufsbildung wird hier, wenn man so will, radikal in den Dienst der Persönlichkeitsbildung gestellt. Es interessiert nicht der Arbeitsmarkt oder der unmittelbare Bezug zu irgendwelchen Arbeitsplätzen im Betrieb und Qualifikationsanforderungen des Beschäftigungssystems, sondern es interessiert der Bezug zur Entwicklung der Person und ihrer Handlungskompetenz unabhängig von einem spezifischen Beruf oder einem besonderen Berufsbild" (Bojanowski et al., zit. nach Arnold 1994, S. 230).

Wird die Erlangung von Handlungskompetenz als Ziel von Bildungsprozessen betrachtet, so müssen in der Konsequenz auch die klassischen Bereiche der beruflichen, politischen und kulturellen Weiterbildung nicht mehr zwangsläufig hierarchisiert werden. Somit scheint sich in diesem Perspektivenwechsel der Forschung zum lebenslangen Lernen die Grenze zwischen beruflichem und nicht-beruflichem Lernen zu verflüssigen. Deutlich werden die Folgen auch am Beispiel der Konzepte "integrativer Weiterbildung" (vgl. u.a. Dohmen 1989). Auf die Veränderungen innerhalb des beruflichen Sektors - bzw. über ihn hinaus - geht Lisop ein: "Der neue Aspekt integrativer Weiterbildung" heiße "Arbeits- statt Berufsbezug" (1989, S. 24). Hierbei sei insbesondere die folgende internationale Entwicklung zu berücksichtigen: "Das Stichwort heißt multiple employable scills (sic!). Es bedeutet nichts anderes, als daß Berufsausbildung in kleine, baukastenähnliche Elemente zerlegt wird, die überall auf der Welt, ganz gleich, ob in Industrie- oder in sogenannten Entwicklungsländern, unabhängig von der Vorbildung zu jeweils notwendigen speziellen beruflichen Qualifizierungen kombiniert werden können" (1989, S. 25). Zudem bekommt "das, was an Theorie gelernt werden muß, immer stärker allgemeinen Charakter" (1989, S. 25). So resümiert Lisop: "Zukunftsorientierte Auszubildende und Studenten wählen keinen Beruf - sie verschaffen sich flexible Qualifikationsprofile" (1989, S. 26).

Neben anderen Bildungsinhalten treten auch andere Lernformen und -orte in den Vordergrund, die bisher als jenseits des klassischen Unterrichtssettings intentional-fremdgesteuerter Bildung liegend vernachlässigt wurden. Bisher waren es vor allem Lern- und Arbeitspsychologie, Industriesoziologie und Theorien der beruflichen Sozialisation, die sich mit den sog. funktionalen, nicht in explizit pädagogische Zusammenhänge eingebunden Lernvorgängen beschäftigten. Es wird in Rechnung gestellt, daß "nicht nur didaktisch gestiftete Zusammenhänge von Arbeiten und Lernen pädago-

gisch wirksam sind, sondern in wesentlichem Umfang auch eine gleichsam automatische, inzidentielle Bildungsqualität des Arbeitsprozesses angenommen werden kann"
(Severing 1994, S. 15). Verstärkte Kritik richtet sich an eine "Berufspädagogik", die sich
vor allem mit bestimmten Berufsgruppen und dabei vor allem mit der Phase der Ausbildung beschäftigte. Selbstorganisierte Bildungsprozesse, Lernen "en passant", der
Arbeitsplatz als Lernort und individuelle Lernstrategien geraten verstärkt ins Blickfeld
der Bildungswissenschaften (vgl. u.a. Dohmen 1997b; Reischmann 1995). Zwar gewinnt der Arbeitsplatz dadurch als Lernort an Aufmerksamkeit, doch lassen sich hierbei ins Licht gerückte Formen des En-passant-Lernens, des Erfahrungslernens oder
der Selbstqualifikation schwerlich allein auf das betrieblich Relevante reduzieren. Die
Sicht der Dinge, die Lernen bzw. Bildung im Lebenslauf ubiquitär werden läßt, mündet
in Aussagen, wie "Das ganze normale Leben ist Erwachsenenbildung" (Meueler 1982,
S. 10). Oder: "Das Leben ist offenbar der Lernort schlechthin" (Heidack 1987, S. 12).

Sicherlich können sämtliche Lebensäußerungen von Menschen prinzipiell unter der
Perspektive des Lernens betrachtet werden, doch birgt dies zum einen die Gefahr wissenschaftlichen Reduktionismus', der menschliches Tun auf den Beitrag zu Lernprozessen und -leistungen beschränkt. Zum anderen ergeben sich Probleme, wenn diese
zunächst theoretisch-wissenschaftliche Perspektive als normative Anforderung auf die
menschliche Lebensführung in der Praxis bruchlos übertragen wird. So ist eine **skeptische Einschätzung lebenslangen Lernens** eng mit der Frage nach der Freiwilligkeit
verknüpft, mit der die einzelnen auf die Erfordernisse lebenslangen Lernens reagieren
können. Aus der Sicht der TeilnehmerInnen stellt sich diese 'Möglichkeit' oft - wie
Heid (1986) pointiert formuliert - als "Zwang zum lebenslänglichen Lernen" dar, insofern der Erhalt eines Arbeitsplatzes gerade in den Bereichen sich rasch wandelnder
Schlüsseltechnologien, wie der Mikroelektronik, von der Lernbereitschaft abhängt.
Von "Bildung als Bedrohung?" spricht Schönweiss (1994, im Titel) in einer anderen
Lesart der Wirkungen des life-long learning: Kommt es nach der bekannten nutzbrin-
genden Funktionalisierung von Teilbereichen der menschlichen Arbeitskraft nun zu
einem Übergriff auf die gesamte Person und ‚Lebenswelt' des Menschen, indem das
Menschenbild einer schlüsselqualifizierten, stets lernwilligen Persönlichkeit von seiten
der Ökonomie induziert wird? Wiederum kann ein Zwang aus der Chance zur Selbständigkeit werden, wenn in der Konsequenz schon "die Lebenswelt von Kindern bereits zunehmend von der Forderung geprägt ist, Selbständigkeit zu beweisen. (...) Man
soll bereits zu einem Zeitpunkt Subjekt sein, zu dem der Aufbau eines eigenen Selbst
unmöglich schon gelungen sein kann" (Schönweiss 1994, S. 13). Unter diesem Blickwinkel würden u.a. der Pädagogik eher Aufgaben zuwachsen, die - neben einer Ermöglichung von Bildungsprozessen - auch den Schutz von Freiräumen vor dem Anspruch
fortwährenden Lernens umfassen.
Es fällt schwer, den Grad der tatsächlichen Ausprägung bzw. Verbreitung lebenslangen
Lernens und die Reichweite der zunächst von punktuellen Phänomenen extrapolieren-
den Trend-Diagnosen zu beurteilen. Betrachtet man den Weiterbildungssektor in der
Bundesrepublik insgesamt, so weisen Indikatoren wie Teilnahmezahlen, Investitions-
volumina, Institutionalisierung von privaten und öffentlichen AnbieterInnen, fortschreitende rechtliche Regelungen etc. eindeutig in Richtung Expansion. Betrachtet
man hingegen die Teilnehmenden selbst, so konstatiert das Berichtsystem Weiterbildung, daß die Haltung von Weiterbildungsteilnehmenden wie von Nicht-Teilneh-
menden zu Beginn der 90er Jahre eher abwartend ausfällt. "Meist ist die Teilnahme an
Weiterbildung nicht längerfristig geplant und gezielt auf berufliche Entfaltung oder
Aufstieg gerichtet, sondern sie erfolgt eher defensiv und sicherheitsorientiert" (vgl.

Kuwan 1990, S. 30). Selbst die InteressentInnen an Weiterbildung sind mit einem Markt konfrontiert, der sich ihnen häufig unübersichtlich, hinsichtlich der Gütekriterien und des Preis-Leistungs-Verhältnisses intransparent darstellt (vgl. u.a. Stimpel 1992). Dies kann als (noch) bestehende, doch zu behebende Schwäche allein auf seiten des Weiterbildungs*angebotes* interpretiert werden. Andererseits könnte die reservierte Haltung gegenüber der beruflichen Weiterbildung auch dahingehend gedeutet werden, daß aus der Sicht der Beschäftigten die o.g. Chancen, die mit lebenslangem Lernen assoziiert werden, nicht nur als solche empfunden werden.

Dies wird besonders deutlich anhand des Umgangs mit dem Phänomen der sog. Bildungsverweigerung. Bolder spricht dabei von "blinden Flecken" in der sozialwissenschaftlichen Auseinandersetzung um Bildung unter Maßgabe lebenslangen Lernens: "Der systemorientierte Totalitätsanspruch hat den Blick dafür verstellt, daß Nicht-Teilnahme an Weiterbildung subkulturell und individuell durchaus sinnträchtig sein kann" (1994, S. 202). Unter Bezug auf Axmachers Forderung (1990) nach einer "Paratheorie des Widerstandes" gegen Bildung kritisiert Bolder die zur Prämisse verallgemeinerte Annahme eines grundsätzlichen Bildungsbedürfnisses des Menschen (vgl. Bolder 1994). Da aber im Rahmen einer gesellschaftlichen Entwicklung hin zur lernenden Gesellschaft eine prinzipiell positive Haltung dem Lernen gegenüber vorausgesetzt werden muß - insbesondere wenn Arbeitsplätze und biographische Gestaltungsoptionen daran geknüpft sind, wird die Alternativlosigkeit dieses Drucks zum Problem.

Zusammenfassend läßt sich festhalten, daß der klassische 'Beruf' auch als Bezugsgröße von *Weiter*-Bildung relativiert zu betrachten ist: u.a. aufgrund der generellen Unterdeterminiertheit des Bildungswesens durch einen an formalen Berufsbildern orientierten Arbeitsmarkt, wegen einer abgeschwächten biographischen Relevanz und gesellschaftlichen Prägekraft infolge sich verändernder gesellschaftlicher Deutungsmuster und wirtschaftlicher Strukturanforderungen sowie mit der Berücksichtigung anderer bildungswirksamer Felder, wie dem Zusammenleben in einem demokratisch verfaßten Staat (vgl. Bubenzer 1983).

Darin kann zum einen die Chance gesehen werden, von Qualifikation, im Sinne reiner Bedarfsorientierung, zu Bildung, im Sinne einer umfassenden Ausrichtung an den menschlichen Bedürfnissen, vorzustoßen. Doch zeigen sowohl die strukturellen Schwierigkeiten bei der Bestimmung dessen, was als menschliches Bedürfnis anzusehen ist, als auch die Verflechtungen von Bildung und "neuer Beruflichkeit" im Wandlungsprozeß, daß stets sowohl befreiende als auch belastende Auswirkungen in Rechnung zu stellen sind. Wiederum führt die Betrachtung zu der - in den Worten Strunks - "spannungsreichen Verschränkung von menschenrechtlichen und utilitaristischen Traditionen der Aufklärung" (1989, S. 4).

Die Renaissance der Comeniusschen Vorstellung von 'umfassender Bildung für alle' birgt eine Dialektik in sich, die in ihrer Zwangsläufigkeit begründet zu sein scheint. Von allen Menschen, so sie etwa an der Erwerbswelt oder an der politischen Sphäre teilhaben wollen, wird eine besondere Art von 'Expertenstatus' gefordert. Dieser soll seine Entsprechung in Zukunft jedoch nicht mehr in einer Spezialisierung haben. Er mündet entweder in einen formal-potentiellen Generalismus, d.h. idealerweise schlüsselqualifiziert flexibel auf jede neue Anforderung reagierend, oder in einen inhaltlich-faktischen Generalismus.[14]

---

[14] Letzteres könnte - beispielsweise unter einer ökologischen Perspektive nach Franzke - heißen: "An die Stelle der Monopolisierung beruflicher Qualifikationen tritt ein Prozeß der Entprofessionalisierung und Laisierung, ein Prozeß der Verallgemeinerung beruflicher Qualifikationen

2.2 Weiterbildung unter dem Primat des Beruflichen –
Der zweite Fokus der vorliegenden Studie

Was bedeuten nun die skizzierten Probleme im Hinblick auf die Möglichkeiten der inhaltlichen Füllung des Begriffs 'Weiterbildung' - unter dem Primat des Beruflichen? Insgesamt mag der Eindruck entstanden sein, daß unter Bezugnahme auf die bildungswissenschaftlichen Diskussionen um lebenslanges Lernen das Feld beruflicher Weiterbildung eher aufgeweitet und diversifiziert wird und an Faßbarkeit verliert. Ohne den komplexen Wandel innerhalb des Verhältnisses von Beruf und Bildung sowie die Problematik des Weiterbildungsbegriffs in Abrede stellen zu wollen, soll im folgenden trotzdem an ‚Weiterbildung' als Arbeitsbegriff festgehalten werden, da er sich in der gegenwärtigen Alltagssprache als allgemeine Bezeichnung etabliert hat. In seinem Gebrauch durch diejenigen, die in dieser Untersuchung zu Wort kommen, können u.U. gerade Spezifika des Analysefeldes deutlich werden.
Dabei wird in der folgenden Darstellung jedoch von 'berufsbezogener' Weiterbildung gesprochen, um zu verdeutlichen, daß berufsrelevante Bildung keineswegs auf die Berufspraxis im engeren Sinne ihrer Ausübung beschränkt sein muß. Soll 'berufsbezogene Weiterbildung' für die empirische Studie konkretisiert werden, so muß dazu ein Weg der Operationalisierung bzw. Formalisierung gefunden werden. Da mit Teilkap. 1.3 Prozesse des Erwerbs und Erhalts beruflicher Handlungskompetenz als Fokus gewählt wurden und im Rahmen der vorliegenden Untersuchung ein indirekter Zugang zu diesen Bildungsprozessen - über die Einschätzungen der InterviewpartnerInnen - im Vordergrund steht, bietet sich eine Formalisierung an, die an den beobachtbaren bzw. vermuteten Lernprozessen orientiert ist.
So soll 'Lernen' hier - im Sinne einer individuell zurechenbaren Lern-Leistung - als eine Operationalisierungsvariante von Bildung betrachtet werden. Dabei richtet sich der Blick der empirischen Untersuchung auf berufsbezogene Prozesse, die aus der Sicht des Forschungsmanagements als 'Weiterbildung' bzw. 'Lernen' wahrgenommen werden bzw. denen ein Lerneffekt zugeschrieben wird.
Diese werden nach folgenden formalen Erfassungsdimensionen differenziert:

- Wer lernt? - Zielgruppen bzw. Teilnehmergruppen von Weiterbildung/Lernen;
- Was wird gelernt? - Inhalte von Weiterbildung/Lernen;
- Wie wird gelernt? - Formen der Weiterbildung/des Lernens.

Formen und Inhalte werden in der Darstellung spezifiziert anhand der im empirischen Material thematisierten Zielgruppen zusammengestellt. Was eine weitere Konkretisierung der aus Sicht des Managements wahrgenommenen Inhalte und Formen anbelangt, so werden diese auch in Teilkapitel 3.2.1 betrachtet.
Zu prüfen ist dabei im Hinblick auf das Verständnis von Weiterbildung, ob etwa die von Sachs vertretene These im Bereich der Forschung zutrifft: "Im populären Verständnis wird Lernen mit Unterricht gleichgesetzt; erfolgreiches Lernen ist nur als Er-

und der schrittweisen Substitution beruflicher durch subsistenzorientierte Qualifikationen. Eine derartige lebenspraktische Grundbildung aller würde landwirtschaftliche und ernährungswissenschaftliche, ökologische und medizinische, energietechnische, rohstoff- und abfallwirtschaftliche, handwerkliche, industrielle und kaufmännische Grundqualifikationen umfassen müssen" (vgl. Arnold 1994, S. 229). Deutlich ist mit diesen Ansätzen für die Zukunft zwar eine integrative Aufhebung von anthropogen selbstbestimmten Entwicklungsbedürfnissen und gesellschaftlich determinierten Bildungsbedarfen intendiert. Die Unabdingbarkeit von Weiterbildung bleibt jedoch unbestritten.

gebnis von sachkundig arrangiertem Unterricht denkbar. Die geltenden Bilder vom Lernen, die in unseren Köpfen stecken, haben alle mit überlegenen Lehrern, in Häppchen zerlegtem Stoff und mit Kursen zu tun" (1982, S. 105).

Auch 'Lebenslanges Lernen' wird in der vorliegenden Arbeit primär als Folie genutzt, um zu prüfen, ob es als Interpretationsmuster von Bildungshandeln in der Wahrnehmung des untersuchten Feldes präsent ist. Da bei der Untersuchung der institutionelle Umgang mit Weiterbildung im Vordergrund steht, sind keine Aussagen zur faktischen Wahrnehmung als Chance und/oder Belastung aus der Sicht von Weiterbildungsteilnehmenden zu erwarten. Jedoch könnte die Einschätzung des Stellenwertes, der lebenslangem Lernen durch das Forschungsmanagement beigemessen wird, Rückschlüsse erlauben, inwiefern innerhalb des wissenschaftlichen Sektors 'Lernen' auch an den Ausbau von organisierter Weiterbildung geknüpft ist.

In der Betrachtung der Weiterbildung in den Forschungseinrichtungen erfahren zudem insbesondere jene Aussagen der Interviewpartnerinnen gesonderte Aufmerksamkeit, welche sich auf die verschiedenen konstatierten bzw. zugeschriebenen Motivlagen und Intentionalitäten im Weiterbildungs(des)interesse von WissenschaftlerInnen beziehen. Dazu wird analytisch auf zwei Dimensionen des Lernprozesses zurückgegriffen, die Aussagen zur Selbstbestimmtheit der Lernenden zulassen. Die Selbst- bzw. Fremdorganisiertheit und die Intentionalität des Lernens, wie sie im Rahmen der beschriebenen Lernorganisation manifest werden, können Hinweise dazu liefern, inwieweit lebenslanges Lernen im Bereich von Forschungseinrichtungen präsent ist bzw. inwiefern die Forschenden die Lernprozesse selbst gestalten können/müssen. Damit wird der Angelpunkt der o.g. Debatten, die Selbst- bzw. die Fremdbestimmtheit der Lernenden im Prozeß des Erwerbs berufsbezogener Handlungskompetenz, aufgegriffen.

Im folgenden werden die hier erwähnten Konzepte ‚Zielgruppe' (Teilkap. 2.2.1), ‚Intentionalität' (Teilkap. 2.2.2) sowie ‚Selbst- bzw. Fremdorganisiertheit' (Teilkap. 2.2.3) genauer erläutert.

2.2.1   Das Konzept der 'Zielgruppe'

Zwar waren Theorien und Konzepte der beruflichen Aus- und Weiterbildung immer auch an der Berufspraxis bestimmter Zielgruppen interessiert, doch richtete sich die Aufmerksamkeit zumeist auf ausgesuchte Berufsgruppen und -felder (vgl. Heid 1986); so etwa die Ausbildung an der Handelsschule (vgl. Schelten 1991). Es dominierten und dominieren Analysen zu Berufen in Industrie und Wirtschaft. Die öffentliche Verwaltung oder Non-profit-Organisationen wurden - von Ausnahmen abgesehen - erst relativ spät zu Gegenständen berufspädagogischen Interesses.

Exemplarisch kann bei der oben erwähnten Etablierung erziehungswissenschaftlicher Teildisziplinen auf die oft bis zur Identität reichende Nähe von "Wirtschafts-" und "Berufspädagogik" verwiesen werden.

Stellvertretend für den größeren Teil der Literatur des diesbezüglichen Weiterbildungsbereiches sei das "Handbuch der Weiterbildung für die Praxis in Wirtschaft und Verwaltung" (Hölterhoff/Becker 1986) genannt, das in seinem Titel zugleich die Hauptzielgruppen anspricht. WissenschaftlerInnen oder ForscherInnen treten hingegen kaum oder nur höchst indirekt als spezifische Zielgruppe beruflicher Weiterbildung in Erscheinung.[15]

---

[15] - abgesehen von den umfangreichen Diskussionen über die Lehrkompetenz universitärer DozentInnen in der hochschuldidaktischen Forschung -

Der Begriff der 'Zielgruppe', der etwa seit den 70er Jahren zum erziehungswissen-schaftlichen Begriffsinventar gehört, erscheint für diesen Kontext aufgrund seiner en-gen Bindung an die Identifikation spezifischer Personengruppen - u.a. in der Weiterbil-dung - als angemessen.

Unter 'Zielgruppe' werden dabei nicht nur bereits am organisierten Weiterbildungsge-schehen Teilnehmende oder dessen potentielle AdressatInnen gefaßt. Auch muß in neuerer Auslegung des Zielgruppenkonzeptes nicht unbedingt von einer Bildungsdefi-zit-Zuschreibung ausgegangen werden, dem mit "klassischer Bildung zu Leibe gerückt" werden soll: "Produktiv kann sich ein Zielgruppenkonzept in Zukunft darauf beziehen, daß Veränderungen der Lebens- und Arbeitsbedingungen sowie der normativen Be-zugspunkte neue Orientierungen und Hilfestellungen zur Reflexion der jeweiligen Le-benssituation nötig bzw. hilfreich erscheinen lassen" (Schiersmann 1994, S. 505). Zum einen betont eine differenziertere Auseinandersetzung mit verschiedenen Zielgruppen die Notwendigkeit der Passungsgenauigkeit von Bildung innerhalb des Wandels beruf-licher Strukturen. Zum anderen gewinnt die Offenheit hinsichtlich dessen an Bedeu-tung, was unter Bildung zu verstehen ist, d.h. auch welche Gruppen als Lernende in Erscheinung treten.

'Forschende' können demgemäß nicht vorab im strengen Sinn (vgl. Schiersmann 1994) als potentielle TeilnehmerInnen unter die Zielgruppen organisierter Weiterbildung im klassischen Sinn subsumiert werden. Vielmehr handelt es sich um ein Konstrukt im Rahmen der Betrachtungsperspektive, das auf die empirische Aufbereitung zielt, d.h. konkret darauf, inwiefern die InterviewpartnerInnen aus dem Forschungsmanagement die Forschenden als Zielgruppen wahrnehmen bzw. wie sie diese untergliedern.

2.2.2   Das Konzept der 'Intentionalität'

Unter 'Intentionalität' des Lernens wird hier der von den InterviewpartnerInnen impli-zit oder explizit unterstellte Grad der gezielten Ausrichtung eines Handelns auf einen oder mehrere Lerneffekt(e) verstanden. Konkretisierend wird die nachstehende Diffe-renzierung gewählt (vgl. die folgenden Abbildungen[16]).

---

[16] Es handelt sich bei der graphischen Veranschaulichung um analytische Trennungen, die keinen Anspruch auf eine proportionale Darstellung erheben. Die gestrichelten Linien symbolisieren Durchlässigkeit und Flexibilität der Grenzziehungen.

Betrachtet man den Bereich menschlicher Lebenspraxis, in dem Lernen prinzipiell möglich ist (vgl. etwa das "Lernfeld" bei Heidack 1989), so kann zunächst zwischen einer beruflichen und einer nichtberuflich-privaten Sphäre individueller Lernpraxis differenziert werden. Damit ist auf die unterschiedlichen **raumzeitlichen Zurechnungen** verwiesen, beispielsweise ob das Lernen während der Arbeitszeit und am Arbeitsort stattfindet oder außerhalb (vgl. Abb. 2).

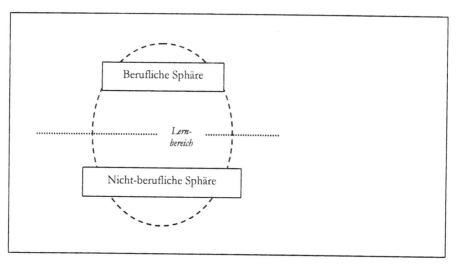

Abb. 2: Berufliche und nicht-berufliche/private Lernorte bzw. -zeiten im Lernbereich

Innerhalb des Lernbereichs können zudem zwei Teilsegmente **je nach Schwerpunkt des inhaltlichen Bezugs** unterschieden werden: ein Lernen mit inhaltlichem Bezug auf die zentrale berufliche Aufgabenstellung und ein Lernen ohne diesen Bezug. Da beide Formen sowohl innerhalb des Berufsalltags als auch außerhalb stattfinden können, überlagern diese Felder in der graphischen Darstellung die oben genannten (vgl. Abb. 3).

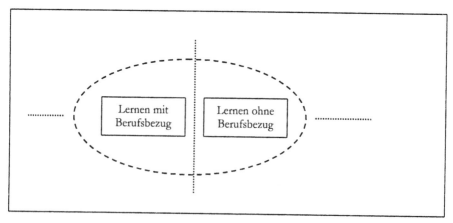

Abb. 3: Lernen und sein inhaltlicher Bezug auf den Beruf

Wird nun in einer dritten Dimension nach verschiedenen **Lernformen im Sinne ihrer Intentionalität** (vgl. Reischmann 1995, S. 200) gegliedert, dann ergibt sich folgendes Bild (vgl. Abb. 4):

A. intentionales Lernen, d.h. der Hauptzweck besteht in der Erzielung eines Lerneffektes; (innere Zone des Kreises)

B. teil-intentionales Lernen, d.h. Lernen wird als Nebeneffekt bewußt erwartet; (mittlere Zone)

C. nicht-intentionales Lernen, d.h. Lernen eher als nichtintendierte, z.T. erst später bewußte Folge eines Handelns (äußere Zone)[17].

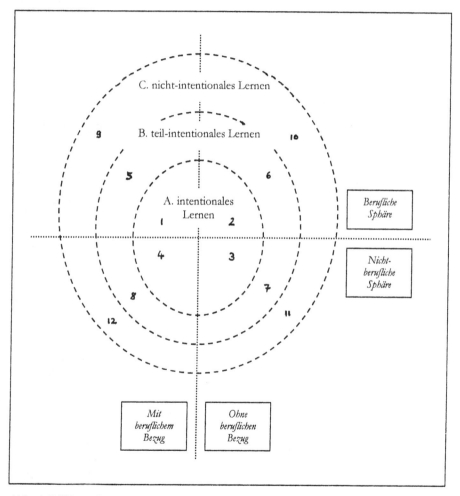

Abb. 4: Differenzierung nach der Intentionalität berufsbezogenen Lernens

---

[17] (wobei B. und C. durchaus zu intentionalen Lernanstrengungen führen können (vgl. Reischmann 1995, S. 201))

Konkret entstehen bei der Überlagerung von raumzeitlicher Lernsphäre (Abb. 2), Berufsbezug des Lernens (vgl. Abb. 3) und Lernintentionalität zwölf denkbare Lernerfahrungen (vgl. Abb. 4):

- 1. **Intentionales Lernen** in der beruflichen Sphäre mit Aufgabenbezug (z.B. mehrtägige Schulung eines Wissenschaftlers/einer Wissenschaftlerin zu neuen Entwicklungen in der Forschungsmethodik des Faches)
- 2. Intentionales Lernen in der beruflichen Sphäre ohne direkten Aufgabenbezug bzw. ohne Bezug zur wissenschaftlichen Arbeit (z.B. Weiterbildungsveranstaltung zum Kündigungsschutz für Personal- oder BetriebsratsvertreterInnen in Forschungseinrichtungen)
- 3. Intentionales Lernen in der nicht-beruflichen Sphäre ohne direkten Aufgabenbezug (z.B. private Teilnahme eines Wissenschaftlers/einer Wissenschaftlerin an einem VHS-Kochkurs)
- 4. Intentionales Lernen in der nicht-beruflichen Sphäre mit Aufgabenbezug (z.B. WissenschaftlerInnen nehmen im Urlaub an einem Englischkurs teil, wobei sie die erlernte Sprachkompetenz auch beruflich nutzen wollen)

- 5. **Teil-intentionales Lernen** in der beruflichen Sphäre mit Aufgabenbezug (z.B. Kongreßbesuche oder Auslandsaufenthalte von Forschenden)
- 6. Teil-intentionales Lernen in der beruflichen Sphäre ohne direkten Aufgabenbezug bzw. ohne Bezug zur wissenschaftlichen Arbeit (z.B. Einführung neuer Computer-Software-Version in einem Forschungsinstitut, wobei ein Nebeneffekt der Nutzung der neuen Software auch das Erlernen des Umgangs damit sein soll)
- 7. Teil-intentionales Lernen in der nicht-beruflichen Sphäre ohne direkten Aufgabenbezug (z.B. ein "Kultururlaub" in der Toskana)
- 8. Teil-intentionales Lernen in der nicht-beruflichen Sphäre mit Aufgabenbezug (z.B. bei der ehrenamtlichen Mitarbeit eines Familienforschers/einer Familienforscherin beim Kinderschutzbund)

- 9. **Nicht-intentionales Lernen** in der beruflichen Sphäre mit Aufgabenbezug (z.B. Beteiligung von NachwuchswissenschaftlerInnen an der Entwicklung eines Projektantrags, wobei indirekt Kriterien und Faktoren des Beantragungs- und Begutachtungsverfahrens angeeignet werden können)
- 10. Nicht-intentionales Lernen in der beruflichen Sphäre ohne direkten Aufgabenbezug bzw. ohne Bezug zur wissenschaftlichen Arbeit (z.B. wenn sich im Zuge mehrerer mißglückter Bewerbungsversuche um Stellen im Wissenschaftsbereich die eigene Selbstdarstellung verändert)
- 11. Nicht-intentionales Lernen in der nicht-beruflichen Sphäre ohne direkten Aufgabenbezug (z.B. Wandel der Ernährungsgewohnheiten infolge einer Krankheit)
- 12. Nicht-intentionales Lernen in der nicht-beruflichen Sphäre mit Aufgabenbezug (z.B. die Erfahrung einer interessanten Anregung für die eigene Forschungstätigkeit im Rahmen eines zufälligen Gesprächskontaktes auf einer Party oder in einem Wartesaal)

Das Ziel dieser Aufsplitterung besteht in der Entwicklung eines Analyserasters für die empirischen Ergebnisse. Es soll deren Einordnung in einen theoretischen Möglichkeitsraum von Weiterbildung erleichtern, um ggf. Schwerpunkte oder Tendenzen in der Wahrnehmung berufsbezogener Weiterbildung durch das Forschungsmanagement ausmachen zu können.

2.2.3   Das Konzept der 'Selbstorganisiertheit'

Auch der Begriff der 'Selbst- bzw. Fremdorganisiertheit'[18] des Lernens wird nicht vorab inhaltlich definiert. Er soll als formaler Reflexionsrahmen für bestimmte Prozesse im Rahmen der Weiterbildung von Forschenden genutzt werden. Ohne in Abrede stellen zu wollen, daß selbstorganisiertes Lernen auch in anderen Kontexten stattfinden kann bzw. stattfindet, liegt der Schwerpunkt hier auf dem Berufsbezug des Lernens für das Arbeiten in der Forschung.

Jenseits der umfangreichen Debatten über Begriffs- bzw. Definitionsvarianten oder individuelle wie gesellschaftliche Chancen und Risiken selbst- und/oder fremdorganisierten Lernens (vgl. u.a. Dohmen 1997b; Derichs-Kunstmann et al. 1998) sei auf folgende Prämissen der Nutzung des Konzepts in der empirischen Analyse verwiesen.

Die erste Prämisse geht davon aus, daß "jede Form des Lernens selbst- und fremdgesteuerte Elemente enthält" (Gnahs/Seidel/Griesbach 1997, S. 155) - wenn auch zu unterschiedlichen Anteilen und in unterschiedlichen Dimensionen. Deshalb wird selbstorganisiertes Lernen hier im Kontext von Lernen allgemein untersucht.

Stellt man zweitens eine Verbindung selbstorganisierten Lernens mit dem englischen Begriff des "self-directed learning" her (vgl. Reischmann 1997), kann für die nähere Analyse eine der klassischen Definitionen selbstgesteuerten Lernens herangezogen werden. Demnach wird selbstorganisiertes Lernen als ein Prozeß verstanden, "in dem Individuen die Initiative ergreifen, um mit oder ohne Hilfe anderer ihren Lernbedarf festzustellen, ihre Lernziele zu formulieren, menschliche und materielle Lernressourcen zu ermitteln, angemessene Lernstrategien auszuwählen und umzusetzen und ihre Lernergebnisse zu beurteilen" (vgl. Knowles 1975, S. 18). Im Hinblick auf ein derartiges Verständnis lassen sich sechs Dimensionen zur Identifikation selbstorganisierter Anteile im Lernprozeß unterscheiden:

- Grad der Freiwilligkeit bei der Beteiligung an einem Lernprozeß;
- Möglichkeiten des Zugangs zu Bildungsressourcen bei Interesse;
- Grad der Beteiligung an der Formulierung des Lernbedarfs bzw. der Lerninhalte;
- Grad der Beteiligung an der Gestaltung der Lernformen;
- Grad der Beteiligung an der Definition der Lernziele;
- Grad der Beteiligung an der Evaluation.

Wiederum dienen diese Dimensionen der späteren Analyse der in der empirischen Untersuchung vorgefundenen Aussagen des Managements über die Weiterbildungspraxis der Forschenden.

Mit diesen in den vorausgegangenen Teilkapiteln angeführten Konzepten ist der zweite Fokus 'Weiterbildung unter dem Primat des Beruflichen' für die Analyse im Rahmen der empirischen Studie abgesteckt: Das empirische Material, das die Weiterbildung in der Forschung betrifft, wird mit Hilfe der Kategorien 'Zielgruppe' - im Hinblick auf die Lernformen und -inhalte - sowie nach Intentionalität und Selbstorganisiertheit des Lernens aufbereitet und dargestellt.

---

[18] Es ist im folgenden Text von "Selbst-*Organisiertheit*" die Rede, um diese von dem kybernetischen oder dem systemtheoretischen Begriff der "Selbstorganisation" abzugrenzen.

3 Gesellschaftliche Organisation von Weiterbildung und betriebliches Weiterbildungsmanagement

Neben der eher individuellen Dimension des Lernens hat - etwa unter dem Stichwort der 'lernenden Organisation' - auch die Betrachtung des überindividuell-institutionellen Zusammenhangs in die Bildungsdiskussion Einzug gehalten (vgl. für den Bereich von Forschungseinrichtungen etwa Kempkes/Mayer 1996). Die Formulierung der Themenstellung der vorliegenden Untersuchung sowie ihre empirische Analge läßt diese institutionelle Perspektive im Verständnis berufsbezogener Weiterbildung besondere Relevanz gewinnen.

Im diesem Teilkapitel zur Charakterisierung des dritten Fokus' der Betrachtungsperspektive wird dazu sowohl auf die gesellschaftliche Einbindung und Organisation von Weiterbildung (Teilkap. 3.1) als auch auf das institutionelle bzw. betriebliche Management berufsbezogener Bildungsprozesse eingegangen (Teilkap. 3.2). Dies geschieht wiederum mit dem Ziel, Referenzfolien für die empirischen Ergebnisse der Studie des Weiterbildungsgeschehens an Forschungseinrichtungen zu entwickeln (Teilkap. 3.3). Dazu gehört u.a. die Frage, ob bzw. inwieweit Konzepte und Praktiken etablierter betrieblicher Weiterbildung im Sektor der Forschungseinrichtungen eine Entsprechung finden (können).

3.1 Weiterbildung und ihre gesellschaftliche Organisation

Auch bei der beruflichen Weiterbildung ist der Zuschnitt von Inhalten, Formen und Zielen eng liiert mit der Frage nach der Durchsetzungsfähigkeit von Interessen bzw. der Definitionsmacht der beteiligten AkteurInnen. So kann zunächst das gesellschaftliche Kräftefeld der Interessenlagen betrachtet werden, in dem sich Personen als Teilnehmende, AdressatInnen, Nachfragende, Verweigernde, Lernende, Gestaltende oder Erleidende von Weiterbildung bewegen.

Hölterhoff/Becker (1986) spannen dieses "Kräftefeld" - hier am Beispiel betrieblicher Weiterbildung - zwischen drei Polen auf (vgl. Abb. 5):

Betriebliche Weiterbildung		
Individuelle Bildungsbedürfnisse	Betriebliche Bildungsanforderungen	Gesellschaftlicher Bildungsbedarf

Abb. 5: Kräftefeld der Interessen (nach: Hölterhoff/Becker 1986, S. 16)

Mit Blick auf die konkreten Akteursgruppen, die sich hinter "Betrieb" und "Gesellschaft" verbergen können, weitet sich das Spektrum der diversen Interessen erneut: PolitikerInnen verschiedener Parteien, VertreterInnen aus Administration und Planung, UnternehmerInnen, Personalabteilungen, einschlägige Verbände und Vereine, Arbeitnehmervertretungen bzw. Gewerkschaften, die öffentlichen und privaten WeiterbildungsanbieterInnen sowie RepräsentantInnen aus den entsprechenden Wissenschaften etc. können angesprochen sein.

Da auch in einigen (Forschungs-) Institutionen heute zwei Stränge unterschiedlicher historischer Gesellschaftsformationen nachwirken und diese sich u.U. auch auf die Erwartungen an bzw. die Organisation von Weiterbildung auswirken können, werden die Situationen beruflicher Weiterbildung in der alten Bundesrepublik und in der DDR separat berücksichtigt (vgl. Teilkap. 3.1.1 und 3.1.2), um schließlich auf die neue Dynamik (beruflicher) Weiterbildung nach der Vereinigung im Zuge eines gesellschaftlichen Transformationsprozesses einzugehen (Teilkap. 3.1.3). Dabei wird jeweils kurz auf die staatlich-politischen Zielsetzungen, Organisations- und Beteiligungsverhältnisse Bezug genommen.

3.1.1 Berufliche Weiterbildung in der alten Bundesrepublik

Nach den Diskussionen der 60er Jahre um die Etablierung der Erwachsenenbildung[19] wurde 1970 der Terminus "Weiterbildung" in der bundesrepublikanischen Bildungsplanung als Oberbegriff für Erwachsenenbildung, Umschulung und Fortbildung eingeführt (vgl. Strukturplan für das Bildungswesen von der Bildungskommission des Deutschen Bildungsrates 1970).[20] Der Strukturplan definierte Weiterbildung als "Fortsetzung oder Wiederaufnahme organisierten Lernens nach Abschluß einer unterschiedlich ausgedehnten ersten Ausbildungsphase (...). Das Ende der ersten Bildungsphase und damit der Beginn möglicher Weiterbildung ist in der Regel durch den Eintritt in die volle Erwerbstätigkeit gekennzeichnet (...). Das kurzfristige Anlernen oder Einarbeiten am Arbeitsplatz gehört nicht in den Rahmen der Weiterbildung" (Deutscher Bildungsrat, 1970, S. 197).[21] Mit den bildungsplanerischen Bemühungen sollte auf die diagnostizierte "Bildungskatastrophe", auf den "Bildungsnotstand" reagiert werden, wobei Bildungsprozessen eine Schlüsselfunktion in der Bewältigung gesellschaftlichen bzw. technologisch induzierten Wandels zugeschrieben wurde.

Doch machte Bildung nun nicht bei der allgemeinen und schulischen Bildung bzw. der beruflichen Erstausbildung halt, sondern setzte sich mit der Weiterbildung zum "lifelong learning" fort (Deutscher Bildungsrat, 1970, S. 51). In der Folge wurde die lebenslange Weiterbildung (-smöglichkeit) - im bildungsplanerischen Verständnis die berufliche, politische und allgemeine Bildung umfassend - auch zur öffentlichen Aufgabe. Sie sollte als vierte Säule des Bildungssystems neben Schule, Berufsschule und Universität auf- und ausgebaut werden - "auch wenn der einzelne für eine persönliche Weiterbildung selbst die Initiative erbringen muß" (vgl. Bildungsgesamtplan der Bund-Länder-Kommission 1973, S. 59).

Den Angaben des Berichtsystems Weiterbildung zufolge nahm die Zahl der TeilnehmerInnen sowohl im Bereich der beruflichen Weiterbildung als auch im Bereich der allgemeinen und politischen Weiterbildung stetig zu:

- in der beruflichen Weiterbildung von 10% der Bevölkerung im Alter zwischen 19 und 65 Jahren anno 1979 auf 18% im Jahre 1988;
- in der allgemeinen und politischen Weiterbildung von 16% im Jahre 1979 auf 22% im Jahre 1988 (vgl. BMBF 1996; S. 310).

---

[19] (vgl. die Arbeit des Deutschen Ausschusses für das Erziehungs- und Bildungswesen)

[20] "In der Praxis werden die beiden Begriffe 'Erwachsenenbildung' und 'Weiterbildung' heute teils als Synonyme verwendet, teils aber auch zur Bezeichnung zweier verschiedener Akzentuierungen benutzt. Vielfach hat sich auch zur Kennzeichnung des Gesamtbereichs der Doppelbegriff 'Erwachsenenbildung/Weiterbildung' eingebürgert" (Dohmen 1997a, S. 9).

[21] Auf die theoretischen Kontroversen um die begriffliche Fassung soll an dieser Stelle nicht weiter eingegangen werden. Mag auch aus berufspädagogischer Sicht hierzu bis heute ein Theoriedefizit bestehen (vgl. Severing 1994, S. 16), so hat sich in den letzten Jahrzehnten eine breite Palette verschiedenster Konzepte in einer ebenso variablen Praxis berufsbezogener Weiterbildung entwickelt.

Ausdruck fand diese Entwicklung auch im Ausbau der gesetzlichen Regelungen, "wobei die Gesetzgebungskompetenzen zwischen Bund (Arbeitsförderungsgesetz und Berufsbildungsgesetz für die primär berufliche Weiterbildung) und den Ländern (insbesondere acht Erwachsenen-/Weiterbildungsgesetze für die primär nicht berufliche Weiterbildung) aufgeteilt sind" (Heger, R.-J. 1989, S. 1612). Ein staatliches Engagement in dieser vierten Säule des Bildungsbereichs war damit zwar verankert, doch sollte es angesichts der Heterogenität von etablierten Ansätzen wie Interessensgruppen in Form subsidiärer Praxis ausgeübt werden. Leitgedanken staatlichen Handelns waren eher Kooperation und Koordination im Rahmen eines Trägerpluralismus.

Zu den TrägerInnen und AnbieterInnen gehörten zum einen die klassischen Einrichtungen der Erwachsenenbildung, wie die Volkshochschulen, oder die Bildungshäuser gewerkschaftlicher und kirchlicher Dachorganisationen. Zum anderen wurde insbesondere der beruflichen Weiterbildung in der Privatwirtschaft mit dem Auf- und Ausbau differenzierter Bildungsabteilungen im Bereich der Personalplanung und -entwicklung Rechnung getragen. Weiterhin entstand angesichts der wachsenden Arbeitslosigkeit, der Wandlung von Berufsbildern sowie der öffentlichen Unterstützung im Rahmen des Arbeitsförderungsgesetzes ein umfangreicher Markt freier AnbieterInnen für Umschulung und Weiterqualifizierung.

Diese Entwicklung war nicht unumstritten, insbesondere was die Rolle des Staates in seiner ordnungspolitischen Funktion anbelangt. Weiterbildung war explizit in das o.g Kräftefeld eingebunden. Die sich auch darin manifestierende Trennung zwischen allgemeiner kultureller und politischer sowie beruflicher Bildung tat ein Übriges, weder hinsichtlich der Finanzierung noch hinsichtlich entsprechender Gesetzgebung Konsens entstehen zu lassen. Die bildungspolitische Gratwanderung erweist sich exemplarisch etwa in den Thesen des Bundesministeriums für Bildung und Wissenschaft von 1985, wo folgende Grundsätze für eine "zukunftsorientierte Weiterbildung" als programmatische Eck- und Orientierungspunkte (vgl. Anweiler et al. 1992) formuliert wurden:

- Nachfrage und Bedarfsorientiertheit des Angebotes hinsichtlich der Teilnehmenden *und* hinsichtlich des Beschäftigungssystems,
- Beibehaltung und Ausbau von Trägervielfalt und dezentraler Struktur,
- Finanzierung durch die öffentliche Hand, ArbeitgeberInnen, WeiterbildungsträgerInnen und TeilnehmerInnen (vorwiegend durch die letzten drei),
- Förderung selbstorganisierten Lernens und
- Ausbau der Weiterbildungsberatung.

In diesen Thesen wird Weiterbildung vorwiegend als berufliche Weiterbildung gefaßt und die Anforderungen zudem primär aus der Perspektive des Wirtschafts- und Beschäftigungssystems definiert: "Berufliche Weiterbildung dient der Erhaltung, Erweiterung und Anpassung der beruflichen Kenntnisse und Fertigkeiten sowie dem beruflichen Aufstieg. Sie ist eng verbunden mit beruflicher Erfahrung und Leistung am Arbeitsplatz. Berufliche Weiterbildung ist insofern in besonderem Maße auf die Anforderungen des Beschäftigungssystems und des Arbeitsmarktes ausgerichtet. Als wichtiges Instrument aktiver Beschäftigungspolitik trägt sie dazu bei, die berufliche Mobilität zu verbessern und eine berufliche Neuorientierung zu ermöglichen" (Anweiler et al. 1992, S. 305). Es wird die These vertreten bzw. die Hoffnung geäußert, "in der beruflichen Weiterbildung können ökonomische, technische, humane und soziale Aspekte und Bedürfnisse in Übereinstimmung gebracht werden" (ebd. S. 305). Wo jedoch die nichtökonomisch bestimmten Interessen der einzelnen bzw. die der Gemeinschaft ihre Vertretung, ihre Lobby finden, wird nicht weiter thematisiert. Strukturell stieß (und stößt noch immer) in diesem Prozeß vor allem die - allen Berufungen auf ein ganzheitliches Bildungsverständnis zum Trotz - bestehende Dominanz der beruflichen Weiterbildung und die Abdrängung der allgemeinen und der politischen Weiterbildung auf Kritik.

Insgesamt stieg das absolute Finanzvolumen, das in den Bereich der Weiterbildung von öffentlicher und privater Hand investiert wurde, zwar kontinuierlich an, gemessen an seinem Anteil am Bruttosozialprodukt ist jedoch eher eine stagnierende Tendenz bis 1990 festzustellen (vgl. BMBF 1996). Im Vergleich der beteiligten Träger- und Einrichtungsgruppen zeigt sich dabei Nuissl zufolge: "Der im wesentlichen gestaltende und institutionelle Strukturen implementierende Finanzierungsbereich von Bund, Ländern und Gemeinden ist zwischen 1987 und 1990 gleich geblieben, während die finanziellen Aufwendungen der privaten Wirtschaft, der privaten Haushalte und der Bundesanstalt für Arbeit deutlich stiegen" (1994, S. 353). Bei diesen Angaben kommt allerdings eine Berechnungsproblematik hinzu, da detailliertere "Analysen zur Finanzierungsstruktur bis in die 80er Jahre hinein die Ausnahme blieben" (Nuissl 1994, S. 353) und angesichts der Heterogenität des Bereichs schwer umfassend anzulegen sind.[22]

3.1.2 Berufliche Weiterbildung in der DDR

Auch in der DDR begann eine verstärkte Berücksichtigung der Weiterbildung Anfang der 70er Jahre. Ausgehend von dem Postulat der Einheit von Lernen und Arbeiten, von Ökonomie und Bildung im Zusammenhang mit dem angestrebten gesellschaftlich-ökonomischen Fortschritt des Sozialismus rückten auch hier sich an die erste Ausbildungsphase des Menschen anschließende Bildungs- und Qualifikationsprozesse ins Blickfeld. Sie bezogen sich vor allem auf die erwerbstätige Bevölkerung. In dem programmatischen Beschluß der Volkskammer der DDR vom 16.9.1970 wurden folgende Zielgruppen für die Weiterbildungsarbeit genannt: die Werktätigen in Betrieben und Kombinaten, die Genossenschaftsbauern, die Fach- und Hochschulkader und die Führungskader. "Aufgaben und Inhalt der Aus- und Weiterbildung der Werktätigen werden von den gesellschaftlichen und betrieblichen Erfordernissen der prognostischen und perspektivischen Entwicklung bestimmt. (...) Die Aus- und Weiterbildung der Werktätigen erfolgt in Einheit von politisch-ideologischer und beruflich-fachlicher Bildung und Erziehung" (Volkskammer 1970, zit. nach: Anweiler et al. 1992, S. 299f.). Daneben wird ebenfalls die "Weiterentwicklung der Allgemeinbildung aller Werktätigen" (ebd. S. 302) gefordert.

Die Weiterbildung - im Sinne der Bildung von Erwachsenen - sollte zu einem der Ausbildung gleichrangigen Bereich entwickelt werden (vgl. Weidemann 1988). So heißt es in dem gemeinsamen Beschluß des Ministerrates der DDR und des Bundesvorstandes des FDGB vom 21.7.1979: "Das Anliegen der Erwachsenenbildung in der DDR ist es, die allseitige Entwicklung der Persönlichkeit fortzusetzen, die Fähigkeiten, die Initiati-

---

[22] Erschwerend wirkt auch die unterschiedliche Bestimmung dessen, was z.B. unter beruflicher Weiterbildung gefaßt wird, die in den verschiedenen Erhebungen variiert (vgl. Klemm et al. 1990, S. 209). Ähnliche Schwierigkeiten gibt es auch im Bereich der Erfassung der Beteiligung an Weiterbildung. 1979 wurde im Auftrag des Bundesministeriums für Bildung und Wissenschaft ein "Berichtsystem Weiterbildung" eingerichtet; mit dem Ziel, auf repräsentativer Basis Daten über die Weiterbildungsbeteiligung der Bevölkerung bereitzustellen. Seitdem wurden in Befragungen in regelmäßigem Abstand und seit 1991 unter besonderer Berücksichtigung der Neuen Bundesländer (Kuwan 1992) - Daten zu den Bereichen Entwicklung der Weiterbildungsbeteiligung, Einstellungen zur Weiterbildung und Bestimmung des Weiterbildungsvolumens erhoben. Auch diese Erhebung ist nicht unumstritten (vgl. Klemm et al. 1990, Bolder 1994).

ven und die Schöpferkräfte aller Bürger weiterzuentwickeln, die allgemeine und berufliche Bildung zu vertiefen, Kenntnisse über Marxismus-Leninismus und alle anderen Wissenschaften, progressive Traditionen und kulturelle Werte zu vermitteln und anzueignen, Interessen zu erweitern sowie das sozialistische Bewußtsein und die sozialistischen Verhaltensweisen auszuprägen" (zit. nach: Anweiler et al. 1992, S. 308).

Auch in der DDR wurden allgemeine, politische und berufliche Weiterbildung mit integrativem Anspruch als zukünftige Aufgabenfelder von zentraler Bedeutung für den gesellschaftlichen Fortschritt anerkannt. Weiß kommt resümierend zu folgendem Ergebnis: "Somit ergeben sich ähnliche Aufgaben, wie sie sich der beruflichen Weiterbildung auch in den alten Bundesländern gestellt haben. Die Lösungsansätze unterscheiden sich allerdings grundlegend" (1991, S. 175).

Die Weiterbildung wurde, wie der gesamte Bildungsbereich, nach einheitlichen staatlichen Grundsätzen organisiert, in Rahmen-Curricula zentral gefaßt und mit Hilfe von Plänen und Kennziffern vorgegeben. Träger der Weiterbildung waren:

- Institute und Akademien für sozialistische Wirtschaftsführung (für Führungskräfte),
- Betriebsakademien (für MeisterInnen, FacharbeiterInnen, Angestellte),
- Betriebsschulen (für ungelernte und gelernte Kräfte),
- Hochschulen und Akademien - einschließlich der in den 80er Jahren eingerichteten Weiterbildungszentren (für die wissenschaftliche Weiterbildung durch postgraduale Studien, Fern- oder Abendstudien und Fachveranstaltungen),
- Fachschulen (zur Weiterqualifizierung im zweiten Bildungsweg),
- Volkshochschulen (zur Fortführung der Allgemeinbildung) und
- andere gesellschaftliche Organisationen, wie die Kammer der Technik (für IngenieurInnen und ÖkonomInnen), der Bund deutscher Architekten, die URANIA (,Gesellschaft zur Verbreitung wissenschaftlicher Kenntnisse') sowie die Bildungseinrichtungen der Parteien, anderer politischer Organisationen und der Gewerkschaften (für die politische Bildung).

Die Teilnahme an Veranstaltungen erfolgte zumeist auf dem Wege der Delegation von seiten der Betriebe, wobei diese neben dem individuellen Bedarf zum Teil auch von "einer vorbildlichen gesellschaftlichen Haltung" (Fleischhauer/Czihak 1988, S. 381) abhängig gemacht wurde. Insgesamt war die Teilnahmequote mit der in der alten Bundesrepublik vergleichbar. So nahmen 1988 ca. 25-30% aller Erwerbstätigen an einer betrieblichen Qualifizierungsmaßnahme teil. Auch die Möglichkeiten der Volkshochschulen und des Fern- und Abendstudiums wurden intensiv genutzt. In bezug auf die einzelnen MitarbeiterInnen sollten abgeschlossene "Qualifizierungsverträge" und die regelmäßig stattfindenden "Leistungsgespräche" (zum fachlichen und gesellschaftlichen Engagement, zur Weiterqualifizierung und zu sonstigen Aktivitäten) und Kadergespräche die berufliche Weiterbildung steuern. In der Praxis bedeutete allerdings - vermittelt durch die rigide Handhabung der staatlichen Nachwuchsplanung - in den meisten Fällen bereits die Erstausbildung eine nur teilweise von den einzelnen beeinflußbare Festlegung des Berufsweges, so daß die Einflußmöglichkeiten der einzelnen auf ihre berufliche Laufbahn bzw. ihre Weiterqualifizierung generell relativ gering waren (vgl. Weiß 1991, S. 176).

Trotz einer gesamtstaatlich-zentralistischen Organisation der Weiterbildung diagnostiziert Schäfer zusammenfassend ein "Nebeneinander" von Aktivitäten, "teilweise sogar durch Überschneidungen der Leitungskompetenzen gekennzeichnet, die zu Koordinierungs- und Abstimmungsproblemen" führten (Schäfer 1990, S. 382).

3.1.3   Berufliche Weiterbildung nach 1989

Im Zuge der Vereinigung bekamen Diskussion und Praxis der Weiterbildung aus verschiedenen Gründen neuen Aufwind. Auch der Bildung, die sich an die Erstausbildung anschließt, wurde eine Schlüsselfunktion beim deutsch-deutschen Einigungsprozeß zugeschrieben. Insbesondere der beruflichen Weiterbildung wurde dabei große Bedeutung als "Innovations- und Integrationsfaktor" (vgl. Weiß 1991) beigemessen. Dabei darf jedoch nicht vergessen werden, daß die alte Bildungsinfrastruktur der DDR im Bereich der beruflichen Bildung zu großen Teilen zusammen mit der völligen Reorganisation der Wirtschaftsstruktur aufgelöst bzw. 'abgewickelt' wurde. An Bildungsinvestitionen konnte in den oftmals um das Überleben kämpfenden ostdeutschen Betrieben kaum gedacht werden. Angesichts diverser (Um-)Schulungsbedarfe (vgl. Wagner 1993) und zunehmender Arbeitslosigkeit etablierte sich binnen kurzer Zeit ein umfangreicher Markt verschiedenster, zumeist westlicher AnbieterInnen. Dieser umfaßte sowohl in den Osten Deutschlands expandierende privatwirtschaftliche als auch öffentliche TrägerInnen bzw. Einrichtungen der Weiterbildung. Eine besondere Rolle kam im Zuge massiver arbeitsmarktpolitischer Zielsetzungen mit der "Qualifizierungsoffensive" dem Bereich der AFG-getragenen Maßnahmen zu. Nach dem sprunghaften, oft regellosen und für die Betroffenen meist intransparenten Boom dieses Bereichs war jedoch bereits 1993 Ernüchterung zu spüren. So resümieren Schäffel und Heibutzki: "In den neuen Bundesländern hat sich der Know-how-Import eher zu einer unseligen Geschichte entwickelt. Da gilt Weiterbildung als moderne Form der Barbarei. Oder Sozialfürsorge anstelle von Arbeitsplätzen und Wirtschaftskonjunkturkonzepten" (1993, S. 23).
Die Diskussion um Weiterbildung erweist sich erneut als stark in gesellschaftliche Entwicklungstrends und Krisen eingebunden. Gerade in Zusammenhang mit dem durchgreifenden Strukturwandel der neuen Bundesländer wird die Präsenz ökonomischer Rationalität in ihrer Wirkung explizit spürbar. "Die vitalen Interessen, den aktuellen Arbeitsplatz zu erhalten oder einen neuen zu bekommen, lassen jene Bildungsaufgaben in den Hintergrund treten (...), die nach der Befindlichkeit des Menschen im fundamentalen Umbruch ihrer Lebensverhältnisse und dem Dysfunktional-Werden ihrer Orientierungs- und Gestaltungsmaximen (...) fragen" (Strunk 1992, S. 40).[23]
Jedenfalls hat die Auseinandersetzung um die Inhalte und Ziele der Weiterbildung in der Folge der Vereinigung eine erneute Intensivierung erfahren. Auch in der etablierten bildungswissenschaftlichen Diskussion kam es mit Einspeisung der Erfahrungen aus der DDR bzw. den neuen Bundesländern zu Veränderungen in den 'Frontverläufen' der Forschung.[24] Gerade mit Blick auf die negativen Erfahrungen im Zuge des Booms von Weiterbildung in Ostdeutschland flammten die Diskussionen auf über Möglichkeiten einheitlicher Qualitätssicherung und umfassender Professionalisierung der Lehre, Schaffung von Transparenz für BildungsinteressentInnen, Flexibilisierung und zielgruppenorientierte Individualisierung der Bildungsformen, Steuerungs- sowie Planungsinstrumente zur Wahrung öffentlicher Interessen. Weiterbildung wird im Rahmen eines "Personalmanagements der Zukunft" überdies auch mit allgemeinen Trends des demographischen und wirtschaftlich-technologischen Wandels, der Internationali-

---

[23] Noch deutlicher werden die Prioritäten in den Äußerungen des Brandenburger Wirtschaftsministers Hirche in Zusammenhang mit der Weiterbildungsgesetzgebung des Landes: "In der jetzt schwierigen wirtschaftlichen Situation hat so die Arbeitsplatzsicherheit Vorrang vor dem ebenfalls von der Verfassung verbrieften Recht auf Bildung" (Pressemitteilung des Ministeriums für Wirtschaft, Mittelstand und Technologie vom 19.03.1993).
[24] (vgl. DGfE-Kongreß 1996 in Halle: "Bildung zwischen Staat und Markt")

sierung und Ökologisierung in Verbindung gebracht (vgl. Wunderer/Kuhn 1993).
Strukturell betrachtet, wird jedoch die alt-bundesrepublikanische Differenzierung der
beruflichen Weiterbildung beibehalten, wobei - neben der Umschulung bei Arbeits-
feldwechsel - unter dem Begriff ‚Fortbildung' folgende Teilbereiche unterschieden
werden:

- Einführung bzw. Einweisung (zur spezifischen Einpassung bei Antritt einer neuen
  Stelle notwendig werdende Bildung),
- die "Anpassungsfortbildung" (im Falle der strukturell bzw. technologisch bedingten Veränderung von Arbeitsplätzen),
- die "Aufstiegsfortbildung" (die Möglichkeiten des individuellen beruflichen Fort-
  kommens betreffend) und
- die "reaktivierende Weiterbildung" (nach Erwerbspausen).

Auch in der Institutionenlandschaft hat sich prinzipiell wenig geändert. Die TrägerInnen bzw. Bildungseinrichtungen unterscheiden sich nicht nur hinsichtlich ihrer Finanzierung oder ihrer Organisationsform. Nuissl (1994, S. 352) zieht folgende Kriterien zu
ihrer Differenzierung heran: Adressatenkreis bzw. Offenheit des Zugangs; gesellschaftliche Stellung im Sinne öffentlicher oder freier Weiterbildung; erwerbswirtschaftliche,
partikular-gesellschaftliche, öffentliche oder organisatorische Interessen; Zugehörigkeit
zu Dachorganisationen; Rechtsnatur der Träger sowie Inhaltsbereich des Angebotes.
Diese Vielfalt ist sowohl konstituierendes Element als auch Problem des Weiterbil-
dungsbereichs in der Bundesrepublik, insbesondere was die Beeinflußbarkeit oder die
politische Steuerung anbelangt. "Erster und oberster Ordnungsgrundsatz auf der Basis
rechtlicher Grundlagen ist, daß EB <d.h. Erwachsenenbildung/Weiterbildung, A.d.V.>
nicht staatlich geordnet sein muß" (Nuissl 1994, S. 347). Faktisch unterscheidet Merk
(1992) dazu typisierend zwei Modelle, die das Feld polarisierend aufspannen:

- "Die bildungspolitische Sichtweise versteht Weiterbildung als Teil des Bildungssystems. Sie soll als vierte, quasi schulische Säule entstehen. (...) Staatliche Abschlüsse sollen eine gewisse Einheitlichkeit durchsetzen" (Merk 1992, S. 3).
- "Dem steht die wirtschaftspolitische Position entgegen, die Weiterbildung außerhalb des staatlichen Schulwesens als 'Marktsystem' weiterentwickeln will. Im wirt-
  schaftspolitischen Modell soll Weiterbildung als marktwirtschaftliches System den
  Kräften von Angebot und Nachfrage ausgesetzt bleiben. Der Staat soll nur dort
  ein Angebot gewährleisten, wo der Bedarf nicht anderweitig reguliert werden
  kann" (ebd. S. 3f.).

In der Debatte um Grad und Art der Ordnung spiegelt sich letztlich die Frage nach
dem Führungs- bzw. Definitionsanspruch in der Weiterbildung wider. Mit der anteils-
wie kräftemäßigen Dominanz beruflicher Weiterbildung der Wirtschaftsbereiche gegenüber allgemeiner Weiterbildung und anderen Zielgruppen kommt es dabei zu einer
Diffusion betriebswirtschaftlicher Begrifflichkeiten und Denkmuster in den Bildungsbereich. Weiterbildung wird - anders als etwa der Primarbereich - aus dieser Sicht als
"Markt" verstanden. Von Zielgruppen als MarktteilnehmerInnen, von Seminaren als
Kaufobjekten, von Kaufzielen im Sinne von Anpassung, Aufstieg oder Veränderung ist
die Rede (vgl. Merk 1992, S. 307).
Auf der Ebene der gesellschaftlichen Organisation verdeutlichen die Ausführungen
erneut das Spannungsverhältnis zwischen 'Bedarfen' und 'Bedürfnissen', in das die berufsbezogene Bildung eingebunden ist. Das gilt auch für die untersuchten außeruniversitären Forschungseinrichtungen: Weiterbildung kann dort z.B. sowohl als Wettbe-
werbsfaktor in der internationalen Konkurrenz als auch als sozialer Beitrag zur Sicherung individueller Optionen in Erscheinung treten.

3.2 Weiterbildungsmanagement im betrieblichen Kontext

Unter der Perspektive einer wie auch immer gearteten gesellschaftlichen Ordnung rückt dabei auch die Frage des konkreten Managements von Weiterbildung ins Blickfeld. Unter 'Management' können hierbei allgemein Prozesse bzw. Personen verstanden werden, die sich auf "die Gestaltung, Lenkung und Entwicklung von Systemen" (Ulrich 1984, S. 99) beziehen bzw. mit ihr beschäftigt sind.

Da die vorliegende Untersuchung auf die Betrachtung der Weiterbildung in Forschungseinrichtungen zielt und der Zugang über das Forschungs*management* gewählt wird, beschäftigt sich dieses Teilkapitel mit Strukturelementen und Problemen der innerinstitutionellen Steuerung von Weiterbildung. Dabei soll die innerbetriebliche Weiterbildungsorganisation v.a. in den Berufsfeldern der Wirtschaft näher betrachtet werden, um diesen ausführlich dokumentierten Bereich als Vergleichsfolie für die vorliegende Studie heranzuziehen.

Generell ist ein Trend zum Ausbau der innerbetrieblichen Weiterbildung zu beobachten, welche gegenüber der Erstausbildung vermehrt an Gewicht gewinnt. In einer vom Bundesinstitut für Berufsbildung (BIBB) 1995 durchgeführten Befragung von 1000 Ausbildungsbetrieben gaben die Unternehmen an, "daß sie ihren Qualifikationsbedarf in den letzten drei Jahren mehrheitlich über Weiterbildung und/oder betriebliche Berufsausbildung gedeckt hätten, selten über Neueinstellungen" (BIBB 1996, S. 2).

Dieser Trend manifestiert sich auf verschiedenen Ebenen: Erstens in der Etablierung einer betrieblichen Betrachtungsperspektive, die die gesamte Berufsausübung unter dem Aspekt der Bildung in den Blick nimmt (Teilkap. 3.2.1); zweitens im Auf- bzw. Ausbau spezieller organisatorischer Einheiten für das Management von Weiterbildung - einschließlich ihrer betriebsstrukturellen Einordnung, Kompetenzausstattung sowie der Einstellung entsprechender Finanzierungsanteile (Teilkap. 3.2.2).

3.2.1 Bildung als Betrachtungsperspektive beruflichen Handelns in betrieblichen Organisationen

Gerät die Berufswirksamkeit von Bildung nicht in vorbereitendem, sondern in ausübungsbegleitendem Sinne in den Mittelpunkt des Interesses, so treten - wie in Teilkap. 2 bereits erläutert - zum einen die Beschäftigten als potentiell lebenslang lernende Erwachsene in Erscheinung. Zum anderen wirkt sich dies wiederum auf die Bildungsinhalte aus und läßt drittens Lernformen explizite Aufmerksamkeit erfahren, die jenseits des klassischen Unterrichts-Settings liegen.

In einer Übersicht zur Entwicklung der Weiterbildung in der betrieblichen Praxis konstatiert Heidack (1989, S. 19f.) verschiedene, einander ablösende Phasen:
- von "unterrichtsorientierter Schulung" sowie "methoden- und angebotsorientierter Weiterbildung",
- über "bedarfs-", "problemlösungs- und transferorientierte Weiterbildung" ,
- zu einer Weiterbildung, die sich umfassend auf Organisationsentwicklung, Wertesystem und "permanentes Lernen" ausrichtet.

Diese Trends schlagen sich jeweils in folgenden Bereichen des Wandels nieder: Zum ersten in der jeweils dominanten Fragestellung der Weiterbildung (mit unterschiedlich starker Betonung von Lerninhalten, Lehrformen, fremd- und selbstorganisierten Lernformen etc.), zum zweiten in den typischen Aktionsfeldern der Weiterbildungsbemühungen (mit einer Tendenz zur Flexibilisierung des Lernortes) sowie zum dritten in den Rollen der Bildungsverantwortlichen, TrainerInnen, Teilnehmenden und Vorgesetzten, die in unterschiedlichem Maße von Aktivität und Verantwortungsübernahme geprägt sind (vgl. Heidack 1989, S. 19f.).

Zu den Veränderungen der **Inhalte** ist allgemein - neben einem verschiedene Berufs-gruppen unterschiedlich stark betreffenden Wandel bezüglich der fachlichen Inhalte - eine zunehmende Berücksichtigung metafachlicher oder Schlüsselqualifikationen in-nerhalb der organisierten Weiterbildung festzustellen. So ist etwa die Expansion von dahingehenden Seminarangeboten zu beobachten; fast obligatorisch heißt es in den betrieblichen Weiterbildungsprogrammen "Kreative Kommunikation am Arbeitsplatz", "Zeit- und Selbstmanagement", "Teamentwicklung" oder "Zielorientiertes Führen" (vgl. beispielsweise die Programme von Siemens oder Osram).[25] Exemplarisch für das damit verbundene Argumentationsmuster sei auf die Metapher der "Doppel-Helix des Know-how" von Merk verwiesen: Sie "verbindet personale Kompetenzen und fachli-che Qualifikationen. (...) Wenn die subjektiven Momente einer Person mit den berufli-chen, quasi objektiven Elementen (...), wie in einem Reißverschluß verknüpft werden, tritt jene Beziehung auf, die Lernenergien freisetzt" (1992, S. 12).

Im Bild der beiden Helix-Stränge ist exemplarisch eine Transferproblematik angelegt, die in zweifacher Weise Konsequenzen für die Weiterbildung in sich birgt. Zum einen gehört es zu den Aufgaben des Weiterbildungsmanagements, die Verbindung zwischen dem Erwerb metafachlicher Fähigkeiten und ihrem fachlichen Bezug zu ermöglichen bzw. zu befördern. Zum anderen muß generell eine Verbindung zwischen Lerninhalt und beruflichem Alltag hergestellt werden. Zunehmend wird das Seminar-Setting um anschließende Transfer-Begleitungs-Angebote ergänzt.

Überdies wird versucht, die Lern- und die Arbeitsorte einander anzunähern. Nach An-gaben des BIBB gibt es in den letzten Jahren einen Trend zu arbeitsplatznahen Formen der Weiterbildung und - wenn auch in geringerem Maße - zu Formen selbstgesteuerten Lernens, wobei die Seite des Angebotes dieser Formen durch die Unternehmen die Seite der Nachfrage durch die Beschäftigten überwiegt (vgl. Kramer 1996).

Insgesamt hat damit die Wahrnehmung der (intentionalen) **Lernformen** unter Bezug-nahme auf den Arbeitsplatz eine weitreichende Differenzierung erfahren. Es sind zu unterscheiden:

- Training-into-the-job (Maßnahmen, die die Übernahme einer Tätigkeit vorberei-ten),
- Training-on-the-job (gezielte Lernprozesse während der Ausübung des Berufs am Arbeitsplatz, z.B. job enrichment, Projektarbeit),
- Training-near-the-job (Lernen in räumlicher und/oder inhaltlicher Nähe zum Be-rufsfeld, z.B. Lernstatt, Zugang zu weiterführenden Informationsmedien),
- Training-off-the-job (gezielte Lernprozesse außerhalb der beruflichen Tätigkeit, z.B. Seminare, Verhaltenstrainings),
- Training-out-of-the-job (zur Vorbereitung des Ruhestands oder Outplacement-Beratung),
- Training-parallel-to-the-job (Selbstentwicklung in Eigenverantwortung, auch Coa-ching, Mentoring und Counseling) (vgl. Wunderer/Kuhn 1993, S. 134ff.).

---

[25] Wie auch im öffentlichen Sektor bei den Inhalten die metafachlichen Qualifikationen Einzug gehalten haben, läßt sich an der Expansion dieser Angebotssparte z.B. bei der Akademie des deutschen Beamtenbundes oder bei den Studieninstituten für kommunale Verwaltung der Länder im letzten Jahrzehnt ablesen.

Der Befragung von 16 deutschen Großunternehmen durch Wunderer und Kuhn (1993, S. 136f.) zufolge wird zum Jahr 2000 hin die Bedeutung von Maßnahmen "off-the-job" und "into-the-job" abnehmen, während vor allem "Training-on-the-job" an Gewicht zunehmen wird. Hierbei wird nicht nur die räumliche Nähe zum Arbeitsplatz, sondern auch Nähe bzw. Identität von Arbeiten und Lernen gesucht.

Nimmt man in Anlehnung an "learning-by-doing" noch "Training-by-the-job" oder "Training-through-the-job" (d.h. Lernprozesse, die durch die Ausführung der beruflichen Aufgaben initiiert werden) hinzu, sind damit auch Lernformen in Ergänzung der organisiert-intentionalen zu berücksichtigen, wie die Formen des en-passant-Lernens bzw. selbstgesteuerte Prozesse.

Damit ist das Management von Weiterbildung nicht mehr nur auf Bedarfsanalyse und Organisation von Maßnahmen in Seminarform beschränkt, sondern sein Aufgabenspektrum erweitert sich auf eine umfassende Bildungsprozeß-Begleitung inklusive Transfer-Unterstützung bei einzelnen Personen - sowie in bezug auf die Entwicklung des Personals insgesamt einschließlich des Controllings (vgl. Bonarius 1993). Somit gewinnt der gesamte Arbeitsprozeß unter dem Aspekt von Bildung an Relevanz.

3.2.2 Organisatorische Entsprechungen der 'Bildungsperspektive' im betrieblichen Weiterbildungsmanagement

Wird im Prozeß des Wandels von Wirtschaftsstrukturen ‚Bildung' als Bewältigungs- und Wettbewerbsinstrument des Unternehmensmanagements angesehen und setzt sich eine bildungsorientierte Betrachtungsweise der Beschäftigten durch, so liegt die institutionelle Differenzierung entsprechender Steuerungsmöglichkeiten nahe.

Dabei gehört das gezielte Management von Bildungsprozessen vermehrt zu den Aufgaben der Personalabteilungen, wobei allerdings in manchen Konzeptionen gerade eine punktuelle Fixierung der Zuständigkeit abgelehnt und ‚Lernen' als organisatorische Gesamtaufgabe im Sinne einer umfassenden Qualitätssicherung verstanden wird (vgl. Hofer 1994).

Zu den Aufgaben des Bildungsmanagements werden folgende Teilbereiche gerechnet (vgl. Döring 1991):

- Bedarfs-/Bestandsmanagement,
- Programmplanung,
- Koordination und Organisation,
- Beratung und Informationsmanagement,
- Transfermanagement,
- Evaluation bzw. Controlling.

Diese Teilaufgaben werden oft in miteinander vernetzter Kreisform dargestellt, den zyklisch wiederkehrenden Funktionszusammenhang symbolisierend (vgl. Bundesinstitut für Berufsbildungsforschung 1977, S. 70; Hölterhoff/Becker 1986, S. 198 oder Döring 1991, S. 51).

Idealtypisch lassen sich zur Erfüllung der Aufgaben verschiedene Organisationsmodelle unterscheiden (vgl. Bundesinstitut für Berufsbildungsforschung 1977, S. 65ff.):

- das Dienstleistungsmodell - die Bildungsabteilung des Unternehmens versteht sich als Dienstleister anderen Bereichen (Produktion, Vertrieb etc.) gegenüber; letztere melden Bedarf an; dieser wird im Sinne einer "Auftragserfüllung" gedeckt, wobei die Auftraggeber für die bedarfsgerechte Verwertung zuständig sind;

- das Stabsmodell - die für Bildungsarbeit Zuständigen orientieren sich bei Bedarfsanalyse, Organisation und Evaluation an betriebsstrategisch allgemeinen Gesichtspunkten; sie sind der Leitung zugeordnet und haben den Abstimmungsprozeß mit den Beschäftigten bzw. dem Betriebsrat zu organisieren;

- das Autonomiemodell - in diesem, eher seltenen, Fall reichen die Kompetenzen der Weiterbildungsbeauftragten so weit, daß sie eine selbständige Größe im Kräftefeld des Unternehmens darstellen; Beispiel: "Betriebsuniversität";

- das Betriebsmodell - hierbei wird keine gesonderte Bildungseinheit eingerichtet; alle Bereiche und Ebenen des Unternehmens sind verpflichtet, sich selbst um die jeweils erforderliche Weiterbildung zu kümmern; ggf. werden externe Fachleute herangezogen.

Je nach Organisationsmodell kann Weiterbildungsmanagement als spezialisierter Teilbereich oder als Querschnittsaufgabe im Bereich des betrieblichen Personalwesens oder der Organisationsentwicklung insgesamt konzipiert werden. Im letzteren Fall ist das Management von Weiterbildung in einen allgemeineren Trend eingebunden, der von der betriebswirtschaftlichen Managementliteratur konstatiert wird: "Das betriebliche Personalmanagement verliert (...) immer mehr den Charakter einer Spezialdisziplin und wird zunehmend Teil der allgemeinen Betriebswirtschaftslehre, verstanden im Sinne des 'general managements'" (Scholz 1989, S. VI).

Mit dem institutionellen Ausbau geht auch eine Professionalisierung der für Bildungsfragen zuständigen Bereiche einher (vgl. beispielsweise das Berufsbild des/der BildungsmanagerIn; Schuler/Bausch 1992, auch Merk 1992). Diese Professionalisierung ist nicht nur auf die Personalabteilungen der großen Betriebe beschränkt.[26] Klein- und Mittelbetriebe können auf extern angebotene Leistungen, z.B. in einem Sharing von Bildungsangeboten, oder auf Beratungsdienste der Kammern zurückgreifen (vgl. Bundesinstitut für Berufsbildungsforschung 1977). Folgt man den Ergebnissen einer Unternehmensbefragung des Münchener Computer Data Institutes von 1992, so gab die Hälfte der befragten Betriebe an, hauptamtlich mit Bildungsfragen beschäftigtes Personal zu besitzen. Aufgrund einer Dominanz von Klein- und Mittelbetrieben in der Stichprobe mit zwangsläufig geringer ausdifferenzierten Strukturen ist anzunehmen, daß die Etablierung von Bildungsbeauftragten mit der Unternehmensgröße zunimmt (vgl. Bonarius 1993, S. 28).[27]

Für ein wachsendes Bewußtsein der Betriebe gegenüber der Bedeutung von Weiterbildung spricht überdies der Ausbau der dahingehend zur Verfügung gestellten finanziellen Ressourcen (vgl. Bonarius 1993).[28] Faktisch wird bereits von betrieblichen Standardsummen gesprochen, die pro MitarbeiterIn im Jahr für deren Weiterbildung ausgegeben werden. Diese werden bei durchschnittlich 1,5 - 2,5% der jährlichen Bruttolohnsumme angesiedelt (vgl. Döring 1993, S. 207). Die Höhe variiert freilich je nach Größe

---

[26] (wobei Unternehmen zum Teil ihre Bildungsabteilungen als autonome Profitcenter auslagern, wie z.B. die Volkswagen AG)

[27] Andererseits könnte im Zuge einer Durchsetzung der Idee "lernender Organisation" darin auch ein Trend zum Ausdruck kommen, die Bildungsverantwortung nicht spezialisierend zu delegieren, sondern in jeder Einheit zu verankern (vgl. Bonarius 1993).

[28] Analog kann auch die Expansion des Marktes kommerzieller AnbieterInnen als ein Indiz dafür gewertet werden. Daß hier ein spezielles Segment des Weiterbildungsmarktes entstanden ist, läßt sich u.a. an dem umfangreichen Zeitschriftenmarkt ablesen (vgl. Zeitschriften wie Management und Seminar - Zeitschrift für Tagungen, Training und Personalentwicklung; Weiterbildung - Das Magazin für die Führungskräfte; Wirtschaft und Berufserziehung - Zeitschrift für Berufsbildung; Lernfeld Betrieb - Das Magazin für Bildung und Beruf).

der Betriebe, Branche oder Wirtschaftsbereich. Merk zufolge (1993, S. 310) führen dabei Kreditinstitute und Versicherungen mit einer jährlichen Summe von knapp DM 4.000 pro MitarbeiterIn. Allerdings ist der Aussagewert von Zahlen dieser Art relativ problematisch einzuschätzen, sowohl, was die Vergleichbarkeit der Daten angesichts unterschiedlicher Erhebungsbedingungen[29] anbelangt, als auch im Hinblick auf die Berechnungsgrundlagen der Weiterbildungskosten selbst.

Es sind dabei direkte und indirekte Kosten zu unterscheiden: Mit direkten Kosten sind die durch die Veranstaltungen selbst entstehenden Kosten gemeint, wie Aufwendungen für TrainerInnen, Konzeptentwicklung, Medien, Materialien, Mieten und Reisekosten der TeilnehmerInnen. Unter den (sehr viel höheren) indirekten Kosten werden die Kosten von Weiterbildungsabteilungen (Personal- und Sachkosten) sowie die Ausfallskosten für die TeilnehmerInnen bzw. für Ersatzkräfte verstanden (vgl. Methner 1993). Eine Quantifizierung von intendierten Effekten oder Nebenwirkungen stößt dann schnell an die Grenzen bildungsökonomischer Berechnungen. So kann partiell noch errechnet werden, inwiefern etwa durch Weiterbildungsmaßnahmen zur Arbeitsplatzsicherheit in einer Fertigungslinie die Unfallrate absinkt. Kaum umfassend einschätzbar sind dagegen bildungsbedingte Gewinne (oder auch Verluste) an Arbeitserleichterung, Effektivität und Effizienz oder Faktoren wie die Verbesserung des Arbeitsklimas, des Betriebsimages oder der Attraktivität von Arbeitsplätzen. Zudem sagt die Pro-Kopf-Investitionssumme noch nichts über die tatsächliche Qualität der durchlaufenen Weiterbildung aus.

Die Vernachlässigung des Qualitätsaspektes ist auch einer der Ansatzpunkte für die Kritik am bisherigen betrieblichen Weiterbildungsmanagement.

So vermutet Döring in herber Schelte der bisherigen Weiterbildungspraxis, "daß derzeit insgesamt weit mehr als 50 Prozent aller Weiterbildungsveranstaltungen getrost gestrichen werden könnten bzw. besser nicht stattfinden sollten, weil das, was unter dem Signum betriebliche Weiterbildung landauf/landab veranstaltet wird, so niveaulos, inkompetent und unprofessionell abgewickelt wird, daß zu viele Veranstaltungen das Geld nicht wert sind, das sie verschlingen" (1993, S. 208). Doch nicht nur die Qualität der Veranstaltungen selbst ist das Problem, vielmehr schlagen folgende Managementdefizite zu Buche (vgl. zu ähnlichen Schlußfolgerungen auch Bonarius 1993, Feuchthofen 1995):

- Fehlendes Bedarfsmanagement, was Langfristigkeit und strategische Ausrichtung der Bildungsarbeit, konzeptuelle Einbindung in das Organisationshandeln insgesamt sowie die Kenntnis von Verfahren der Bedarfsermittlung anbelangt (vgl. Döring 1993, S. 208f.);
- unzureichendes Lehr- und Lernmanagement, beispielsweise hinsichtlich effektiver Stoffreduktion, didaktischer Strukturierung oder teilnehmerorientierten Methodeneinsatzes (vgl. ebd. S. 210f.);
- Mißachtung des Transfermanagements als entscheidendem Erfolgsfaktor von Weiterbildung, das sowohl vor, während als auch nach den Lernprozessen anzusetzen hat (vgl. ebd. S. 212f.);
- fachliche Inkompetenz der EntscheidungsträgerInnen, da das Unternehmensmanagement nicht über entsprechende sozialwissenschaftliche Kenntnisse verfügt (vgl. ebd. S. 214f.).

---

[29] Beispielsweise variieren die durchschnittlichen Seminarpreise zwischen den Teilsegmenten des Marktes erheblich.

Der verbreiteten "Erfolgsliteratur" kommerzieller BeraterInnen (Rühle 1982, S. 3) zum Trotz wird ein Widerspruch zwischen theoretischen Konzepten und dem betrieblichen Alltag verzeichnet (vgl. Mai 1993, Heger 1996): "In der Praxis der Qualifikationsplanung sind die Zusammenhänge zwischen Technik, Arbeit und Organisation im Prinzip zwar durchaus anerkannt, doch folgt die konkrete Personalplanung in den meisten Betrieben eher nach dem Muster der nachträglichen Anpassung von Bildungsinhalten an die technischen Vorgaben. Auch staatliche Institutionen reagieren, zudem mit erheblichen Zeitverzögerungen, nur im Nachhinein auf die vermeintlich technischen Sachzwänge" (Mai 1993, S. 12). Mai kommt bei einer empirischen Studie zur Situation der Weiterbildung bei IngenieurInnen zu dem Ergebnis, daß die "teilweise dezidierten Äußerungen der befragten Experten über die Anforderungen, die an das Ingenieurstudium und an Ingenieure zu stellen sind", "in merkwürdigem Kontrast zu der Art" stehen, "wie der Weiterbildungsbedarf betriebsintern ermittelt wird. Selbst Großunternehmen mit großen Personal- und Bildungsabteilungen überlassen dabei viel dem Zufall, etwa bei der Wahl externer Weiterbildungsträger oder der Zuständigkeit für die Bedarfsermittlung" (Mai 1993, S. 125). Ein Problem in diesem Bereich sei die Delegierung der Bildungsverantwortung an Fachvorgesetzte, die jedoch eher an ihren fachlichen Aufgaben als an Qualifizierungsprozessen interessiert seien. Verstärkt wird dieses Problem durch die oftmals "schlechte Kommunikation zwischen Fachabteilungen und Personal- bzw. Bildungsabteilungen" (ebd. S. 125). An dieser Stelle sei dann weniger das Fehlen von Kompetenz als vielmehr der Zugriff darauf, d.h. Performanz problematisch.

Auch in mittelständischen Betrieben wird "berufliche Weiterbildung oftmals nicht als Aufgabe der Unternehmensführung, sondern in erster Linie als ein Bereich angesehen", so Heger (1996, S. 140), "für den die Mitarbeiterinnen und Mitarbeiter selbst verantwortlich sind". Bereits die Bedarfsanalyse bleibt der empirischen Untersuchung von Heger zufolge unzulänglich: "Beim 'alltäglichen Gang durch den Betrieb' und in eher zufälligen Gesprächen mit einzelnen Mitarbeitern geraten Qualifikationsdefizite erst dann in den Blick, wenn sie gleichsam 'unübersehbar' sind, worauf man dann ad hoc und kurzfristig reagiert" (1996, S. 141).

Im öffentlichen Dienst bzw. in den Verwaltungen stößt das Management von Weiterbildung auf ein weiteres Problem - angesichts des nach Laufbahngruppen, gekoppelt an eine entsprechende Besoldung, geregelten Systems. Die dahingehend umfassende Formalisierung läßt die Orientierung an Funktionsgruppen in den Hintergrund treten. "Hohe Abstraktion ist eine zwangsläufige Folge des weiten Geltungsanspruchs, der völlig heterogene öffentliche Verwaltungen einschließt und zu invaliden Beurteilungen führt. (...) Denn für Fachministerien, Baubehörden, Landrats- oder Finanzämter gelten doch wohl unterschiedliche Erfolgsfaktoren" (Oechsler 1988, S. 315).

3.3   Institutionelles Management berufsbezogener Weiterbildung - Der dritte Fokus der vorliegenden Studie

Wie bereits das Weiterbildungsgeschehen auf individueller Ebene stößt eine Analyseabsicht auch im Feld von Organisation und Management berufsbezogener Weiterbildung auf ein breites Spektrum etablierter Praktiken, konzeptueller Überlegungen und theoretischer Ansätze. Eine explorative Studie zu einem beruflichen Teilbereich, der bislang wenig unter dem Aspekt der Weiterbildung erforscht wurde, beginnt demgemäß auch hier nicht bei Null, sondern hat sich mit potentiellen Anschlußstellen, Rezeptionen oder Abgrenzungen der vorfindlichen Weiterbildungspraxis in bezug auf den Untersuchungsgegenstand auseinanderzusetzen.

Der Begriff 'Management' - als allgemeine Kategorie für Prozesse bzw. Personen, die sich auf Gestaltung und Lenkung der Forschungseinrichtungen beziehen bzw. damit beschäftigt sind - ist dabei bereits für die Auswahl der in der vorliegenden Fallstudie Befragten von Bedeutung. Es werden Personen befragt, denen eine Schlüsselposition hinsichtlich der Gestaltung der institutsinternen Weiterbildung zugeschrieben werden kann und die insofern als VertreterInnen des Managements die Institutionenperspektive repräsentieren (vgl. auch Kap. IV).

Für den Begriff des Managements ist auch in der Fachliteratur umstritten, inwieweit es sich im Fall der Managementlehre um ein speziell auf betriebswirtschaftliche Zusammenhänge ausgerichtetes System handelt, oder ob der betriebliche Kontext nur ein Teilgebiet des Managementwissens darstellt. Wählt man das betriebliche Weiterbildungsmanagement als Referenzfolie für die Auswertung der Ergebnisse, so ist im Hinblick auf die untersuchten Forschungseinrichtungen zunächst zu prüfen, ob bzw. inwiefern von ähnlichen oder sich von Unternehmen unterscheidenden **Managementanforderungen und -problemen im Wissenschaftsbereich** auszugehen ist. bzw. inwiefern der wissenschaftlichen Eigengesetzlichkeit ein Sonderstatus im Wissenschaftsmanagements zugeschrieben wird.

Mit der Engführung des Themas auf die Betrachtung von 'Weiterbildung' durch das Wissenschafts- bzw. Forschungsmanagement[30] ist weiterhin zu fragen, ob bzw. inwiefern Weiterbildung aus der Perspektive der Forschungseinrichtungen als eine Aufgabe im Bereich der Organisationsentwicklung und/oder Personalarbeit wahrgenommen wird. Weiterbildung trifft insbesondere in neu gegründeten oder sich reorganisierenden, mit neuen Aufgabenfeldern konfrontierten oder bei veränderter Teamzusammensetzung arbeitenden Einrichtungen auf institutionelle Anforderungen. Hier kann der grundlegende Beitrag von "Bildung", im Sinne von Ausformung oder Formierung einer Einheit, quasi "beim Wort genommen werden".

Zur **Einordnung von Weiterbildung in das Personalmanagement** wird bei der späteren Analyse der empirischen Ergebnisse auf eine Systematisierungsvariante von Scholz (1989) zurückgegriffen, welche die Kategorien Personalbestandsanalyse, Personalbedarfsanalyse, Beschaffung, Entwicklung, Freisetzung, Personaleinsatz, Personalführung und -information unterscheidet. Angesichts einer Vielzahl von Definitions- und Systematisierungsvarianten im Bereich Personalwesen wurde dieses Handbuch als eine Variante der Kanonisierung des derzeitigen Wissensbestandes ausgewählt. Da es umfassend angelegt ist und nicht auf einem einzigen Theorieentwurf basiert, kann es in diesem Kontext ein Strukturmuster zur abstrahierenden Zusammenschau liefern, um eine Art Aussagenprofil dafür zu ermöglichen, welche Personalfunktionen im Zusammenhang mit Weiterbildung von den InterviewpartnerInnen als relevant assoziiert bzw. thematisiert werden.

Da nicht zwangsläufig davon ausgegangen werden kann, daß die Forschungseinrichtungen über ein spezifisches institutionelles **Weiterbildungsmanagement** verfügen, ist hierzu die Begründung der jeweiligen Handhabung der Weiterbildungsorganisation von Interesse.

Wird die **Notwendigkeit** eines gezielten Weiterbildungsmanagements in Forschungseinrichtungen anerkannt, so können schließlich die konkreten **Modelle** in ihren mehr oder weniger formalisierten oder institutionalisierten Formen dargestellt werden. Auch hierbei wird auf die in diesem Kapitel eingeführten Beschreibungsmomente zurückgegriffen: Analog sollen Ziele und Zuständigkeiten im institutionellen Weiterbildungsma-

---

[30] Eine Abgrenzung der Begriffe von 'Forschung' und 'Wissenschaft' wird im folgenden Kap. III bei der Betrachtung des Gegenstands der Analyse eingeführt.

nagement sowie Instrumente und Finanzierung der Weiterbildung erfaßt werden. Außerdem ist nach ggf. wissenschaftsspezifischen oder dem betrieblichen Kontext vergleichbaren **Problemen und Einflußgrößen** zu fragen, die sich etwa aus dem Verständnis von Weiterbildung und dem Berufsbild der InterviewpartnerInnen oder aus der Wahrnehmung der strukturellen Gegebenheiten ergeben können.

Dieser dritte Fokus der vorliegenden Arbeit, die Perspektive institutionellen Managements, wirft jedoch überdies auch Fragen an die Weiterbildungspraxis selbst auf. Diese betreffen zum einen die mögliche Differenzierung in der Wahrnehmung des Weiterbildungsverhaltens von ost- und westdeutschen MitarbeiterInnen durch das Management, welche bereits unter dem Aspekt der Zielgruppen von Weiterbildung (vgl. Teilkap. 2.2.1) Relevanz gewinnen könnten. Zum anderen ist die beschriebene Förderung von Flexibilisierung und Formenvielfalt in Konzepten des betrieblichen Weiterbildungsmanagements im Hinblick auf das Weiterbildungsverständnis der befragten Wissenschaftsmanagerinnen und auf die von ihnen in Erwägung gezogenen Lernformen (vgl. Teilkap. 2.2) zu berücksichtigen.

Mit den drei in den vorausgegangenen Kapiteln erläuterten Foki 'Beruf', 'Weiterbildung' und 'institutionelles Management' ist nun das kategoriale Gerüst umschrieben, das den Blickwinkel der vorliegenden Untersuchung spezifiziert. Dabei ist allerdings nicht zu vergessen, daß 'Bildung' nur *einen* Zugang zu den menschlichen Potentialen darstellt und die Koppelung von Beruf, Bildung und Institution die Betrachtungsweise des Themas auf spezielle Weise filtert.

Angesichts des wenig ausgebauten Forschungsstandes zur Weiterbildung im Bereich der außeruniversitären Forschung soll die gewählte formale, kriteriologische Spezifizierung offen halten, inwiefern sich bildungswissenschaftliche Ansätze und Kategorien im gewählten Kontext von 'Forschungseinrichtungen' als relevant bzw. adäquat erweisen können. Um in einem nächsten Schritt die Fragestellung der Arbeit in ihren Kontext einzubetten, d.h. 'Forschung' als Beruf und Bildungsaufgabe zu verstehen, wird deshalb im folgenden Kapitel der Blick auf den Gegenstandsbereich 'Forschung' gerichtet, in dem das Untersuchungsgebiet der empirischen Studie liegt. Zur Gliederung des Gegenstandsbereichs wird dabei wiederum auf die drei Foki zurückgegriffen.

Kapitel III
'Wissenschaftliche Forschung' als Beruf und Bildungsaufgabe –
Der Gegenstandsbereich der Studie

"Wenn wir von der Wissenschaft, ihrem Fortschritt und ihrer Geschichte sprechen, wenn wir von den Normen der Wissenschaft reden und sie 'wissenschaftlich' nennen, beziehen wir uns mit dem Namen 'Wissenschaft' auf etwas, das - von winzigen Bruchteilen abgesehen - keiner kennt oder je gekannt hat" (Polanyi 1985, S. 68).
Sich über eine Auswahl dieser "Bruchteile" den Anforderungen an die wissenschaftlich Forschenden zu nähern, ist Aufgabe dieses Kapitels. Nachdem in Kap. II die bildungstheoretische Betrachtungsperspektive entwickelt wurde, steht damit der Gegenstandsbereich dieser Studie im Vordergrund.
'Wissenschaft' wird hierbei im Hinblick auf die Aktivität des Forschens als operationaler Begriff gefaßt. Im Anschluß an Diemer/Seiffert wird "Wissenschaft als Forschung, das heißt als Prozeß und als Arbeit zur Gewinnung und Produktion wissenschaftlicher Erkenntnisse verstanden" (1989, S. 348). Ähnlich dem Begriff der 'Forschung' kann bei 'Erkenntnis' sowohl der aktive Prozeß des Erkennens selbst als auch das Ergebnis solchen Tuns gemeint sein (vgl. Lenzen 1980, S. 172). Wird jedoch Erkenntnistheorie nicht gleich Wissenschaftstheorie oder Wissenssoziologie nicht gleich Wissenschaftssoziologie gesetzt, so ist nach dem spezifisch wissenschaftlichen Prozeß des 'Wissen-Schaffens' durch die Forschung bzw. den spezifischen Kennzeichen des zu schaffenden 'Wissens' zu fragen.

Soll 'Forschung' insbesondere im Hinblick auf Praxis und Relevanz berufsbezogener Weiterbildung untersucht werden, besteht zunächst die Notwendigkeit, Genaueres über das gewählte Feld im Sinne seiner Konstitution als Beruf zu erfahren.
Auf der Basis einer Arbeitsdefinition von ,Beruf' wird dazu im ersten Teilkapitel den Facetten beruflicher Anforderungen in der Forschung nachgegangen (Teilkap. 1 [31]).
Im folgenden Teilkapitel wird gemäß des zweiten Fokus' der Studie ein Anschluß an den Stand der Forschung zur Praxis von *(Weiter-)Bildung* in Wissenschaftseinrichtungen (Teilkap. 2) gesucht.
Im dritten Teilkapitel wird der Schwerpunkt schließlich auf das *Management* von Weiterbildung im Kontext der Wissenschafts- bzw. Forschungsorganisation gelegt (Teilkap. 3).
Bezugnehmend auf den jeweiligen Fokus werden - in Form einer kurzen Zwischenbilanz - jeweils am Ende der Teilkapitel einige das Untersuchungsgebiet aufschließende Leitgedanken bzw. Fragen entwickelt. Sie dienen der Ausrichtung der Fragestellung auf den Gegenstand und sollen ggf. im Sinne möglicher Vorannahmen oder Vermutungen für die Eigenheiten von Weiterbildung in der empirischen Studie sensibilisieren.

---

[31] In Teilkap. 1 kann auf zahlreiches, wenn auch sehr heterogenes und z.T. nur indirekt nutzbares Quellenmaterial der Wissenschaftsforschung zurückgegriffen werden, während zu den konkreteren Aspekten von Weiterbildungspraxis und -management in der Wissenschaft kaum Überlegungen bzw. Untersuchungen vorliegen. Entsprechend fällt Teilkap. 1 umfangreicher aus als die Folgekapitel.

1 Berufliche Anforderungen wissenschaftlicher Forschungstätigkeit

Was macht Wissenschaft bzw. Forschung als 'Beruf' aus? Läßt sich das forscherische Handeln bzw. lassen sich seine normativen, institutionellen oder strukturellen Momente etc. überhaupt verallgemeinert in der Kategorie des 'Berufs' beschreiben? Gibt es hinsichtlich des berufsmäßigen Forschens von SozialwissenschaftlerInnen, PhysikerInnen, JuristInnen, HistorikerInnen etc. einen verallgemeinerbaren Gestus oder ein generalisierbares Berufskonzept? Geht man davon aus, daß mit "wissenschaftlicher Forschung" in den einzelnen Disziplinen nicht völlig heterogene Phänomene bezeichnet werden, die nur aufgrund einer einmal eingeführten Konvention noch so benannt werden, kann zumindest ein impliziter Konsens hinsichtlich bestimmter genereller Gemeinsamkeiten vermutet werden (analog Lorenzen/Inhetveen 1973, S. 70). Auch zu großen Teilen analoge Institutionalisierungsformen der unterschiedlichen Disziplinen sprechen dafür.

Zwar mögen - Beck/Brater/Daheim (1980, S. 15) zufolge - WissenschaftlerInnen "schmerzlich zusammenzucken", wenn sie z.B. bei der Abfrage von Personendaten über ihren Beruf Auskunft geben sollen. Das muß jedoch nicht heißen, daß es kein Berufsbild oder keine berufliche Identität gäbe. Es könnte auch als Indiz dafür gedeutet werden, daß entwickeltes Selbst- und erfahrenes Fremdbild, individuelles Arbeitsverständnis und gesellschaftliche Status- und Qualifikationsnormierungen gleichzeitig unterschiedliche Deutungen zulassen. So läßt etwa die Schriftstellerin Amanda Cross in dem Kriminalroman "In den besten Kreisen" die Professorin Kate über ihren Bruder sagen: "Er arbeitet schließlich, und ich - ja, die Tatsache, daß auch ich arbeite, hat er sich nie richtig bewußt gemacht, und außerdem - was tut ein Professor denn?" (1989, S. 27).

Entsprechend amorph stellt sich auch der Stand der wissenschaftlichen Auseinandersetzung mit 'Forschung als Beruf' bzw. mit den beruflichen Anforderungen an die Forschenden dar. Es muß der Einschränkung Rechnung getragen werden, daß für das folgende Kapitel kaum auf Arbeiten zurückgegriffen werden kann, die sich ausdrücklich mit den qualifikatorischen Anforderungen in der Forschung beschäftigen. Das gilt insbesondere im Hinblick auf die Situation an außeruniversitären Forschungseinrichtungen. Vielmehr ergibt sich mit Blick auf die Literatur ein sehr vielgestaltiges Bild von 'Forschung als Beruf', das sich aus Untersuchungen und Überlegungen unterschiedlichster disziplinärer Herkunft zusammensetzt.[32]

Angesichts variierender Reichweite, Fragestellung und Detailliertheit der Quellen sowie z.T. inkompatibler Sprachspiele wird zur Strukturierung des heterogenen Materials eine Arbeitsdefinition von ‚Beruf' entwickelt. Der folgende notwendigerweise fragmentarische Überblick veranschaulicht dazu zunächst das Spektrum von Ansatzpunkten einer Definition von ‚Beruf' in seinen disziplinspezifischen Schattierungen.[33]

---

[32] Zu den Quellen zählen auch biographische Selbstreflexionen, Selbstdarstellungsmaterialien von Forschenden oder Einrichtungen, Festreden, Pressemeldungen, implizite oder explizite Annahmen bzw. Modellvorstellungen forscherischen Handelns in wissenschaftstheoretischen Konzepten, gängige Vorstellungen der Alltagswelt oder Entwürfe aus der Belletristik. Nicht zuletzt wegen des von Bourdieu konstatierten Phänomens, daß Wissenschaft zu den wenigen sozialen Bereichen gehört, "die der Selbstverstellung und Selbsttäuschung, dem Auseinanderklaffen von Selbstverständnis und tatsächlicher Stellung innerhalb des sozialen Feldes oder Raumes so viel Freiheit, ja institutionelle Unterstützung gewähren" (1992, S. 56f.), erscheint eine derartige Varianz des Quellenmaterials zulässig bzw. sogar notwendig.

[33] Allgemein kann - gemessen am empirischen bzw. utopischen Gehalt - zwischen der Erfassung bestimmter beruflicher Praktiken und deren Kontexten als zu beschreibenden Abbildern und

Als Teildisziplin der angewandten **Psychologie** faßt die Berufspsychologie Berufe als
"relativ homogene 'Kollektiv-Dauerformen' der menschlichen Arbeit", so das von
Dorsch et al. herausgegebene Psychologische Wörterbuch (1994, S. 105). Sie untersucht diese unter den Aspekten der "Berufseignung", der Zusammensetzung und des
Wandels von "typischen Merkmalskonstellationen der Berufsangehörigen", der beruflichen "Anforderungen" und "Befriedigungsangebote", der "Berufslaufbahn" "vor allem
unter den Gesichtspunkten der beruflichen Verwirklichung des 'Selbstbildes'" sowie
der "Berufswahl" (ebd. 1994, S. 104ff.). Aus persönlichkeitstheoretischer Sicht unterscheiden Althoff/Thielpape (1993, S. 153ff.) - auch unter Wiedergabe des Wandels
innerdisziplinärer Prämissen - als grundlegende Bestimmungsmomente verschiedene
Betrachtungsweisen des Menschen am Arbeitsplatz, z.B. die des 'Homo oeconomicus'
(im Zusammenhang mit einem tayloristischen Unternehmensverständnis dominieren
Leistungserbringung und Rentabilität, motiviert durch Kontrolle und materielle Anrei-
zeffekte) oder die des 'sich selbst verwirklichenden Menschen' (hier steht die Selbstent-
faltung im Rahmen beruflichen Handelns, gekoppelt an entsprechende Möglichkeiten
zur Selbstkontrolle und Eigeninitiative, im Vordergrund).
Mit der Rezeption **soziologischer Forschungsergebnisse** - insbesondere zur Funktion des Berufs als Statusindikator - wird die Verflechtung individueller und sozialstruk-
tureller Momente beruflicher Tätigkeit deutlich. Bezieht sich Weber noch insbesondere
auf die Art der "Leistungen einer Person" als "Grundlage einer kontinuierlichen Ver-
sorgungs- und Erwerbschance" (1956, S. 80), so werden in anderen Arbeiten aus der
Soziologie vor allem die gesellschaftlichen Bedingungen dieser "Erwerbschance", deren
restriktive sowie ermöglichende Wirkungen oder der sozialstrukturelle Beitrag des Berufs und seine Determination (u.a. durch Stand, Klasse, Schicht, Habitus oder Geschlecht) detaillierter untersucht.
Die **polit-ökonomischen Annahmen** von 'Produktivkräften' und 'Produktionsver-
hältnissen' aus marxistischen Konzeptionen betonen zwar eher die materiell-sozial-
strukturellen Berufsmerkmale. "Dennoch ist für Marx die Arbeit Urgrund der Menschwerdung, der Kultur und damit auch der Bildung. Bildung ihrerseits wieder verhilft zu
einem einsichtsvolleren, freieren (...) und perfekteren Arbeiten, woraus sich dann die
Formel von der Einheit von Arbeit bzw. Produktion und Bildung ergibt" (Baumgardt
1979, S. 155). Eine entsprechende pädagogische Konzeption hat Makarenko (1961)
vorgelegt, in der der Beruf als vorgegebener Rahmen für die gesellschaftlich notwendige Arbeit unter den Bedingungen der Arbeitsteilung gefaßt wird.
Eine objektivierende Zusammenfassung von Tätigkeitskomplexen - unabhängig von
ihrer individuellen Ausübung - zu Berufen als vorfindlichen gesellschaftlichen Mustern
liegt schließlich in der Perspektive der **Arbeitsmarktforschung**, der Forschung zu
politischen Steuerungsmöglichkeiten von Beschäftigung und deren ökonomischem
Gehalt für das Sozialprodukt. In der Definition des Statistischen Bundesamtes ist beispielsweise von "auf Erwerb gerichteten, charakteristischen Kenntnisse(n) und Fertigkeiten sowie Erfahrungen", der "typischen Kombination zusammenfließender Arbeits-
verrichtungen" und deren "Leistung der Gesamtheit im Rahmen der Volkswirtschaft"
die Rede (Statistisches Bundesamt 1975, S. 11).
Ähnliches findet sich auch in der "Berufsbildlehre" der **Rechtswissenschaften** und
der von einer weiten "Freiheitsvermutung" getragenen gesetzlichen Fassung des Berufsbegriffs durch Legalität und Dauerhaftigkeit einer Tätigkeit sowie deren Beitrag zu

---

normativen Entwürfen einer idealen Handhabung als Leitbildern unterschieden werden. Zudem ist in allen Ansätzen die historische Bindung sowohl an gesellschaftliche Deutungsweisen
und Menschenbilder als auch an faktische materiale Rahmenbedingungen wirksam.

Schaffung und Erhaltung der Erwerbsgrundlage unter zurückhaltender Auslegung eingrenzender Tatbestandsmerkmale (vgl. Art.12 Abs.1 GG und BVerfG E 7, 377, 397).

In **betriebsökonomischer Perspektive** ist der Beruf prinzipiell als Wirtschaftsfaktor (oft synonym zu Beschäftigung, Erwerbstätigkeit und Arbeit) unter dem Aspekt der Schaffung innerbetrieblicher Rentabilität unter optimaler Nutzung und Anpassung der Tätigkeitsstrukturen und deren Entlohnung von Interesse, wenn auch in variierenden Ableitungsbeziehungen je nach Konzeption der Dominanzverhältnisse von Kapital und Arbeit. Spätestens mit der Human-Relations-Bewegung wird jedoch auch hier - in Verbindung mit der Entwicklung von Arbeits-, Betriebs- und Personalpsychologie sowie Berufspädagogik - versucht, subjektive Faktoren in das Begriffsverständnis zu integrieren (vgl. Luers 1988; Zabeck 1992).

Die **Arbeitsdefinition von 'Beruf'** (vgl. Abb. 6) der vorliegenden Studie nimmt verschiedene Aspekte der o.g. Bestimmungselemente auf. Da sich die Studie speziell mit dem institutionell etablierten Bereich von Forschungseinrichtungen und der Sicht des dortigen Managements beschäftigt, hat der Begriff des 'Berufs' hier die Funktion, explizit diesen institutionellen Ausschnitt aus der Vielzahl menschlicher Rollen einzugrenzen. Wiederum wird - in Anlehnung an Baumgardt - eine kriteriologische Herangehensweise gewählt, die nicht nach der Ausprägung eines Merkmals fragt, sondern die verschiedene Dimensionen formal strukturierend nebeneinanderstellt (vgl. Baumgardt 1979, S. 165). Diese werden im folgenden abstrahierend als "Facetten" bezeichnet, die zur Charakterisierung beruflicher Anforderungen herangezogen werden können. Aus den o.g. Ansätzen werden drei Facetten zur Strukturierung des Materials gewählt: Inhalte und Methoden von Forschung, ihr gesellschaftlich-institutioneller Kontext sowie die personale Ebene derer, die forscherisch tätig sind. Ähnliche Kriterien legen auch die umfangreichen Arbeiten zur sozialen Konstitution von Wissenschaft nahe (vgl. etwa Spiegel-Rösing 1973, S. 12).

Arbeitsdefinition "Beruf" als:	Facetten	Leitfragen für die Studie
▪ personengetragene Tätigkeit, ▪ die von internen wie externen Zielsetzungen geprägt ist bzw. der Positionierung und Identifikaton dient,	**Individuelle Facette** (vgl. eher psychologische und pädagogische Definitionselemente von Beruf)	Welche Anforderungen - im Sinne individueller Handlungskompetenzen - stellt der Beruf an die in ihm Ausübenden? Welche persönlichen Aspekte werden als relevant erachtet? (vgl. Teilkap. 1.3)
▪ die in ein Sanktionssystem des Erwerbs der Lebensgrundlage eingebunden ist, ▪ die sich im Laufe der Geschichte zu gesellschaftlich institutionellen Mustern ausgeformt hat (und sich auch wieder zurückbilden kann),	**Kontextuelle Facette** (vgl. eher soziologische, makroökonomische und rechtswissenschaftliche Definitionselemente)	Von welchen gesellschaftlichen und institutionellen Rahmenbedingungen sind die Handlungsfelder von Forschenden geprägt? Welche Konsequenzen haben diese für die Weiterbildung bzw. das Weiterbildungsmanagement? (vgl. Teilkap. 1.2)
▪ die unter Nutzung spezifischer Methoden in bezug auf einen Gegenstandsbereich vollzogen und gestaltet wird.	**Inhaltliche und prozessuale Facette** (vgl. eher arbeitswissenschaftliche und ökonomische Definitionselemente)	Wie lassen sich Gegenstand und Methoden des Berufs im Sinne beruflicher Anforderungen charakterisieren? (vgl. Teilkap. 1.1)

Abb. 6: Arbeitsdefinition von 'Beruf'

1.1 "Denn sie wissen nicht, was sie tun"? –
Die inhaltlich-prozessuale Facette

Womit haben WissenschaftlerInnen beruflich zu tun, wenn sie forschen? Um diese Frage für den vorliegenden Kontext zu beantworten, wird zunächst auf den externen Blick der bundesdeutschen Rechtsprechung zurückgegriffen. Wird im Grundgesetz Art. 5 Abs. 3 die Freiheit von Wissenschaft und Forschung postuliert, muß geklärt werden, was darunter zu verstehen ist.

Laut Bundesverfassungsgericht meint "Wissenschaft" alles, "was nach Inhalt und Form als ernsthafter, planmäßiger Versuch zur Ermittlung der Wahrheit anzusehen ist" (BVerfG E 35, 79 (113)) oder an anderer Stelle: In den Freiraum des Art. 5 Abs. 3 GG "fallen vor allem die auf wissenschaftlichen Eigengesetzlichkeiten beruhenden Prozesse, Verhaltensweisen und Entscheidungen bei Auffinden von Erkenntnissen, ihre Deutung und Weitergabe" (BVerfG E 47, 327 (367)). Dem "Bundesbericht Forschung III" folgend, definiert das Bundesverfassungsgericht "Forschung" als "geistige Tätigkeit mit dem Ziele, in methodischer, systematischer und nachprüfbarer Weise neue Erkenntnisse zu gewinnen" (zit. nach Meusel 1992, S.142). Was als Kriterium benannt wird, ist also nicht an einen Gegenstand gebunden, es handelt sich vielmehr um eine spezifische Herangehensweise, verbunden mit einem bestimmten Ziel bzw. einer Absicht. Daß die Absicht individuellen Erkenntnisgewinns allein jedoch nicht ausreicht, verdeutlicht Trute: "Sowenig jemand einer Regel dadurch folgt, daß er ihr zu folgen meint, sowenig forscht schon jemand dadurch, daß er sein subjektives Wissen erweitert" (1994, S. 397). Hinzu müßten soziale Praktiken der Fremdanerkennung treten, manifestiert in allgemeineren, historisch durchaus variablen Merkmalen, wie "disziplinäre Standards, Orientierung und Methoden" (Trute 1994, S. 379). Methodik, Objektivität, Validität, Nachprüfbarkeit, Wahrheit und ähnliche Begriffe werden als Kriterien mit der Produktion neuer Erkenntnisse in Verbindung gebracht.

Die Wahl dieser formalen, innerwissenschaftlich höchst umstrittenen Begriffe auf hohem Abstraktionsniveau spiegelt wider, was auch mit der "Freiheitsgarantie" von Wissenschaft verknüpft ist, daß (zumindest im Idealfall) nicht *eine bestimmte* Auffassung von Wissenschaft oder Forschung zu favorisieren sei. So heißt es bei Meusel, daß jegliche Konkretisierungsversuche in bezug auf das Grundgesetz anerkennen mußten, daß Wissenschaft auf einer dem Recht vorgegebenen Eigengesetzlichkeit beruhe, die auch hinsichtlich ihres Selbstverständnisses stets die Auseinandersetzung mit konträren Auffassungen umfasse (1992, S. 140f.), da - wie Meusel unter Bezugnahme auf das Bundesverfassungsgericht (BVerfG E 35, 79 (113)) lapidar feststellt - die absolute Wahrheit nicht als gefunden anzusehen ist. Juristische Geltung gewinnt hier, was sich faktisch als Ungeklärtheit bzw. Unklärbarkeit der wissenschaftlichen Geltungsfrage darstellt und als Konkurrenz wissenschaftlicher Geltungsansprüche genuin das Wesen gegenwärtiger Wissenschaft ausmacht.

Geht man nun von einer "Eigengesetzlichkeit" eines Bereichs gesellschaftlicher Wirklichkeit aus, so sind üblicherweise gerade die Wissenschaften aufgerufen, über diese Auskunft zu geben. Da es sich in unserem Fall um die Wissenschaften selbst als Gegenstand handelt, sind es wiederum 'Wissenschaftswissenschaften', die sich damit beschäftigen. Sie ermöglichen einen Zugang zu den beruflichen Leitvorstellungen in der Forschung. Dazu wird in Teilkap. 1.1.1 ihrem Gegenstandsverständnis nachgegangen. Da im Bereich der Wissenschaftstheorie jedoch häufig theoretische Gesamtentwürfe dominieren, werden in Teilkap. 1.1.2 empirische Befunde herangezogen, die die Wirksamkeit der Leitvorstellungen im konkreten Berufsalltag konkretisieren.

1.1.1 'Wissenschaftliche Forschung' als Gegenstand von Wissenschaft

Erwartet man von den Wissenschaftswissenschaften eine Antwort auf die Frage nach ihrem Gegenstand, stößt man wiederum auf ein verzweigtes Gebilde von Wissenschaften der Metaebene. Oder wie es Blumenberg formuliert: "Das Dilemma bei jeder Thematisierung dieses hintergründigen Sachverhaltes besteht darin, daß das Reden über Wissenschaft nur eine weitere Wissenschaft erzeugt, wie immer man sie nennen mag" (1988, S. 7). Anhand der Wissenschaftswissenschaften soll nachvollzogen werden, welche Spezifika wissenschaftlicher Arbeit zugeschrieben werden, die für die Forschenden als Leitbilder Handlungsrelevanz erlangen (können).[34]

Abgesehen von den z.T. legitimatorischen Äußerungen über das Wesen wissenschaftlich-erkennenden Tuns seit Beginn desselben, gehört der Ansatz von Ossowska und Ossowski aus dem Jahre 1936 zu den ersten Versuchen, die Differenzierung der Wissenschaftsforschung nach Disziplinen zu ordnen.[35] Ähnlich ihrer Klassifizierung in Philosophie, Psychologie und Soziologie der Wissenschaft sowie Wissenschaftspolitik und Wissenschaftsgeschichtsschreibung hat sich - neben den Diskussionen um die Möglichkeit einer Einheitswissenschaft - im 20. Jahrhundert eine arbeitsteilige Wissenschaftsforschung entwickelt (vgl. Oeser 1976), deren Verlauf unter drei gegenstands- bzw. methodenrelevanten Aspekten vorgestellt wird:

- Historisierung,
- Soziologisierung sowie
- Methodologisierung/Kanonisierung.

Historisierung

Die sog. 'Wissenschaftstheorie' hat sich unter dem dominierenden Einfluß der Auseinandersetzung mit dem Kritischen Rationalismus auf eine statische, Vorgaben idealrationalen Forschens vorzugsweise unter Maßgabe der Logik entwickelnde, formale Beweistheorie bezogen. Sie überläßt im Falle Carnaps oder Poppers die Fragen der Entstehung wissenschaftlicher Ideen explizit der Wissenschaftspsychologie[36] und beschäftigt sich mit Geltungsbedingungen und -bereichen, in denen gemachte Aussagen 'Wissenschaftlichkeit' beanspruchen können. In der Auseinandersetzung Poppers mit dem Wiener Kreis werden etwa induktive versus deduktive Logik, Verifizierbarkeit versus Falsifizierbarkeit im Verfahren wissenschaftlichen Schließens problematisiert. Angesichts der Mehrdeutigkeit von 'Wirklichkeit' werden bei Popper Theorien als prinzipiell der Widerlegung offene Aussagensysteme einschließlich ihrer Ableitungsbeziehungen konzipiert. Im Rahmen der weiteren Differenzierung im Anschluß an Popper können - Oeser zufolge - im Feld der formalen Wissenschaftstheorie folgende Themen bzw. Verfahrensbereiche unterschieden werden: Auffindung von Hypothesen/Heuristiken, Begründungstheorien, Beweistheorien und Bestätigungstheorien (vgl. 1976, S.

---

[34] Doch sind die zu erwartenden Antworten keineswegs problemlos, denn warum "eigentlich sollte eine Science of Science, die sich zur emphatisch so genannten 'Kritik' jeder anderen Wissenschaftlichkeit aufschwingt, frei sein von der Problematik, die ihr Thema zu sein hätte?" (Blumenberg 1988, S. 9). Einem Theaterregisseur ähnlich, der die aktuellen Tendenzen des Theaterschaffens auf die Bühne bringen will und dem wiederum nur die bekannten Mittel der Regieführung dafür zur Verfügung stehen, geht es auch den WissenschaftswissenschaftlerInnen - sofern sie nicht auf andere Textformen ausweichen und z.B. (Kriminal-)Romane über das Universitätsleben schreiben, wie etwa Dietrich Schwanitz oder Thea Dorn.

[35] (The Science of Science. Organon Bd. 1; Warschau 1936)

[36] (vgl. Popper 1976, S.6)

99f.). Die 'Gesetze' einer 'Logik der Forschung' werden dabei als jenseits der sie ausübenden historischen Subjekte stehend konzipiert. Sie sollen gerade - dem Anspruch der Objektivierbarkeit folgend - subjektive Faktoren minimieren.

Ist die abendländische wissenschaftshistorische Arbeit etwa bei Sarton[37] weitgehend dokumentarisch motiviert und sammelt additiv das, was in dem jeweiligen Feld als wissenschaftliche Erkenntnis gilt, so wird dieses einer kumulativen Vorstellung wissenschaftlichen Fortschritts verhaftete Verständnis bereits bei Whewell differenzierter gesehen. Whewell unterscheidet zwischen 'history of facts' und 'history of ideas' und betont die rekonstruktiven Elemente historischen Arbeitens, wie die Theoriebezogenheit des Gegenstandes, bleibt jedoch dabei der Idee verpflichtet, daß sich Wissenschaft innerhalb zeitlos gültiger logischer Gesetzmäßigkeiten vollziehe[38].

Auch in der frühen wissenschaftspsychologischen Forschung dominieren Parallelitäten zur formalen Wissenschaftstheorie; exemplarisch etwa bei Piagets Übertragung ontogenetischer Gesetzmäßigkeiten des Erkenntnisprozesses auf die Wissenschaftsentwicklung im allgemeinen in seiner "Einführung in die genetische Erkenntnistheorie" von 1973. Ebenso halten auch die frühen wissenssoziologischen Arbeiten von Scheler oder Mannheim an der Vorstellung einer übergeordneten Sinnhaftigkeit historischen Geschehens in der Wissenschaftsentwicklung fest, wenn auch aus unterschiedlichen Perspektiven: "Im Unterschied zu Scheler, der ein 'überzeitliches, einheitliches Wahrheitssystem' voraussetzt und deshalb nachträglich gezwungen ist, das 'Zufällige' und Soziologische in diesen Rahmen einzuordnen, will Mannheim den umgekehrten Weg gehen. Für ihn ist das unmittelbar Gegebene der 'dynamische Wechsel der Standorte', und er lehnt jede Stabilisierung dieser Konzeption ab, da eine solche Stabilisierung mit der Konstruktion eines absoluten Standortes außerhalb des Prozesses notwendig verbunden ist" (Oeser 1976, S. 105). Auch Merton geht in funktionalistischer Perspektive davon aus, daß es sich bei Wissenschaft um ein von Universalismus, Kommunismus (später Kommunalität), Uneigennützigkeit und organisierter Skepsis getragenes 'Fait accompli' handle, dessen sozial-normative Umsetzung Thema der Wissenschaftssoziologie zu sein habe (vgl. 1972, S. 45f.).

Spätestens mit Bernal (1970) gerät jedoch die historische, psychologische und soziale Bedingtheit des Wissenschaftssystems und seiner Normen selbst ins Zentrum wissenschaftswissenschaftlicher Aufmerksamkeit. In der Rückschau wird dem 1962 erschienenen Buch "The Structure of Scientific Revolutions" von T. S. Kuhn aufgrund seiner intensiven, fachübergreifenden Rezeption[39] entscheidende Bedeutung beigemessen. Hier gelingt es, 'Wissenschaft' aus ihrem Status des ahistorisch Gegebenen zu lösen. Wissenschaftlicher Fortschritt wird als phasenhafter Prozeß des Alternierens zwischen der "normalen Wissenschaft" und den "wissenschaftlichen Revolutionen" beschrieben und Forschung als historisch eingebundener Prozeß aufgefaßt. Die Normierung geschieht Kuhn zufolge in Form von „Paradigmen" als Rahmenleitbildern einer Wissenschaftsgemeinschaft, wobei im Fall der normalen Wissenschaft unter Akzeptanz eines Paradigmas die "stetige Ausweitung des Umfangs und der Exaktheit wissenschaftlicher Kenntnisse" (1973, S. 79) in der Art des "Rätsel-Lösens" die Praxis bestimmt. Erscheint das vorhandene Paradigma, das auch die Perspektive der spezifischen Wahrnehmung des wissenschaftlichen Gegenstandes und dessen 'rationale' Erfassung bestimmt, als nicht mehr *glaub*-würdig bzw. funktionstüchtig, wird es in einer revolutionären Phase von einem neuen abgelöst. Die alten Wissensbestände haben dann keines-

---

[37] (The History of Science and the New Humanism von 1921)
[38] (Novum Organon Renovatum von 1858)
[39] (vgl. für die Soziologie etwa Overington 1985, S. 117f.)

wegs ausgedient. Sie werden z.T. modifiziert, eingeschränkt, umgewandelt, zu neuen Mustern geordnet, wobei jedoch 'alte' und 'neue' Theorien aufgrund ihrer Paradigmengebundenheit an sich nicht vergleichbar sind.

Wissenschaftlicher Fortschritt kann demgemäß nicht als Aufhäufung gemachter Erkenntnis betrachtet werden; er erscheint als evolutionärer Wechsel der paradigmatisch bedingten Anschauung[40], der Kuhn zufolge jedoch kein überhistorisches Ziel zugrunde liegt. Dabei grenzt auch Kuhn in der Tradition der klassischen Wissenschaftstheorie noch die Entstehungszusammenhänge wissenschaftlicher Erkenntnis aus der Wissenschaftstheorie aus.[41]

Daß die postulierten 'Gesetze' der Forschung selbst jedoch wiederum sozial vermittelte Entstehungs- bzw. Verwendungskontexte haben, ist - neben der "Trennung des erkenntniserzeugenden Subjekts vom Resultat der Erkenntnis" (Oeser 1976, S. 90) - einer der wissenschaftssoziologischen bzw. -historischen Hauptkritikpunkte (vgl. Agassi 1992). Fölling etwa untersucht die wissenschaftstheoretischen Modelle von Popper, Kuhn, Lakatos und Stegmüller unter dem Blickwinkel ihrer potentiellen Angemessenheit für eine Beschreibung der wissenschaftlichen Praxis. Er argumentiert, daß deren Konzentration auf wissenschaftsinterne Faktoren ohne Berücksichtigung des praktischen Vollzugs, bei gleichzeitig mangelnder Argumentationskonsistenz und fehlender Vereinbarkeit der Ansätze primär eine ideologische Funktion habe. Er gibt Feyerabend Recht, wenn dieser die Situation wie folgt karikiert: "Betrachten wir diese Kluft zwischen der wissenschaftlichen Realität und den Luftschlössern der Methodologen, dann werden wir den Eindruck nicht los, daß diese mit Geisteskrankheiten eine Menge gemeinsam haben. Ein Grundzug geistiger Störung ist ja, daß sich der Kranke mehr und mehr von der Wirklichkeit entfernt. Er bemerkt dieses Entfernen nicht, denn er konstruiert Gedankengebäude, die in sich geschlossen, widerspruchsfrei sind und die Antworten geben auf die unangenehmsten Fragen" (zit. nach Fölling 1978, S. 89).

Soziologisierung

Entsprechend gewinnt die empirische Untersuchung wissenschaftlicher Praxis nicht zuletzt im Zuge des allgemeinen Vormarsches empirischer Sozialwissenschaften auch in den Wissenschaftswissenschaften - insbesondere in der Wissenschaftssoziologie und der Soziologie wissenschaftlichen Wissens - an Gewicht. Sie führen mit einer Vielzahl an Einzelbefunden zu einer Differenzierung des Bildes.[42] Dabei wird insbesondere die Rolle von (kulturabhängigem) Vorwissen, implizitem Wissen, notwendigen Hilfsannahmen (vgl. etwa bei Polanyi 1985 oder Knorr-Cetina/Mulkay 1983) in bezug auf die praktizierende Wissenschaft thematisiert. In den Worten von Collins ist noch der Anspruch, der mit dieser Forschung anfangs verbunden war - insbesondere in der Entwicklung der Wissenschaftssoziologie Ende der 70er und Anfang der 80er Jahre - spürbar: "In diesem Forschungsfeld konnte detaillierte empirische Forschung tiefgreifende theoretische Konsequenzen haben. Für uns zugängliche und in sich geschlossene Institutionen enthielten die fundamentalen Geheimnisse der Gewißheit, und wir brauchten nur diese sozialen 'Atome' zu spalten, um das Licht des Verstehens zu entzünden" (1985, S.129). Doch die Enttäuschung folgt auf dem Fuße, als das "Licht" auf dem "soziologischen Marktplatz" (ebd.) kaum wahrgenommen wird, zumal - um im

---

[40] Kuhn verwendet den der Wahrnehmungspsychologie entlehnten Begriff des Gestaltswitches.
[41] Eine Ausnahme hiervon liegt im Falle Hansons vor, dessen wissenschaftslogische Arbeiten von 1958 versuchen, unter Bezug auf den abduktiven Schluß bei Charles S. Peirce "die Trennung von Genesis und Geltung zu überwinden und den Prozeß der Entdeckung als einen logisch rekonstruierbaren zu erweisen" (Bonß/Hartmann 1985, S. 25).
[42] (vgl. etwa die Zusammenstellung von Collins 1985)

Bild zu bleiben - es sich um viele verschiedene Flammen sowie zum Teil um 'Strohfeuer' handelt, die insgesamt eher zur Relativierung und Entzauberung von Wissenschaft beitragen, weniger dazu, die "Geheimnisse der Gewißheit" zu lüften.

In ihrer Kritik bestehender Ansätze geht nun die sog. 'neue Soziologie wissenschaftlichen Wissens' von zwei grundlegenden Thesen aus, die das Verhältnis zwischen der wissenschaftlichen Erkenntnisform der "Theorie" und dem Erfahrungsbereich der "Fakten" spezifizieren (vgl. Knorr-Cetina/Mulkay 1983):

1. die Duhem-Quine-These der Unterdeterminiertheit
   wissenschaftlicher Theorien durch die Faktenlage sowie

2. die auf Kuhn und Feyerabend bezogene These der Theoriegeladenheit
   jeder Beobachtung.

Erstere geht davon aus, "that any theory can be maintained in the face of any evidence, provided that we make sufficiently radical adjustments elsewhere in our beliefs" (Knorr-Cetina/Mulkay 1983, S. 3). Dies bedeutet auch, daß für ein und dieselbe Faktenlage in Abhängigkeit zu den begleitenden Vor- bzw. Hilfsannahmen stets alternative Theorien denkbar sind. Oder allgemeiner in den Worten Flecks: "Das Wissen war zu allen Zeiten für die Ansichten jeweiliger Teilnehmer systemfähig, bewiesen, anwendbar, evident. Alle fremden Systeme waren für sie widersprechend, unbewiesen, nicht anwendbar, phantastisch oder mystisch" (Fleck, 1993, S. 34).

In der zweiten These wird das Augenmerk auf die Tatsache gelenkt, daß auch der Vollzug wissenschaftlicher Beobachtung von theoretischen Vorannahmen in Form von Theorien der Meßbarkeit des Gegenstandes, der Beobachtungspsychologie oder der sprachlichen Klassifikationsmöglichkeiten etc. geleitet ist. Zudem spielen theoretische Konzepte bereits bei der Auswahl der als evidenzerweisend erachteten Fakten eine Rolle (vgl. Knorr-Cetina/Mulkay 1983, S. 4). Wiederum in den Worten Flecks: "Jede formulierte Problemstellung enthält bereits die Hälfte ihrer Lösung. (...) Die Geschlossenheit der Systeme, die Wechselwirkungen zwischen dem Erkannten, dem zu Erkennenden und den Erkennenden verbürgen die Harmonie innerhalb des Systemes, gleichzeitig auch die Harmonie der Täuschungen, die dann im Bereiche eines bestimmten Denkstiles auf keine Weise aufzulösen ist" (1993, S. 53). Die zweite These bildet auch die Grundlage für die Konzeption der Inkommensurabilität von Theorien bei Kuhn. Werden jedoch Theorien paradigmatisch bedingt für unvergleichbar gehalten, hat das die Konsequenz, daß keine Kriterien dafür angegeben werden können, welche Theorie zu bevorzugen ist.

Faßt man das Problem der Rationalität jedoch genau dementsprechend als "the problem of intelligent choice between different systems of thought; i.e. between different criteria" (Agassi 1992, S. 372), so wird damit der Relativierung wissenschaftlicher Rationalität bis hin zu Beliebigkeit oder Pyrrhonischer Skepsis Tor und Tür geöffnet. Sowohl eine erkenntnistheoretische Relativierung dessen, was als wissenschaftlich Erkanntes immer eine kultur- und zeitspezifische Konstruktionsleistung umfaßt, als auch eine wissenschaftstheoretische Relativierung des universalen Geltungsanspruches - aufgrund fehlender Kriterien angesichts vom Entstehungszusammenhang mitbestimmter Begründungskontexte - sind die Folge (vgl. Knorr-Cetina/Mulkay 1983).

Auch das bei Polanyi (1985, S. 53ff.) favorisierte Prinzip der gegenseitigen Kontrolle innerhalb einer "Gesellschaft von Forschern" kann keine restlose Abhilfe schaffen, da auch hier identische, allgemein geteilte Kriterien für Glaubwürdigkeit und Relevanz Voraussetzung wären (vgl. Krohn/Küppers 1987).

"Anything goes"? - Zum einen mahnt etwa Reicherts zur Vorsicht bei der einfachen Umkehrung des Schlusses im Hinblick auf eine erkenntnistheoretische Relativierung:

"Die tiefsitzende Skepsis gegenüber einer Möglichkeit, einen Zugang zur Wirklichkeit zu erhalten, ist jedoch nicht gleichzusetzen mit einer Generalunterstellung, alle Wahrnehmungsurteile seien beliebige, also auch falsche Konstruktionen" (1993, S. 272). Hinzu kommt, daß auch wissenschaftstheoretisch keineswegs 'anything' in der 'scientific community' Geltung beansprucht bzw. beanspruchen kann, denn das eben angesprochene gegenseitige Kontrollprinzip Polanyis ist faktisch, wenn auch nur partiell, keineswegs wirkungslos.

So kann angesichts des Relativierungsproblems der Fokus der Aufmerksamkeit verlagert werden; wie etwa bei Klüver, wenn er darauf hinweist, daß "in der Tat nicht die Existenz von Kontroversen, sondern von wesentlich problemlos funktionierenden Konsensbildungen als das soziologisch Erklärungsbedürftige" (1988, S. 78) erscheint. Agassi kommt nach einer Diskussion verschiedener geltungsbezogener Rationalitätskonzepte zu dem Schluß, daß letztlich nur ein eher formales Kriterium bleibe: "And so, whatever rationality is, the prime desideratum is that it should provide for criticism, that it should raise the standards of criticism and that it should help raise the readiness to be criticised" (1992, S. 389).[43] In die Richtung der Bedeutung von Ergebniskritik und Diskurs über die Regeln dieses Kritisierens als eines wesentlichen Merkmals von Wissenschaft weisen wissenssoziologisch auch die Untersuchungen wissenschaftlichen Diskurses von Mulkay, Potter und Yearley (vgl. Knorr-Cetina/ Mulkay 1983), wissenschaftstheoretisch die Konzeption eines gemäßigten Kritizismus von Lakatos oder des Fallibilismus beim späten Popper (1974, S. 106)[44].

Methodologisierung/Kanonisierung

Kann es in dieser Arbeit nicht darum gehen, Konzeptionen für die Legitimation des Anspruches auf Rationalität oder Wahrheit im Detail zu diskutieren, so ist vielmehr zu fragen, was denn das Wissenschaftsspezifische an diesem Anspruch ist.[45] Daß dabei insbesondere dem Verhältnis der Forschenden zu ihrem Gegenstand Bedeutung beigemessen wird, hängt eng mit dem Selbstverständnis von Wissenschaft und ihrem Anspruch bzw. Ruf zusammen. Wie kann man dem Ziel der Erkenntnis von Wirklichkeit oder Wahrheit (insbesondere verbunden mit den o.g. Ansprüchen) gerecht werden,

---

[43] Zu Begriffen und Kontroversen um Arten und Aufgaben von "Kritik" vgl. u.a. Horkheimers Aufsatz "Traditionelle und Kritische Theorie" von 1937 oder die unter dem Label "Positivismusstreit" geführte Auseinandersetzung.

[44] Ein anderer Weg, wie ihn etwa Max Weber beschritten hat, ist die Unterscheidung verschiedener Formen von Rationalität, wobei Weber das Problem des Urteilens über den praktischen *Wert* verschiedener Theorien explizit des Hörsaals verweist. Hinsichtlich des Entstehungszusammenhangs variiere die Voraussetzungsgebundenheit, je nach Erkenntnisziel oder Handlungsorientierung einer Disziplin (vgl. 1988, S. 599ff.). Bezüglich der Frage, welche Theorie innerwissenschaftlich Geltung beanspruchen könnte, beruft sich Weber auf die maximale Güte der wissenschaftlichen Verstehensleistung, damit letztlich auf das Kriterium der "Wahrheit". Diese kann nun Weber zufolge nicht graduell unterschieden werden: Eine Erkenntnis sei entweder wahr oder falsch. Eine weitere Variante des Umgangs mit dem Rationalitätsproblem liegt z.B. dann vor, wenn allein die potentielle Verwendbarkeit von Wissen zum Rationalitätskriterium erhoben wird, wie dies etwa unter dem Aspekt der Trivialisierung, der Funktionalisierung oder der Finalisierung von Wissenschaft kritisch diskutiert wurde bzw. wird (vgl. Tenbruck 1975, Böhme/van den Daele/Krohn 1973).

[45] Ansätze dazu variieren freilich wiederum mit der jeweiligen Konzeption von 'Wahrheit' und 'Rationalität'; vgl. etwa Habermas 1973 versus Luhmann 1981. Beiden Ansätzen ist jedoch gemein, daß Wissenschaft in Abgrenzung von der Alltagskommunikation gefaßt wird. Mit der Aufgabe der einfachen Kohärenz von Sein und Denken wird eine spezifische Kommunikationsform als notwendig erachtet, die der spezifisch wissenschaftlichen Konstruktionsleistung in der Art der Weltwahrnehmung gerecht wird.

wenn stets die Befangenheit im Subjektiven vermutet werden muß? Unter dieser Perspektive rücken die wissenschaftlichen Methoden der Schaffung des notwendigen Grades von Distanz oder Nähe zum Gegenstand in den Vordergrund.

Ist ein Zugang stets durch Daten- bzw. Quellenmaterial vermittelt, ermöglichen erst Deutung, Auslegung, Verstehen, Interpretation, (Re-)Konstruktion, Klassifikation etc. entsprechende Aussagen. Was diese nun wiederum "wissenschaftlich" werden läßt, steht und fällt mit dem Verständnis der o.g. Kriterien von Wissenschaftlichkeit, an die ein bestimmtes methodologisches Verständnis geknüpft ist. Deutlich wird dieser Zusammenhang z.B. in bezug auf die kontroverse Diskussion zur Wissenschaftlichkeit bestimmter Schlußfolgerungsverfahren, wie der Induktion, der Deduktion oder der Abduktion.

Doch sind es nicht die Verfahren selbst, die den Unterschied etwa zur Alltagswelt ausmachen, es ist ihr systematischer Einsatz, die Radikalität ihrer Durchführung (vgl. Klüver 1988); es sind "Reflexionsgrad, Organisationsform und Zielsetzung" des Verstehens (Hitzler 1993, S. 230). Oder in den Worten Bourdieus: "Durch ihren Zwang zur Erläuterung und Formalisierung der impliziten Kriterien der alltäglichen Erfahrung machen die Forschungsverfahren die logische Kontrolle ihrer eigenen Voraussetzungen möglich" (1992, S. 38f.). Zusammen mit den Theorien können Methoden als die institutionalisierte Operationalisierung der Ermöglichung des Abweichens vom vorhandenen Wissen beschrieben werden, die eine gezielte Ausweitung von Wissen erst in Gang bringen (vgl. Luhmann 1981).

Zudem wirkt die Art des Erkenntnisobjektes auf die methodenvermittelt spezifische Beziehung von Forschenden zu ihrem Gegenstand ein. Hier kann zunächst auf die gängige Unterscheidung von Geistes- und Naturwissenschaften verwiesen werden. Wie die konkrete Bestimmung des Gegenstandes und die damit einhergehende Abgrenzung auch im Einzelfall ausfallen mag, so gehen doch viele Systematisierungsversuche von der Typik des Gegenstandes bzw. von einer diesem entsprechenden Methodologie aus (vgl. verstehend vs. erklärend nach Dilthey; idiographisch vs. nomothetisch nach Windelband und Rickert). Auch der Kanon der Schulfächer oder die Aufstellungssystematik der Bibliotheken gehen von einer arbeitsteiligen Ordnung der Disziplinen aus.

Doch ist nicht mehr nur die Rede von Geistes- und Naturwissenschaft, von 'science' und 'humanities'. Auch Sozial-, Gesellschafts-, Raum-, Kultur-, Human-, Menschen-, Verhaltens-, Öko-, Technik-, Biowissenschaften etc. werden als Dachkategorien angegeben; schon diese begriffliche Vielfalt macht deutlich, daß eine eindeutige Zuordnung von Wissenschaften zu einem Gegenstand und/oder einer Methodologie heute kaum mehr haltbar ist. Das exponentielle Wachstum von sog. Bindestrich-Teildisziplinen und Felddisziplinen, wie Verkehrsforschung oder Urbanistik, bildet die analoge Tendenz "von unten". Nach dem Prinzip eines morphologischen Kastens können die diversen Ausprägungen von Objektbereich, Wissensinhalt, Methodologie, Anspruch der Messungs- bzw. Deutungstiefe, Problemorientierung, gesellschaftlicher Bezug und Geltungsmodus heute fast beliebig kombiniert werden.

Aus der Sicht der Wissenschaftswissenschaften stellt sich die berufliche Welt der Forschenden somit insgesamt als ein Gegenstand dar, der einer Vielzahl von Variablen unterliegt, welche im Laufe der Entwicklung der Wissenschaftsforschung unterschiedliche Konzeptionalisierung und Gewichtung erfahren (haben). Es ist dabei noch immer zwischen eher programmatischen Modellvorstellungen aus den Reihen der klassischen Wissenschaftstheorie einerseits und wissenschaftssoziologischen, psychologischen sowie historischen Ansätzen forscherischen Handelns andererseits zu differenzieren, die sich im Zuge der "fragwürdigen Arbeitsteilung" (Krohn 1976, S. 32) zwischen Wissenschaftstheorie und Wissenschaftsforschung im 20. Jahrhundert entwickelt haben. In überspitzt kontrastierender Gegenüberstellung bedeutet dies: Die Konzepte wissenschaftlichen Arbeitens wissenschaftstheoretischer Provenienz sind dabei in ihrer Konzentration auf den 'context of justification' wissenschaftlichen Wissens primär auf intellektuell-kognitive Determinanten fixiert, dabei wären aus der Konstruktion wissenschaftlicher Rationalität, aus der Logik der Forschung Konsequenzen für eine entsprechende Praxis abzuleiten. Wohingegen in wissenschaftssoziologischen Untersuchungen und historischen Studien die faktisch alltagsnahe soziale Vermitteltheit der auch extern beeinflußten, tatsächlichen Entstehungsbedingungen wissenschaftlicher Erkenntnis, der 'context of discovery', im Vordergrund steht.[46] Die Soziologisierung und Historisierung des 'wissenschaftlichen Forschens' rückt die forscherische Erkenntnis zudem in die Nähe zu den alltäglichen Prozessen des Erkennens und Denkens (vgl. u.a. Garfinkel 1967). Diesen scheinbar paradoxen Prozeß faßt Klüver mit dem Begriff der "Alltagswende": "Wissenschaft taucht sozusagen ein in die Universalität des gesellschaftlichen Alltags, aus der die traditionelle Wissenschaftstheorie und -soziologie sie stets so sorgfältig hervorgehoben haben" (1988, S. 9).

1.1.2 "Wissenschaftlichkeit als Prozeß" - Empirische Befunde zur Produktion von Wissenschaft

Daß inhaltliche Definitionsversuche von Forschung oder wissenschaftlichem Handeln zeit- und kontextabhängig sehr unterschiedlich ausfallen, machen die vorausgegangenen Ausführungen nur allzu deutlich. Ist wissenschaftliche Forschung als Beruf demnach nicht durch *ein* spezifisches Modell oder Leitbild zu bestimmen, so werden im folgenden Teilkapitel einige Befunde zu den Produktionsweisen wissenschaftlichen Wissens - im Sinne einer "Wissenschaftlichkeit als Prozeß" (Wahl et al. 1982, S. 192) - vorgestellt, die durch die Art ihrer empirischen Fundierung einen direkteren Zugang zum Berufsalltag von WissenschaftlerInnen ermöglichen. Im Rahmen der vorliegenden Fragestellung wurden diese aufgrund ihrer sich partiell ergänzenden Reichweite und ihrer Orientierung an der 'Berufs'-Praxis ausgewählt, wobei ihnen - allen Unterschieden zum Trotz - gemeinsam ist, daß sie 'Forschung' als raum-zeitlich spezifisches, sozialprozeßhaftes, nicht in Dichotomien erklärbares, qualitativ komplexes Geschehen verstehen.

Jenseits des wissenschaftlichen Selbstverständnisses, wie es in den Debatten der Wissenschaftswissenschaften problematisiert wird, wird nun im Kontext einer weiteren Annäherung an das Berufsbild 'Forschung' danach gefragt, wie die **Wirkung der wissenschaftswissenschaftlichen Diskussionen auf das berufliche Selbstverständnis** und in der Praxis der Forschenden aussieht. Plausibel erscheint es zunächst anzunehmen, daß sie für das Berufsbild insofern relevant sein können, als die formulierten Ab- und Leitbilder insbesondere in der wissenschaftlichen Ausbildung und Sozialisation normative Kraft entfalten; sei es explizit oder implizit.[47]

Inwieweit sie innerwissenschaftlich explizit rezipiert werden, bezweifeln jedoch Bonß/ Hartmann: "Die begrenzte Relevanz der wissenschaftstheoretischen Leitvorstellungen

---

[46] Unter den Begriffen 'Evaluation', 'Nutzung', 'Diffusion', 'Transformation' etc. wird zum dritten im Rahmen einer Verwendungsforschung der Einfluß des 'context of use' verstärkt zum Thema gemacht (vgl. u.a. die Arbeiten von Tenbruck 1975, Wingens/Fuchs 1989, Beck/Bonß 1989 oder Collins 1985).

[47] (vgl. "Einweihung" in einen Denkstil bei Fleck 1993, "Habitusausbildung" bei Bourdieu 1992 oder Portele/Huber 1983, "Einsozialisierung" bei Klüver 1988)

zeigt sich schon daran, daß die meisten praktizierenden Wissenschaftler kaum über ein klares wissenschafts-theoretisches Selbstverständnis verfügen, geschweige denn über eine Kenntnis konkurrierender erkenntnistheoretischer Grundpositionen" (1985, S.31). Daß letztere in ihren wissenschaftstheoretischen Varianten überhaupt umgesetzt werden können, stellt überdies Feyerabend in Frage. Deren Bild wissenschaftlicher Praxis entspreche einfach nicht der Realität des theoretischen Arbeitens: "Nicht stolze Kathedralen haben wir vor uns, sondern baufällige Ruinen, architektonische Mißbildungen, deren prekäres Dasein von ihren Baumeistern durch unschönes Flickwerk nur mit Mühe verlängert wird. Das ist die wissenschaftliche Wirklichkeit" (1972, S. 143). Es werde zwar "in einschlägigen Interviews immer wieder auf wissenschaftstheoretische Leitfiguren (insbesondere Popper) verwiesen. Aber deren Explikation ist bei den meisten Befragten so unscharf, wenn nicht gar falsch, daß die entsprechende Standardauffassung schon von hier aus kaum handlungsleitend sein kann" (Bonß/Hartmann 1985, S. 31). Nun müssen handlungsleitende Regeln nicht unbedingt explizit präsent sein, um wirksam zu werden. Welche Vorstellungen sind also indirekt zu erschließen? In den Surveys[48] von Maier-Leibnitz und Schneider, die 1976/77 und in Replikation 1984 über 3000 UniversitätsdozentInnen und 1800 NachwuchswissenschaftlerInnen in der Bundesrepublik Deutschland zu verschiedenen Aspekten universitärer Forschung befragten, lassen sich folgende Teilaufgaben des Berufs benennen (1991, S. 31ff.[49]):

- Durchsicht von Fachliteratur;
- Phasen des vertieften Nachdenkens über wissenschaftliche Fragen,
- Nachdenken über eine neue Versuchsanordnung/ein neues Design,
- Formulieren einer neuen Idee,
- Empirische Studien zu einer These,
- Betreuung von Doktoranden/Doktorandinnen,
- Vorbereitung von Lehrveranstaltungen,
- Schreiben eines Buches,
- Schreiben eines Gutachtens.

Diese Ergebnisse können nun dahin gedeutet werden, daß der berufliche Forschungsalltag - neben den Aufgaben in der Lehre und der universitären Selbstverwaltung - jenseits wissenschaftstheoretischer Positionierung als in formale Teil*funktionen* gegliedert wahrgenommen wird. Auf konkretere Teil-Tätigkeiten und Normen des Forschungsprozesses selbst wird in den Aussagen kaum genauer Bezug genommen. Die Befragungsergebnisse zeigen überdies, daß das, was als Teil der persönlichen Forschungsarbeit verstanden bzw. in der Befragung als solches angegeben wird, zudem zwischen den Disziplinen variiert.[50]

---

[48] Allerdings muß bei empirischen Zugängen zur forscherischen Praxis, die sich, wie hier, auf die Selbstdarstellung der WissenschaftlerInnen beziehen, offen bleiben, inwieweit das Gesagte der tatsächlichen Praxis entspricht, es Rationalisierungen unterliegt, es in bezug auf andere Forschungssituationen, -disziplinen oder -institutionen generalisiert werden kann bzw. inwieweit das persönliche Forschungshandeln überhaupt einer Verbalisierung zugänglich ist.

[49] (Übertragung aus dem Englischen durch die Verfasserin)

[50] Wenn etwa in den Naturwissenschaften eher "Continual correction of thoughts and ideas in the face of new results" (1991, S.31) im Vordergrund steht, während bei den Sozial- und Wirtschaftswissenschaften eher "Studying a thesis empirically" dominiert, so führen Maier-Leibnitz/Schneider dies darauf zurück, daß empirische Arbeit in den Wirtschafts- und Sozialwissenschaften eher der Theoriegenerierung, in den Naturwissenschaften eher der Prüfung vorhandener Theorien als Weg zu neuen Ansätzen diene (1991, S. 31).

Knorr-Cetina zufolge ist im Bereich der Wissenschaft konkret eine **"doppelte Produktionsweise"** (1984, S. 239) zu berücksichtigen. Anhand ihrer Studien zur wissenschaftlichen Laborarbeit kann sie verdeutlichen, daß der faktische Produktionsprozeß von wissenschaftlichen Erkenntnissen stark indexikalisch, z.T. als "konstruktives Tüfteln", durch den situativen Rahmen der jeweiligen Institution geprägt ist, wohingegen erst die spätere Veröffentlichung der Ergebnisse einer entsprechenden Strukturierung nach den jeweiligen wissenschaftlichen Standards unterliegt (Knorr-Cetina 1985, S. 158ff.). Klüver verweist in diesem Zusammenhang auch auf taktische Überlegungen, die im Rahmen der Veröffentlichung in die Darstellung Eingang finden, auf die Unterschlagung oder Stilisierung der Handlungsbedingungen des Entstehungskontextes sowie darauf, daß aus Heuristiken des realen Forschungsprozesses in der Rückschau logische Deduktionen würden (1988, S. 84; vgl. auch Fleck 1993).

Daß damit jedoch keineswegs eine Trennung der verfolgten Regeln im Entstehungsund Geltungskontext verbunden sein muß[51], illustriert nun Klüver anhand einer Fallstudie. Der erworbene Fachhabitus determiniere "das Handeln auf unterschiedlichen Ebenen gleichartig (...). In beiden Kontexten wird nach dem gleichen Gemenge von sozialen und arbeitslogischen Regeln gehandelt" (1988, S. 209).

Die Untersuchungen von Klüver geben einen detaillierten Einblick in die vielschichtigen Überlagerungen normativer Vorstellungen, sozialer Bedingungen wie individueller Leistungen. In Anlehnung an Berger und Luckmann koppelt Klüver den Grundgedanken der sozialen Konstruiertheit menschlicher Realität mit einem systemischen Konzept in der Tradition Luhmanns, wobei schließlich über den Begriff des Alltags in der Detailanalyse auf lebensweltliche Elemente des Forschungsprozesses rekurriert wird. Das von Klüver entworfene Modell erscheint als insbesondere für die vorliegende Fragestellung von Relevanz, da es versucht, die Vermittlung subjektiv-alltäglicher Orientierungen und überindividuell wirksamer Strukturbestandteile in der wissenschaftlichen Forschungspraxis zu analysieren, d.h. es wird weder vom Verschwinden wissenschaftlichen Tuns in den Merkmalen alltäglichen Handelns noch von exklusiv wissenschaftlichen Spezifiken ausgegangen.

Wissenschaftlich-forscherisches Handeln aus der Innensicht stellt sich für Klüver - basierend auf den Ergebnissen der neueren Wissenschaftssoziologie und in seinem Ansatz beschränkt auf den Kontext der naturwissenschaftlichen Forschung - als "mehrfach geschichtete(r) Konstruktionsprozeß" dar (1988, S. 21). Er entwirft ein Bild von der Berufsrolle der Forschenden als einer an sich unterbestimmten, aus verschiedenen Komponenten heterogener sozialer Rollen (vgl. 1988, S. 74f.) zusammengesetzten "Gemenge"-Lage, als quasi multiple, fragmentarische berufspraktische Identität. "Erkenntnisproduktion (...) bedarf (...) auf allen analytisch zu unterscheidenden Handlungsebenen normativer Regelungsvorgaben - sie kann nicht 'an sich', als Inkarnation eines freien Geistes gesellschaftlich etabliert werden" (1988, S. 59). Diese Normierung kann nicht von klassischen wissenschaftstheoretischen Modellvorstellungen geleistet werden, da Logik und Fakten nicht als regulierende Momente ausreichen: "Uneinigkeit und Interpretationsdifferenzen sind vielmehr nicht die Ausnahme, sondern die Normalität; Wissenschaft ist selbst nichts anderes als eine ständig bedrohte Konsensbildung auf dem Hintergrund der normalen Dissense" (1988, S. 77).

Wie Konsensbildungsprozesse im Rahmen des einzelnen Forschungsprozesses phasenspezifisch reguliert werden, dazu unterscheidet Klüver analytisch verschiedene Kon-

---

[51] (vgl. auch die Überlegungen von Franck (1997) zu "Aufmerksamkeit" als Leitprinzip wissenschaftlichen Forschens)

struktionsebenen bzw. -stufen. Forschung bestehe äußerlich aus "so unterschiedlichen Tätigkeiten (...) wie praktisches Hantieren mit relativ einfachen Geräten und dem Manipulieren von Stoffen bzw. Substanzen, dem Ablesen komplexer Meßapparaturen, dem Eingeben von Informationen in entsprechende informationsverarbeitende Maschinen, dem Produzieren schriftlicher Texte und mündlicher Diskussionsbeiträge, dem - anscheinend - konzentrierten Nachdenken in isolierten Räumen und vermutlich noch anderen mehr oder weniger leicht zu verstehenden Handlungen" (1988, S. 93). Einzeln betrachtet, lassen sich diese Tätigkeiten auch in anderen Berufen finden. Aber ihre spezifische Kombination, ihre ebenenbezogene Radikalität, ihre prozeßbezogene Vollständigkeit innerhalb einer Handlungssequenz und ihr grundlegender Charakter der "Transformation konkreter Arbeit in allgemeine Arbeit" (1988, S. 97; vgl. auch ebd. S.140) machen Klüver zufolge 'Wissenschaftlichkeit' aus. So ähnelt etwa die erste Stufe, die der konkreten Laborarbeit, einerseits eher einer vorindustriell, handwerklich organisierten Produktion.[52] Sie ist andererseits aber zwangsläufig komplementär zusammengesetzt - "zwar an Zweckrationalität und technischem Erfolg als einziger Zielperspektive orientiert, ständig aber auch determiniert durch den Zwang zur situationsbedingten pragmatischen Zielflexibilität, sozialer Kooperation, ad hoc Verhalten aufgrund unvorhergesehener neuer Handlungsbedingungen" (1988, S. 106).
Die Wirksamkeit der Orientierung an "Rationalität" wird auch durch das "social underlife" von gemeinsamen Kaffeepausen oder Geburtstagsparties im Labor nie völlig unterminiert (vgl. 1988, S. 111ff.). Die Einflüsse der alltäglichen Lebenswelt wie der persönlichen Biographie werden gerade dort aktiv, wo rational-wissenschaftliches Arbeits- und Regelwissen nicht zur Strukturierung der Freiräume ausreichen. Daß dies in allen Stufen und Phasen des Forschungsprozesses der Fall ist, bricht die wissenschaftswissenschaftlich übliche Trennung zwischen sozial beeinflußtem Entstehungskontext und rationalem Geltungsbereich auf. Klüver verweist etwa auf die durchgängige Verwobenheit von vorhandenen Systemimperativen und individuell alltäglich geprägten Mustern auf der Ebene der situativen Passung von Wissen. So ist etwa "das subjektiv erworbene Handlungswissen des einzelnen Wissenschaftlers (...) nur dann ein anschließbares Wissen, wenn es strukturell mit dem Kollektivwissen der Disziplin übereinstimmt und sich als solches für den einzelnen Wissenschaftler biographisch bewährt hat" (1988, S. 132; Hervorh. i. Orig.). Auch im Rahmen der späteren Veröffentlichung der zu Ergebnissen transformierten Fakten bleibt die Norm unpersönlicher Rationalität wirksam, doch wissen ProduzentInnen wie rezipierende FachkollegInnen um die pragmatischen Anteile, wie der Berücksichtigung der Vorstellungen potentieller Geldgeber, der strategischen Orientierung an herrschenden Theorien oder der Positionierung in der Konkurrenzsituation verschiedener Forschungsteams. In dieser Perspektive wird die scheinbare Diskrepanz "nicht einfach ein möglichst zu verschweigender Störfaktor im System, sondern im Gegenteil ein weiterer Aspekt der funktionalen Binnendifferenzierung des Wissenschaftssystems" (1988, S. 142).

Führt eine solche 'Entzauberung' von Wissenschaft nicht zuletzt im Zuge der "Verwissenschaftlichung von Gesellschaft" zur Unterhöhlung des wissenschaftlichen Anspruches 'höchster Rationalität' in der öffentlichen Diskussion, so ist außerdem mit einem Wandel der externen Zuschreibungen zu rechnen, welche sich wiederum auf die berufliche Identität der wissenschaftlich Forschenden auswirken dürfte; die "Entzauberung

---

[52] Kann aber m.E. beim Blick in Großlabors außeruniversitärer Forschungseinrichtungen durchaus mit der "rigide(n) und hierarchisierte(n) Arbeitsteilung, taylorisierter Zerlegung von Arbeitsprozessen in Elementareinheiten, Entfremdung der Produzenten von den Produkten in ökonomischer wie psychologischer Sicht" (ebd. S. 102) verglichen werden.

des Entzauberers" (vgl. Bonß/Hartmann 1985) vom 'faustisch strebenden Gelehrten' oder 'letztinstanzlichen Gutachter' zum 'fliegenbeinzählenden Empiriker', 'praxisfernen Wissenschaftsbürokraten im Elfenbeinturm' oder 'beliebig einsetzbaren Experten'. Ebenso ist umgekehrt auch die Vergesellschaftung von Wissenschaft zu berücksichtigen. Es ist zu fragen, ob die handlungsleitenden Regeln nicht auch von wissenschaftsexternen Leitbildern beeinflußt werden bzw. schon immer wurden.[53] Die eingangs bereits erwähnte Webersche These einer fortschreitenden Rationalisierung, die auch den Wissenschaftsbetrieb nicht ausnimmt, verweist für die Neuzeit auf die Wirksamkeit der Ökonomie entlehnter Vorstellungswelten (vgl. auch Klüver 1988), die sich etwa im Fall einer rein an Kosten-Nutzen-Denken orientierten Karrierestrategie auf dem Wissenschafts*markt*[54] bis in eine dahingehende Stilisierung der eigenen Biographie auswirken können. Die wissenschaftstheoretische Programmatik müßte sich - bei aller bereits vorhandenen Berücksichtigung von Macht (vgl. Bourdieu 1992), Erfolg (vgl. Knorr-Cetina 1985) und 'wildem Kapitalismus' - sogar völlig wandeln, träfe die These Neuweilers zu: "the scholarly profession has become a career just like the careers of employees and civil servants; young scientists' goals are set more with an eye to a career than with a view to scientific knowledge" (vgl. Maier-Leibnitz/Schneider 1991, S. 53).

Zusammenfassend läßt sich festhalten, daß die Berufsspezifik der Forschung in der Kombination der einzelnen Akte gesehen werden kann. Sie stellen spezifische Konstruktionsleistungen im Rahmen des Transfers vom Konkreten zum Allgemeinen dar, wobei die spezifische Durchdringung von individuellen und strukturellen Anteilen konstitutiv wirkt. Oder in den Worten Einsteins: "(Der Wissenschaftler) muß dem systematischen Erkenntnistheoretiker als eine Art skrupelloser Opportunist erscheinen: Er erscheint als Realist insofern, als er eine von den Akten der Wahrnehmung unabhängige Welt darzustellen sucht; als Idealist insofern, als er die Begriffe und Theorien als freie Erfindungen menschlichen Geistes ansieht (...); als Positivist insofern, als er seine Begriffe und Theorien nur insoweit für begründet ansieht, als sie eine logische Darstellung von Beziehungen zwischen sinnlichen Erlebnissen liefern. Er kann sogar als Platonist oder Phytagoräer erscheinen, insofern er den Gesichtspunkt der logischen Einfachheit als unentbehrliches und wirkungsvolles Werkzeug des Forschens ansieht" (zit. nach Krohn/Küppers 1987, S.7).

1.2   'Umwelten' von Forschung - Die kontextuelle Facette

Bereits im vorausgegangenen Kapitel wurde deutlich, daß ein Verständnis forscherischen Tuns stets auf Bezüge zu Systemumwelten, InteraktionspartnerInnen und historischen Kontexten angewiesen ist. Auch die Annahme einer Eigengesetzlichkeit der Wissenschaft ist logisch nur auf der Basis einer Referenz zu differenten Gesetzlichkeiten anderer Bereiche gesellschaftlicher Praxis zu vertreten. Eine analytische Unterscheidung verschiedener 'Umwelten' dient im Kontext der vorliegenden Fragestellung dazu, berufliche Anforderungen anhand unterschiedlicher Handlungsfelder von Forschenden zu bestimmen. Wurde in den bisherigen Ausführungen nicht weiter zwischen 'Forschung' und 'Wissenschaft' unterschieden, so soll der Weg des Kontextbezuges

---

[53] Blumenberg (1988) stellt zum Beispiel einen Zusammenhang zwischen der spezifischen Ausprägung der "theoretischen Neugierde" von Forschenden in den religiös geprägten Vorstellungen über die Grenzen menschlicher Erkenntnisfähigkeit angesichts eines geheimnisvollen, allmächtigen Schöpfergottes im Mittelalter her.
[54] (vgl. "Der Biologe als wilder Kapitalist", Latour 1994)

überdies dafür herangezogen werden, beide voneinander abzugrenzen. Dafür wird auf einen Ansatz von Krohn und Küppers (1987)[55] zurückgegriffen.

In "Die Selbstorganisation der Wissenschaft" (1987) gehen sie unter systemtheoretisch geprägter Perspektive[56] insbesondere auf die 'Umwelten' von Forschung und Wissenschaft ein. Krohn/Küppers verstehen 'Forschung' als intern geregelten, sich in Auseinandersetzung mit der externen Umwelt konstituierenden, sozial feinstrukturierten Prozeß der Wissenserzeugung, auf den auch außerwissenschaftliche Bereiche, wie die Politik, ein- bzw. rückwirken.

Die **Basiselemente** in ihrem Modell des Wissenschaftssystems sehen Krohn/Küppers in den einzelnen WissenschaftlerInnen (vgl. 1987, S. 25), also in Personen, die entsprechende Kompetenzen ihr eigen nennen oder diese zugeschrieben bekommen. Diese Personen handeln als Forschende, wenn sie mit der expliziten Absicht der forscherischen Wissenserzeugung agieren. Eine "elementare Wechselwirkung" entsteht dann, wenn sich Forschungshandeln wechselseitig auf anderes Forschungshandeln bezieht. Durch diese Interaktion verschiedener WissenschaftlerInnen kann es zur Ausbildung "sozialer Netzwerke" kommen, wobei sich im Falle der Rekursivität eine soziale Organisation herausbildet, die von Krohn/Küppers als "Forschungsgruppe" bezeichnet wird. Diese "ist einerseits in der Art, wie sie sich selbst organisiert, weitgehend freigestellt (...). Sie ist andererseits über Aufgabenstellungen und Leistungserwartungen funktional integriert in die arbeitsteilige Gesellschaft, von der aus auf die ein oder andere Weise die Kosten der Selbstorganisation der Forschung aufgebracht werden" (Krohn/Küppers 1987, S. 26). Doch ist nicht die gesamte Forschung durch selbstorganisierende Forschungsgruppen dieser Art zu beschreiben. Hinzu kommen wissenschaftliche Einzelarbeit oder hierarchische Modelle, wobei auch bei diesen Formen eine Einbindung in Kommunikations- und Interaktionsnetze zu vermuten ist.

Innerhalb einer **Forschungsgruppe** bedeutet Forschungshandeln verallgemeinert, sich sachliche, das Wissensgebiet betreffende und strategische, auf Handlungsabsichten bezogene Informationen zu verschaffen bzw. solche zu produzieren (vgl. 1987, S. 28f.). In Form einer Gruppenmatrix läßt sich die spezifische Handlungskoordination des Austauschprozesses der Forschungsgruppe veranschaulichen. "In sachlicher und strategischer Hinsicht umfaßt eine solche Matrix nicht nur theoretische und methodologische *Überzeugungen*, sondern auch *Einstellungen* über (inner- und außerwissenschaftliche) Relevanz der Forschungen der Gruppe und Projektpläne als koordinierte *Intentionen*"

---

[55] Dieser Ansatz erscheint hier deshalb relevant, da es einer der wenigen ist, die die gegenwärtige Wissenschaftslandschaft und ihren Forschungskern einschließlich ihres Bezuges zu anderen gesellschaftlichen Teilsystemen strukturell zu erfassen suchen. Jenseits disziplinärer Spezifik, an den Organisationsprozessen orientiert, finden dabei auch die oft vernachlässigten nicht-universitären Forschungseinrichtungen Berücksichtigung, wobei wiederum einschränkend ergänzt werden muß, daß Krohn/Küppers auf Ergebnisse Bezug nehmen, die primär anhand naturwissenschaftlicher Forschungslabors gewonnen wurden.

[56] Hier wird - bewußt konstruktiv - die Perspektive der Selbstorganisation von Systemen gewählt, wobei Krohn/ Küppers in Abgrenzung zu Luhmann ein für Zwecke der empirischen Forschung operationalisierbares Modell vorlegen, dem ein anderes System-Umwelt-Verständnis zu Grunde liegt. "Wissenschaftler strukturieren aktiv als Wissenschaftler ihre Umwelt und zwar unter Benutzung wissenschaftlicher wie sonstiger Information, und sie modifizieren ihr wissenschaftliches Kommunikations- und Handlungssystem durch den Import von Information. (...) Entgegen dem Axiom Luhmanns sind soziale Systeme niemals informationell geschlossen" (1987, S. 17). Zudem stellen sie der binären Wahr-Falsch-Struktur andere Kriterien systemrelevanter Nützlichkeit an die Seite. Von 'Disziplinen' als wissenschaftlichen Kommunikationszentren wird abgesehen und die Strukturierung anhand von scientific communities, Forschungslabors und Forschergruppen vorgenommen, die sich als Systeme in Kontakt mit verschiedenen, prinzipiell jedoch gleichrangigen Umwelten befinden (vgl. 1987, S. 20).

(Krohn/Küppers 1987, S. 33; Hervorh. i. Orig.). In der Gruppenmatrix ist das implizite Wissen der Forschenden verankert, das den Forschungsprozeß intern steuert, wobei - in Abgrenzung zu Kuhn - die Gruppenmatrix zugleich spezifischer und komplexer als ein "Paradigma" gefaßt wird und sich auf eine kleinere Einheit bezieht. Sie kann anhand folgender Merkmale beschrieben werden:

- Die **kognitive Komponente** umfaßt die Ausbildung eines kollektiven Denkstils.
- Die **soziale Komponente** dient der Stabilisierung des Gruppenverhaltens insbesondere gegenüber abweichenden Überzeugungen, wobei eine tendenzielle Toleranz bei Abweichungen innerhalb der Gruppe - unter Integrationsabsicht - sowie demonstrative Unvereinbarkeit bei Gruppenexternen zu beobachten ist.
- Die Ausprägung von Engagement und Verpflichtung bildet die **emotionale Komponente** der Gruppenmatrix. Sie führt zur entsprechenden Zugangslimitierung in Abhängigkeit von der Reputation der Gruppe nach außen.
- In der Beziehung nach außen ist bereits die **reflexive Komponente** angesprochen. Diese meint die Ausbildung einer Gruppenidentität durch Selbst- und Fremdwahrnehmung, welche wiederum in bildhaft konstruierter Form den Forschenden die Matrix selbst vergegenwärtigen.

Im Rahmen der Reflexivität wird der Abgleich zwischen den etwa von konkurrierenden Fachgruppen an die eigene Gruppe herangetragenen Bildern und dem Selbstbild gesucht. Diese Bilder müssen keineswegs identisch sein: "Während das Selbstbild der Gruppenmitglieder durch die Kenntnis der inneren Spezifitäten der Interaktion mitbestimmt ist, ist die Wahrnehmung von außen stärker über Ergebnisse und Funktionen gesteuert" (Krohn/Küppers 1987, S. 35). Unterschied oder Gleichheit der Bilder bringen nun die Abgrenzungsmöglichkeiten, die Spezifizierung des Verhältnisses der Forschungsgruppe zu ihrer Außenwelt mit sich. "Fremd- und Selbstbilder definieren dort, wo sie zusammenfallen, eine Grenze zwischen System und Umwelt. Ihre Nicht-Koinzidenz konstituiert dagegen eine Randzone als sozialen Raum, über den weder die Forschungsgruppe noch die Umwelt vollkommen verfügen kann" (1987, S. 35). Hier, in der Randzone, entsteht Raum für Aushandlungsprozesse, über die von den ForscherInnen in der Umwelt des Systems gehandelt wird.

An dieser Stelle wird **Forschungshandeln** zu **Wissenschaftshandeln**, das nicht mehr allein der forscherischen Wissenserzeugung, sondern der Strukturierung der Umweltbedingungen dient: "Die Wissenschaftler einer Forschungsgruppe handeln in die Umwelt hinein, um die Bedingungen der Fortsetzbarkeit ihrer Forschungsarbeiten zu sichern" (1987, S. 43). Zur Umwelt gehören wissenschaftliche, nichtwissenschaftliche und hybrid zusammengesetzte Kontexte, wobei es stets um die Sicherung des Primats des Forschungshandeln als "einzige notwendige Aktivität des Wissenschaftssystems" (1987, S. 92) geht. Mit der Innen- und der Außenperspektive wird die Trennung von System und Umwelt durch die in den Interaktionen wirksamen Überzeugungen, Einstellungen und Intentionen der WissenschaftlerInnen selbst konstituiert.

Im Bereich des Wissenschaftshandelns unterscheiden Krohn/Küppers verschiedene **Formen der Rückkopplung** auf den Forschungsprozeß mit jeweils spezifischen Handlungsmustern (1987, S. 93):

Den ersten Bereich bilden **Labor/Institut** bzw. **"scientific community"** als lokale Einbettung bzw. universale Anbindung der Forschungsgruppe. Das Labor/Institut dient der Organisation von Kooperation zwischen verschiedenen Forschergruppen einer Einrichtung. In der gemeinsamen Arbeit wird ein Modell des Forschungsgebietes auch durch die Außendarstellung der Leistungen der Gruppe erzeugt. Durch Vereinbarungen, Beschlüsse und Richtlinien in Form von "Protokollen" und "internen Papieren" werden die Arbeitsziele ausgehandelt und koordinierend festgelegt. Auf höheren Ebenen setzen sich die Positionierungs- und Aushandlungsprozesse fort; etwa in Trägerorganisationen, Dachverbänden, auf regionaler, nationaler oder internationaler Ebene. Hier nimmt der Charakter eines Betriebes unter rechtlicher Fixierung und haushalts- wie buchführungstechnischen Gesichtspunkten immer weiter zu. Unter sich sind diese Einrichtungen zudem durch ein anderes Institutionengefüge verbunden, in dem weniger die organisatorisch-koordinierenden Fragen der Arbeitsteilung im Vordergrund stehen: der Bereich der wissenschaftlichen Kommunikationsforen, Tagungen und Kongresse. Neben dem sachlich-formellen Austausch gelten hier neue Kontakte und informelle Zugänge als wichtige strategische "Nebeneffekte". Doch auch die Kommunikation im Rahmen der Fachgemeinschaft, auf Kongressen oder via Telephon, Briefverkehr, Adressenlisten, Treffen und Sitzungen steht nicht im Zeichen unbegrenzt offenen Austausches. Unter taktisch abgewogener Mischung von Offenheit und Zurückhaltung, Freundschaft und Feindschaft geht es hier um die wechselseitige Information über Ergebnisse zur Richtungskorrektur und Beschleunigung der eigenen Forschungsarbeit. Leider, so konstatieren Krohn/Küppers, sei von der Wissenschaftsforschung "dieser ganze Bereich der informellen Kommunikation außerhalb des Labors weitgehend vernachlässigt worden" (1987, S. 51).

Das 'Paradepferd' der formellen Kommunikation ist für die Wissenschaften der zweite Bereich, der der **Veröffentlichungen**. Der Sektor der wissenschaftlichen Publizistik kann nach seinen Medien gegliedert werden: wie graue Literatur, hauseigene Mitteilungsblätter sowie Zeitschriften mit variierendem fachspezifischem Anspruch und unterschiedlichen Zielgruppen. Doch ist jede Veröffentlichungs-Arbeit von SpezialistInnen mit Problemen des Sich-Verständlich-Machens behaftet. Die notwendige Transformation des denk- und arbeitsstilspezifischen Wissens fassen Krohn/Küppers - wiederum unter Bezug auf Fleck und die Soziologie wissenschaftlichen Wissens - als Prozeß der modellierenden, veranschaulichenden Darstellung. Die Rückkopplung mit dem Bereich der Publizistik besteht auch aus der "Rückwirkung des 'Machens' von Zeitschriften auf die Forschung" (1987, S. 57). Redaktionspolitik, GutachterInnen, HerausgeberInnen etc. gewinnen mit einer eigenen, auch kommerziellen Logik des Veröffentlichungswesens an Einfluß.

Die dritte Umwelt des Systems "Forschungsgruppe" kann als **Forschungspolitik und -planung** beschrieben werden. An diesem Systemrand wird über Geldmittel und deren Zweckbindung unter bestimmten Auflagen verhandelt; dies betrifft exemplarisch den Bereich der Drittmittelforschung. Die Forschungsgruppe stößt wiederum auf ein differenziertes Organisationsgefüge verschiedener GeldgeberInnen, u.a. ministerielle Ressorts, DFG, Stiftungen. Wurde in der Veröffentlichung der Anschluß an die Vergangenheit, an die Forschungtradition gesucht, so besteht die kognitive Grundfunktion der Forschungsplanung in der Konstruktion von "Kontinuität zwischen dem Stand der Forschung und *Zukunftsvorhaben*" (1987, S. 59; vgl. auch die aktuelle Debatte um ein "Prospektionsverfahren": Weingart 1995; Detmer 1995).

Eine exemplarische Verbindung erfahren Forschungsplanung und -politik in der Konzeption von Forschungsprogrammen. Unter Einbeziehung politisch-gesellschaftlicher Zielvorgaben finden in den wechselseitigen Aushandlungsprozessen in sog. „Hybridgemeinschaften" (aus WissenschaftlerInnen und Nicht-WissenschaftlerInnen) explizit außerwissenschaftliche Relevanzkriterien Eingang in das Forschungssystem. Die Steuerung erfolgt oft in Form des "auf die Schiene"-Setzens, wobei staatlicher Politik eine inhaltliche Innovationsfunktion im Sinne der Schaffung von Anreizen zukommt. Dies hat stets kognitive Rückwirkung auf die Modellierung des Wissensgebietes in den wissenschaftlichen Forschungsanträgen. WissenschaftlerInnen sondieren als Beobachtende aktiv das Terrain, um Finanzierungsmöglichkeiten aufzutun, dabei haben Fallstudien gezeigt, "daß es Wissenschaftlern häufig gelingt, eine bestimmte Forschung als einschlägig für ein bestimmtes Programmziel zu stilisieren" (Krohn/Küppers 1987, S. 62); so z.B. im Bereich der Umweltforschung (vgl. Küppers/Lundgreen/Weingart 1978). Sofern sich "systemfremdes Wissen" als anschlußfähig erweist, kommt es ggf. zu einer Umstrukturierung des bisherigen Wissensbestandes bzw. der bisherigen Problemsicht und der Forschungsrichtung.

Die letzten drei Bereiche der systemaren Rückkopplung bilden schließlich die Lehre, Praxisfelder sowie die Öffentlichkeit.[57] Die **Lehre** dient zum einen der Rekrutierung von Nachwuchs. Kognitiv bedeutet sie zum anderen die Notwendigkeit der Vereinfachung und Axiomatisierung des Wissensbestandes (vgl. Flecks "Lehrbuchwissenschaft"). Potentielle und vorhandene **Praxisfelder** der Wissenschaften stehen im Kontext der Verwissenschaftlichung von Gesellschaft und wirken integrativ hinsichtlich sozialer Präferenzen und Normen. Die **Öffentlichkeit** schließlich erfüllt legitimatorische Funktionen der Wissenschaft, wobei hierüber auch eine Integration systemfremder Werte stattfinden kann.

'Wissenschaft' besteht demgemäß aus der Koppelung folgender Elemente:

- koordinierende Festlegung von Arbeitszielen im engeren organisatorischen Kontext der Forschungsgruppe,
- Rückkoppelung mit der Fachgemeinschaft,
- Konstruktion des inneren Entwicklungsmusters über Veröffentlichungen,
- Ausrichtung des Zukunftshandelns in Programmen,
- innere Ordnung der Teile und die Reproduktion in der Ausbildung,
- Rekonstruktion sozialer Institutionen etwa durch Reformbemühungen in den jeweiligen Praxisfeldern und
- normative Rechtfertigung von Wissenschaft in der Öffentlichkeit.

Zusammengefaßt bedeutet dies: "Das System der Wissenschaft entsteht somit aus dreifachen Handlungskoordinationen: aus denen auf der Ebene des Forschungshandelns (rekursive Interaktion); aus denen zwischen Forschung und der Konstruktion der Ränder (kognitive und institutionelle Rückkopplungen durch Wissenschaftshandeln); aus denen zwischen und innerhalb der Ränder" (Krohn/Küppers 1987, S. 96).

Neben der Differenzierung von 'Forschung' und 'Wissenschaft' ist die Frage nach dem Verhältnis wissenschaftlicher Forschung zu ihrer Umwelt mit Blick auf die potentiellen beruflichen Handlungsfelder von Belang. Wird mit Krohn/Küppers davon ausgegangen, daß alle 'Ränder' direkt an das System der Forschungsgruppe heranreichen und somit alle WissenschaftlerInnen im Prinzip zu den angrenzenden Feldern Zugang haben, hat dies, bezogen auf die berufliche Aufgabenstellung, die Folge, daß alle dort Beschäftigten sowohl im Bereich des Forschungs- als auch im Bereich des Wissenschaftshandelns tätig sein können und somit entsprechend unterschiedliche Kompetenzen einbringen müssen. 'Forschung' - im engeren Sinne der Wissenserzeugung mit wissenschaftlichen Methoden - ist nur ein Teilbereich des Berufs.[58] Der Anteil der reinen Forschungsarbeit variiert allerdings, z.B. zwischen auf Zeit, zur Durchführung einer bestimmten Untersuchung in einem Projekt Angestellten, den Abteilungsleitenden und

---

[57] Sie werden hier nur kurz angesprochen, da die vorliegende Untersuchung primär auf das Forschungshandeln ausgerichtet ist.

[58] Dabei setzen sich Forschungshandeln wie Wissenschaftshandeln wiederum aus verschiedensten Tätigkeiten zusammen, sodaß das von Klüver (1988) entwickelte Bild der fragmentarischen Identität der WissenschaftlerInnen im Forschungsprozeß um das Wissenschaftshandeln an den Rändern zu erweitern wäre (vgl. Teilkap. 1.1.2).

der Institutsleitung. Es kann bis zu einer Verberuflichung der Strukturierungsaufgaben des Wissenschaftshandelns in Form wissenschaftlichen Managements jenseits konkreter Forschungstätigkeiten reichen. Diese Sichtweise führt zu einer Erweiterung des Spektrums potentiell notwendiger Kompetenzen, um den jeweiligen Aufgaben in Forschung UND Wissenschaft gerecht werden zu können.

1.3   Forschende als KomptenzträgerInnen - Die individuelle Facette

Relevanz gewinnt die Frage nach der individuellen Facette im vorliegenden Zusammenhang zum einen durch die Bedeutung der Person der Forschenden als Fokus von Bildungsprozessen und zum anderen in der der 'Persönlichkeit' zugeschriebenen Bedeutung für den beruflichen Forschungskontext (vgl. u.a. Weber 1919/1988; Bolte 1988). Zwar mag die Präsenz des Individuellen in einem überwiegend von Institutionalisierungs-, Struktur- und Systemgedanken geprägten Diskussionsfeld überraschend erscheinen, doch wird - etwa der Argumentation Blaschkes (1989, S. 22) zufolge - das Konzept der 'Persönlichkeit' gerade in Zusammenhängen bemüht, die sich durch Problemstellungen ohne vorab programmierbare Lösungen bei unklarer bzw. stets zu modifizierender Zielsetzung, durch bewußt offengehaltene Freiräume und jenseits von Routinen liegende Krisenentscheidungen oder Innovationen auszeichnen. In einem derartigen Verständnis der beruflichen Forschungsaufgabe gewinnt insbesondere die "Handlungsflexibilität" (Brandes 1980) der Person an Wichtigkeit, die als ein Aspekt der Manifestation von Qualifikationen in der menschlichen Handlungskompetenz betrachtet werden kann (vgl. Kap. II - 1.3). 'Persönlichkeit' soll hier als strukturiertes Gerüst der Individualität verstanden werden, wobei bestimmten Komponenten Relevanz für die Berufsausübung zugeschrieben wird - sei es, daß sie diese besonders prägen und/oder sie besonders geprägt werden.[59]

'Faustisch strebende Gelehrte in ihrer Studierstube' versus 'weltgewandte Wissenschaftsimpresarios', der 'einsam reisende Abenteurer' versus die 'fliegenbeinzählende Empirikerherde''. Dieses in Metaphorik und im Volksmund präsente typologische Zweigespann soll aufgenommen werden, um der eher solitär-einzigartigen (Teilkap. 1.3.1) und der eher kollektiv-interaktiven Seite (Teilkap. 1.3.2) berufsrelevanter Persönlichkeitskomponenten nachzuspüren. Deutlich wird die Zweiseitigkeit der Metaphorik auch im Bild des Wissenschaftlers/der Wissenschaftlerin als "Wolf", das einerseits als "einsamer Wolf" und andererseits als Paradebeispiel des "Rudellebens" auftreten kann (vgl. Latour 1994).

1.3.1   Die kreative Seite des "einsamen Wolfs"

Der Hof von prototypischen Attributen, die mit der Einzigartigkeit herausragender Forschender und ihren Leistungen assoziiert werden, umfaßt Begriffe wie "Originalität", "Neugier", "Intelligenz", "Genie", "Klugheit", "Schöpfungskraft" oder "Innovationsfähigkeit". Einen Zugang zu diesen Begriffen, der insbesondere die im Hinblick auf die Bildung bedeutsame Schwelle zwischen 'Persönlichkeitseigenschaft' und 'Qualifikation' markiert, bieten die Forschungen zum Thema "Kreativität".

---

[59] Dabei stellt der Bezug auf den Beruf lediglich ein untersuchungsbedingtes Selektionskriterium bei der Betrachtung ihrer individuellen Spezifik dar, ohne die beruflich mit Forschung beschäftigten "Persönlichkeiten" auf ihre dortigen Rollen, Positionen oder Funktion reduzieren zu wollen.

Auf Schwierigkeiten stößt dabei zum einen die Konzeption eines angemessenen Verständnisses von Kreativität: "Wenn Kreativität das ist, was Menschen zu kreativen Ergebnissen führt, könnte es viele Dinge umfassen. Kreative Fähigkeiten wären Fähigkeiten, die einen Menschen dazu bringen, kreativ zu denken. Ein kreativer Denkstil könnte ein Stil sein, der neuen Ideen eine Chance gibt und sie nicht sofort ablehnt. Interesse und Engagement für das kreative Schaffen wären von großer Wichtigkeit. Weder der Enthusiast ohne Fähigkeiten noch der fähige, aber uninteressierte Mensch könnte als kreativ bezeichnet werden. Wir sollten uns Kreativität also als eine Mischung aus Fähigkeiten und vielen anderen Eigenschaften vorstellen. Oft tun wir dies aber nicht. Statt dessen stellen wir sie uns allein als kreative Fähigkeit vor. Kreativität wird zu einer Art 'Stoff', den die kreative Person besitzt und dazu benutzt, kreative Dinge zu tun, wobei andere Faktoren nicht berücksichtigt werden" (Perkins 1984, S. 237). Eigenschaften, Haltungen, Fähigkeiten, Potentiale und Rahmenbedingungen können in die Konzeption von Kreativität einfließen und werden je nach Ansatz und Forschungsrichtung unterschiedlich gewichtet. Zudem ist ihre Erfassung entsprechend problematisch, zumal wissenschaftliche Innovationen, Schöpfungen oder Erkenntnisprozesse nicht gezielt experimentell simuliert werden können.

Ein Zweig der psychologischen Wissenschaftsgeschichtsforschung hat sich auf die expost-facto Analyse bedeutender kreativer Leistungen vergangener Epochen spezialisiert. An Darwin, Planck oder Curie sollte das Charakteristische der kreativen Leistung nachvollzogen werden. Nicht zuletzt aufgrund der Angewiesenheit auf die Selbstzeugnisse der EntdeckerInnen und InnovatorInnen und der Neigung, den Prozeß des kreativen Suchens und Findens rückblickend zu stilisieren (vgl. Fleck 1993, S. 101), fallen die Ergebnisse dieser Forschung sehr heterogen aus. Konkret spricht beispielsweise Perkins (1984, S. 234ff.) von einer komplexen Verbindung verschiedener Elemente in einer "kreativen Karriere": von der "Transformation eines Problems" während der Arbeit daran, von "Engagement", von der Einbindung der Person in ein "Unternehmensgeflecht" von anderen Projekten und Personen, von visionären "Bildern großer Reichweite", von der "erotischen Seite der Wissenschaft" im Sinne der Empfänglichkeit für ästhetische Reize des Forschungsgegenstandes und einer affektiven Bindung an ihn sowie von "Disziplin" und hoher Frustrationstoleranz bei gleichzeitig hohen Ansprüchen (vgl. auch Gruber/Barrett 1974). Dazu sei noch der Faktor des "Zufalls" zu berücksichtigen, der allerdings dann auch erkannt werden müsse, in aktivem "Herumstöbern" begünstigt werden könne, "auf einen durch Erfahrung vorbereiteten Geist" zu treffen habe oder "sich direkt aus höchst individuellen Charakterzügen und Umständen" ergebe (vgl. Perkins 1984, S. 232).

In ein ähnlich komplexes Modell münden die Untersuchungen von Csikszentmihalyi (1997), das ‚Kreativität' nicht allein auf individuelle Faktoren reduziert, sondern um Einflüsse aus „Feld" und „Domäne" ergänzt. Neben kognitiven, emotionalen, sozialen, motivationalen oder materiellen Komponenten in der Person der Forschenden werden in das Bedingungsgefüge zum einen Merkmale der Domäne „Wissenschaft" (wie die disziplinäre Struktur, deren Selbstverständnis und gesellschaftlicher Status) und zum anderen das spezifische Feld, im Sinne von Institution und „peers" (im Hinblick auf Kooperation und Konkurrenz, Vernetzungsart und Organisation) aufgenommen.

Eine andere Variante der methodischen Annäherung an das Phänomen der Kreativität besteht in der Frage nach den "impliziten Theorien", den Konzepten von LaiInnen oder WissenschaftlerInnen über Kreativität - z.B. in der Untersuchung von Sternberg (1985). "In den Ergebnissen zeigt sich, daß Menschen zwar relativ übereinstimmende Vorstellungen von dem haben, was Kreativität bedeutet, daß in diesem Meinungsbild aber sehr verschiedene, sogar widersprüchliche Merkmale enthalten sind" (Weinert

1991, S. 56). Diese können sich etwa zwischen den Polen von "Nichtfestlegung" - "Integration und Intellektualität", "Sinn für Ästhetik und Vorstellungskraft" - "Entscheidungsfähigkeit und Flexibilität" sowie "Scharfsinn" - "Bedürfnis nach Leistung und Anerkennung" bewegen (vgl. Sternberg 1985, S. 615).

Auch kann "Kreativität" durch psychometrische Methoden erfaßt werden, die in Testverfahren die individuelle Ausprägung bestimmter Persönlichkeitsmerkmale und ihre Zusammenhänge zu analysieren suchen. In diesem Fall rückt die Kreativitätsforschung oftmals in die Nähe der Erforschung 'Intelligenz". Je nach Konzeption und Operationalisierung dieser beiden Konstrukte werden zwischen Kreativität und Intelligenz unterschiedliche Wechsel- und Inklusionsbeziehungen fest- bzw. hergestellt. Doch lassen sie sich trotz des grundlegenden kognitiven Aspekts der Kreativität nicht aufeinander reduzieren (vgl. Gebhardt 1992). Heller/Nickel beispielsweise fassen Intelligenz UND Kreativität als kognitive Bedingungen des Lernens (1976, S. 161). Die Untersuchung von Weisberg (1989) zeigt auf, daß das - im Alltag oftmals mit Intelligenz gleichgesetzte - "analytische Denken" nicht im Widerspruch zur Kreativität stehen muß; beide Denkformen haben mehr Gemeinsamkeiten als Unterschiede. Zu den Ergebnissen dieser Forschungsrichtung gehört auch die inzwischen klassische Unterscheidung von Guilford (1950) zwischen "konvergentem" und "divergentem" Denken, wobei das letztere auf Lösungsstrategien bei Problemen mit unbekannter Lösung bzw. offenem Ziel ausgerichtet ist. "Lägen die Ziele vor der Arbeit fest, wäre diese in der Tat nur noch quasi-handwerkliche 'Ausführung'. Wie die Hypothesen*bildung* für die Wissenschaftstheorie, so ist die Ziel*bildung* die Leerstelle unserer Handlungstheorien (...). 'How should I know what I think before I see what I write' - so hatte E. M. Forster es einmal auf den Punkt gebracht" (Gebhardt 1992, S. 59; Hervorh. i. Orig.).

Um dieser Verfahrens- und Ergebnisheterogenität gerecht zu werden, differenziert Weinert (1991, S. 59ff. und 1993, S. 4ff.) zusammenfassend zwischen:

- "kreativen Produkten", die durch Neuheit bzw. Ungewöhnlichkeit, einen im Widerspruch zum Erwarteten stehenden Überraschungseffekt sowie durch besondere Bedeutung und Wert gekennzeichnet sind[60];
- "kreativen Prozessen", die z.B. mit den Stadien "Präparation" (intensive Vorlaufphase), "Inkubation" (Lösungsidee unterhalb der Ebene des Bewußtseins), "Illumination" (bewußte Einsicht) und der "Verifikation" (Überprüfung und Ausführung) konzipiert werden;
- "kreativer Persönlichkeit" bzw. "kreativer Person", deren Denken sich - psychometrischen Verfahren zufolge - durch Problemsensitivität, Flüssigkeit/Geschwindigkeit, Flexibilität, Improvisationsgeschick und Originalität auszeichnet, und
- "kreativen Umwelten": "Es gibt Institute, Abteilungen und Labors, die offensichtlich stimulierend wirken. Charakteristisch ist für solche Plätze ein hohes Anspruchsniveau, Aufgabenorientierung, öffentliche Aufmerksamkeit gegenüber neuen Ideen, eine offene Atmosphäre für Diskussionen und ein ausbalanciertes Verhältnis zwischen Wettbewerb und Gemeinsamkeit" (Weinert 1991, S. 68; unter Bezug auf Amabile 1983).

Insgesamt ist es der Kreativitätsforschung gelungen, mit einigen "Mythen" (vgl. Weisberg 1989 oder Weinert 1993) aufzuräumen und auch scheinbar widersprüchliche Antipoden der Kreativität konzeptionell zu integrieren[61] - allerdings oftmals zugunsten

---

[60] Drei Merkmale, die auch mit dem Begriff "genialer" Ideen und Werke in Verbindung stehen (vgl. Weinert 1991, S. 60).

[61] (vgl. den integrativen Ansatz der "Kognitionswissenschaft" z.B. bei Gardner 1989)

einer Fragmentierung des Bildes, die z.T. in langen Fähigkeits- bzw. Eigenschaftslisten kreativer Personen ihren Ausdruck findet. Zu den noch immer umstrittenen Aspekten der Kreativitätsforschung gehört dabei allerdings die für den vorliegenden Kontext von 'Weiterbildung in der Forschung' besonders relevante Frage, inwiefern Kreativität lernend und/oder lehrend beeinflußbar ist.

Eine Frage, die Weinert mit der Stellungnahme beantwortet: "Nicht die Kreativität kann man fördern, sondern nur die Wahrscheinlichkeit kreativer Leistungen erhöhen" (1993, S. 22). So ist es zwar durchaus sinnvoll, einzelne Fähigkeitskomponenten - etwa in Kreativitätstrainings - zu üben. Daneben kritisiert jedoch bereits Guilford (1950) die einseitige Förderung konvergenten Denkens beginnend mit der schulischen Bildung. Auch ist es begrenzt möglich, durch den Einsatz von Ideenfindungsverfahren (z.B. "Brainstorming" oder "Synektik"; vgl. Mees/Oefner-Py/Sünnemann 1993) vorhandene Blockaden abzubauen und Ideen fruchtbar in der Gruppe zu verarbeiten (vgl. Weinert 1991). Doch dürfen diese Möglichkeiten nicht mit allzu hohen Erwartungen an kreative Effekte überfrachtet werden. Daß die persönlichkeitspsychologische Erfassung individueller Fähigkeiten etwa im Bereich des divergenten Denkens nicht zu einer Prognose kreativer Leistungen im Wissenschaftsbereich ausreicht, verweist auf zusätzliche Bedingungen, die zur Unterstützung von Kreativität zu gewährleisten sind (vgl. Weinert 1991, S. 64).

Eine dieser Bedingungen, auf die vor allem Weisberg (1989) aufmerksam gemacht hat, ist das Vorhandensein einer breiten, solide verarbeiteten, kontinuierlich aktualisierten Wissensbasis mit Bezug auf das jeweilige Problemgebiet. "Wenn in diesem Zusammenhang von Wissen gesprochen wird, so versteht man darunter sowohl deklaratives ('gewußt was') wie prozedurales Wissen ('gewußt wie') und meint damit nicht in erster Linie die Quantität der Kenntnisse, sondern deren Qualität. Das bezieht sich zum Beispiel auf die Vernetzungen und Beziehungen der einzelnen Komponenten des Wissens innerhalb eines Bereichs und zwischen den Bereichen, die hierarchische Organisation, die mentale Repräsentation des Wissens in abstrakter, konkreter und bildhafter Form, die flexible Zugänglichkeit, die Verfügbarkeit über automatische Routinen und Subroutinen sowie die Anpassungsfähigkeit des gespeicherten Wissens an die Anforderungen neuer Aufgaben" (Weinert 1991, S. 66).

Pädagogisch gewendet erscheint dieser Zusammenhang unter dem Stichwort der "Wissensorganisation" als Schlüsselqualifikation (vgl. Kiel 1995): Angesichts der medienvermittelten Datenflut und des beschleunigten Verfalls der Gültigkeit von Wissensbeständen bestehe, so Kiel, Bedarf an einer metafachlichen Qualifikation, die sich nicht in Faktenwissen und Klassifizierungsmethoden erschöpft, sondern die in die Lage versetzt, relevantes Wissen auszuwählen, es sich anzueignen, es kontextspezifisch anzuwenden, es hinsichtlich Aktualität und Abgesichertheit zu evaluieren, zu repräsentieren und zu kommunizieren.

Zudem gehören bestimmte Voraussetzungen im Umfeld zu den Bedingungen von Kreativität. So wichtig sich eine organisierte Struktur für die Stabilisierung der Arbeitsleistung und die Entlastung von Routinen erwiesen hat, kann diese in ihrer Eigenlogik[62] doch auch negative Effekte zeitigen, wenn sie den Spielraum für Abweichungen beschneidet. "Die sicherste Methode, kreative Leistungen kollektiv zu verhindern, besteht in einer bürokratisch-administrativen Organisation der wissenschaftlichen Arbeit, in der strikten Orientierung an konventionellen Problemlösungen und in der honorierten Vermeidung von Mißerfolgen" (Weinert 1993, S. 22).

---

[62] Auf die folgenreiche "Eigenlogik" organisierter Leistung und wie sie z.B. von den Apologeten einer präskriptiven Zeitmanagementlehre konzipiert wird, macht Eberle (1994) aufmerksam.

In den Bereich der Einflußvariablen bzw. 'Mythen' gehört auch die Vorstellung, daß (wissenschaftliche) Kreativität vom Alter abhängig sei. Die auch im Alltag anzutreffende These, daß die wissenschaftliche Kreativität - oftmals operationalisiert als Produktivität - im Alter abnehme, stützt sich auf verschiedene, oftmals empirisch ungesicherte Erklärungsansätze (vgl. Weinert 1991, S. 71f.):

- eine statistisch ermittelte, altersabhängige Abnahme der Fähigkeit zu divergentem Denken;
- eine Tendenz jüngerer Erwachsener zu einem Denkstil, der schwierige Aufgaben eher durch Integration und Reorganisation getrennter kognitiver Strukturen löst;
- ein Widerspruch zwischen den mit dem Alter bzw. der Position zunehmenden administrativen oder repräsentativen Aufgaben und den (zeitlichen) Möglichkeiten, das eigene Wissen zeitgemäß zu aktualisieren;
- einer abnehmenden Karrieremotivation bei gesichertem Einkommen und erzielten Erfolgen - ggf. bei gleichbleibender intrinsischer Forschungsmotivation.

Rappa/Debackere (1993) gehen hingegen davon aus, daß ein Generationswechsel eher strukturell in der Art wissenschaftlicher Ideenentstehung bzw. -durchsetzung verankert ist, falls die Innovation in neuen Forschungsfeldern statt habe. Sie verweisen auf eine tendenziell geringere Bereitschaft der Älteren, sich mit Neuem, d.h. für sie widersprüchlich Erscheinendem auseinanderzusetzen, während jüngere WissenschaftlerInnen unbelastet von einem großen Wissensvorlauf eher bereit seien, ein neu entstehendes Feld zu erschließen. Damit haben letztere eher die Möglichkeit, als kreative PionierInnen in die Wissenschaftsgeschichte einzugehen - so sich der neue Bereich erfolgreich etablieren kann. Neben dieser Spezifizierung hinsichtlich der Phasen bzw. Felder von Forschung lassen überdies entwicklungspsychologische Befunde zum Umfang der interindividuellen Varianz eine generalisierte These der Altersabhängigkeit als zweifelhaft erscheinen (vgl. Baltes 1990). 'Alter' wird damit eher zu einer vermittelten Einflußgröße im Bereich der Kreativität. Im Hinblick auf die Lern- bzw. Lehrbarkeit eines Gegenstands sind zudem die Lernformen nicht zu vernachlässigen. Unter der Prämisse, daß sich negative Erfahrungen mit eher passiver Wissensvermittlung auf die Lernbereitschaft (und damit langfristig auch auf die Lernfähigkeit) auswirken, plädieren beispielsweise Reinmann-Rothmeier/Mandl (1995) für den vermehrten Einsatz von selbstgesteuerten und kooperativen Lernformen, die sich positiv auf den Erhalt der Lernbereitschaft auch im Alter auswirken könnten.

Auf der Ebene der Haltungen, Motive oder Einstellungen ist im Zusammenhang mit wissenschaftlicher Kreativität schließlich - neben der Lernbereitschaft - auch das Verhältnis zu Prozeß und Gegenstand der wissenschaftlichen Arbeit selbst zu berücksichtigen. Emotionen - wie "Leidenschaft" oder "Mut" - werden ebenso ins Spiel gebracht, wie die Attribute "Engagement", "Interesse" oder "Wille". "Nicht nur die kognitiven Kompetenzen sind für kreative Problemlösungen entscheidend, sondern auch die Motivation und der Wille, sich auf ein Problem zu konzentrieren, über lange Zeit bei der Sache zu bleiben, engagiert nach Neuem zu suchen und die entstehenden Spannungen bei der Lösung schwieriger Probleme nicht nur auszuhalten, sondern auch produktiv zu nutzen. Dabei kommt dem Mut zur Phantasie eine Schlüsselrolle zu" (Weinert 1993, S. 23). Damit begibt man sich allerdings auf ein zwar biographisch häufig reflektiertes, in Fallbeispielen durchaus sondiertes, aber wenig systematisch oder quantitativ-empirisch erschlossenes Gebiet: "Gerade für kreatives Verhalten indes sind die Haltungsprämissen, die förderlichen methodischen Einstellungen, so gut wie nicht erforscht" (Gebhardt 1992, S. 54).

Prototypisch seien hierzu ausschnitthaft drei biographische Konzeptionen gegenübergestellt:

- **"Wissenschaft als Passion"** (vgl. Stengers/Benvenuto 1994): "Es hat zwar immer Wissenschaften gegeben, die an eine allgemeingültige Erkenntnistheorie ge-
glaubt und auf dieser Basis versucht haben, sich ihre Gegenstände zu konstruieren;
aber dies scheinen mir traurige Wissenschaften zu sein. Daß es sie weiterhin gibt,
verdanken sie den wissenschaftlichen Fakultäten an der Universität. (...) Und das
ist für mich das Kriterium einer Wissenschaft, die nicht traurig ist: wenn es gelingt,
eine Beziehung zu dem Gegenstand zu entwickeln, den man befragt, und so etwas
wie eine Geschichte dieser Beziehung entsteht, in deren Verlauf das Verständnis
für die Phänomene immer subtiler wird" (1994, S. 73f.).

- **"Der Biologe als wilder Kapitalist"** (vgl. Latour 1994): Der Biologe Pierre "hat,
sagt er, das Glück, einem Doktorvater zu begegnen, der ihm ein 'interessantes'
Thema gibt. Was bedeutet dieses harmlose kleine Wort aus dem Mund eines des-
interessierten Wissenschaftlers? Wie Pierre es formuliert, ist es ein Thema, das
'sehr schnelle Ergebnisse gebracht hat' (...). Ich weiß nicht, wie sich die Dinge nach
den Regeln der wissenschaftlichen Methode ereignen, aber in der 'Ökonomie des
Wahren', nach einem Ausdruck von Foucault, verwandeln sich" die biologischen
Versuchsreihen "in eine Reihe von Diagrammen, die sich wieder in Artikel verwandeln, die wiederum gegen einen Doktortitel ausgetauscht werden, der zusammen mit den Empfehlungen des Chefs den Aufbruch zu einem der besten Labore
der USA (...) nach sich zieht" (1994, S. 77).

- **"Der Magnat"** (vgl. Bär 1992): "Pipetten und pH-Meter sind ihnen so fremd wie
dem Bauernverbandsfunktionär Sense und Dreschflügel (...). Ihre Werkzeuge sind
Berufungslisten, Anträge und Kostenvoranschläge. Statt Laborbüchern studieren
sie die Kursbücher der europäischen Eisenbahnen und die Flugtermine der Luft-
hansa. (...) Die Termine in seinem Kalender sind zahllos (...). Der Magnat sitzt in
den meisten, immer aber in den entscheidenden Komitees von Universitäten,
DFG und Max-Planck-Gesellschaft. Er hat wichtige Gutachterpositionen inne, er
ist auf jedem bedeutenden Kongreß als Redner vertreten, er ist Mitglied der Edito-
rial boards angesehener Zeitschriften. Sein Einfluß beruht nicht auf wissenschaftlichem Genius, experimentellem Geschick oder Rednerbegabung, sondern auf Sitz-
fleisch, Ausdauer und einem bestimmten Auftreten" (1992, S. 44).

Ob als affektive Bindung an den Gegenstand, als strategisch vermarkteter Karriere-
wunsch oder forschungspolitischer Steuerungsgestus - bei Forschenden scheint das
Verhältnis zum eigenen Beruf durch einen zwanghaften Zug gekennzeichnet zu sein,
der im Sinne des Festhaltens und Weitermachens unter widrigen Umständen auch für
die wissenschaftliche Kreativität von Bedeutung ist. Dieser Zwang umfaßt sowohl - in
den Worten Polanyis (1985, S. 70f.) - die ersten "Tastversuche" im Rahmen einer zunächst indeterminiert erscheinenden Entdeckung, die "zu einer persönlichen Obsession
werden", als auch die "vollkommene Knechtschaft" unter dem Regime der wissenschaftlichen und berufsethischen Normen (vgl. auch Weber 1988). Hinsichtlich des
lernenden Erwerbs von Kreativität ist damit insbesondere die eingangs erwähnte fachliche Sozialisation als spezifizierende Variable zu berücksichtigen. Radikaler noch fällt
der Bezug aus, wie ihn Fleck (1993, S. 62ff.) zum jeweiligen Denkstil des Kollektivs der
sozialisierenden Forschergruppe herstellt. Das "Individuum als Erkenntnisfaktor" wird
zwar nicht in Abrede gestellt, aber den größten "Irrtum der individualistischen Psychologie" sieht Fleck darin, das soziale Element der Erkenntnis zu verkennen: "Ob-

wohl das Denkkollektiv aus Individuen besteht, ist es nicht einfach deren Summe. Das Individuum hat nie oder fast nie das Bewußtsein des kollektiven Denkstils, der fast immer einen unbedingten Zwang auf sein Denken ausübt" (1993, S. 57).[63]

1.3.2   Die kollektive Seite "des Wolfs im Rudel"

Die an Notwendigkeiten und Möglichkeiten der sozialen Interaktion orientierte Betrachtung der Persönlichkeit von Forschenden ist vor allem mit Blick auf das institutionelle Setting der (außeruniversitären) Forschung von Relevanz. Großforschungseinrichtungen beispielsweise zeichnen sich - so der Wissenschaftsrat (1965, S. 43) - u.a. durch eine "ständige enge Zusammenarbeit von Wissenschaftlern verschiedener Fachgebiete an vorgegebenen gemeinsamen Aufgaben" und eine "Freiheit der Forschung" aus, "mit der Maßgabe, daß nach den Gesetzen des Großbetriebs von den einzelnen selbständigen Mitarbeitern ein hohes Maß an Fähigkeit und Bereitschaft zur Einordnung erwartet werden muß". Mit der Durchsetzung und Verbreitung der organisatorischen Form des "Projektes" (vgl. Schulz 1992) sind im Berufsfeld der WissenschaftlerInnen auch Rahmenbedingungen für die individuelle Ausprägung spezifischer Persönlichkeitskomponenten entstanden, die z.B. mit den eben genannten Forderungen an bestimmte Fähigkeiten und Haltungen einher gehen.

Diese 'Gruppen-Seite' der Forschung ist zwar als Gegenstand vor allem wissens- und wissenschaftssoziologischer Untersuchung nicht unberücksichtigt geblieben, aber es sei doch "erstaunlich" - so Graumann (1994, S. 381), "daß die sich der Sozialpsychologie zurechnenden Forscher - von wenigen Ausnahmen abgesehen - die Erkenntnisse ihres fast einhundertjährigen Schwerpunkts nicht auf ihre eigene Arbeitsweise angewandt haben". Zwar mag die "Forschergruppe" als Forschungsgegenstand eher selten direkt in Erscheinung treten, doch gibt es darüber hinaus eine Fülle von Befunden und Ansätzen insbesondere aus der Kleingruppenforschung, die auf Forscherteams bezogen werden können. Im folgenden soll - unter Bezug auf die Organisationsform als "Projekt" und die interaktive Struktur als "Team" - den Einflußfaktoren einer Forschung in Gruppen nachgegangen werden, die sich auf bestimmte Eigenschaften, Fähigkeiten oder Haltungen beziehen.

Unter dem **Aspekt ihrer Organisation** kann die hier als Oberbegriff gewählte "Gruppe" zunächst als **"Projekt"** aufgefaßt werden, wobei die insbesondere in den Sozialwissenschaften verbreiteten "Ein-Personen-Projekte" (vgl. Neidhardt 1983, S. 558) außer acht gelassen werden sollen.[64] "Als Projekt wird ein weitgehend in Einzelheiten strukturiertes, zeitlich und finanziell begrenztes, auf ein bestimmtes Ziel gerichtetes Forschungs- und/oder Entwicklungsvorhaben verstanden. (...) Die Projektorganisation

---

[63] "Dieses soziale Gepräge des wissenschaftlichen Betriebes bleibt nicht ohne inhaltliche Folgen. Worte, früher schlichte Benennungen, werden Schlagworte; Sätze, früher schlichte Feststellungen, werden Kampfrufe. (...) Neue Motive, die isoliertes, individuelles Denken zu erzeugen unfähig wäre, erscheinen: Propaganda, Nachahmung, Autorität, Konkurrenz, Solidarität, Feindschaft und Freundschaft. Alle diese Motive gewinnen erkenntnistheoretische Wichtigkeit (...). Wer aber die soziale Bedingtheit für ein malum necessarium, für eine leider existierende menschliche Unzulänglichkeit ansieht, die zu bekämpfen Pflicht ist, verkennt, daß ohne soziale Bedingtheit überhaupt kein Erkennen möglich sei, ja, daß das Wort 'Erkennen' nur im Zusammenhange mit einem Denkkollektiv Bedeutung erhalte" (1993, S. 59f.; vgl. auch Markl 1988).

[64] Zumal auch die allein für ein Projekt zuständigen WissenschaftlerInnen an den Systemrändern ihrer Forschung im Bereich des Wissenschaftshandelns (vgl. Teilkap. 1.2) mit anderen PartnerInnen in Kontakt kommen.

eignet sich insbesondere für komplexe Fragestellungen oder interdisziplinäre personal- und kostenintensive Forschungsarbeit" (Meusel 1992, S. 260). Aus der Sicht der Institution wird die Projektform - im Idealfall - sachbezogen funktional[65] eingesetzt. Die Projektgruppe wird dazu zusammengestellt oder findet sich dazu zusammen, eine ihr gestellte Aufgabe zu bewältigen. Die Kooperation wird an Handlungs- bzw. Erfolgsdruck gekoppelt. Sie soll in der komplementären Zusammensetzung individueller Kompetenzen Defizite ausgleichen, ggf. aus der Zusammenschau unterschiedlicher Perspektiven einen "Synergieeffekt" hervorbringen sowie komplexe Fragestellungen, die eine einzelne Person überfordern würden, bearbeitbar machen.

Was nun die interne Form zur Bewältigung der Projektaufgaben anbelangt, so schreibt Neidhardt (1983, S. 553) bezogen auf die Sozialwissenschaften: "Bilanziert man die Befunde vorliegender Untersuchungen sozialwissenschaftlicher Forschungsprojekte, so entsteht zuerst einmal ein irritierender Eindruck: Alles scheint möglich, typische Strukturen sind kaum erkennbar, naheliegende Zusammenhänge lassen sich nicht überzeugend nachweisen". Gründe dafür sieht Neidhardt zum einen in der hohen Variabilität der Forschungskontexte, in denen Projekte eingesetzt werden, und zum anderen in der geringen "Kapazität zur Vorstrukturierung des Forschungshandelns" (1983, S. 553). Entsprechend sind die Projektmitglieder vor einen relativ hohen Bedarf an Selbstregulierung und Strukturierung gestellt.

Dabei offenbart sich eine weitere Funktion projektförmiger Organisation, die einerseits Freiräume zur Entfaltung individueller Kreativität schaffen kann, andererseits diese "über Selbstregulierung disziplinieren" soll (Neidhardt 1983, S. 557). Der Freiraum wird über das forschungsbedingte Gebot zur Innovation eröffnet und mit Handlungsdruck versehen. Das Konformitätsgebot sichert dagegen die Einhaltung der Normen der jeweiligen scientific community (vgl. Graumann 1994), d.h.: "Mit der Projektförmigkeit der Forschung verschärfen sich die Verpflichtung auf eingegrenzte Zielsetzungen, die Fixierung und Zweckbindung von Ressourcen, nicht zuletzt die Fristigkeit des Forschungsprozesses" (Neidhardt 1983, S. 554).

Dieser Prozeß fordert von den Gruppenmitgliedern erhebliche Leistungen bzw. Voraussetzungen, die am Beispiel der in einer Projektgruppe zu besetzenden Rollen deutlich werden. Zu dem umfangreichen und heterogenen Katalog der Anforderungen zählen u.a. - stellvertretend Coleman/Bush (1994, S. 269) zufolge: Expertise, Fertigkeiten von Spezialisten, Organisationsfähigkeiten, Selbst- und Arbeitsdisziplin, Detailbesessenheit, Zweckorientierung, Urteilsvermögen, Integrität, Loyalität, Pflichtgefühl, Intelligenz, Kreativität, Phantasie, Flexibilität, Ambiguitätstoleranz, Enthusiasmus, Freude und Kommunikationsfähigkeiten.

Da diese oder ähnliche Anforderungskataloge kaum von einer Person allein zu erfüllen sind, schafft das Prinzip der Arbeitsteilung bzw. das der Rollenaufteilung in der Gruppe - im Idealfall - die Möglichkeit, individuelle Defizite hinsichtlich inhaltlich-fachlicher Fähigkeiten wie metafachlicher Kompetenzen gegenseitig zu kompensieren. Die Auswahl und Zusammensetzung von ProjektmitarbeiterInnen setzt somit eine relativ genaue Kenntnis ihrer Eigenschaften und Fähigkeiten bzw. ihrer Stärken und Schwächen voraus.

Im Bereich der fachlichen Qualifikation wird dabei zudem häufig von 'Multi-, Trans- oder Interdisziplinarität' als einem Kriterium der Zusammenstellung gesprochen; so beispielsweise in den Empfehlungen des Grundsatzausschusses der Blauen Liste (1995,

---

[65] Von den Möglichkeiten, Projektgruppen dazu einzusetzen, generell die Kommunikation zu verbessern, Partizipationschancen zu erhöhen o.ä. (vgl. Coleman/Bush 1994, S. 281), sei hier abgesehen.

S. 17): "In der Regel ist hierbei ein hohes Maß an fach- übergreifender Arbeitsweise verbunden mit fachlicher Breite und methodischer Tiefe Voraussetzung für erfolgreiche Arbeit. Solche synergieschaffende Interdisziplinarität stellt erhebliche Ansprüche an den Willen zur Kohärenz bei den leitenden Wissenschaftlern und an die langfristige Kooperationsfähigkeit jedes einzelnen Wissenschaftlers". Der Vorteil einer interdisziplinären Projektgruppe wird darin gesehen, daß sie "besondere Chancen für kreative Problemlösungen" hat, "weil Ideen und Methoden, die sich auf einem Gebiet bewährt haben, für die Lösung von Problemen auf anderen thematischen Feldern produktiv genutzt werden können" (Weinert 1991, S. 73). Die Bedingungen dafür sieht Weinert in einem Mindestmaß an geteiltem Problembewußtsein, übereinstimmenden Wissensstrukturen und gegenseitig akzeptierten Denkstilen (vgl. 1991, S. 73). Interdisziplinarität erscheint als eine in ihrer Umsetzung zwar voraussetzungsreiche, aber erstrebenswerte Eigenschaft von Projektteams in bestimmten Forschungsfeldern.[66]

Dogan und Pahre (1990) verweisen auf der Basis der praktischen Forschungserfahrung allerdings auf den stets "utopischen" Charakter interdisziplinären Zusammenwirkens. Sie schlagen vor, eine Zusammenarbeit von Forschenden aus unterschiedlichen Disziplinen eher als kreative Form der "Hybridisierung" zu verstehen, denn als eine Kooperation von gerade auf der Basis ihrer Spezialisierung agierenden WissenschaftlerInnen. "In most cases, the productive collaboration involves only two authors, rarely three or more; it seems that two is company and three a crowd" (1990, S. 117). Der Anspruch von Interdisziplinarität auf ein umfassendes Verständnis eines Phänomens (oder sogar auf wissenschaftliche "Wiedervereinigung") sollte als illusorisch aufgegeben werden: "The complexity of the real world requires not just the addition of more and more variables, but the better understanding of already-identified variables" (Dogan/Pahre 1990, S. 116).

Zudem darf mit Blick auf spätere Forschungserfordernisse nicht vernachlässigt werden, daß in der Ausbildung bzw. der wissenschaftlichen Sozialisation die Zugehörigkeit zu einer Disziplin ein wichtiges Element der beruflichen Identitätsentwicklung bzw. der Habitusausbildung ausmacht (vgl. Gibbons et al. 1996; Portele/Huber 1983). Ist eine Spezialisierung in der Ausbildung aber erreicht, so resümieren auch Dogan/Pahre (1990, S. 119), "these scholars should widen their horizons in the direction of neighboring disziplines. The resulting cross-fertilisation of one subfield by a related one will generally improve any scholar's research"[67]. Der Nutzen einer kontextuell spezifizierten Kooperation über Disziplinen hinweg kann also keineswegs in Abrede gestellt werden, zumal es sich keineswegs um ein neues Phänomen wissenschaftlichen Arbeitens handelt. Die vorfindlichen Disziplingrenzen waren immer "alles andere als stabil: Individuen wechseln zwischen ihnen hin und her, Ausleihen (borrowing) und Instrumentalisieren von Konzepten, Methoden und Erkenntnissen aus der einen durch die andere und umgekehrt findet auf der Ebene der Lehre (...) wie vor allem der Forschung ständig statt, Neubildungen durch innere Differenzierung oder Amalgame an den Grenzen folgen immer schneller aufeinander" (Huber 1996, S. 42). Interdisziplinarität gewinnt somit - ähnlich der Kreativität - verschiedene Dimensionen, die neben interdisziplinären Produkten und Prozessen auf seiten der Fähigkeiten so unterschiedliche Konzepte wie eine Haltung der Aufgeschlossenheit, Problembewußtsein, Wissen oder Kommunikationskompetenzen umfassen.

---

[66] (vgl. auch die diesbezügliche Ausrichtung der Forschungsförderung der EU im Programm Training, Mobility of Researchers (TMR) 1994-1998)

[67] (zu Ansätzen und Problemen von Interdisziplinarität in der Studienpraxis vgl. etwa Eisel 1992; Huber 1996)

Neben dem institutionell-organisatorischen soll der **sozial interaktive Aspekt der Gruppe** nun unter dem Begriff **"Team"** diskutiert werden. Das Team präsentiert sich in der Fachliteratur z.B. als "a group of people that can effectively tackle any task which it has been set up to do" (vgl. Coleman/Bush 1994, S. 267). In dieser Definition kommt bereits ein Unterschied zwischen Gruppen zum Ausdruck, die nur unter dem Label 'Team' zusammengestellt sind, und solchen, die tatsächlich 'als Team arbeiten'.

Was, so könnte nun mit Graumann (1994, S. 388) gefragt werden, "bewegt einzelne Wissenschaftler dazu, für ihre speziellen Erkenntnisbemühungen die Mitwirkung anderer zu suchen"? - Eine der Motivationen besteht sicherlich in der Hoffnung auf das Prinzip des 'do ut des'. Doch muß bzw. kann die Gegenseitigkeit nicht unbedingt gleichgewichtig sein. Zwar gibt es "ohne Kommunikation keine Mehrung des Wissens", doch nicht allen bzw. nicht "mit jedem fällt Kommunikation gleich leicht" (Graumann 1994, S. 389). Auch ist nicht davon auszugehen, daß alle Gruppenmitglieder bereit sind, ihre Kenntnisse in Gänze zur Verfügung zu stellen (vgl. auch Harnack/Fest/Schindler Jones 1977). Eine zweite Motivation zur Teamarbeit kann in dem Interesse an anderen Perspektiven im Sinne eines Vergleichs liegen. Besonders in den Wissenschaften kommt dabei der Beglaubigung durch die Zustimmung bzw. durch ähnliche Positionen eine wichtige Funktion des sozialen Bezugs zu, wie sie etwa in Polanyis "Gesellschaft der Forscher" (1985, S. 53ff.) idealisiert als Maßstab der Qualitätskontrolle konzipiert ist. Schließlich kommen drittens noch die Möglichkeiten der Selbstinszenierung als Anreizfaktor hinzu: "Konsens ist nämlich nicht nur ein notwendiger 'Kitt' des Gruppenzusammenhalts und das Medium der Validation individuell bzw. subjektiv gewonnener Erkenntnisse: Konsens hat normative Kraft in dem Sinne, daß der einzelne, vor allem wenn er an der Zugehörigkeit zu einer Gruppe (...) interessiert ist, auch bestrebt ist, seine eigenen Erkenntnisse als 'konsensfähig' zu präsentieren" (Graumann 1994, S. 391).

Als normativer Rahmen mögen dabei die 'Comments' der scientific community bzw. die institutionellen Vorgaben dienen, doch muß das Team für seinen konkreten Arbeitszusammenhang z.T. selbst aushandeln, welche Regeln der sozialen Interaktion gelten sollen, wann welche Normen in der Gruppe anerkannt werden bzw. welche Normen verletzt werden dürfen.[68] So gibt Campbell (1985, S. 269f.) zu bedenken: "Redlichkeit zum Beispiel ist für die Wissenschaft ebenso wie für alle anderen sich selbst erhaltenden sozialen Gruppen eine wichtige Norm. Aber die außergewöhnliche Redlichkeit experimentell arbeitender Physiker ist, wenn es um die Wissenschaft geht, nicht deren hoher Durchdringung mit Redlichkeit zuzuschreiben (...). Vielmehr ist ihre Redlichkeit auf die in der Naturwissenschaft übliche Bestrafung von Unlauterkeit sowie auf die Möglichkeiten der Bloßstellung von Inkompetenz oder Betrug zurückzuführen"[69].

---

[68] In den Worten von Team-Beteiligten aus einer Falldarstellung: "Schwierig war es, einen Arbeitskonsens in der Gruppe zu dem, was jeweils als wissenschaftlich gelten soll, auf jeder neuen Stufe des Projekts aufrechtzuerhalten, und es gab Projektphasen, für die das nicht gelang" (Wahl et al. 1982, S. 197).

[69] Die Diskussion um eine Verschärfung von Sanktionen und Kontrollen angesichts des jüngsten deutschen Wissenschaftsskandals bei den Fälschungen von Meßergebnissen durch Ulmer MedizinerInnen (vgl. von Arnim 1997) führen eindringlich vor Augen, wie sehr eine Wissenschaft auf die Redlichkeit und Integrität der Forschenden vertrauen muß, will sie in der Öffentlichkeit nicht ihre Autorität, ihren Anspruch auf Expertise und damit ihre Finanzierungsgrundlagen verlieren. Erschwerend kommt hinzu, daß das Kriterium intersubjektiver Nachvollziehbarkeit auf einen immer kleiner werdenden Kreis wiederum wissenschaftlicher ExpertInnen angewiesen ist. So schreibt Polanyi: "Und angenommen, Sie erhielten irgendwie Zugang zu einem Observatorium oder Labor, würden Sie wahrscheinlich an den Instrumenten nicht wie-

Der o.g. Zusammenhang von Konformitäts- und Innovationsgebot schlägt sich im Team als Kontroll- und Freiheitsbewußtsein nieder (vgl. Graumann 1994, S. 395). Die einzelnen Forschenden haben ein prekäres Gleichgewicht zwischen Autonomie und Entfaltung bzw. Entwicklung der persönlichen Identität einerseits und der sozialen Gruppenidentität und den Rollenerwartungen an Mitglieder andererseits auszutarieren. Mit anderen Worten: "Kreativität und Systematik sind Korrelat wissenschaftlichen Denkens und müssen auf eine für den Fortgang des Forschungsprozesses förderliche Gleichung gebracht werden. Das arbeitspsychologische Problem dabei ist, daß die kreativen Arbeiten gewöhnlich mehr Spaß machen als die systematisierenden und daß, wer immer z.B. gerade einen schriftlichen Systematisierungsversuch unternimmt, der Kritik der Kollegen sicher sein kann, diese oder jene Idee gekappt oder verfälscht zu haben. Damit sind solche Systematisierungs- und Syntheseversuche stets auch Nagel-proben auf die Teamfähigkeit einer Arbeitsgruppe" (Wahl et al. 1982, S. 70). Da der Freiraum im sozialen Gefüge des Teams nicht nur kognitiven Raum für Ideen umfaßt, gilt es zudem mit dem "Personalisierungsgrad sozialer Beziehungen" umzugehen, "der in hohem Maß Affekte freisetzt, sie auch braucht" (Neidhardt 1983, S. 560) - bildlich gefaßt von einem zu seinem Forschungsteam befragten Wissenschaftler: "wie 'ne Ehe (...) das wird dann leicht zur persönlichen Animosität, eben weil eine gewisse Distanz nicht da ist" (vgl. Neidhardt 1983, S. 563).

Die komplexen psychischen wie gruppendynamischen Prozesse, die die Arbeit in Teams erfordert, lassen sich somit keineswegs auf bestimmte Eigenschaften oder trainierbare Qualifikationen der Mitglieder reduzieren. Trotzdem spielt die Ausbildung der - allerdings oft zur Phrase reduzierten - Kooperations- und Kommunikationsfähigkeiten eine wichtige Rolle unter den Erfolgsfaktoren der Teamarbeit (vgl. Coleman/Bush 1994).

Wurde das Team bisher als Gruppe mit prinzipiell gleichberechtigten Positionen der Gruppenmitglieder diskutiert, muß dieses Kriterium jedoch nicht zwangsläufig aufrecht erhalten werden (vgl. Coleman/Bush 1994). Gerade im Hinblick auf die Handhabung von Projekten in Forschungseinrichtungen ist die **besondere Stellung der Team- bzw. Projektleitenden** als Brückenkopf zwischen Management und Gruppe zu berücksichtigen. "Denn gerade hier besteht zwischen der 'kognitiven' Idealität der Forschung und der 'sozialen' Realität des Forschungsalltags eine unauflösliche Spannung" (Graumann 1994, S. 398). So werden in den Sozial- wie in den Naturwissenschaften "sehr unterschiedliche Führungsstile und darin sehr verschiedene Strategien sozialer Kontrolle und Steuerung erkennbar, vor allem, was die selektive Förderung bzw. Unterdrückung bestimmter Fragestellungen betrifft" (Graumann 1994, S. 399). Die leitende Position kann sowohl als "Vorgesetzte" im Sinne institutioneller Projekte als auch als informell führende Funktion eines Gruppenmitglieds verstanden werden. Jedenfalls kommt den InhaberInnen dieser Stelle eine faktische und/oder zugeschriebene Definitionsmacht zu, die sie von anderen Gruppenmitgliedern unterscheidet. Den Studien Neidhardts (1983, S. 567f.) zufolge werden im Falle eines gruppeninternen Strukturierungsprozesses dabei Personen bevorzugt, die sich in der Außenvertretung der Gruppe hervorgetan haben, die sich durch besondere Forschungserfahrung auszeichnen und die als besonders fleißig bzw. engagiert erscheinen. Die Aufgaben, die sich einer Führungskraft - in unterschiedlichem Ausmaß im Projektprozeß oder auf Institutslei-

---

dergutzumachende Schäden anrichten, noch ehe Sie irgendeine Beobachtung gemacht haben. Selbst wenn es Ihnen gelingen sollte, um eine wissenschaftliche Aussage zu überprüfen, würden Sie im Falle eines widersprechenden Ergebnisses den Fehler eher bei sich selbst suchen" (1985, S. 60).

tungsebene - stellen, lassen sich dabei in fünf Bereiche untergliedern (vgl. Mayntz 1985, S. 109): Forschung, Personal, Ressourcen, Organisation und Repräsentation.

Eine zusammenfassende Charakteristik der Führungskraft aus der Sicht der Institution gibt etwa Meusel: "Wie für die Hochschule, so ist es auch für die außeruniversitäre Forschungseinrichtung wichtig, besonders qualifizierte Spitzenkräfte zu gewinnen, die eine Forschungsrichtung prägen, ihr ständig neue Impulse zuführen und sie optimal erarbeiten lassen, die aber auch die entsprechenden Institute und Projekte gründen, aufbauen und leiten können. Gefragt ist also die Forscherpersönlichkeit, die in sich hohe wissenschaftliche Qualifikation und Managementfähigkeiten vereint" (1992, S. 387). Auch der ausdrückliche Hinweis, daß es Aufgabe einer Berufungskommission ist, "nicht den fachlich qualifiziertesten, sondern den geeignetsten Bewerber" zu finden (Meusel 1992, S. 392), verdeutlicht die keineswegs selbstverständliche Notwendigkeit von über die wissenschaftliche Kompetenz hinausreichenden Qualitäten.

Worin diese bestehen, diese Frage betrifft nicht nur die Führungskraft in der Wissenschaft. Doch: "Weder im Bereich der militärischen Führung noch bei der Management-Auslese konnten die entscheidenden Eigenschaften oder die bestimmte typische Kombination von Eigenschaften gefunden werden, die eine Person zu Führung prädestinierten oder sie von anderen, den Geführten, unterschieden" (Blaschke 1989, S. 14). Trotzdem wird in Stellenanzeigen bei den Angaben zu den Anforderungen an die potentiellen StelleninhaberInnen im wissenschaftlichen Bereich eine positive Liste beschrieben. Dazu gehören z.B. - je nach zu besetzender Position[70]:

- "herausragende fachliche Qualifikation",
- "mehrjährige Forschungs- und Entwicklungstätigkeit",
- "die Fähigkeit zu" bzw. "das Interesse an interdisziplinärer Zusammenarbeit",
- "ein hohes Maß an sozialer Kompetenz und kooperativer Führungsqualität",
- "Erfahrungen mit internationalen Kooperationen",
- "Führungsqualitäten (Personelles, Budget, Vertragsverhandlungen etc.)",
- "Kreativität für den organisatorischen Aufbau" einer Einrichtung,
- "hohe Motivation für die Bearbeitung wissenschaftlicher Fragestellungen",
- "gute Sprachkenntnisse" oder
- "eine international renommierte Persönlichkeit".

Ob nun als "Wolf", "Detektiv", "Rätsellöser", "Kapitalist" oder "Manager", die Beschreibung von berufsmäßig Forschenden umfaßt viele Facetten. Hinzu kommen noch die Überlagerungen der Selbst- und Fremdwahrnehmung - sei es durch die KollegInnen oder die Öffentlichkeit. Diese Außenperspektive ist davon abhängig, was nach außen hin überhaupt wahrzunehmen ist bzw. was wahrgenommen wird. "Theorie ist etwas, was man nicht sieht", konstatiert dazu Blumenberg (1987, S. 9). Die Handlungen der Forschenden "sind nur mit ihrer Außenseite als 'Verrichtungen' sichtbar. Einem in ihre Intentionalität nicht Eingeweihten, sie vielleicht nicht einmal ihrem Typus nach als 'Theorie' Vermutenden, müssen sie rätselhaft bleiben, können sie anstößig oder sogar lachhaft erscheinen" (1987, S. 9).

Exemplarisch veranschaulicht Blumenberg dieses Unverstanden-Sein bzw. Mißdeutet-werden-Können in der von Platon im "Theaetet" überlieferten Geschichte des Aufeinandertreffens des Thales von Milet und einer thrakischen Sklavin. "So erzählt man sich von Thales, er sei, während er sich mit dem Himmelsgewölbe beschäftigte und nach oben blickte, in einen Brunnen gefallen. Darüber habe ihn eine witzige und hübsche

---

[70] (exemplarisch ausgewählte Auszüge aus Stellenanzeigen für den Wissenschaftsbereich, IN: DIE ZEIT vom 7. Februar 1997)

thrakische Dienstmagd ausgelacht und gesagt, er wolle da mit aller Leidenschaft die Dinge am Himmel zu wissen bekommen, während ihm doch schon das, was ihm vor der Nase und den Füßen läge, verborgen bleibe" (zit. nach Blumenberg 1987, S. 13f.). Die Absicht des Thales, den Himmel zu studieren, hat die Thrakerin dabei wohl erkannt, nur dann konnte ihr die Begebenheit Anlaß zum Spott sein. Doch nicht seine Intention, sondern die Konsequenzen in seinem praktischen Verhalten sind der Grund der Lächerlichkeit. So scheint sich die Theorie bzw. das Forschungshandeln in den Augen der Magd durch fehlende Alltagsbewährung selbst zu diskreditieren. Angesichts anderer, wissenschaftsexterner Kriterien fällt der Wissenschaft in diesem Fall keine respektheischende, als Autorität geltende Rolle zu. Wie schnell sich dieses Bild verändern kann, zeigt eine andere Lesart dieses Textes bzw. die Ergänzung zusätzlicher Information (vgl. Zimmerli 1996). Es sei, so Zimmerli, faktisch überliefert, daß Thales sehr wohl praktisch veranlagt sich im alltäglichen Leben zurecht finden konnte. Was wäre nun, wenn er tatsächlich in den Brunnen hinunter gestiegen wäre, um den Sternenhimmel vom Grund des Schachtes aus besser beobachten zu können? Das Lachen der später hinzu gekommenen Thrakerin wäre unangemessen gewesen, weil es auf einem Mißverständnis beruhte.

So verdeutlicht diese Geschichte die Spannung zwischen den in ihrer Eigenlogik ebenso berechtigten Urteilen von Außenstehenden und der Notwendigkeit des 'Eingeweihtseins' zum Verständnis von Wissenschafts- und Forschungshandeln. Entsprechend unterschiedlich können auch die beruflichen Anforderungen bzw. die nötigen Kompetenzen von Forschenden wahrgenommen werden.

1.4   Zwischenbilanz

In der umfangreichen Literatur wissenschaftlicher Selbstreflexion in Wissenschaftstheorie, -psychologie, -soziologie, -geschichte etc. kann der anläßlich einer studentischen Versammlung zu Berufsfragen gehaltene und 1919 veröffentlichte Vortrag Webers "Wissenschaft als Beruf" (1988) als eine der ersten ausführlicheren Darlegungen zu diesem Thema gelten. Trotz mancher epochebedingter Spezifik wirken einige Elemente seiner Analyse der Wissenschaftspraxis auch in den 90er Jahren noch überaus aktuell. Webers Ausführungen können gleichsam als Zusammenfassung der zentralen Problemfelder von "Wissenschaft als Beruf" gelesen werden.

Seine Prognose einer zunehmenden Amerikanisierung des Hochschulwesens etwa mit dem damit einher gehenden Trend zur Großforschung und dem Eindringen betriebswirtschaftlicher Logiken in Forschungsalltag und Rekrutierungspraxis fand in der Entwicklung großer außeruniversitärer Forschungseinrichtungen in Deutschland bzw. findet auch in Aufsätzen zu aktuellen Tendenzen (z.B. "Professoren-Ranking", "Evaluation") Bestätigung. Bezüglich der subjektiven Seite des Beruflichen, "dem inneren Berufe zur Wissenschaft" (1988, S.5 88) verweist er auf die zunehmende Notwendigkeit der Spezialisierung, wobei die Interdisziplinarität in Mitleidenschaft gezogen werde, und die der Logik wissenschaftlichen Fortschritts geschuldete unabdingliche Auseinandersetzung mit der steten Veraltung von Wissensbeständen. Eine Beamten- oder Technokratenmentalität wird zugleich abgewehrt und gefürchtet. Weber wendet sich gegen die verbreitete Vorstellung, "die Wissenschaft sei ein Rechenexempel geworden, das in Laboratorien oder statistischen Kartotheken mit dem kühlen Verstand allein und nicht mit der ganzen 'Seele' fabriziert werde" (1988, S. 589).

Mit den großen Einrichtungen nach amerikanischem Vorbild ziehe jedoch ein "anderer Geist" ein: "Die großen Institute medizinischer oder naturwissenschaftlicher Art sind 'staatskapitalistische' Unternehmungen. Sie können nicht verwaltet werden ohne Betriebsmittel größeren Umfangs. Und es tritt der gleiche Umstand ein wie überall, wo der kapitalistische Betrieb einsetzt: die 'Trennung des Arbeiters von den Produktionsmitteln'. Der Arbeiter, der Assistent also, ist angewiesen auf die Arbeitsmittel, die vom Staat zur Verfügung gestellt werden; er ist infolgedessen vom Institutsdirektor ebenso abhängig wie ein Angestellter in einer Fabrik (...), und er steht häufig ähnlich prekär wie jede 'proletaroide' Existenz" (1988, S. 585).

Neben der Berücksichtigung dieser institutionellen Entwicklungstendenzen sind Weber zufolge jedoch auch spezifische Persönlichkeitsmerkmale für die forscherische Haltung Voraussetzung. Dazu gehörten eine leidenschaftliche, reine, innere Hingabe der Sache gegenüber, die "Gabe" wissenschaftlicher Phantasie sowie wissenschaftsspezifischer methodischer Arbeitsfleiß einschließlich eines entsprechenden Arbeitsethos - insbesondere mit Blick auf das Problem der "Werturteilsfreiheit" (1988, S. 589ff.). Entscheidend sei auch der wissenschaftliche 'Einfall', der sich aber nicht erzwingen lasse: "Mit irgendwelchem kalten Rechnen hat er nichts zu tun" - bzw. nur insoweit, als dieser "auf dem Boden harter Arbeit" vorbereitet werde (1988, S. 589).

Zusammenfassend werden die verschiedenen Aspekte des Beruflichen von Weber wie folgt charakterisiert: "Daß Wissenschaft heute ein fachlich betriebener 'Beruf' ist im Dienst der Selbstbesinnung und Erkenntnis tatsächlicher Zusammenhänge, und nicht eine Heilsgüter und Offenbarungen spendende Gnadengabe von Sehern und Propheten oder ein Bestandteil des Nachdenkens von Weisen und Philosophen über den Sinn der Welt, - das freilich ist eine unentrinnbare Gegebenheit unserer historischen Situation (...). Ob unter solchen Verhältnissen die Wissenschaft wert ist, für jemanden ein 'Beruf' zu werden, und ob sie selbst einen objektiv wertvollen 'Beruf' hat, - das ist wieder ein Werturteil, über welches im Hörsaal nichts auszusagen ist" (1988, S. 608f.).

'Forschung' stellt sich - im Anschluß an die vorausgegangenen Teilkapitel - unter der Perspektive ihrer Verfaßtheit als 'Beruf' als relativ unsystematisch erschlossenes Terrain dar. Zwar wird die Untersuchung des Arbeitsverhaltens von WissenschaftlerInnen im Forschungsalltag, etwa von Rühle (1982, S.18), als "gerechtfertigt und notwendig erachtet", doch bleibt es insgesamt eher bei der Konstatierung eines Forschungsdefizits bzw. bei fragmentarischen Einzelbefunden. Im Rahmen der Sichtung des Gegenstandsbereichs verdeutlicht allerdings insbesondere der Blick auf den historischen Wandel von Wissenschaft die bestehenden Grenzen, aus den beruflichen Anforderungen linear bestimmte Qualifikationsbedarfe abzuleiten. Selbst die Betrachtung von Kreativität oder Kooperation, die partiell einem bildnerischen Setting zugänglich erscheinen können, verweist auf spannungsreiche Verschränkungen zwischen Gestaltbarem und Unbeeinflußbarem. Im Wechselspiel zwischen Individuum und Struktur kommt überdies die Diskrepanz zwischen den wissenschaftstheoretisch formulierten Leitbildern und der Überlagerung diverser anderer Normhorizonte innerhalb der Akte der forscherischen Tätigkeit zum Ausdruck.

Für die vorliegende Studie können somit - auch im Anschluß an Kap. II, 1. Teilkap. - eher formale, offene Fragen zu 'Forschung als *Beruf*' im Vordergrund stehen, die einen Zugang zu den Belangen der Weiterbildung in den untersuchten Einrichtungen vermitteln sollen. Ohne vorab eine inhaltliche Füllung der Kategorien oder eine Standardisierung anzubieten, wird danach gefragt, welche Fähigkeiten bzw. Kompetenzen von den Forschenden erwartet werden. Die begriffliche Fassung von 'Fähigkeiten', Konzeptionen zu Herkunft, Erlernbarkeit und die Gewichtung durch die Befragten stehen dabei im Vordergrund. Auch vermutete Zusammenhänge bezüglich der Einbindung von 'Fähigkeiten' in forschungsspezifische Berufsbilder sind ggf. zu thematisieren.

2 (Weiter-) Bildungspraxis in der Wissenschaft

Standen im vorausgegangenen Teilkapitel die beruflichen Anforderungen an die Forschenden und deren Einbindung in ein komplexes Gefüge von Einflußfaktoren im Vordergrund, soll im folgenden dem Stand der Forschung zur berufsbezogener Weiterbildung in Forschungseinrichtungen nachgegangen werden (Teilkap. 2.1).
Da hierzu bislang jedoch nur relativ wenige, z.T. fragmentarische Befunde zusammengetragen werden können, bezieht sich die Zwischenbilanz (Teilkap. 2.2) auf mögliche Thesen bzw. Vermutungen, warum die wissenschaftliche Weiterbildungspraxis kaum als Gegenstand von Forschung in Erscheinung tritt.

2.1 Bildung und Lernen für die Forschung -
Anschlußstellen an den bisherigen Untersuchungsstand

Ein erster Anknüpfungspunkt zur Bildungspraxis in den Wissenschaften kann in den **Untersuchungen zur wissenschaftlichen Sozialisation** gesehen werden.
Hier wird versucht, das komplexe Phänomen 'Persönlichkeit' und die Variablen ihrer Entwicklung im Rahmen der akademischen Ausbildung zu erfassen; dazu gehören u.a. Konzepte der Einstellungsveränderung, der Entwicklung beruflicher Identität, der Habitusausbildung (vgl. Becker 1983; Portele/Huber 1983) oder der "Milieudynamik" (vgl. Huber 1993).
Unter dem Aspekt der Erlangung beruflicher Qualifikationen bzw. berufsbezogener Kompetenzen strukturieren Portele/Huber (1983, S. 93f.) das Forschungsfeld der 'wissenschaftlichen Sozialisation' in den Hochschulen nach folgenden Untersuchungsbereichen:

- erstens die Voraussetzungen, die die Lernenden als Personen mitbringen und die Voraussetzungen, auf die die Lernenden in der Institution stoßen,
- zweitens der Prozeß der Auseinandersetzung zwischen Lernenden und ihren Umwelten sowie
- drittens die Ergebnisse der wissenschaftlichen Sozialisation, d.h. "die von der Person entwickelte soziale Handlungskompetenz, die von ihr erworbenen Qualifikationen und Orientierungen und - mittelbar - ihr sozialer Status einerseits sowie die Reproduktion der Gesellschaft andererseits" (Portele/Huber 1983, S. 94).

Unter dieser Perspektive kann der wissenschaftliche Sozialisationsprozeß - im "Prozeß der Habitusausbildung" - als "mit einer Vielzahl von Tätigkeiten und Interaktionen einhergehend" konzipiert werden, "die zwar ihrerseits durch allgemeine und bereichsspezifische gesellschaftliche Strukturen (...) strukturiert sind (...), in der aber die beteiligten Individuen aktiv handeln und im Handeln Informationen aufnehmen, Erfahrungen und Feedback verarbeiten" (Portele/Huber 1983, S. 98).
Auch im Milieu-Konzept werden "Aspekte der (Berufs-) Tätigkeit und der Stellung in sozialen Hierarchien mit solchen der Wertorientierungen und des Lebensstils" (Huber 1993, S. 17) verbunden, die die jeweils milieutypischen Ausprägungen von Eigenschaften, Qualifikationen und spezielle Spielregeln erfassen. Dies geschieht beispielsweise mit Bezug auf die Berufsfelder in Wirtschaft, Verwaltung, Kultur bzw. auf die Schwerpunkte gesellschaftlicher Professionalisierung im allgemeinen[71] (vgl. Huber 1993). Die

---

[71] Huber (1993, S. 16) schlägt folgende sechs einander überlappende Milieu-Varianten unter dem Schwerpunkt der gesellschaftlichen Arbeitsteilung vor: "naturwissenschaftlich-technisches Mi-

Milieuforschung dieser Spielart ist somit - im Sinne der o.g. Gliederung von Baumgardt (1979, S. 166) - eher berufs*gruppen*spezifisch ausgerichtet.

Die vorliegende Studie konzentriert sich jedoch eher auf die Ebenen von Berufs*zweig*- und Berufs*feld*spezifik, ausschließlich bezogen auf den Bereich beruflichen Forschungs- und Wissenschaftshandelns, d.h. im Unterschied zu anderen Berufen bzw. hinsichtlich der Varianten innerhalb von 'Forschung als Beruf'. Wichtig für den vorliegenden Zusammenhang erscheint jedoch der Befund, daß der Bezug auf *eine* wissenschaftliche Disziplin, z.B. Sozialisation als MedizinerIn, allein nicht zur Kennzeichnung ausreicht. "Zum Beispiel steht ein pharmakologisch-apparativ orientierter Chirurg *geistig* einem Naturwissenschaftler oder einem Ingenieur normalerweise näher als sein Kollege mit einer Orientierung an 'sanfter Medizin', den wiederum von Seelsorger oder vom Sozialtherapeuten nicht viel trennt" (Huber 1993, S. 16, Hervorh. i. Orig.). Neben der Ausbildung in bzw. für ein bestimmtes Fach sind zur Kennzeichnung des Berufsverständnisses und seiner qualifikatorischen Ausprägung demnach auch Variablen wie Werthaltungen oder Orientierungen zu berücksichtigen.

Leider kann für die aktuelle außeruniversitäre Forschung der Bundesrepublik nicht auf Untersuchungen zurückgegriffen werden, wie sie etwa Bourdieu (1984/1992) vorgelegt hat, der sich mit einer umfassenden Betrachtung des "homo academicus" anhand der Analyse einer spezifischen Phase der französischen Wissenschaft auseinandersetzt. Die "Objektivierung des objektivierenden Subjekts" (Bourdieu 1992, S. 10) - d.h. WissenschaftlerInnen, repräsentiert durch die französische Professorenschaft der 60er Jahre - wird unter besonderer Berücksichtigung der Formen von "Macht" unternommen. Dabei grenzt sich Bourdieu auf das Schärfste von solchen Typologisierungsversuchen der AkteurInnen des wissenschaftlichen Feldes ab, die seines Erachtens methodologisch unsauber und zum Teil mit diffamierender Absicht "um einige typische Persönlichkeiten herum aufgebaut (...) weder wirklich konkret (...) noch wirklich konstruiert" seien (1992, S. 46). Er verweist beispielsweise auf die 1963 veröffentliche Untersuchung von Burton Clark, der folgende Typen unterscheidet:

- "the teacher, der sich seinen Studenten widmet,
- the scholar-researcher, 'der völlig in seinem Laboratorium aufgehende Chemiker oder Biologe',
- the demonstrator, eine Art Repetitor, der sich bemüht, Sachkompetenz zu vermitteln,
- schließlich the consultant, 'der genauso viel Zeit im Flugzeug wie auf dem Campus verbringt'" (Bourdieu 1992, S. 47).

Für den Kontext der forschungsrelevanten Bildung ist vor allem das Ergebnis Bourdieus von Bedeutung, daß subjektiv-individuelle und objektiv-strukturelle Merkmale des Beruflichen nur zu analytischen Zwecken zu trennen sind. "Die wissenschaftlich aufgedeckte Logik geht weit über die individuellen oder kollektiven Intentionen und Willensabsichten (...) noch der hellsichtigsten und mächtigsten (...) Einzelakteure hinaus. Nun wäre allerdings nichts falscher, als aus diesen Analysen Argumente für die Auflösung aller persönlichen Verantwortlichkeiten im Netz der objektiven Beziehungen ziehen zu wollen" (1992, S. 35f.).

Eine ähnliche Argumentation findet sich bei Fleck: "Das Individuum läßt sich also ebenso sehr aus kollektivem Standpunkte, als umgekehrt das Kollektiv aus individuellem untersuchen, wobei natürlich in beiden Fällen das Spezifische sowohl der individu-

---

lieu", "Wirtschaftsmilieu", "Verwaltungsmilieu", "Kommunikationsmilieu", "Kulturmilieu" und "Sozialmilieu".

ellen Persönlichkeit wie der kollektiven Gesamtheit nur adäquaten Methoden zugänglich ist" (1993, S. 61).

Als Gebiet bzw. Phase der Entstehung und Entwicklung beruflicher Kompetenz offenbart die wissenschaftliche Sozialisation insgesamt ein 'Doppelgesicht': Sie trägt einerseits zur möglichst eigenständigen Strukturierung und Differenzierung der Ich-Seite - im Sinne der beruflichen Identität - bei und dient andererseits der Einführung in die sozialen Spielregeln der scientific community, in eine "Wissenschaft als Gemeinschaftswerk" (Markl 1988). Auf der Ebene der Kompetenzen überlagern sich dabei die Inhalte und Methoden der Fachausbildung und eher metafachliche Kompetenzen oder 'Schlüsselqualifikationen' (vgl. Enders 1995). Daß dies keineswegs ein Prozeß harmonisch sich entfaltenden Wachstums ist, sondern daß auch Friktionen und Krisen in den Statuspassagen enthalten sind, verdeutlichen die berufspsychologischen Modelle zur Karriere- bzw. Berufsweg-Entwicklung (vgl. die Zusammenstellung bei Campbell/Heffernan 1983).

Die Widersprüche und Brüche in der wissenschaftlichen Sozialisation greift auch ein weiterer Strang der Forschung auf, welcher die wissenschaftliche Sozialisation vor dem Hintergrund der Geschlechtsspezifik betrachtet. Die doppelte Sozialisation von Frauen für Familie und Beruf (vgl. Becker-Schmidt 1987; Macha/Paetzold 1992) kann dabei sowohl als zusätzliche Aufgabe bzw. Belastung als auch als Potential angesehen werden (vgl. Macha/Klinkhammer 1997). Um den heterogenen Anforderungen aus den unterschiedlichen Lebensbereichen gerecht zu werden, werden unterschiedliche Handlungsstrategien entwickelt. Den Untersuchungen von Macha zufolge kann vermutet werden, daß die männlichen Wissenschaftler "einen weniger ambivalenten Bezug zur Macht haben, daß sie sich durch ihre Sozialisation besser auf Konkurrenz und Karriereplanung vorbereitet fühlen als Frauen" (1997, S. 85). Mit einem Verständnis von Macht, das primär an "Verantwortung" orientiert ist, gehöre bei den Wissenschaftlerinnen in der Konsequenz u.a. das Wissen um ihre "Vorbildfunktion" sowie die aktive Förderung von Studierenden und MitarbeiterInnen stärker zu ihrem beruflichen Selbstbild als bei den männlichen Kollegen (vgl. Macha 1997, S. 80f.). Auch in diesem Forschungszweig steht allerdings vor allem die individuelle Dimension von WissenschaftlerInnen an Hochschulen und Universitäten im Vordergrund (vgl. u.a. Schultz 1990; Baus 1994; Bülow-Schramm 1997).

Wiederum im Hinblick auf die Sozialisation von Hochschul-LehrerInnen verweisen Huber/Portele (1983) insgesamt auf folgende inhaltliche Faktoren, die vor allem das bundesdeutsche Sozialisationssystem beeinflussen:

- Karriereprozeß: relativ lange Dauer und stete Wechselhaftigkeit auf dem Weg zu einer Stelle als HochschullehrerIn;
- Inhalte: "Fest steht, daß der Nachwuchs allenfalls in der Forschung (in einer Art Meisterlehre) ausgebildet wird, nicht aber in der Lehre (...) oder in anderen Berufstätigkeiten" (1983, S. 205);
- Arbeitsformen: "Die hierarchische Betriebs- und Stellenstruktur begünstigen und die Kriterien der Prüfungsverfahren fordern die *Einzelarbeit* und damit die dem einzelnen Individuum anrechenbare Leistung anstelle von Kooperation und Kollektivleistungen" (1983, S.205; Hervorh. i. Orig.); zudem: "Mit der Öffentlichkeit verflechtende Tätigkeiten (als Experte, Gutachter, Publizist oder Politiker) werden faktisch vom Nachwuchs unverhältnismäßig seltener als von arrivierten Hochschullehrern ausgeübt (...) und gehören also kaum zu seinen Lernerfahrungen. Diese Bedingungen sind evident ungünstig für Lehr- und Studienreformengagement, Orientierung an den Interessen der Studenten, kritisches Urteil, Kooperati-

onsbereitschaft, Offenheit und Kompetenz gegenüber praktischen Arbeiten und Problemstellungen" (1983, S. 205);

- Ambivalenzen in der Förderung des wissenschaftlichen Nachwuches: "Aus der Sicht der kooptierenden Profession erscheint es optimal, wenn ein die erreichbaren Stellen immer übersteigendes breites Reservoir von Nachwuchskräften zur Auswahl 'der Besten' (...) zur Verfügung steht, wenn darüber die Konkurrenz und mittelbar die Leistung (...) stimuliert werden können und wenn der Aufstieg und so auch der Sozialisationsprozeß über längere Zeit und mehrere Stationen hinweg beeinflußt und beobachtet werden können." - "Aus der Sicht des Nachwuchses erscheinen als Kehrseiten (...) jahre- oder jahrzehntelange Unsicherheit der beruflichen Existenz, Konkurrenz- und Anpassungsdruck, Zwang zu häufigem Stellenwechsel sowie materielle und positionelle Benachteiligungen" (1983, S. 203f.).

Neben diesen auch in der jüngsten Diskussion zur Hochschulreform bemühten Kritikpunkten an der Bildungspraxis im Wissenschaftsbereich liegen jedoch kaum empirische Ergebnisse dazu vor, wie der Prozeß der Aneignung und des Erhalts der wissenschaftsrelevanten Kompetenzen in und durch den Beruf im Detail aussieht, z.B. auf welche Lernstrategien zurückgegriffen wird oder inwiefern die Einrichtungen lernprozeßsteuernd wirken.

Was die Frage der Bildung anbelangt, steht in der Forschung zur wissenschaftlichen Sozialisation im allgemeinen eher die *Aus*bildung im Zentrum der Überlegungen. Zwar wird der Bezug auf die Lebensspanne insgesamt keineswegs ausgeblendet, doch erscheint die Phase der Berufsausübung in der Analyse (wenn überhaupt) eher unter dem Aspekt der Wirkung spezifischer wissenschaftlicher Sozialisationen und anderer Einflußfaktoren. Organisierte Formen der Weiterbildung, institutionelle Weiterbildungspraxis oder individuelles Lernverhalten der berufstätigen AkademikerInnen treten dabei höchstens indirekt in Erscheinung. Ohne hier weiter auf die variantenreichen Konstrukte und Debattenverläufe in der wissenschaftlichen Auseinandersetzung um die Hochschulsozialisation einzugehen, können aus diesem Forschungszweig jedoch folgende drei Eckpunkte für eine Analyse der Bildungspraxis des wissenschaftlichen Sektors zusammenfassend abstrahiert werden:

- die Spezifik der Lernenden: im Sinne von Lerntypen oder -strategien, von Werthaltungen und regulativer Orientierungen oder bezüglich Rollen- und Identitätsentwicklung;
- die Spezifik der Inhalte: im Sinne der sachlich-gegenständlich vermittelten Logik des Lerngegenstandes und seiner jeweiligen Operationalisierung für den Lernprozeß im Studium;
- die Spezifik der einzelnen Lernsetttings, das durch die jeweilige Institution, deren Organisation und die Peergroup mitbestimmt wird: im Sinne geschichtsgeprägter nationaler oder lokaler Besonderheiten und systemeigener Charakteristika der Einrichtung, der Personalstruktur, der Arbeitsbedingungen oder der Lern- und Lehrformen (beispielsweise in den Konzepten einer curricularen Hochschuldidaktik, des Lernens am Modell, der Verarbeitung kognitiver Dissonanzen, des sozialen Lernens oder des 'heimlichen Lehrplans' etc.).

Wird in der vorliegenden Studie zudem - mit dem Fokus auf die Sicht des Managements - der Schwerpunkt auf die Weiterbildung in außeruniversitären Einrichtungen gelegt, so erbringt auch die Suche in anderen Forschungsgebieten (etwa Organisationsoder Verwaltungsforschung, Weiterbildungs-/Erwachsenenbildungsforschung, Wissenschaftsforschung) kaum konkrete Ergebnisse.

Ein Symptom dafür kann bereits in der fehlenden Operationalisierbarkeit eines ‚Such-begriffs' für die Recherche in Literaturdatenbanken gesehen werden. So finden sich beispielsweise in der umfangreichen Datenbank des Deutschen Instituts für Erwachsenenbildung (DIE) unter dem Deskriptor "Wissenschaftliche Weiterbildung" knapp 500 Literaturverweise, die sich aber im klassischen Sinn des Begriffs auf die Weiterbildung von gerade nicht *in* der Wissenschaft Beschäftigten durch wissenschaftliche Angebote oder höchstens auf hochschuldidaktische Themen beziehen.[72] Auch der Fachterminus des "forschenden Lernens" führt nicht weiter, da hierbei von einem Primat des Lernens im Kontext von Hochschule oder Projektarbeit ausgegangen wird: Es geht eher um ein Lernen durch Forschung als darum, das Forschen zu erlernen.

So wird im öffentlichen Bewußtsein, wie es etwa in den Diskussionen der Tagespresse erscheint, der Begriff der Weiterbildung - trotz seiner allgegenwärtigen Konjunktur - selten explizit mit einer Problematisierung der Bildungsprozesse der in der Forschung Beschäftigten in Verbindung gebracht, anders als dies etwa im Bereich der Wirtschaft der Fall ist.

Die wenigen Ansatzpunkte zur Untersuchung beruflicher Lernprozesse in Forschungseinrichtungen - unter dem Aspekt ihrer Verfaßtheit als Institutionen - setzen an zwei Punkten an:

- **wissenschaftsrechtliche Fragen** des Status außeruniversitärer Forschungseinrichtungen bei der wissenschaftlichen Weiterbildung des 'Nachwuchses' im Vergleich zu den Hochschulen,
- **wissenschaftsorganisatorische Themen** der Arbeit in Forschungseinrichtungen sowie Ansätze der gesonderten Entwicklung von Personal- und Führungskräften im Forschungsbereich.

Hinsichtlich der Entwicklung bzw. der Aus- und Weiterbildung des wissenschaftlichen Personals liegt der Schwerpunkt der wissenschaftsrechtlichen Literatur v.a. auf der Rekrutierung des wissenschaftlichen Nachwuchses.

Wiederum basiert die Argumentation häufig auf der Zuschreibung eines Zugewinns an 'Kreativität' und 'Innovation' bzw. der Verhinderung von Erstarrungstendenzen (vgl. Wissenschaftsrat 1993, S. 23; vgl. auch Teilkap. 1.3). Zwar besitzen nur die Hochschulen das Recht, akademische Grade zu verleihen, doch können auch die außeruniversitären Einrichtungen akademische Qualifizierungsmöglichkeiten anbieten, die denen des Hochschulrahmengesetzes (HRG) vergleichbar sind: Sie bereiten auf berufliche Tätigkeiten vor, die die Anwendung wissenschaftlicher Erkenntnisse und wissenschaftlicher Methoden erfordern, sie fördern entsprechend ihrer Aufgabenstellung den wissenschaftlichen Nachwuchs und die Weiterbildung ihres Personals (vgl. § 2 des HRG, vgl. auch Meusel 1992, S. 231). Doch unterscheiden sich Universität und außeruniversitäre Einrichtungen hinsichtlich des Institutionalisierungsgrades: "Während im Hochschulbereich die klassische Stelle mit Weiterbildungs- und Qualifizierungscharakter für den Hochschullehrernachwuchs in der Rechtsfigur des Hochschulassistenten besteht (§ 42 HRG), fehlt ein übergreifendes, einheitliches Fördermodell für Post-Doktoranden in außeruniversitären Forschungseinrichtungen. Ihre Förderung erfolgt hier vielmehr aus verschiedenen Quellen" (Meusel 1992, S. 380). Zu diesen Quellen zählen z.B. Annexstellenpläne des Wirtschaftsplanes oder spezielle Nachwuchsprogramme.

---

[72] Erstaunlich ist die fehlende Begrifflichkeit vor allem von dem Hintergrund der umfangreichen Diskussionen und Analysen zur berufsbezogenen Weiterbildung in der betrieblichen Praxis der Privatwirtschaft, die dort einen sehr viel breiteren Diskussionsraum einnehmen (vgl. Kap. II).

Aus der Perspektive des Wissenschaftsrechts zeichnet Meusel zusammenfassend folgendes Bild:

> "Im Unterschied zur Hochschule zielt die Ausbildung in einer außeruniversitären Forschungseinrichtung überwiegend auf eigene Zwecke, d.h. auf die Heranziehung von wissenschaftlichem Nachwuchs für die Forschung. Der Auszubildende kommt bereits mit einer wissenschaftlichen Grundausbildung in die außeruniversitäre Einrichtung und erwirbt dort über die (Mit-) Arbeit an einzelnen Projekten Spezialkenntnisse und Berufserfahrung. (...) Aufgrund der wissenschaftlichen Vorkenntnisse der 'Auszubildenden' läuft der Lernprozeß in der außeruniversitären Forschung grundsätzlich anders ab als in Hochschulen. Nicht die Vorlesung, die Übung oder das Seminar, d.h. mehr oder weniger einseitige Wissensvermittlung stehen im Vordergrund, sondern die wissenschaftliche Zusammenarbeit und das gegenseitige Lehren und Lernen.[73] Der Auszubildende ist vom ersten Tag an in die Forschungsarbeiten der Einrichtung eingebunden und muß seinen eigenen Beitrag dazu leisten. Sein Vorgesetzter wird ihn dabei entsprechend seinen Vorkenntnissen mehr oder weniger detailliert anleiten. Der eigentliche Lernprozeß findet während der Arbeit selbst oder bei den anschließenden Diskussionen im Kreis anderer Wissenschaftler statt" (1992, S. 30f.).

Inwieweit diese abstrahierte, am Ideal orientierte Vorstellung auch der Realität der Förderung des wissenschaftlichen Nachwuchses in den Forschungseinrichtungen entspricht, darüber liegen bisher wenige empirische Befunde vor (vgl. Huber/Portele 1983). Auch die anspruchsvolle Rolle der Vorgesetzten als explizite 'AusbilderInnen' ist bislang jenseits der Untersuchungen zu ihrer Funktion im wissenschaftlichen Sozialisationsprozeß im allgemeinen kaum reflektiert. Der Wissenschaftsrat merkt eher kritisch an, daß es "strukturelle Defizite bei der Betreuung und Förderung von Doktoranden" gebe (1995, S. 1). Dazu gehörten etwa die relativ langen Promotionszeiten, die "häufig zu beobachtende Überbelastung von Doktoranden mit promotionsfernen Dienstleistungsaufgaben", "die zum Teil nur unzureichend wahrgenommene institutionelle Verantwortung" oder die "mangelnde Transparenz der Graduiertenförderung" (1995, S. 2).

Inwiefern insbesondere das wie auch immer geartete Fähigkeitsprofil einer Führungskraft während der beruflichen Tätigkeit in einer Forschungseinrichtung - etwa im Sinne berufsbezogener Weiterbildung - weiter entwickelt bzw. auch institutionell gefördert wird, dazu liegen wiederum kaum Untersuchungen vor.

Eine Ausnahme bilden die wissenschaftsorganisatorischen Arbeiten von Kempkes und Mayer (1996). Am Beispiel einer außeruniversitären Forschungseinrichtung entwickelten sie ein Modell der Führungskräfteentwicklung im Rahmen eines institutionell getragenen Organisationsentwicklungsprogramms. Ihr "Kompetenzprofil einer Führungskraft" (1996, S. 122) umfaßt dabei die klassischen drei Teilbereiche:

- Fachliche Kompetenz,
- Managementkompetenz und
- Führungs-/Sozialkompetenz.

Besonders im Bereich des zweiten und dritten Sektors diagnostizieren Kempkes/Mayer auf der Grundlage einer Mitarbeiterbefragung sowie auf der Basis von Intensivinter-

---

[73] Anmerkung der Verfasserin: Dies sollte allerdings in der ursprünglichen Konzeption der 'Universität' nach Fichte, auf den sich u.a. Wilhelm von Humboldt bei seiner Universitätsgründung bezog, bereits an der Hochschule geschehen (vgl. Anrich 1964).

views einen speziellen Bildungsbedarf, "da die praktizierenden Führungskräfte auf Grund ihrer Ausbildung nicht systematisch auf die Übernahme von Führungsfunktionen vorbereitet wurden" (1996, S. 122). "Das bisher vorhandene Managementwissen wurde selten durch Seminare, schon gar nicht durch das Studium, sondern durch die Praxis erworben" (1996, S. 123). Die konkreten Themen und Interessen umfaßten - Kempkes/ Mayer zufolge - u.a. die folgenden Bereiche (1996, S. 123):

- Forschungsmanagement im europäischen Kontext,
- strategische Planung,
- Controlling,
- Kosten- und Ergebnisrechnung,
- Auftragsakquisition,
- Projekt- und Personalmanagement, darunter: Methoden der Personalführung, Mitarbeitermotivation, Zielvereinbarung und -kontrolle, Konfliktmanagement, Gesprächsführung und Präsentationstechniken.

Auf den in der Einrichtung angelaufenen organisatorischen Wandel rückblickend, betonen Kempkes/Mayer den Unterschied der Einzelleistung im Verhältnis zu den Mechanismen eines institutionellen Settings: "Innerhalb dieses komplexen Veränderungsprozesses scheint der Teamgedanke ganz entscheidend zu sein. (...) Einzelne reagieren rasch, spontan und unterschiedlich auf Veränderungen ihres Umfelds, um ihre eigene Person zu sichern. Um Änderungen in einer Organisation zu ermöglichen, sind Koordination und Abstimmung, Gruppengeist sowie gemeinschaftliche Strategie und Zielsetzung wichtige Elemente" (1996, S. 126).
Solche oder ähnlichen Modelle der Führungskräfte- und Personalentwicklung, die sich u.a. in der präskriptiven Literatur für den betriebswirtschaftlichen Kontext großer Beliebtheit erfreuen, verbinden sich mit einem starken Steuerungsanspruch. Auf die Grenzen dieses Einflusses macht Neidhardt mit Blick auf die interne Strukturierung von Forschungsgruppen aufmerksam: "Wenn man nicht zuverlässig unterstellen kann, daß Führerschaft selbstbelohnend ist, weil sie Spaß macht, dann entstehen Austauschprobleme, wenn ein in Forschungsteams verbreitetes 'egalitäres Pathos' die Ausbildung sozialer Schichtungen innerhalb der Gruppe verhindert". Wenn ein Belohnungssystem umstritten ist oder keine führungsbedingten Privilegien in Aussicht stehen (z.B. erster Platz bei der Nennung von Autorennamen in Veröffentlichungen), "läßt sich ein Führerschaftsproblem in Forschungsteams erwarten. Es sei denn, daß ein Forschungsteam auch an dieser Stelle auf Gefühle rekurrieren kann (...), Gefühle wie Treue, Dankbarkeit, Solidarität" (1983, S. 568). Neidhardt kommt zu dem Ergebnis, daß dies allerdings ein "Glücksfall" sei: "Dergleichen läßt sich nicht organisieren" (Neidhardt 1983, S. 568).

Im Hinblick auf die Bildungspraxis sind es somit wiederum vor allem die Erfordernisse kooperativen Arbeitens, die - wie bereits in den vorausgegangenen Kapiteln zu den beruflichen Anforderungen - im Zentrum stehen. Auch von seiten der Organisation wissenschaftlicher Methodik kann dabei "Forschung als organisierter Lernprozeß" beschrieben werden (Flick 1995, S. 171).
Wiederum wird dies u.a. mit der Beteiligung mehrerer WissenschaftlerInnen in Verbindung gebracht (vgl. Flick 1995). Als den Lernprozeß unterstützende Formen schlägt Flick die Nutzung von "Forschungstagebüchern" vor, die von allen MitarbeiterInnen geführt werden und jede Phase des Prozesses dokumentieren (vgl. 1995, S. 171). Zur Kontrolle u.a. von möglicherweise verzerrenden Einflüssen auf die Interpretationsleistung durch die Gruppendynamik könnte sich zudem eine "regelmäßige Supervision"

der Forschergruppe dienlich erweisen (vgl. Flick 1995, S. 171). Der Lernprozeß wird hier mit "Dokumentation und Reflexion" assoziiert und in den Dienst wissenschaftlicher Kriterien - der intersubjektiven Nachvollziehbarkeit, Validität, Transparenz und Komplementarität unterschiedlicher Sichtweisen des Gegenstandes - gestellt (vgl. Flick 1995).

Insgesamt gesehen, stehen Bildung und Lernen im Rahmen forscherischer Berufsausübung kaum im Vordergrund des Fachinteresses. Sie werden in der Literatur vielmehr als Begleiterscheinungen, indirekte Einflußvariablen thematisiert. Selten erscheinen sie als gezielt beeinflußbare, bewußt einkalkulierte Größen im Forschungsprozeß. Das Bild der Wolfes nochmals aufnehmend, könnte zusammenfassend gesagt werden: Ein 'Leitwolf' mag zwar als positives oder negatives Modell im Sozialisationsprozeß dienen, auch die 'Jagd' nach dem Forschungsgegenstand anführen und teilweise organisieren, doch müssen die 'jungen Wölfe' vieles selbst ausfechten und erlernen. Der 'Jagderfolg des Rudels' bleibt von vielen Faktoren abhängig, wobei der Kooperation zentrale Bedeutung einzuräumen ist.
Anders als in diesem Bild sind die WissenschaftlerInnen jedoch keineswegs 'junge', im Sinne von unerfahrenen Lernenden. Nach Schul-, Studien- und ggf. Forschungserfahrungen ist die Lernpraxis an Forschungseinrichtungen von bereits erworbenen Haltungen, Orientierungen und Lernstrategien und -typen der Erwachsenen geprägt (vgl. u.a. Schrader 1994; Friedrich 1995; Reinmann-Rothmeier/Mandl 1995).

2.2   Zwischenbilanz

Betrachtet man insbesondere die relativ hohe Regelungsdichte und -homogenität im Bereich der wissenschaftlichen Bildung an den Hochschulen im Verhältnis zu den später im Berufsfeld der Forschungsinstitutionen stattfindenden Formen der weiteren Bildung, so erscheint Weiterbildung dort zunächst als in erstaunlich geringem Maße institutionalisiert, kodifiziert oder explizit gesteuert - zumindest gibt der Forschungsstand der Fachliteratur dazu nur wenig Auskunft.
Zwar werden im Ergebnis wissenschaftsforscherischer Analysen oft bestimmte Kompetenzen eingefordert (vgl. Teilkap. 1.3), doch können Bildungs- und Lernprozesse von WissenschaftlerInnen im Berufsfeld 'Forschung' aus pädagogischer Sicht als kaum erfaßt gelten.

Diese Diagnose könnte zum einen bedeuten, daß 'Weiterbildung' im Bereich der Forschung tatsächlich nicht von besonderer Relevanz ist.

Es wäre möglich, daß bereits die hier gewählte Fragestellung unter "Forschung als Beruf" zu stark generalisierend angelegt ist. Dann müßte auf der Ebene einzelner Fachdisziplinen nach Befunden zur berufsbezogenen Weiterbildung gesucht werden; etwa bei PhysikerInnen, SoziologInnen, LinguistInnen oder RechtswissenschaftlerInnen. Allerdings finden sich auch auf der Ebene der Fachgruppen kaum diesbezügliche Untersuchungen. Zudem richtet sich die vorliegende Untersuchung eher an einem institutionellen Niederschlag in der Praxis der Forschungseinrichtungen aus. Auch in Industrie oder Handel sind Personal- und Bildungsreferate übergreifend für sämtliche in der jeweiligen Organisation vertretenen Berufsgruppen zuständig. Auch wenn das integrierende Element weniger in einem Berufsfeld, sondern im Unternehmenszweck gesehen wird, sind demnach institutionelle Entsprechungen der Bildungsorganisation prinzipiell möglich.

Eine generalisierende Zusammenschau hat sich im übrigen auch bei Studien zu Fragen des Managements von Forschungseinrichtungen etabliert (vgl. etwa Mayntz 1985), wobei der Bereich des Personalwesens als eine der zentralen Managementaufgaben erachtet wird. Somit erscheint auch eine Betrachtung von Weiterbildung unter der allgemeineren Perspektive der Forschungsinstitutionen durchaus sinnvoll.

Weitere Gründe für eine mögliche Irrelevanz des Themas könnten darin bestehen, daß die sich in Forschungseinrichtungen vollziehenden Lernprozesse keiner aufbereiteten, organisierten Bildung oder steuernden Begleitung bedürfen. Wenn z.B. die wissenschaftliche Ausbildung an den Hochschulen keinen weiteren Bildungsbedarf entstehen läßt, muß berufsbezogene Weiterbildung später nicht institutionell formalisiert in Erscheinung treten. Oder in einer gänzlich anderen Deutung: Ein u.U. durchaus vorhandener Bildungsbedarf wird nicht als solcher erkannt, definiert bzw. artikuliert.

Ob die These einer geringen Binnenrelevanz von Weiterbildung in außeruniversitären Forschungseinrichtungen der Bundesrepublik tatsächlich zutreffend ist, stellt somit eine der Leitfragen der vorliegenden Untersuchung dar.

Jenseits einer potentiellen Irrelevanz von 'Weiterbildung in der Forschung' könnte es sich zum anderen um ein Phänomen selten nach außen gelangender bzw. von außen nachgefragter Information über eine faktisch sehr wohl vorhandene Weiterbildungspraxis in diesem Sektor handeln. Mögliche Gründe für die geringe Außenpräsenz des Themas könnten in folgenden Aspekten vermutet werden:

a.) Selbstverständlichkeit aufgrund von Alltäglichkeit:
Das Feld der Forschung ist so eng mit dem Umgang mit Wissen und indirekt dadurch auch mit Lernen etc. assoziiert, daß dahingehende Fragen als spezifische Betrachtungsperspektive eine Selbstverständlichkeit aufbrechen.
Generell wird Lernen am Arbeitsplatz als ein "weitgehend verborgener Prozeß" beschrieben: "Soweit nicht didaktisch aufbereitet und genutzt, geschieht Lernen hier en passant und ist damit ein weniger isolierbarer Gegenstand als etwa Lernen in der Lehrwerkstatt oder in der Berufsschule" (Severing 1994, S. 17).
Doch mit der Erweiterung wissenschaftlicher Auseinandersetzung auf die Sphäre alltäglichen Tuns (vgl. diverse "Alltagswenden" in den Sozialwissenschaften) und ihrer Rückwirkung auf den Alltag selbst bleibt auch die wissenschaftliche Durchdringung des Alltags der Forschenden nicht aus. Von einem allgemeinen Prozeß der schrittweisen Ablösung von Erfahrungswissen durch systematisches Wissen, wie ihn Weingart (1976) gerade als Funktion der Autonomisierung von Wissenschaft beschreibt, muß die Forschung selbst bzw. ihr Management nicht ausgenommen bleiben.

b.) Analogie zu anderen Berufsbereichen:
Es könnte sein, daß weder die Bildungswissenschaften noch die Forschungseinrichtungen eine andere Weiterbildungspraxis als in jeweils vergleichbaren Einrichtungen von Wirtschaft oder Öffentlichem Dienst vermuten und dementsprechend davon ausgehen, daß sich berufliche Weiterbildung hier analog vollzieht. Dann bestünde für keine Seite Anlaß, 'Weiterbildung' gesondert zu thematisieren.
Daß die Bildungspraxis in Forschungseinrichtungen tatsächlich ähnlich oder gar identisch mit der in anderen Berufsfeldern ist, kann andererseits aufgrund differenter Rahmenbedingungen angezweifelt werden (vgl. die vielfach beschriebene erkenntnistheoretische wie interessengebundene Differenz der "Logik der Forschung" sowie die Heterogenität der entstandenen Organisationsformen).

c.) Differenz zu anderen Berufsbereichen:

Umgekehrt könnte es möglich sein, daß gerade der Unterschied zu anderen Professionen, d.h. die Einzigartigkeit eines Vorgehens, das strukturell auf das Unvorhergesehene aus ist, es mit sich bringt, daß die klassische Weiterbildung diesem Anwendungsbereich nichts zu bieten hat. Ggf. könnten in der Forschung völlig eigenständige Formen des beruflichen Lernens entstanden sein. In diesem Fall wäre es allerdings überraschend, daß die bildungswissenschaftliche Forschung hier nicht bereits aktiv wurde.

Zur Klärung dieses Aspektes sind insbesondere die Vorstellungen und Konzepte über den Beruf und seine Qualifikationen von Interesse, die von den in der Forschung für das Personal Verantwortlichen vertreten werden.

d.) Das 'Gespenst des Relativismus':

Gerade durch die das Ideal der rationalen WissenschaftlerInnen entzaubernden Arbeiten der wissenschaftswissenschaftlichen Forschung sieht sich der Bereich der Wissenschaft insgesamt einem wachsenden Legitimationsdruck ausgesetzt. So könnte auch die Furcht vor einer diskreditierenden Relativierung wissenschaftlichen Erkenntnisschaffens durch das Offenlegen eines ihrer Kernstücke, der Aneignung von berufspraktischem Wissen, dazu führen, daß die Forschungseinrichtungen aus Gründen des Selbstschutzes einer diesbezüglichen Bildungsforschung eher skeptisch gegenüberstehen.

e.) Differenz der Sprachen:

Inkompatible Konzepte bzw. ein anderweitig ausgerichtetes Begriffsinventar auf seiten der Bildungswissenschaften bzw. ein von der bildungswissenschaftlichen Terminologie abweichendes Sprachspiel innerhalb der Forschungseinrichtungen könnten ebenso Gründe dafür sein, daß über die Bildungsprozesse der berufsmäßig Forschenden verhältnismäßig wenig bekannt ist.

Wie bereits oben erwähnt, ist der Terminus "wissenschaftliche Weiterbildung" bereits anderweitig belegt. Andere für den Kontext passende Deskriptoren sind kaum zu finden. Auch allgemein wird die gesteigerte Problematik der begrifflichen wie empirischen Erfassung von "Lernen" in seiner Verschränkung mit "Arbeiten" aufgrund der Komplexität beider Phänomene angeführt (vgl. Severing 1994, S. 17).

Auf der anderen Seite sind bildungswissenschaftlicher oder auch personalwirtschaftlicher Jargon nicht unbedingt die Ausdrucksformen derer, die vom wissenschaftlichen Bildungsalltag direktes Zeugnis ablegen können bzw. ihn steuernd beeinflussen; seien es die disziplinbezogen sozialisierten WissenschaftlerInnen oder die ebenso fachspezifisch geprägten Führungskräfte von Forschungseinrichtungen. Zu prüfen wäre also, welche Termini die Befragten selbst wählen bzw. wie sie ihr Verhältnis zu vorhandenen Ansätzen bildungswissenschaftlicher oder personalwirtschaftlicher Provenienz beschreiben.

f.) Ausrichtung der Wahrnehmungsraster:

Eng mit der sprachlichen Seite verbunden könnten auch der jeweils dominierende Denkstil (vgl. Fleck 1993) und die Prämissen pädagogischen Forschens mit entsprechenden Konsequenzen für das wissenschaftlich Wahrnehmbare ausschlaggebend sein. Erfuhr der zunächst umfassend formulierte Anspruch von Bildung mit der deutschen Bildungspolitik und -praxis des 19. Jahrhunderts eine quasi ideologische Bindung fachlich-beruflicher Bildung an bestimmte gesellschaftliche Schichten, so wandte auch die Berufspädagogik "ihre Aufmerksamkeit im wesentlichen auf 'die große Zahl' der Berufe am Sockel der sozialen Prestigepyramide, nämlich auf die sogenannten technischen und wirtschaftlichen Arbeiter- und Angestellten bzw. Lehr-, Anlern- und Ungelernten-Berufe" (Heid 1986, S. 105).

Diese Ausrichtung der Wahrnehmung mag eine historische Ursache dafür sein, warum WissenschaftlerInnen - als 'Gelehrte' eher klassische Zielgruppe sog. allgemeiner Bildung - in der beruflichen Weiterbildungsforschung so wenig Berücksichtigung fanden. Doch der Blick auf die Bereiche Privatwirtschaft und Verwaltung erweist, daß inzwischen - nicht zuletzt mit der Expansion der Zahl akademischer Abschlüsse infolge der Bildungsreform - durchaus als höher qualifiziert geltende Berufsgruppen entsprechende bildungswissenschaftliche Aufmerksamkeit erfahren haben (vgl. IngenieurInnen bei Mai (1993) oder die o.g. Diskussionen um Führungskräfteentwicklung).

g.) Notwendigkeit eines ökonomischen Anreizes:
Zudem könnte eingewandt werden, daß die wissenschaftliche Wahrnehmung anderer Berufsgruppen und ihrer Weiterbildung in den Bildungswissenschaften vor allem dann einsetzte, wenn u.a. ein ökonomischer Anreiz gesehen wurde bzw. wenn die Aussicht bestand, Arbeitsbedingungen zu optimieren oder Arbeitsleistungen zu verbessern.
Im Zusammenhang mit dem Trend der Forschungsentwicklung zu einer zunehmend betriebsförmigen Organisationsform (vgl. Weber 1988; Mayntz 1985; Blum/Sundermann 1995; Reiner 1996) oder im Kontext der Debatte um den "Wirtschaftsstandort Deutschland" und dessen internationale Konkurrenzfähigkeit im Bereich der Forschung (vgl. Bundesministerium für Wirtschaft 1994; Warnecke 1995) dürfte das Wirtschaftlichkeitsargument auch in der Forschung Einzug gehalten haben - sowohl in den Köpfen derer, die Forschung finanzieren, als auch bei jenen, deren Forschung angesichts knapper Kassen zukünftig finanziert werden soll.

h.) "Nachholende Modernisierung":
Schließlich wäre es möglich, daß sich Formalisierung und Beachtung von Weiterbildung in Forschungsinstitutionen erst langsam durchsetzen, nachdem sie sich in anderen Bereichen etabliert haben. Dieser Umstand könnte einerseits auf die spezifische 'Trägheit' von Organisation im Wandel (vgl. Nicholson 1989) und andererseits auf einen Handlungsdruck zurückzuführen sein, der durch die aktuellen Reorganisationserfordernisse (Evaluation, Prospektion, finanzielle Kürzungen, wachsende Häufigkeit des Wissensumschlags etc.) ausgelöst wird. Hinzu kommt, daß der Prozeß einer Professionalisierung, der u.a. die Steuerung der eigenen Bildungsressourcen beinhaltet, in manchen Disziplinen als noch nicht abgeschlossen gilt.
Generell wäre auch eine Einordnung in einen allgemeineren Prozeß der Entwicklung einer stärker selbstreflexiven Wissenschaft denkbar (vgl. Faßler 1992).

Wahrscheinlich ist diese Liste der Gründe für die Abstinenz von Befunden zur berufsbezogenen Weiterbildung im Berufsfeld Forschung nicht vollständig. Die oben aufgeführten Thesen werden jedoch in sensibilisierender Funktion für die Analyse der empirischen Ergebnisse herangezogen. So ist zu klären, ob die o.g. Probleme und Einflußgrößen im vorliegenden Fall außeruniversitärer Forschungseinrichtungen ähnlich wahrgenommen werden. Angesichts des Defizits an vorhandenen Anschlußpunkten im Falle außeruniversitärer Einrichtungen erscheint dabei eine relativ offene, das Spektrum auslotende Vorgehensweise angebracht.
Im Anschluß an die Forschungen zur wissenschaftlichen Sozialisation wäre zu konkretisieren, ob bzw. inwiefern verschiedene Gruppen von Lernenden, differente Lerninhalte und -formen in der Praxis der Institute unterschieden werden. Zu prüfen wäre u.a. auch, inwieweit differenzierende Variablen, wie Geschlecht oder ost- bzw. westdeutsche Herkunft, in der Wahrnehmung der Befragten eine Rolle spielen. Diese Fragen sind eng verknüpft mit der generellen Einschätzung der Notwendigkeit bzw. Relevanz von Weiterbildung.

In den aufgeführten Thesen wird überdies die enge Verbindung der gewählten Perspektive mit Fragen der Organisation bzw. des Managements von Wissenschaft und Forschung im allgemeinen deutlich, da die Institution sowohl als Trägerin von Anforderungen, als auch als kanalisierende Organisatorin von Zugängen oder Hindernissen im Bereich der berufsbezogenen Weiterbildung auftreten kann. Auch Mayntz sieht in der Orientierung an der Bedeutung der einzelnen Forschenden bei mangelnder Berücksichtigung des institutionellen Kontextes ein Manko der bisherigen Literatur der Wissenschaftsforschung: "Tatsächlich ist in diesem ganzen Forschungsfeld die Bedeutung der individuellen Forschungsleistung derart in den Vordergrund gerückt worden, daß manche Autoren sich sogar bemüßigt fühlen, ausdrücklich darauf hinzuweisen, daß die Organisation von Forschungseinrichtungen ihre Produktivität mitbestimmt, letztere also nicht einfach eine Funktion des rekrutierten Personals ist" (Mayntz 1985, S. 22). Dieser Dimension soll nun im dritten und letzten Abschnitt zum Gegenstandsbereich der Studie Rechnung getragen werden.

3 Weiterbildungsmanagement im Kontext der Wissenschaftsorganisation

Wird die jeweilige Praxis berufsbezogener Weiterbildung u.a. als eine Funktion der institutionellen Verfaßtheit des Berufs verstanden, so muß im vorliegenden Fall auch die organisatorische Eigengesetzlichkeit von 'Forschung' Berücksichtigung erfahren. 'Eigengesetzlichkeit' kann hierbei als Abgrenzung von anderen gesellschaftlichen Teilbereichen verstanden werden. Damit gelangt die Autonomie der Wissenschaft bzw. ihre Abhängigkeit von gesellschaftlichen 'Umfeldern' ins Zentrum der Aufmerksamkeit - zumal 'Autonomie' auch ein Kernelement des Professionsbegriffs darstellt.
Um aber die organisatorischen Einflußgrößen des Wissenschaftsmanagements nicht als ahistorisch gegeben zu betrachten, wird in Teilkap. 3.1 gesondert auf die Entstehung des Berufs - im Sinne des Prozesses seiner Professionalisierung und Institutionalisierung - eingegangen.[74] In Teilkap. 3.2 steht dann das aktuell vorfindliche institutionelle Setting der Forschungsorganisation im Vordergrund, in das die berufsbezogene Weiterbildung eingebunden ist.

3.1 Sicherung der wissenschaftlichen Autonomie durch Institutionalisierung und Professionalisierung

Ansätze zu Begründungs- und Ausgestaltungsvarianten wissenschaftlicher Autonomie ziehen sich wie ein ‚roter Faden' durch Geschichte und Gegenwart der Wissenschaft. Ebenso zahlreich wie kontrovers sind die Bearbeitungen der Frage nach der institutionellen Verfaßtheit von Wissenschaft unter dem Aspekt der Freiheit; z.B. unter den Stichworten "Externalisierung", "Finalisierung", "Trivialisierung", "Instrumentalisierung", "Politisierung", "Verantwortung" oder "wissenschaftliches Berufsethos".
"Institutionalisierung" und **"Professionalisierung"** von Wissenschaft bzw. Forschung können als Möglichkeiten betrachtet werden, sich eine - zumindest relative - Autonomie vor Eingriffen anderer Interessengruppen zu sichern; analog dazu die Argumentation Trutes: "Die eigenständige Garantie der Forschungsfreiheit ist eine Konsequenz der Ausdifferenzierung einer eigenständigen Handlungspraxis der Forschung, die sich institutionell etwa in der Gründung außeruniversitärer Forschungseinrichtungen niederschlug" (1994, S. 121).
Ist von 'Professionali-*sierung*' oder 'Institutionali-*sierung*' der Wissenschaft die Rede, wird dabei zudem die historische Bindung deutlich.[75] Gerade die Prozeßhaftigkeit verweist auf die Abhängigkeit des Berufs von veränderlichen gesellschaftlichen Rahmenbedingungen, die seine institutionelle Ausprägung und Praxis beeinflussen.

---

[74] Auf eine ausführlichere Darstellung von wissenschaftshistorischen Ansätzen im allgemeinen sowie der historischen Fassung der Entwicklung einzelner Disziplinen oder Themenkomplexe muß dabei verzichtet werden (vgl. hierzu u.a.: Basalla 1968; Bernal 1970; Blumenberg 1988; Braudel 1976; Burrichter 1979; Diederich 1974; Mittelstraß 1970; Porter/Teich 1992; Rammert 1975; Sarton 1975; Teich/Young 1973; Weingart 1972/1974; Zilsel 1976; Zimmerli 1976).

[75] Auf Probleme der rückblickenden historischen Erfassung der Entstehung von Wissenschaft und Forschung macht dabei Zilsel aufmerksam: "Wir sind zu leicht geneigt, uns selbst und die eigene Zivilisation als die natürliche Spitze der menschlichen Entwicklung zu betrachten. Aus dieser Anmaßung entspringt der Glaube, daß der Mensch einfach immer intelligenter wurde, bis eines Tages einige wenige große Entdecker und Pioniere erschienen und Wissenschaft als das letzte Stadium eines einlinigen, intellektuellen Aufstiegs produzierten. Man begreift dann nicht, daß das menschliche Denken sich auf vielen und verschiedenen Wegen entwickelt hat - unter denen der wissenschaftliche einer ist; und man vergißt, wie verwunderlich es ist, daß Wissenschaft überhaupt entstand" (1976, S. 50).

Eine erste der Phasen der 'Verberuflichung' wissenschaftlicher Tätigkeit kann für die Industriegesellschaften Europas mit einer tendenziellen Verselbständigung des Erkenntnismediums 'Wissenschaft' mit dem Ende des 19. Jahrhunderts - einschließlich ihrer auch institutionell gesicherten Kontinuität in der Form der Universität - als abgeschlossen betrachtet werden (vgl. Weingart 1976). Mit Professionalisierung ist hier der Garant gemeint, "daß die Produktion von Wissen auf organisierte Weise und vor allem nach Maßgabe eigenständiger Regulative erfolgt" (Weingart 1976, S. 213).

Speisen sich die Anfänge des Berufsstandes zu Beginn der Neuzeit noch aus verschiedenen Ideensträngen und sozialen Gruppen[76], gilt die Errichtung wissenschaftlicher Akademien in England (z.B. der Royal Society 1660), Italien und Frankreich als Markstein beginnender Institutionalisierung und sozialer Stabilisierung (vgl. Krohn 1976 und 1979). In der Metapher des Januskopfes verweist Krohn bereits hier auf die zweischneidige Wirkung dieses Schritts: "Einerseits garantieren die Statuten der Gesellschaft den Wissenschaftlern einen institutionalisierten Forschungsfreiraum, eine neutrale Sphäre der Erkenntnis" (1976, S. 15f.) - frei von religiöser Verfemung und gesellschaftlicher Verfolgung. "Die Fachkritik *der Kollegen* wurde die wichtigste Instanz der Qualitätssicherung" (1976, S. 16; Hervorh. d. d. Verf.). Andererseits mußten dafür andere Betätigungsfelder und Ziele der sich formierenden Wissenschaft aufgegeben werden: "Vor allem die Reform der Erziehung, aber auch ihr Anspruch, in Sachen der Gerechtigkeit, der medizinischen Versorgung, des Zugangs zu Berufen und der allgemeinen Meinungsäußerungsfreiheit und religiösen Freiheit mitzusprechen" (Krohn 1976, S. 16f.).

Diese Weichenstellung wissenschaftlicher Professionalität führt - etwa in den Debatten über "Handlungsentlastetheit" und "Wertfreiheit" - bis in unser Jahrhundert zu kontroversen Einschätzungen: "Man kann sich einerseits auf den Standpunkt stellen, daß durch die Institutionalisierung der positiven Wissenschaft eine illegitime Vermengung von emanzipatorischen Aktivitäten einerseits und der Naturerkenntnis andererseits (...) beseitigt worden ist. Man kann aber andererseits die im 17. Jahrhundert vollzogene Trennung von gesellschaftlicher Befreiung und wissenschaftlich-technischem Fortschritt als eine politische Perversion erachten, gegen die die Einheit von Naturerkenntnis und sozialen Zwecken wieder behauptet werden muß" (Krohn 1979, S. 18ff.). Insgesamt gibt die wissenschaftshistorische Forschung jedoch Aufschluß darüber, daß von einer rein funktionalistischen Vorstellung Abstand zu nehmen ist, die eine Professionalisierung der Wissenschaft als allein durch die gesellschaftliche Nachfrage determiniert sieht (vgl. u.a. Krohn 1979; Weingart 1976).

Mit wachsendem Anschluß der gesellschaftlichen Entwicklung an den wissenschaftlich-technischen Fortschritt verändern und überschreiten aber interne wie externe Differenzierungsprozesse den institutionellen Rahmen der klassischen Universität, welche in Deutschland mit der Gründung der Berliner Universität 1809/10 besonders von den Humboldtschen Vorstellungen der Freiheit und der Einheit von Lehre und Forschung geprägt war.

Eine Diversifizierung der Forschung nach Disziplinen und Trägerformen, nach Grundlagen- und anwendungsorientierter Forschung, nach "little" und "big science" (Solla Price 1963) ist zu beobachten.

---

[76] (das zyklische, an der Antike orientierte Fortschrittsideal der Gelehrten des Humanismus und die Nützlichkeitsidee der Künste im Handwerk von Künstlern, Ärzten und frühen Ingenieuren; vgl. Krohn 1979, S. 8ff.)

Historische Eckdaten dieses Institutionalisierungsprozesses (vgl. Hohn/Schimank 1990; Ritter 1992) sind im außeruniversitären Bereich in Deutschland u.a.:

- erste Etablierung der Industrieforschung ab Mitte des 18. Jahrhunderts;
- 1911 Gründung der Kaiser-Wilhelm-Gesellschaft (KWG);
- 1920 Gründung der Notgemeinschaft der Deutschen Wissenschaft;
- 1949 "Königsteiner Abkommen" (u.a. zur Länderfinanzierung der Max-Planck-Gesellschaft, vormals KWG) und Gründung der Fraunhofer-Gesellschaft;
- 1951 Verschmelzung des Forschungsrates und der Notgemeinschaft zur Deutschen Forschungsgemeinschaft (DFG);
- ab 1956 Gründung der ersten Großforschungseinrichtungen;
- 1957 Einrichtung des Wissenschaftsrates;
- 1970/71 Gründung der Arbeitsgemeinschaft der Großforschungseinrichtungen (AGF);
- ab 1973 Etablierung der "Blauen Liste";
- ab 1989 Anpassung der DDR-Forschungseinrichtungen im Sinne des Einigungsvertrages - auch mit weitreichenden Konsequenzen für die Forschungslandschaft der alten Bundesländer;
- ab 1990 Reform der AGF zur "Hermann-von-Helmholtz-Gemeinschaft Deutscher Forschungseinrichtungen" und der Blauen Liste zur "Wissenschaftsgemeinschaft Gottfried Wilhelm Leibniz";
- ab 1993 Anpassung an die Erfordernisse des europäischen Binnenmarktes.

In der Phase der Wissenschaftsentwicklung im 20. Jahrhundert, die der Argumentation Weingarts zufolge "Verwissenschaftlichung gesellschaftlicher Praxis" genannt werden kann, gewinnt das Problem der Autonomie vor allem an Reflexivität.[77] Auf der Basis fast omnipräsenter Rezeption wissenschaftlichen Wissens in den verschiedensten Bereichen gesellschaftlicher Praxis schlägt dabei die Entmythologisierung bzw. Entzauberung der Welt auch auf die entzaubernden Wissenschaften selbst zurück. "Die Reflexivität gesellschaftlicher Praxis führt tendenziell dazu, daß nicht nur wissenschaftliche Erkenntnisse verwendet werden, sondern daß Wissenschaftsentwicklung selbst an praktischen Zwecken orientiert wird" (Weingart 1976, S. 217).
Der immense Expansions- und Institutionalisierungsschub, den die Wissenschaft unter der Formel "Wissenschaft als Motor gesellschaftlicher Entwicklung" erfahren hat, zwingt sie jetzt vermehrt dazu, die Legitimation weiterer Unterstützungsleistungen nachzuweisen. Insbesondere ihre wachsende Finanzintensität bringt weitere Institutionalisierungsprozesse im Bereich der Wissenschaftsplanung, -steuerung und -politik mit sich.[78] Die Koppelung der öffentlichen Mittelvergabe an Kriterien der Problemlösungskapazität führt zu neuen Organisationsformen[79] sowie zur Überlagerung der alten Disziplinenordnung mit 'Problemwissenschaften' (Verkehrs-, Umwelt-, Raumforschung, 'black' oder 'gender studies' etc.).
Trotz fortgesetztem Ausbau des Wissenschaftssystems insgesamt gehen die Strukturveränderungen nicht spurlos am Selbstverständnis der Forschung vorbei. In zahlreichen Diskursarenen wurde und wird um wissenschaftsadäquate Standpunkte angesichts

---

[77] (vgl. Weingart 1976; oder in anderen Lesarten: Blumenberg 1988 oder Luhmann 1981)

[78] Daß auch hierbei nicht einfach von einer nachrangigen Reaktion der Politik auf veränderte Anforderungen ausgegangen werden kann, belegt Stucke (1993) am Beispiel der Strukturbildung des bundesdeutschen Forschungsministeriums.

[79] (z.B. die Expansion der Unterstützung zeitlich befristeter "Projekt"-Forschung, von "Forschungsverbünden und -netzwerken" sowie diverser "Sonderprogramme" der Forschungsförderung)

einer Infragestellung des Berufsethos, einer Relativierung des Geltungsanspruchs oder einer extrafunktionalen Instrumentalisierung gerungen.

In diesem Zusammenhang wird gegenläufig von der "Deprofessionalisierung" der wissenschaftlichen Tätigkeit gesprochen: "Unter dem Druck der Deprofessionalisierung, die neben dem Prestigegedanken der Sachverständigen letztlich sogar deren fachliche Verbindlichkeit mit einem wachsend großen Fragezeichen versieht, erreichen wir eine Situation, in der öffentliche Expertisen zur Verseuchung unserer Flüsse, zur Schlagkraft des sowjetischen Raketenarsenals, zur vergleichsweisen Überlegenheit der japanischen Arbeitgeber-Arbeitnehmerbeziehungen gelesen und abgetan werden wie die Notizen aus der Welt der Mode" (Hartmann/Hartmann 1982, S. 214f.). Doch zeigen etwa Untersuchungen zur Praxis wissenschaftlicher Programmplanung, daß die Perspektive linearer Unterordnung der wissenschaftlichen Forschung unter andere gesellschaftliche Ziele zu kurz greift. Die institutionalisierte Wissenschaft versteht es durchaus, ihren Vorsprung "bei der Früherkennung von Problemen, ihre Initiativfunktion hinsichtlich technischer Handlungsmöglichkeiten und ihr Monopol in der Definition dessen, was wissenschaftlich realisierbar ist" (van den Daele/Krohn/Weingart 1979, S. 32) zu nutzen. Zusammenfassend konstatieren auch Krohn/Küppers (vgl. 1987, S. 39ff.), daß das Wissenschaftshandeln nicht auf eine Grundtendenz zurückzuführen ist: Vereinheitlichung und Diversifikation, Stabilisierung und innovative Dynamik, Internalisierung und Externalisierung durchdringen einander auf verschiedensten Ebenen.

Soll die Etablierung von 'Wissenschaft als Beruf' nicht ausschließlich auf ihre gesellschaftliche Abgrenzung hin gedeutet, sondern als Bereich selbst ins Auge gefaßt werden, so muß das, was hier bisher 'Professionalisierung' - im Sinne des Prozesses der Verberuflichung - genannt wurde, näher betrachtet werden. Schon der Begriff der 'Professionalisierung' mag jenen kritisch erscheinen, die der **Kategorie der 'Profession'** einen besonderen Status unter den Berufen zuschreiben. Dabei ist umstritten, ob 'wissenschaftliche Forschungstätigkeit' als 'Profession' gelten kann.[80]

Es besteht in der Professionstheorie weitgehend Konsens darüber, daß es sich bei einer 'Profession' um einen speziellen Sektor beruflicher Leistungen handelt, der vom Kreis seiner InhaberInnen weitgehend selbst definiert und gesteuert wird. Aufgrund gesondert anerkannter Kompetenzen und Praktiken können sie in relativer Autonomie von Markt und Staat bestehen. Greift man auf die klassischen Definitionselemente des Begriffs nach Parsons (1968) oder Schütz/Luckmann (1979) zurück, wird die Problematik der Einordnung wissenschaftlicher Forschung besonders deutlich (vgl. auch Huber/Portele 1983):

Das Kriterium eines klar abgegrenzten Gegenstandsbereich, eines systematisierten Wissensgebietes ist unter dem allgemeinen Begriff 'wissenschaftliche Forschung' nicht zu erfüllen (vgl. Teilkap. 1). Forschung kann aber als Gruppe verschiedener disziplinär strukturierter Professionen verstanden werden, wenn der jeweilige Objektbereich einzelner Disziplinen oder der Bezug zu einem bestimmten Anwendungsbereich als Gegenstandsbereich genommen werden. Eine andere Möglichkeit stellt die institutionstheoretische Herangehensweise dar, wobei die spezifische, auf Sachautorität basierende Organisationsform, die einen speziellen Typ des Managements erfordert (vgl. Trute 1994), als Kriterium gilt.

---

[80] Es kontrastiert etwa Merten (1998, S. 19) in systemtheoretischer Perspektive wissenschaftliche "Disziplin" und "Profession" als von unterschiedlichen Relevanzkriterien geleitet: auf der Zieldimension von "Wahrheit/Richtigkeit" versus "Wirksamkeit", auf der Ebene der Validität von "Widerspruchsfreiheit" versus "Angemessenheit" oder auf der Wissensebene von "Vorläufigkeit" versus "Sicherheit".

Das zweite Kriterium, die Existenz eines komplexen Systems formalisierter Ausbildung zum Zwecke der Sozialisation in das jeweilige Wissenssystem, kann mit Blick auf die akademischen Ausbildungsstufen prinzipiell als erfüllt betrachtet werden. Da aber die Universitäten - im Zuge der Bildungsexpansion sogar vermehrt - auch die Zentren der Sozialisation in andere Professionen (wie die praktische Medizin oder Jura) darstellen, läßt der Rückgriff anderer Professionen auf wissenschaftliche Wissensbestände die Forschung selbst eher als Metaprofession erscheinen.

In enger Verbindung damit stehen drittens die formalisierten Muster der Zugangsregelung zur institutionellen Forschung, deren Zertifikate (wie akademische Grade, Promotion oder Habilitation) auch in der außeruniversitären Forschung von Relevanz sind. Allerdings haben außeruniversitäre Forschungseinrichtungen selbst nicht die Möglichkeit, entsprechende Zertifikate zu verleihen. Sie sind im Rahmen ihrer Nachwuchsförderung direkt oder indirekt - z.B. bei hauseigenen Doktorandenstellen - auf die Hochschulen und Universitäten angewiesen.

Das vierte Kriterium von ,Profession', das der institutionalisierten Regelung der Berufspraxis, kann im Sinne einer internen Selbstverwaltung und der Bedeutung der wissenschaftlichen Selbstkontrolle im Forschungsprozeß als weitgehend zutreffend erachtet werden. Eine institutionalisierte Zuständigkeit für Deutung und Verständnis bzw. Problemlösungskapazität in bezug auf einen bestimmten externen Praxisbereich gesellschaftlichen Lebens hingegen trifft wieder den Kern des Problems der Freiheit von Wissenschaft. Hier unterscheidet sich 'Forschung' - d.h. die Produktion von Wissen - von den klassischen Professionen, die sowohl Fortschreibung als auch Anwendung ihres Sonderwissens zu großen Teilen selbst in der Hand haben (vgl. Hitzler 1994, S. 15). Unter diesem Gesichtspunkt wäre Forschung eher Teil einer Profession.

Schließlich wären noch spezifische Selbst- und Fremdstilisierungen gesondert zu erwähnen, die dem Kreis der Professionellen nach außen Prestige auf der Basis eines überlegenen Deutungsanspruches bzw. -monopols verleihen. Hier stehen Forschung und Wissenschaft anderen Professionen nicht nach; disziplinbezogen legen sie im Gegenteil gerade das Fundament für den jeweils zu erlangenden Expertenstatus.

Insgesamt steht und fällt die Einstufung von 'Forschung' als Profession mit dem jeweiligen Verständnis - sei es als Handlungsbereich, als theoretisches Wissenssystem oder Institutionengefüge. Ob nun 'Profession' oder 'Beruf' - auch der Blick auf die Professionstheorie macht deutlich, daß das berufliche Selbstverständnis von antagonistischen Strömungen aus dem selbstzweckhaft verabsolutierten Radikal Humboldtscher "Einsamkeit und Freiheit" und dem Derivat des Beitrags zum gesellschaftlichen Fortschritt der Baconschen Programmatik geprägt ist.

Die Allianz von 'Homo faber' und 'academicus' ist mit der neuen, risiko-orientierten "Stufe der Verwissenschaftlichung" (Bonß/Hartmann 1985, S. 17) in eine Krise geraten. Die Freiheit der Forschung wird nicht prinzipiell in Frage gestellt. Ihre Freisetzung geschieht aber unter der Maßgabe, daß Wissenschaft sich potentiell als für alle neu entstehenden Problemlagen und noch unbestimmten Anforderungen reagibel zu erweisen habe. Wird nun damit eine Verbindung zwischen gesellschaftlichem Problemlösepotential und dem Lernpotential organisierter Wissenschaft hergestellt, so ist im folgenden Kapitel der konkreten Ausgestaltung dieser Organisation nachzugehen.

3.2 Organisatorische Rahmenbedingungen von Forschungsinstitutionen

"Seit der Institutionalisierung von Berufsrollen im 19. Jahrhundert ist Wissenschaft weitgehend an Organisationen gebunden, entwickelte Wissenschaft durch eine organisierte Wissensproduktion charakterisiert" (Trute 1994, S. 328). Bereits 1905 sprach der Theologe und Wissenschaftspolitiker Adolf von Harnack vom "Großbetrieb der Wissenschaft" (vgl. Ritter 1992, S. 13). Angesichts des mit der Industrialisierung entstandenen Wettbewerbs der Nationen um technologische Führerschaft (einschließlich ihrer militärischen Seite) waren es zunächst vor allem die Naturwissenschaften, die auf eine Bündelung der Kräfte der einzelnen und zudem auf eine entsprechende apparative Ausstattung zur gemeinsamen Nutzung innerhalb einer Institution aus waren.

Überlagert und unterstützt wurde die Formierung von Wissenschaft als Gemeinschaftsunternehmen aber auch von einem bis ins 17. Jahrhundert zurückgreifenden Wandel der innerwissenschaftlichen Kommunikationsformen, wobei die Diskussion auf der Basis einer raschen Veröffentlichung innovativer Befunde in der jeweiligen scientific community zum zentralen Element wurde (vgl. Fleck 1993; Luhmann 1974; Hohn/Schimank 1990).

Doch ist die institutionelle Verfaßtheit von Wissenschaft damit nicht nur Begleiterscheinung, sondern selbst Strukturvariable - auch des Bildungsgeschehens - geworden (vgl. Weingart 1976; Huber/Portele 1983; Mayntz 1985). Formale Organisation kann dabei als Träger forschungstechnischer Infrastruktur und als Instrument kollektiver Interessensformierung und -durchsetzung betrachtet werden. Neben einem integrativen Mechanismus der Stabilisierung und Operationalisierung wechselseitiger Verhaltenserwartungen innerhalb des wissenschaftlichen Systems dienen Institutionen zudem als "Brückenköpfe" zu den institutionellen Strukturen anderer gesellschaftlicher Teilsysteme (vgl. Hohn/Schimank 1990, S. 20f.).

Der organisatorische Kontext institutioneller Ermöglichung von Forschung wirkt dabei wiederum auf ihre 'Freiheit' zurück. "Die Freiheit der Kommunikations- und Handlungszusammenhänge umfaßt mehr als ihre kognitive Seite. Sie muß sich auf die Selbststeuerungseinrichtungen und -mechanismen des Wissenschaftssystems erstrecken, soll sie wirkliche Freiheit sein. Wissenschaft kann darüber hinaus nur in Institutionen, Einrichtungen, Organisationen und mit erheblichen Ressourcen ausgeübt werden. Ihre Freiheit ist daher als kognitive allein unzureichend gefaßt" (Trute 1994, S. 84).

So tritt neben die Wissenschaftsfreiheit als Individualgrundrecht die Interpretation als Teilhabegewährung: "Wissenschaftsfreiheit hat für den einzelnen Forscher nur geringen Wert, wenn ihm die finanziellen, sachlichen oder personellen Möglichkeiten fehlen, sein Grundrecht zu realisieren"[81] (Meusel 1992, S. 161). Von staatlicher Seite wird Art. 5 Abs. 3 GG zudem als "institutionelle Gewährleistung verstanden, die der Wissenschaft, Forschung und Lehre freiheitsrechtliche Lebenssachverhalte garantieren soll. Aufgabe des Staates ist es, diesen freien Lebenssachbereich zu schützen, insbesondere aber auch die Selbststeuerung dieses sozialen Systems zu beachten und eine eigengesetzliche Entwicklung der wissenschaftlichen Fragestellungen und Forschungsgegenstände zuzulassen" (Meusel 1992, S. 147).

---

[81] Ausgestaltung und Konkretisierung dieses Teilhaberechts bleiben allerdings problematisch. Als derivates Teilhaberecht auf der Basis vorausgehenden staatlichen Tuns sei es bedingt denkbar; als originäres Teilhaberecht - im Sinne eines reinen Leistungsanspruches - werde es z.Z. abgelehnt, da die Kompetenzordnung des Grundgesetzes keine Prädeterminierung der Haushaltspolitik dulde, wie sie durch diesen Leistungsanspruch an den Staat entstünde (vgl. Meusel 1992, S. 161ff.).

Damit wird der wissenschaftsexterne Faktor 'Staat' zum Garant und Mitgestalter der Rahmenbedingungen wissenschaftlicher Forschung. Eine staatliche Grundpflicht zur Forschungsförderung ist zwar nicht explizit im Grundgesetz vermerkt, wurde aber vom Bundesverfassungsgericht im sog. "Hochschulurteil" dargelegt (vgl. Meusel 1992, S. 148ff.). Daneben besteht eine staatliche Grundpflicht zur Forschungsorganisation, die konkrete Aufgaben hinsichtlich der Einrichtung "funktionsfähiger", "wissenschafts-adäquater" Einheiten und organisatorischen Strukturierung der Wissenschaft umfaßt (vgl. Meusel 1992, S. 150f.). Die formale Operationalisierung der staatlichen Organisationspflicht verweist jedoch auf eine Vielfalt von Forschungstypen, Zwecken, Trägerschaften, Finanzierungsmodellen etc., die keine Ableitung spezifischer, generalisierbarer Grundsätze für die wissenschaftlichen Organisationsformen zulassen.[82]

Trotzdem liegen aus dem Bereich des Verwaltungs- und Personalrechts eine Reihe von Vorgaben vor, die im folgenden dazu dienen sollen, den organisatorischen Rahmen der sog. "außeruniversitären Forschung" zu umreißen[83], aus deren Reihen das Fallbeispiel der vorliegenden Studie stammt.

Der **Begriff der "außeruniversitären Forschung"** hat sich zur Kennzeichnung eines Sektors der deutschen Forschungslandschaft etabliert, der neben dem Hochschulsektor, der Industrieforschung und privat getragenen kommerziellen Forschungseinrichtungen steht. Unter dem Label "außeruniversitärer Forschung" werden neben forschungsbezogenen Institutionen (wie der DFG) und verschiedenen Ressortforschungsstellen, die oftmals Bund-Länder-finanzierten Einrichtungen der Max-Planck- und Fraunhofer-Gesellschaften, die Großforschungseinrichtungen ("Hermann-von-Helmholtz-Gemeinschaft Deutscher Forschungseinrichtungen") sowie die Institute der "Blauen Liste" (jetzt: "Wissenschaftsgemeinschaft Gottfried Wilhelm Leibniz") zusammengefaßt. Ihre Größenordnung veranschaulicht die folgende Tabelle zum Personalbestand (vgl. Abb. 7).

Öffentliche Institutionen	Beschäftigte (berechnet auf Vollzeitäquivalente)	
	insgesamt	*darunter WissenschaftlerInnen*
Bundes- und Länderanstalten, Gemeinde-Einrichtungen	12 903	5 210
Großforschungseinrichtungen	22 335	10 100
Max-Planck-Institute	9 334	4 034
Fraunhofer-Institute	5 965	3 878
Blaue-Liste-Institute	8 820	4 578
Sonstige Forschungseinrichtungen	7 882	4 786

Abb. 7: Angaben zur Anzahl der Beschäftigten in öffentlichen Forschungseinrichtungen der Bundesrepublik Deutschland (vgl. Statistisches Bundesamt 1997, S. 401)

---

[82] z.B. "Interaktionsstrukturen in Laboratorien oder in wissenschaftlichen Diskussionen; Gruppenstrukturen in Projekten oder Forschungseinrichtungen; interpersonelle Netzwerkstrukturen in intra- oder interdisziplinären Gemeinschaften oder den sogenannten 'Hybridgemeinschaften' aus Wissenschaftlern, Nutzern und Politikern; formale Organisationsstrukturen von Forschungseinrichtungen" etc.; (Hohn/Schimank 1990, S. 19)

[83] (vgl. Kap. IV dieser Studie zu Angaben zum konkreten Gegenstand der Fallstudie, der "Wissenschaftsgemeinschaft Gottfried Wilhelm Leibniz" bzw. der "Wissenschaftsgemeinschaft Blaue Liste", als ein Bereich der außeruniversitären Forschung in der Bundesrepublik)

Dem Wissenschaftsrat zufolge soll Forschung nur dann außeruniversitär, staatlich unterstützt werden, "wenn sie nicht ebensogut in den Hochschulen durchgeführt werden kann. Die Aufgaben außeruniversitärer Forschungseinrichtungen liegen vorrangig auf solchen Gebieten, die wegen ihres Umfangs und Charakters nicht geeignet sind, von den Hochschulen aufgegriffen zu werden" (Wissenschaftsrat 1993, S. 20). Eine themenspezifische Abgrenzung ist dagegen nicht möglich. Für die relativ personal- und ressourcenintensiven Forschungseinrichtungen des außeruniversitären Sektors haben ihre Institutionalisierungsbedingungen und -formen somit besondere Bedeutung.

"Wissenschaftsfreiheit" erscheint im Fall der außeruniversitären Einrichtungen als institutionelles Grundrecht - im Sinne der Selbstkontrolle und -verwaltung. Der Einfluß des Staates ist *im Prinzip* auf eine "Globalsteuerung" beschränkt. Sie sollte normalerweise nicht die Kompetenzen im Rahmen der Funktion als Zuwendungsgeber überschreiten. Die Programmautonomie der Forschungseinrichtungen bildet somit das Kernelement der Wissenschaftsfreiheit (vgl. Meusel 1992, S. 159). Die Institutionen sind einerseits Grundrechtsträger, andererseits aber auch Grundrechtsdiener, was die "quasiobrigkeitliche Stellung der außeruniversitären Forschungseinrichtungen gegenüber ihren Mitarbeitern" betrifft (Meusel 1992, S. 160). Doch ist dies nicht als 'Freibrief' für beliebige Forschungswünsche der MitarbeiterInnen oder der Einrichtungen zu verstehen. Auf Grenzen stößt die persönliche Forschungsfreiheit im Rahmen des besonderen Verhältnisses, das die Einrichtungen zur Finanzierung im Rahmen ihrer Satzung oder ihrer Trägerform mit dem Staat eingehen. "Auch außeruniversitäre Forschung vollzieht sich in einer Art besonderen Gewaltverhältnisses: sonst wäre es dogmatisch nicht begründbar, daß die Einrichtungen und ihre Wissenschaftler auf bestimmte Forschungsprogramme fixiert werden" (Meusel 1992, S. 187).

Die Festlegung auf spezifische Forschungsprogramme bedeutet allerdings nicht, daß der Staat als Fachaufsicht agiert. "Eine solche staatliche Kontrolle bedürfte nämlich vorher festzulegender Maßstäbe. Indizien für den Erfolg können Veröffentlichungen, Berufungen, Preise, Patente, akademische Ehrungen, Auslandseinladungen, Zitierungen, Gutachteraufträge und Zusammenarbeitsangebote sein. Ausschlaggebend für die Erfolgskontrolle ist jedoch die Einschätzung in der internationalen Fachwelt, da sie die wissenschaftlichen Impulse reflektiert. Die Beurteilungsmaßstäbe hierfür lassen sich nur in der Fachwissenschaft selbst finden" (Meusel 1992, S. 238f.). Zwar umfaßt die Kontrolle des Staates üblicherweise nicht die fachlichen Belange, doch sind seine Interessen v.a. als Zuwendungsgeber im Alltag des Einrichtungsmanagements vielfach präsent; z.B. in Verhandlungen über den Wirtschaftsplan oder Projektförderungen, bei Nebenbestimmungen zum Zuwendungsbescheid oder der Rechnungsprüfung.[84] So werden prinzipiell "Entscheidungen darüber, *was* wahr bzw. unwahr ist, gegen außerwissenschaftliche Einflüsse abgeschottet - nicht jedoch Entscheidungen darüber, *wo* und *für wen* und *in welchem Umfang* geforscht wird" (Hohn/Schimank 1990, S. 16; Hervorh. im Orig.).

Diese materielle bzw. strukturelle Seite wirkt sich auf das Berufsbild der Forschenden aus: "Auch Wissenschaftler leben nicht vom Gedanken und von der intellektuellen Neugier allein. Sie müssen leben und wollen ihren Beruf ausüben. Das bedeutet, sie müssen 'alimentiert' und ihre Forschungen müssen finanziert werden. Sie sind abhängig

---

[84] "Kontrollmaßnahmen sind nicht schon rechtmäßig, wenn sie geeignet, erforderlich und verhältnismäßig sind; vielmehr verlangt das Selbstverwaltungsrecht der außeruniversitären Forschung (...), daß es sich jeweils auch um den schonendsten oder geringsten von mehreren verhältnismäßigen Kontrolleingriffen handelt" (Meusel 1992, S. 294).

von den Mitteln und den Apparaturen, die ihnen zur Verfügung stehen. Sie werden beeinflußt durch die Art ihrer Ausbildung, durch ihre beruflichen Aufstiegschancen, durch die Freiheiten oder Abhängigkeiten ihrer jeweiligen Stellung als Wissenschaftler, kurz, durch den formellen und informellen Regelungskomplex, der ihren Arbeitsplatz bestimmt" (Falter/Fülgraff 1990, S. 17). In diesen Regelungskomplex, der den Freiraum der Forschenden strukturiert, ist damit auch die berufsbezogene Weiterbildung von Forschenden eingebunden. Auf einer zweiten Ebene ist außerdem die institutionelle Gestaltung der jeweiligen Regelungen - einschließlich der Handhabung von Weiterbildung durch das Management - zu berücksichtigen.

Hinsichtlich ihrer Hauptaufgabe, der Forschung, sind die außeruniversitären Einrichtungen relativ frei in der **Gestaltung des organisatorischen Prozesses**, der zumindest prinzipiell in Selbstverwaltung wahrzunehmen ist. Da staatlicherseits kein bestimmtes Organisationsmodell favorisiert wird, sind in Abhängigkeit von Forschungstyp, Alter, Größe, Träger- und Finanzierungsstruktur unterschiedliche Modelle entstanden.

Zu den Grundelementen des organisatorischen Aufbaus einer außeruniversitären Forschungseinrichtung gehören im Überblick (vgl. Meusel 1992; Mayntz 1985):

- Basisorgane: z.B. Mitgliederversammlung, Gesellschafterversammlung, Verein;
- Aufsichtsorgane: z.B. Senat, Kuratorium, Verwaltungsrat;
- Exekutivorgane: z.B. Vorstand, Geschäftsführung, Direktorium;
- Wissenschaftliche Programmorgane: z.B. Wissenschaftliche Leitung, Sektion, Wissenschaftlicher Rat;
- Beratungsorgane: z.B. Fachbeiräte;
- Betriebliche und wissenschaftliche Partizipationsorgane: z.B. Personal- oder Betriebsrat, Wissenschaftlerrat, Beauftragten-Funktionen;
- Wissenschaftlicher Bereich: z.B. in Form von (Teil-)Instituten, Abteilungen oder Bereichen[85], Projekten, Schwerpunkten, Verbünden, Arbeitskreisen etc.;
- technischer Dienst;
- Stabsabteilungen (z.B. zu Forschungsplanung, Controlling, Auslandsbüro, Öffentlichkeitsarbeit, Informationstechnik, Datenschutz)
- und der administrative Bereich.

Hinzu kommt noch die organisatorische Einbindung des einzelnen Institutes in andere Einrichtungen, etwa bei Kooperationen mit anderen Institutionen auf nationaler, europäischer und internationaler Ebene oder hinsichtlich eines Dachverbandes.

Für den Berufsalltag der einzelnen WissenschaftlerInnen ist die wie auch immer geartete Institutionalisierungsform strukturell von ambivalenter Wirkung. Sie ermöglicht einerseits Zugang und Zusammenwirken, andererseits muß das Spannungsverhältnis zwischen den Maßgaben "rationaler, betriebsförmiger Organisation" und "dem individuellen Freiheitsanspruch der Wissenschaftler" (Meusel 1992, S. 255) ausgehalten und stets neu austariert werden. Auf institutioneller Ebene wiederholt sich hier das Spannungsverhältnis, das bereits aus sozialpsychologischer Sicht auf der Ebene der beruflichen Anforderungen der Teamarbeit konstatiert wurde.

---

[85] Vorteile interner Untergliederungen werden in einer sinnvollen Arbeitsteilung und in den Möglichkeiten gegenseitiger Komplementarität gesehen. Die Gefahren liegen in Abschottungs-Verselbständigungs- und Beharrungstendenzen: "Einmal etablierte Untergliederungen leisten Widerstand gegen Umstrukturierungsmaßnahmen und können damit die Flexibilität und Innovationskraft der Forschungseinrichtung empfindlich stören" (Meusel 1992, S. 259; vgl. auch Mayntz 1990).

Für diejenigen, die zusätzlich noch mit Aufgaben des Managements betraut sind, ergeben sich auf der Basis der organisatorischen Gegebenheiten neuerliche Anforderungen.
Dies gilt - wenn auch in unterschiedlichem Maße - für die Ebene des einzelnen Projektes ebenso wie für die der Abteilungs- oder Institutsleitung. Wissenschaftsorganisation ist idealtypisch jedoch von bürokratischen Organisationsformen zu unterscheiden:
"Vor allem aber sind die Wissenschaftler das, was man in der Organisationstheorie *pro-
fessionals* nennt, d.h. an der Sach-, nicht an der Amtsautorität und vor allem an den
Normen, Werten, Standards und Methoden der organisationsexternen *scientific community*
orientiert. Diese spezifische Orientierung verlangt andere, horizontal orientierte Koor-
dinationsmechanismen (...). Forschungsorganisationen ähneln daher eher dem Typus
professioneller Organisationen, oder dem, was als *adhocratische* Organisationsform bezeichnet wird" (Trute 1994, S. 338; Hervorh. i. Orig.).
Kern- und Streitpunkt ist im Bereich des Forschungshandelns dabei vor allem der organisatorische Umgang mit dem Unvorhersehbaren als struktureller Determinante der
Forschung, m.a.W. die (Un-)Möglichkeit der Planung eines Prozesses, der prinzipiell
auf die Emergenz des Neuen abgestellt ist. Trotzdem wird von der Notwendigkeit wie
der Möglichkeit einer gezielten Gestaltung des organisatorischen Rahmens ausgegangen, der den spezifischen Anforderungen der Forschung dienlich ist: "Niemand be-
streitet ernsthaft, daß sich Forschung überhaupt organisieren und rational planen läßt.
Zu stark sind Forscher heute auf die Zusammenarbeit untereinander und mit anderen
wissenschaftlichen Institutionen angewiesen. (...) Dies gilt für die Grundlagenforschung
ebenso wie für die angewandte Forschung" (Meusel 1992, S. 254f.).
Formal lassen sich dazu Schritte wie Inhalts- und Durchführungsplanung, Programm-
konzipierung, Durchführung der Forschung, Erfolgskontrolle und Veröffentlichung
unterscheiden (vgl. Meusel 1992, S. 266ff.), doch variiert je nach Forschungstyp das
Spektrum der einsetzbaren Management- und Planungsinstrumente erheblich. Obwohl
der Bereich zum Zentrum institutioneller Wissenschaftsfreiheit gehört, öffnen sich mit
der Bindung von Planung an 'Ziele' (und deren Operationalisierung) auch hier Flanken
für eine außerwissenschaftliche Einflußnahme. So führt etwa die häufig auf 'verwend-
bare' Ergebnisse gerichtete Logik der ZuwendungsgeberInnen nicht selten zu Konflikten mit der Forschungslogik, was die Einhaltung von Zeitplänen und Budgetrahmen
oder die erwarteten Ergebnisse betrifft.
Das Management steht vor einer Aufgabe mit Sisyphus-Charakter: "Sobald man die
Aufgaben der Organisationsgestaltung und des Forschungsmanagements aus der Steue-
rungsperspektive und damit auch in ihrer zeitlichen Dimension als *Prozesse* betrachtet,
wird deutlich, daß es gar nicht in erster Linie darauf ankommt, einer bestimmten Forschungsaufgabe sozusagen das passendste organisatorische Kleid anzumessen (...). Es
stellt sich nämlich im Vergleich der Probleme, mit denen es die Leiter sehr unterschiedlich organisierter Forschungseinrichtungen zu tun haben, bald heraus, daß es
offenbar keine in sich unproblematischen Organisationslösungen gibt. Jede organisatorische Gestaltungsentscheidung (...) ist nicht nur eine (versuchte) Problemlösung, sondern gleichzeitig eine Quelle neuer Probleme" (Mayntz 1985, S. 30; Hervorh. i. Orig.).
So ist es nicht überraschend, wenn Mayntz auf der Basis dieses Befunds zu dem Ergebnis kommt, daß Interessendivergenzen und die Unvereinbarkeit gleichzeitiger Anforderungen zu Spannungen im Berufsalltag führen, deren Bewältigung dem "Versuch,
den Tiger zu reiten" gleichkommt (Mayntz 1985, S. 31).
Doch beziehen sich die Managementaufgaben nicht nur auf das Forschungshandeln im
engeren Sinne. Gerade der Bereich, den Krohn/Küppers (1987) als "Wissenschaftshandeln" beschreiben, wird in der durchaus umfangreichen Fachliteratur des Themen-

bereichs 'Forschungsorganisation' jedoch wenig berücksichtigt.[86] "Die häufige, unreflektierte Gleichsetzung von 'Forschungsmanagement' mit dem 'Management von Forschungsinstituten' mag dazu verführen, letzteres im wesentlichen mit der Steuerung des Forschungsprozesses gleichzusetzen und hierin in dynamischer Perspektive das zentrale Problem und die zentrale Erfolgsvoraussetzung zu sehen" (Mayntz 1985, S. 33).

Im Rahmen des Managements von Forschungseinrichtungen ist insbesondere die Variable **"Personal"** von zentraler Bedeutung. Sie erfährt jedoch in ihrer Vielfalt auch in der neueren Literatur dieses Themenbereichs kaum vertiefende Aufmerksamkeit - ganz im Gegensatz zu ihrer Aufarbeitung für den privatwirtschaftlichen Sektor der Unternehmen. Auf den Aspekt des Personalwesens wird hier gesondert eingegangen, da er einen Ort der institutionellen Verankerung von Weiterbildung darstellt (vgl. Neges 1991). Es lassen sich zunächst folgende **Personalgruppen** an Forschungseinrichtungen unterscheiden (vgl. Meusel 1992, S. 377):

▪ die Leitung und ihre wissenschaftlichen Mitglieder;
▪ der wissenschaftliche Mittelbau und die wissenschaftlichen Angestellten;
▪ der wissenschaftliche Nachwuchs;
▪ das technische Personal;
▪ das Verwaltungspersonal.

Problematisiert wird dabei die Einordnung der Gruppe der WissenschaftlerInnen in das Bundesangestelltentarifrecht (BAT). Da Haushalts- und Tarifrecht ursprünglich für den Verwaltungssektor geschaffen wurden, erweist er sich für die personellen Belange der außeruniversitären Forschungseinrichtungen häufig als unpassend bzw. mit hohem Modifikationsaufwand belastet.

Das betrifft etwa Fragen der Aufstiegsmöglichkeiten angesichts eines fixierten Stellenkegels, der leistungsgerechten Entlohnung, der Flexibilität bei Neueinstellungen, der geringen Disponibilität hinsichtlich des Mitteleinsatzes oder der Festlegung auf bestimmte Abrechnungsverfahren. Das haushaltsrechtliche Stellenplanprinzip beschneidet im Bereich der **Personalplanung** oftmals die Möglichkeiten, auf Bedarfsänderungen zu reagieren, da Zahl und Wertigkeit der Stellen festgelegt sind. Oft genug muß die Erledigung der Forschungsaufgaben zeitlich an das zur Verfügung stehende Personal angepaßt werden und nicht umgekehrt (vgl. Meusel 1992).

Nun ist Personalplanung auch und gerade in der Wissenschaft stets mit Unwägbarkeiten befrachtet, zumal sie sich auf zwangsläufig unsichere Prognosen der zukünftigen Entwicklung des jeweiligen Forschungsfeldes verlassen muß. Die Diskussionen um Möglichkeiten und Grenzen der 'Prospektion' an Wissenschaftseinrichtungen haben erneut die Schwierigkeiten der Vorhersage und ihrer organisatorischen Operationalisierung publik gemacht (vgl. u.a. Weingart 1995). Die Organisationsstrukturen von Forschung unterscheiden sich diesbezüglich von denen der Bürokratie, "weil sie auf die Produktion neuen Wissens gegründet sind und sich damit in hohem Maße durch eine Aufgaben-, Methoden- und Ergebnisunsicherheit auszeichnen, die die üblichen Formalisierungs-, Standardisierungs- und Evaluationsmittel dysfunktional werden lassen" (Trute 1994, S. 337).

---

[86] Eine Ausnahme hiervon bildet die Einrichtung des gesonderten Studiengangs "Wissenschaftlich-technische Organisation" und der diesbezügliche Literaturbestand der DDR. Die Übertragung von Ergebnissen ist allerdings vor dem Hintergrund einer anderen Einstufung von Wissenschaft in die Gesellschaftsformation schwierig (vgl. u.a. Boesler/Dörschel/Laschinski 1972; Autorenkollektiv 1974; Nikolajew 1974).

Trotzdem müssen **Personalstruktur** und **Personaleinsatz** institutionelle Berücksichtigung finden: "Als Grundlage für einen funktionierenden, innovativen Forschungsbetrieb verdienen vor allem zwei Gesichtspunkte besonderes Interesse: die Altersstruktur und die Verweildauer der Wissenschaftler. Beide Umstände sind wichtig für den stetigen Fluß neuer Ideen und Erkenntnisse im Forschungsbetrieb" (Meusel 1992, S. 403). Eine Überalterung lasse „befürchten, daß die Kreativität des wissenschaftlichen Personals abflacht und innovative Ideen spärlicher werden. Durch empirische Untersuchungen wurde festgestellt, daß herausragende kreative Leistungen am häufigsten im jüngeren Erwachsenenalter erzielt werden. In der Kreativitätsforschung ist jedoch umstritten, ob dies nicht viel eher 'das Ergebnis typischer beruflich-biographischer Konstellationen' sei. Es erscheint zumindest wahrscheinlich, daß 'eine offene, gleichberechtigte Zusammenarbeit zwischen jüngeren und älteren Wissenschaftlern unter günstigen Umständen viele Chancen der wechselseitigen Anregung, der Kumulation von Kompetenzen und der Kompensation von individuellen Expertiselücken enthält'. Auch unter diesem Gesichtspunkt ist eine ausgewogene Altersstruktur, in der sich ein gutes Mischungsverhältnis von Erfahrung, Forscherdrang und vor allem wissenschaftlicher Neugier widerspiegelt, wesentlich für ein innovatives Forschungsklima" (Meusel 1992, S. 409). Wird eine Verbindung zwischen Kreativität bzw. Leistungsfähigkeit der Einrichtung und dem Personalbestand hergestellt (vgl. Teilkap. 1.3), treten als mögliche Managementinstrumente neben dem Personaleinsatz die Personalauswahl einerseits und die 'Pflege' des vorhandenen Personals und des Nachwuchses in den Vordergrund.[87]

Die rechtlichen Vorgaben zur **Personalauswahl** lassen den Institutionen in bezug auf die Gruppe des wissenschaftlichen Personal relativ freie Hand. Es dominieren die auch im Hochschulsektor üblichen Kriterien und Formen, wie die Beurteilung der wissenschaftlichen Leistungen in Form von Examensnoten, Veröffentlichungslisten, Kurzvorträgen, Vorstellungsgesprächen und Referenzen. Bei Forschenden, die eine hervorgehobene Stellung bzw. wissenschaftliche Leitungsaufgaben übernehmen sollen, gelten im Falle einer Doppelberufung an eine Hochschule und eine außeruniversitäre Einrichtung die universitären Kriterien und Verfahren. Im Falle von Einfachberufungen, d.h. ausschließlich an eine außeruniversitäre Einrichtung, existieren keine formalisierten Einstellungsvoraussetzungen. Üblich sind jedoch die allgemeinen Anforderungen an die Einstellung von Beamten für die Laufbahn des höheren Dienstes: Hochschulabschluß, Promotion und/oder Habilitation bzw. adäquate Leistungen sowie einschlägige Forschungserfahrung (vgl. Meusel 1992, S. 385). Die Aufgabe der Berufungskommission ist es auch hier, nicht den fachlich qualifiziertesten, sondern den geeignetsten Bewerber bzw. die geeignetste Bewerberin auszuwählen - nach der Ausrichtung des Faches, dem wissenschaftlichen Umfeld, internationalen Trends, den spezifischen Umständen innerhalb der Forschungseinrichtung, den anfallenden Führungsaufgaben etc. (vgl. Meusel 1992, S. 392). Insgesamt scheint zu diesem ohnehin eher spärlich in der Literatur zur Forschungsorganisation vertretenen Aspekt der Personalauswahl kaum eine Rezeption von Verfahren der betrieblichen Praxis der Privatwirtschaft stattzufinden, die dort einen sehr viel breiteren Diskussionsraum einnehmen (z.B. Assessment-Center, Test- oder Gruppenverfahren; vgl. u.a. Pullig 1980; Neges 1991).

---

[87] Die strukturellen Schwierigkeiten, die mit der sog. "Auftragsforschung" verbunden sind, finden in den bisherigen Untersuchungen relativ wenig Beachtung. Die zumeist extrem kurzfristigen Verträge mögen zwar zu einer höheren Fluktuation der Mitarbeiterschaft beitragen, doch bergen sie andererseits Probleme der inhaltlichen Qualitätssicherung, der Motivation sowie der sozialen Unsicherheit auf seiten der Beschäftigten in sich, die den Kreativitätsgedanken eher konterkarieren.

Was nun die **Weiterbildung** im Sinne eines Instrumentes der Personalentwicklung anbetrifft, so gewinnt - wiederum im Zusammenhang mit dem Erhalt der innovativen Leistungsfähigkeit der Forschungseinrichtung - "die stetige Fortbildung des Mitarbeiterstamms im Rahmen einer langfristig angelegten Personalentwicklungsplanung an Bedeutung" (Meusel 1992, S. 403). Über konkretere Instrumente und Verfahren des Managements von Weiterbildung bzw. über ihre Praxis gibt die vorliegende Literatur jedoch - von Falldarstellungen abgesehen[88] - keine systematische Auskunft.

3.3 Zwischenbilanz

Zwar werden im Rahmen der Veränderungen von Wissenschaft[89] mehrfach gewandelte Anforderungen an die Forschung und ihr Management konstatiert (vgl. Mayntz 1985; Gibbons et al. 1996), trotzdem stehen häufig die strukturellen Reformvorschläge im Vordergrund (vgl. z.B. Wissenschaftsrat 1993 zur Neuordnung der Blauen Liste). Mit dem organisatorischen Wandel einhergehende Qualifizierungs- und Enkulturationsprozesse verbleiben meist im Dunkeln (vgl. Nicholson 1989). Diese sind es aber u.a., die die Anschlußfähigkeit des Bestehenden an das Neue ermöglichen können: "In dem Augenblick, wo eine Einrichtung eine Geschichte hat, läßt sie sich nicht mehr (...) *gestalten*, sondern muß *um*gestaltet werden, eine sehr viel schwierigere und auf viel mehr Widerstände stoßende Aufgabe. So banal - weil selbstverständlich - dieser Hinweis erscheinen mag, in der überwiegend präskriptiven Management-Literatur wird er meist nicht berücksichtigt, d.h. es wird von einer fiktiven, allenfalls durch externe Vorgaben begrenzten Gestaltungsfreiheit ausgegangen" (Mayntz 1985, S. 24).
Läßt sich insgesamt relativ wenig über die Rolle des Managements berufsbezogener Weiterbildung in der Wissenschafts- und Forschungsorganisation sagen, so bleibt zu klären, ob der Weiterbildung aus der Sicht außeruniversitärer Forschungseinrichtungen tatsächlich geringe Binnenrelevanz zugeschrieben wird (vgl. Teilkap. 2.2).
Kann jedoch von einer durchaus vorhandenen institutionellen Weiterbildungspraxis ausgegangen werden, so ist für den vorliegenden Studienkontext zu prüfen, wie die institutionelle Entsprechung auf berufliche Anforderungen und die Bildungspraxis aussieht. Dazu gehören u.a. die Wahrnehmung wissenschaftsspezifischer Bedingungen der Handhabung von Weiterbildung sowie die praktizierten Modelle des Weiterbildungsmanagements einschließlich ihrer Probleme.
Dabei wird auch darauf zu achten sein, wie Weiterbildung in das Wissenschafts- und Personalmanagement eingebunden wird - und welche Variablen hinsichtlich des Personalmanagements an Forschungseinrichtungen differenzierende Wirkung haben (z.B. Größe, Art oder Geschichte von Einrichtungen).
Schließlich ist mit Blick auf die Organisation der Weiterbildung nach der Wahrnehmung der geschilderten Rahmenbedingungen und Restriktionen durch das Wissenschaftsmanagement zu fragen. Dreh- und Angelpunkt der empirischen Befragung des Wissenschaftsmanagements ist damit das Wissen, auf das die Befragten zurückgreifen, um die jeweilige Form des Umgangs mit Weiterbildung zu schildern und zu begründen - z.B. wird explizit auf wissenschaftstheoretische Literatur oder betriebswirtschaftliche Konzepte Bezug genommen bzw. dominiert der Rückgriff auf eigene (Berufs-) Erfahrungen?

---

[88] (vgl. Kempkes/Mayer 1996: ein Modell der Führungskräfteentwicklung angesichts organisationalen Wandels am Beispiel der DLR)
[89] (etwa "Bürokratisierung", "Verbetriebswirtschaftlichung", "Hybridisierung", "Forschung als Produktionsprozeß")

Kapitel IV
Daten und Verfahren in Erhebung, Analyse und Darstellung -
Die methodische Herangehensweise

Die methodische Herangehensweise der vorliegenden Untersuchung wurde in Abhängigkeit vom gegenwärtigen Forschungsstand sowie dem Gegenstand bzw. dem Ziel der Studie gewählt. Ist ein Untersuchungsgebiet genauer bekannt, bereits erforscht und dokumentarisch erschlossen, kann es direkter, unter Nutzung vorhandener Ergebnisse und etablierter methodischer ‚Hauptstraßen' angesteuert werden. Aufgrund einer Ausgangssituation, die jedoch durch eine höchst lückenhafte Datenlage sowie einen geringen theoretischen Erschließungsgrad des Gebietes berufsbezogener Weiterbildung in Forschungseinrichtungen gekennzeichnet ist, fiel die Entscheidung zugunsten eines explorativ angelegten Verfahrens. Eine hypothesenprüfende Fixierung des Erschließungsweges schien angesichts der Unüberschaubarkeit des Terrains weniger angemessen. Vielmehr fiel die Wahl auf ein Verfahren, das eine breitere Sondierung von Spezifik bzw. Struktur des thematischen Feldes zuläßt sowie eine Generierung von Kategorien und auch von weiteren Forschungsfragen ermöglicht.
Der gewählte Weg in Form von Interviews mit ExpertInnen wird im folgenden zunächst kurz hergeleitet (Teilkap. 1) und anschließend auf die vorliegende Fragestellung zugeschnitten (Teilkap. 2).

1 Herleitung des empirischen Vorgehens

Besteht das Ziel dieser Arbeit darin, berufsbezogene Weiterbildung im Kontext außeruniversitärer Forschungseinrichtungen zu analysieren, so hält der Bereich der Wissenschaftsforschung einen vielfältigen Bestand von Studien und Sekundärliteratur für einen ersten *inhaltlichen* Zugang zum Berufsfeld 'Forschung' vor (vgl. Kap. III).
Auch hinsichtlich der Forschungsmethoden existiert dabei ein relativ breites Spektrum. So bewegen sich die empirischen Arbeiten der Wissenschaftsforschung zwischen Labor- bzw. Feldstudien, Beobachtung, Befragung, Interview, Analyse (sekundär-) statistischen Materials, Ansätzen aus der Biographieforschung und Historiographie sowie qualitativen wie quantitativen Auswertungen.
Dabei variiert das intendierte Verhältnis zum Forschungsgegenstand: Beispielsweise nähern sich Latour und Woolgar der Erforschung wissenschaftlicher Labors als teilnehmende Beobachter mit ethnographischem Anspruch gegenüber den "tribes of scientists" (1979, S. 17). Bourdieu hingegen hält gerade eine "Entfremdung" gegenüber dem Vertrauten für notwendig[90], wenn er schreibt: "Der Soziologe, der seine eigene Welt in dem ihm Nächsten und Vertrautesten zum Gegenstand der Analyse erhebt, soll nicht, wie der Ethnologe, das Exotische heimisch machen, vielmehr das Heimische durch den Abbruch der Primärbeziehungen der Vertrautheit mit Lebens- und Denk-

---

[90] Ansätze des "Vertraut-Machens" wie auch der "Exotisierung" können zusätzlich mit einem erkenntnistheoretisch motivierten Veränderungsinteresse, mit der bewußten Aufgabe der Neutralität verbunden werden, wie etwa in der sog. "Aktionsforschung". Beispielsweise im Sinne einer eingreifenden Forschung mit dem Ziel, "die eingeschliffene Handlungsgrammatik 'zusammen mit den Betroffenen' <d.h. den Hochschulangehörigen, A.d.V.> verändern" zu wollen, "indem sie 'Distanz zum Handeln herstellen' und dabei lernen, 'das Vertraute als Fremdes wahrzunehmen'" (Becker 1983, S. 7).

weisen, die ihm, weil zu vertraut, fremd bleiben, sozusagen 'exotisieren'" (1992, S. 9). Interessant ist sein Verfahren bei der Studie des "homo academicus" (1992). Das universitäre Feld der französischen Professorenschaft der 60er Jahre wird mit korrespondenzanalytischen Mitteln als sozialer Raum entwickelt, wobei die Positionierung der Personen in diesem Raum durch die jeweils spezifische Kombination der Ausprägungen von Variablen erfolgt. Zu den zentralen und den illustrativen Variablen gehören u.a. der familiale Hintergrund und andere Personendaten, Disziplinzugehörigkeit, Ausbildungsweg, innegehabte Positionen und Titel, Veröffentlichungsorte, Medienpräsenz, Kommissionsmitgliedschaften oder politische Einstellungen. Es ist ein komplexer Versuch zu vermeiden, daß "beliebige, mehr oder minder rationalisierte (...) Vorstellungen, nicht zuletzt die von den verschiedenen Wissenschaftswelten vermittelten halbwissenschaftlichen Selbstbilder, als Wahrheit des universitären Felds" ausgegeben werden (Bourdieu 1992, S. 46).

Unbestritten bleibt bei allen Ansätzen der wissenschaftlichen Untersuchung von Wissenschaft eine zweifache Zugehörigkeit zum "Stammeskontext": Die Forschenden sind stets sowohl Teil der Gesamtgesellschaft als auch Teil ihrer einschlägig sozialisierten Berufsrolle (vgl. Klüver 1988, S. 80). Die Nähe zur "Stammesgesellschaft" wird allerdings in unterschiedlicher Form gesucht. So mißtraut etwa die ethnomethodologische Forschung den Standardquellen der Wissenschaftsforschung, wie Auswertung von Befragungen, Veröffentlichungen (vgl. z.B. science citation index), Selbstdarstellungsmaterialien etc., weil diese zwar Distanz zulassen, aber damit auch in Kauf nehmen, stilisierte Außendarstellungen zur Grundlage der Erfassung von Forschung zu nehmen. Handelt es sich bei der 'Forschung' nun insgesamt um einen Gegenstand, dem eher sozialwissenschaftliche bzw. historische Methoden angemessen scheinen[91], so treten auch deren spezifische Kontroversen wie Probleme der Faßbarkeit, Reaktanz, Historizität, Selektion, Interpretation, Geltungsbegründung etc. auf.

Zwar stellt sich die Wissenschaftsforschung insgesamt als methodisch relativ vielgestaltig dar, doch mangelt es an konkreten Vorstudien bzw. an bereits methodisch geebneteren Wegen zum vorliegenden Thema - insbesondere im Bereich der außeruniversitären Institutionen. Für eine genauere Betrachtung des Weiterbildungsgeschehens an bundesrepublikanischen Einrichtungen der außeruniversitären Forschung sind demnach primäre Erhebungen vonnöten.

Eine deskriptive Erfassung des Feldes kann dazu als erster Schritt dienen. "Wieviel Mühe hat man sich in der Biologie z.B. in deren prätheoretischer Phase zunächst einmal mit der genauen Beschreibung der untersuchten Sachverhalte gegeben" (Dörner 1983, S. 24). Doch bereits eine Phase des "Käfer- und Schmetterlingssammelns" (ebd. S.24) impliziert die Nutzung von Kategorien und Ordnungssystemen. So stellt sich beim Entree in ein Feld mit einem bestimmten Anliegen die Frage nach Herkunft und spezifischer Ausprägung des Selektions- und Systematisierungsmusters, das den Erkenntnisprozeß leiten soll. Idealtypisch betrachtet können die Kategorien entweder vorab aus vorhandenen Theorien und/oder vorliegendem Erfahrungswissen abgeleitet und die empirischen Befunde subsumptionslogisch zugeordnet werden. In diesem Fall sind die methodischen ‚Abkürzungsverfahren' des Weges bereits wissenschaftlich etabliert. Andernfalls soll die systematische Struktur aus der 'Natur' des empirischen Materials im Verlauf des Forschungsprozesses erst gewonnen werden.

---

[91] Eine Ausnahme hiervon bilden die explizit naturwissenschaftlich orientierten Kognitionswissenschaften, etwa in der Fassung der chilenischen Biologen Maturana und Varela, wobei allerdings vor dem Hintergrund eines autopoietischen Systemverständnisses die Trennung von Sozial- und Naturwissenschaften im althergebrachten Sinn gerade überwunden werden soll.

In den Worten Gadamers etwa besteht dann das Ziel darin, ausgehend von der Seinsgebundenheit der Sprache sich der "innigen Einheit von Wort und Sache" (Gadamer 1972, S. 381) verstehend zu nähern und dazu vorliegende Texte und Materialien "auslegend zum Sprechen bringen" (ebd. S. 375). Dabei verweist die erkenntnistheoretische Diskussion - insbesondere unter dem Leitbegriff der 'Hermeneutik' - auch hier auf die komplexe Verschränkung von Wahrnehmung, Vorwissen, Kontextbedingungen, Erhebungs- und Auswertungsverfahren sowie Erkenntnisgegenstand.

Im vorliegenden Fall kann zwar kaum auf kategoriale Vorleistungen oder systematisierende Ordnungsmuster des Gegenstandsbereiches zurückgegriffen werden. Doch konstituiert bereits die Art der Fragestellung einen spezifisch strukturierenden Blickwinkel. Was in den vorstehenden Kapiteln anhand bekannter Bereiche beschrieben wurde, soll nun als formaler Reflexionsrahmen für das empirische Material dienen, jedoch ohne die inhaltlichen Ausfüllungsoptionen des jeweiligen Kriteriums vorab festzulegen. So soll beispielsweise die Frage nach Arten des institutionellen Weiterbildungsmanagements nicht auf die in den Betrieben vorfindlichen Modelle reduziert werden. Auch andere Verfahrensweisen des Managements sind für außeruniversitäre Forschungseinrichtungen potentiell denkbar und können dann anhand der Erfahrungen etwa mit betriebswirtschaftlichen Modellen überdacht werden.

Ein solches methodisches Vorgehen kann in die Nähe von Blumers "sensitizing concepts" (1969) gerückt werden. Witzel beschreibt die Herangehensweise Blumers in den Worten: "Die vielfach kritisierte Distanz zur sozialen Realität, die in der empirischen Forschungstradition durch vorweggenommene Theorien, Hypothesen und Operationalisierungen entsteht, soll bei ihm < bei Blumer, A.d.V. > durch exploratives Vorgehen aufgehoben werden. Darunter versteht er kurzgefaßt Sammlung aller möglichen Daten über noch unbekannte gesellschaftliche Zusammenhänge, deren Kenntnis dann erst langsam eine Einengung des Untersuchungsfeldes, Präzisierung der Fragestellung etc. zulassen. Das heißt jedoch nicht, daß der Forscher begriffslos eine Untersuchung beginnen soll. Er bedient sich vielmehr der 'sensitizing concepts'" (1982, S. 16). Diese theoretischen Rahmungen bzw. Folien sollen einerseits für das Vorhandensein bzw. die Ausprägungsvarianten von Gegenstandsmerkmalen sensibilisieren, andererseits sollen sie eine Erweiterung oder Veränderung der Kriterien im Forschungsprozeß zulassen. Damit gewinnt die empirische Erhebung selbst kriteriengenerierenden Charakter, dem auch im späteren Auswertungsverfahren des Materials Rechnung zu tragen ist (vgl. auch Meuser/Nagel 1991, S. 465).

Neben der Berücksichtigung des Forschungsstandes ist die Wahl der Methode durch den Gegenstand bzw. das gewählte Verständnis desselben geprägt. Werden Bildung bzw. Weiterbildung als sozial konstituierte Praxis verstanden, so sind u.a. Wahrnehmung, Deutung und Handlungsspielräume der AkteurInnen in dieser Praxis von zentraler Bedeutung. Deshalb wird ein empirischer Zugang zum Untersuchungsfeld über Gespräche mit Personen gesucht, die selbst Teil des Feldes sind. Daneben findet die Bildungspraxis auch einen materialen Niederschlag. Entsprechend werden - soweit möglich - beispielsweise Stellenbeschreibungen, Haushaltspläne oder Weiterbildungskonzeptionen ergänzend in die Analyse einbezogen.

Die vorliegende Arbeit hat demgemäß weder Theorien selbst zum Untersuchungsgegenstand noch wird eine spezielle Theorie auf empirischer Basis geprüft. Statt dessen stehen erste Erfassung und einen Überblick ermöglichende Beschreibung des Feldes im Vordergrund. Oder in den Worten Patzelts: Die "'Gesamtgestalt' einer Vielzahl von Sachverhalten (Tatsachen, Entwicklungen, Theorien...)" wird behandelt, was dann erlauben soll, „die Einzelheiten in ein Gesamtbild einzuordnen" (1993, S. 113).

2   Experteninterviews als methodischer Zugang zur Fragestellung

Unter methodischem Gesichtspunkt können die geführten Gespräche mit ausgewählten AkteurInnen des Felds als 'Experteninterviews' beschrieben werden. Laut Mai
(1993, S. 16) spielen Expertengespräche gerade in Bereichen eine große Rolle, die
durch eine hohe Entwicklungsdynamik gekennzeichnet sind, da Entwicklungsstrategien
und -trends die konkrete Grundlage für die betriebliche bzw. institutionelle Umsetzung
bilden. Ein Blick in die Literatur zu Methoden empirischer Sozialforschung läßt das
Experteninterview trotz seiner großen Verbreitung in der Forschungspraxis als methodologisch relativ selten gesondert behandelt erscheinen. "Vielfach erprobt, wenig bedacht", resümieren Meuser und Nagel (1991, im Titel). Um die konkrete Handhabung
im vorliegenden Fall genauer zu erläutern, soll auf folgende Punkte eingegangen werden:

- Zum Expertenstatus: Was heißt "Expertin/Experte"? Inwiefern sind die InterviewpartnerInnen "ExpertInnen"?
- Zur Auswahl der ExpertInnen: Wie setzt sich die Gruppe der InterviewpartnerInnen zusammen?
- Zu den Wissensarten: Welche Bereiche der Expertise sind in den Interviews potentiell zu erwarten?
- Zur Erhebung: Wie wurden die ausgewählten ExpertInnen befragt?
- Zur Auswertung: Was umfaßt der Prozeß der Auswertung und der Darstellung des
  empirischen Materials?
- Zu Geltung und Gütekriterien: Wie ist der Aussagewert der Ergebnisse einzuschätzen?

2.1   Der Expertenstatus

Im Anschluß an die Unterscheidung von Walter (1994, S. 270f.) werden 'ExpertInnen'
im vorliegenden Fall nicht als externe Bildungssachverständige aufgefaßt. Sie werden
vielmehr als "methodologische Figur" (ebd.) verstanden. Handelt es sich bei 'Ex-
pertentum' stets um ein relationales Phänomen (vgl. Hitzler 1994, z.B. Experte versus
Laie) sind die Befragten hier 'ExpertInnen' auf der Basis einer Kompetenzzuschreibung
in bezug auf die Frage nach ihrer Wahrnehmung eines speziellen Wirklichkeitsaus-
schnittes. Diese 'Kompetenz' als Fundament der erwartbaren Relevanz des im Interview Thematisierten speist sich aus verschiedenen Quellen:

- die Präsenz der Befragten im Feld der außeruniversitären Forschung,
- ihre Betroffenheit bzw. Zuständigkeit für Fragen des Managements,
- ihr privilegierter Zugang zu Informationen via Position oder Funktion sowie
- ihre Gestaltungsmöglichkeiten und Verfügungsrechte im Hinblick auf die Praxis
  von Weiterbildung an den Forschungseinrichtungen.

'Kompetenz' als zentrales Charakteristikum der ExpertInnen umfaßt hier somit beide
Bedeutungsvarianten: Sowohl ein potentielles "In-der-Lage-Sein", d.h. Fähigkeiten im
Umgang mit einem Gegenstand, als auch ein machtgebundenes "Zu-etwas-autorisiert-
Sein".

2.2 Auswahl der ExpertInnen

Diesem Expertenstatus gemäß wurden als InterviewpartnerInnen Personen ins Auge gefaßt, die Zugang zu Forschungseinrichtungen und deren Weiterbildungsgeschehen haben. Befragt wurden RepräsentantInnen des außeruniversitären Forschungsbereichs, konkret der Wissenschaftsgemeinschaft Blaue Liste (WBL). Diese Spezifizierung hatte verschiedene Gründe.

Außeruniversitäre Forschungseinrichtungen rücken mit der Fokussierung der Fragestellung ausschließlich auf die 'Arbeit in der Forschung' in den Vordergrund, da sich an den Universitäten zudem Aufgaben in den Bereichen der Lehre und der Selbstverwaltung stellen (vgl. Huber/Portele 1983) sowie Industrie- und Ressortforschung explizit von einer speziellen Produktions- bzw. Auftragslogik überlagert sind.

Die WBL erscheint als jüngste außeruniversitäre Forschungseinheit der Bundesrepublik der Erkundung wert, da hier zum einen ein breites Spektrum an Fächergruppen und Forschungsthemen unter dem umfassenden Signum "anwendungsorientierter Grundlagenforschung" vertreten ist. Zum anderen ist aufgrund des grundlegenden organisatorischen Wandels der WBL - nicht zuletzt infolge der Vergrößerung im Zuge der Vereinigung Deutschlands - eine erhöhte Sensibilität für Steuerungs- bzw. Managementfragen zu erwarten. Sowohl auf Verbandsebene als auch auf der Ebene einzelner Institute mußten bzw. müssen bei der Reorganisation auch diverse Aufgaben im Bereich des Personalwesens bewältigt werden.[92]

Die WBL ist 1995 aus einer Arbeitsgemeinschaft der Blauen Liste Institute hervorgegangen. Ihre Geschichte reicht bis in das Jahr 1975 zurück. 1977 wurden verschiedene Bund-Länder-finanzierte Einrichtungen auf einer - für die Namensgebung ausschlaggebend - auf blauem Papier gedruckten Ausführungsvereinbarung zusammengefaßt.[93] 1996, zu Beginn der vorliegenden Untersuchung, bestand die WBL aus fünf die 75 Mitgliedsinstitute gliedernden Sektionen:

  A. Geisteswissenschaften und Bildungsforschung;
  B. Wirtschafts-, Sozial- und Raumwissenschaften;
  C. Lebenswissenschaften;
  D. Mathematik, Natur- und Ingenieurwissenschaften;
  E. Umweltwissenschaften.

Zur Verbandsorganisation gehört ein Präsidium, zusammengesetzt aus Präsident/Präsidentin, fünf SektionssprecherInnen, zwei administrativen Mitgliedern sowie verschiedenen TeilnehmerInnen mit Gästestatus. Hinzu kommen zwei ständige Ausschüsse und die Geschäftsstelle, die mit ihrer Leitung und verschiedenen FachreferentInnen für die laufenden Geschäfte des Verbandes zuständig ist.[94] Ziel des Vereins ist es - insbesondere im Anschluß an die Verdopplung von Blaue Liste Instituten im Zuge der Umstrukturierung der Forschungslandschaft der ehemaligen DDR[95] -, ein Forum der Interessenvertretung zu stellen sowie eine Organisationsform zu schaffen, die eine gemeinsame Profilierung der sehr heterogenen, eher formale Gemeinsamkeiten teilenden Mitgliedsinstitute ermöglicht.

---

[92] Der Veränderungsprozeß mündete 1997 auch in die Umbenennung in "Wissenschaftsgemeinschaft Gottfried Wilhelm Leibniz" (WGL) einschließlich einer erneuten Differenzierung der organisatorischen Gliederung des Verbandes.
[93] (vgl. Vierkorn-Rudolph 1997)
[94] (vgl. Homepage der WBL/WGL: http://www.wgl.de)
[95] (Zum Wandel der Wissenschaft in den neuen Bundesländern: vgl. Bertram 1995; Mayntz 1995)

„Ein typisches WBL-Institut ist ein wissenschaftlich unabhängiges, rechtlich und wirtschaftlich selbständiges mittelgroßes Forschungsunternehmen (40 bis 400 Mitarbeiter), das gemeinsam von Bund und Sitzland finanziert wird" (o.V. 1996, S. 74). Die Finanzierung als Blaue Liste Institut ist wiederum davon abhängig, daß es sich um „selbständige Forschungseinrichtungen von überregionaler Bedeutung und gesamtstaatlichem wissenschaftspolitischem Interesse" handelt, „sofern der Zuwendungsbedarf zu den laufenden Kosten 2.5 Mio. DM übersteigt" (bei Träger-, Förder- oder Serviceeinrichtungen 1,7 Mio. DM) (vgl. Wissenschaftsrat 1993, S. 10).

Weitere Gemeinsamkeiten sind: "Die WBL-Institute sind in thematisch definierten, zukunftsweisenden Forschungsfeldern tätig, die eine langfristige Bearbeitung erfordern, in der Regel interdisziplinär ausgerichtet sind und ihrem Umfang nach über die typische Universitätsforschung hinausgehen" (Vierkorn-Rudolph 1997, S. 266). Das Spektrum der Blaue-Liste-Einrichtungen variiert im einzelnen jedoch stark hinsichtlich der Größe[96], des Alters[97], des Umfangs der Haushaltsmittel, der zuständigen Länder- bzw. Bundesressorts, der Rechtsformen, der internen Strukturierung sowie der Forschungsthemen und -typen.

Mit der Orientierung der Untersuchungsfrage an Managementaspekten, die berufsbezogene Weiterbildung in den Kontext von Organisationsentwicklung und Personalarbeit stellen, wurde der Personenkreis potentieller InterviewpartnerInnen auf diejenigen eingeschränkt, die mit Wissenschafts- bzw. Forschungsmanagement in den Einrichtungen befaßt sind bzw. an bildungsrelevanten Schnitt- oder Schaltstellen des Systems arbeiten. Dazu gehören etwa die LeiterInnen der Institute oder auch die InhaberInnen von Funktionsstellen im Bereich Wissenschaftskoordination, Öffentlichkeitsarbeit oder Personalwesen.

Die so eingegrenzte Gruppe mag zwar z.T. nur vermittelt mit dem Arbeits- und Bildungsalltag der einzelnen bei ihnen beschäftigten WissenschaftlerInnen in Kontakt kommen, doch prägt ihre Art der Kompetenzwahrnehmung und -ausübung im Einzelfall wie auch bei institutsstrukturellen Entscheidungen die jeweilige Bildungsrealität mit; sei es beispielsweise bei der Bewilligung oder Verweigerung der Finanzierung einer beantragten Bildungsmaßnahme, der Steuerung des Umgangs mit bildungsrelevanten Angeboten und Informationen im Hause, bei Einstellungsgesprächen oder im 'Vorleben' eines bestimmten Berufs- und Bildungsverständnisses.

Schließlich war des weiteren - in Abhängigkeit von den personellen Ressourcen, die im Rahmen der Untersuchung zur Verfügung standen - eine zusätzliche Eingrenzung des Kreises der InterviewpartnerInnen notwendig. Die Auswahl der insgesamt 18 InterviewpartnerInnen dieser Studie orientierte sich dabei weniger an den Gesichtspunkten statistischer Repräsentativität angesichts einer bekannten Grundgesamtheit und vermutbaren Merkmalsverteilung.

Im vorliegenden Fall explorativen Vorgehens stand vielmehr die Logik des "theoretischen Sampling" im Vordergrund (vgl. Wiedemann 1995, S. 441). Da über den zu untersuchenden Gegenstand(-sbereich) noch allzu wenig bekannt war, wurde die Stichprobengröße nicht vorab definiert. Die Datenerhebung erfolgte in drei Runden, wobei die jeweils folgenden Interviews anhand der aus den Vorrunden gewonnenen Relevanzkriterien bestimmt wurden. Den Abschluß signalisierte ein zumindest vorläufiger Grad der "theoretischen Sättigung" (vgl. Wiedemann 1995, S. 441).

---

[96] (von vier WissenschaftlerInnen bis zu ca. 450)

[97] Die drei ältesten Einrichtungen sind das Forschungsinstitut Senckenberg in Frankfurt/M. (1817), das Germanische Nationalmuseum in Nürnberg (1852) und das Institut für Länderkunde in Leipzig (1896).

Konkret wurde zunächst der WBL-eigene Mechanismus der Interessenvertretung genutzt. Da die Mitgliedsinstitute in fünf Fachgruppen (d.h. "Sektionen") gegliedert sind, wurde

- die Gruppe der SektionssprecherInnen[98] als Ausgangspunkt gewählt.

In der zweiten Phase wurden nachstehende Personen in den Kreis der InterviewpartnerInnen aufgenommen. Diese und die SektionssprecherInnen werden in den nachstehenden Kapiteln unter dem Begriff der 'Wissenschafts-' bzw. 'ForschungsmanagerInnen' zusammengefaßt:

- Der Präsident und die Geschäftsstellenleitung der WBL, da sie zusätzlich mit umfassenderen Aspekten der Verbandspolitik im Zusammenhang mit allgemeinen Tendenzen der Wissenschaftsentwicklung konfrontiert sind;
- der administrative Vizepräsident der WBL sowie ein administratives Mitglied des Präsidiums, um die Betrachtungsperspektive der Verwaltungsleitungen von Forschungseinrichtungen aufzunehmen;
- zwei weitere Institutsleiter von WBL-Einrichtungen, die aufgrund ihrer fachlichen Zugehörigkeit zu den Bildungswissenschaften eine spezielle Sensibilität erwarten lassen oder ein explizit institutionalisiertes Modell des Weiterbildungsmanagements in ihrem Haus verfolgen;
- vier Personen an Schaltstellen des Forschungsmanagements, die für bestimmte Funktionen (z.B. Öffentlichkeitsarbeit) in ihren Instituten zuständig sind. Auf diese Personen wurde von bereits oben genannten InterviewpartnerInnen unter Hinweis auf deren spezifische Kompetenz zu Fragen der hausinternen Weiterbildung verwiesen.

Flankierend wurden zudem

- vier privatwirtschaftlich organisierte Unternehmens- bzw. PersonalberaterInnen und WeiterbildnerInnen

befragt, die im Rahmen der Recherchen als KontaktpartnerInnen der untersuchten Einrichtungen genannt wurden. Sie sind sowohl für außeruniversitäre Forschungseinrichtungen als auch für öffentliche oder privatwirtschaftliche Betriebe tätig und können somit aus eigener Anschauung eine vergleichende Perspektive einbringen. Ihre Perspektive wird in Kap. V bei der Aufbereitung der empirischen Ergebnisse kontrastierend eingesetzt.

2.3   Wissensarten der ExpertInnen

Werden die zu Befragenden als ExpertInnen aufgrund der Besetzung einer bestimmten Position bzw. der Ausfüllung einer bestimmten Funktion innerhalb außeruniversitärer Forschungseinrichtungen ausgesucht, so steht im Interview ihre institutionelle Rolle bzw. ihre persönliche Ausgestaltung dieser Rolle (vgl. Walter 1994, S. 273) im Vordergrund. Bei Meuser und Nagel heißt es dazu - in Abgrenzung zur biographischen Forschung: "Im Unterschied zu anderen Formen des offenen Interviews bildet bei ExpertInneninterviews *nicht* die Gesamtperson den Gegenstand der Analyse (...). Der Kontext, um den es hier geht, ist ein organisatorischer oder institutioneller Zusammenhang,

---

[98] Ein Sektionssprecher war nicht zu einem Interview bereit und verwies an die in seinem Haus für Fragen der Wissenschaftskoordination zuständige Stelle. Ein weiterer gab eine kurze schriftliche Stellungnahme ab.

der mit dem Lebenszusammenhang der darin agierenden Personen gerade nicht identisch ist und in dem sie nur einen 'Faktor' darstellen" (1991, S. 442). Die ExpertInnen repräsentieren in der Untersuchung somit einen ausgewählten 'Wissensbereich', wobei davon ausgegangen wird, daß das jeweilige Wissen bzw. seine Aktivierung in der Interpretation von Situationen Konsequenzen für die Praxis des jeweiligen Wissenschaftsmanagements hat.

Der Bestand dieses 'Wissens' stellt sich jedoch keineswegs als homogen dar. Neben dem ad-hoc-abrufbaren, ggf. in anderen Zusammenhängen bereits verbalisierten, d.h. 'expliziten' (Fach-) Wissen sollen auch andere potentiell erwartbare Arten des Wissens Berücksichtigung finden. Die nachstehende Tabelle stellt diese einander gegenüber (vgl. Abb. 8). Dabei wird - orientiert an der Unterscheidung von Anthony Giddens - zwischen 'diskursivem' Bewußtsein (hier: 'explizites Wissen') und 'praktischem' Bewußtsein (hier: 'Hintergrundwissen bzw. Erfahrungswissen') differenziert. "Die große Masse des 'Wissensvorrates' (...) ist dem Bewußtsein der Akteure nicht direkt zugänglich. Das meiste derartige Wissen ist seinem Wesen nach praktisch: es gründet in dem Vermögen der Akteure, sich innerhalb der Routinen des gesellschaftlichen Lebens zurechtzufinden. Die Trennungslinie zwischen dem diskursiven und dem praktischen Bewußtsein ist sowohl in der Erfahrung des handelnden Individuums als auch hinsichtlich von Vergleichen zwischen Akteuren in verschiedenen Kontexten sozialer Aktivität gleitend und durchlässig" (Giddens 1992, S. 55). Von 'Hintergrundwissen' soll hier deshalb gesprochen werden, da Begriffe wie 'tacit knowledge' oder 'implizites Wissen' eine zu starke Abgrenzung mit sich bringen und z.T. - je nach Ansatz - bis in die Bereiche des 'Unbewußten' reichen können. Dorthin soll bzw. kann das gewählte Verfahren jedoch nicht vorstoßen.

Zusätzlich wird im Anschluß an Meuser/Nagel (1991, S. 446) zwischen 'Kontextwissen' und 'Betriebswissen' der ExpertInnen unterschieden, wobei auch hier die Begriffe eher für Pole eines Kontinuums stehen (vgl. Walter 1994, S. 272f.). Das 'Betriebswissen' der ExpertInnen bezieht sich auf ihr eigenes Handlungsfeld, auf ein Führungswissen bezüglich des Wissenschafts- und Forschungsmanagements und auf die entsprechende Einordnung von Weiterbildung darin. Das 'Kontextwissen' betrifft hingegen "eine zur Zielgruppe komplementäre Handlungseinheit" (Meuser/Nagel 1991, S. 445). Darunter werden bei den InterviewpartnerInnen wissensmäßig vorliegende Erfahrungen oder Vorstellungen zu beruflicher Situation, Bildungsbedürfnissen, -bedarfen und -bedingungen der Mitarbeiterschaft des jeweiligen Institutes gefaßt.

	Betriebswissen	Kontextwissen
Explizites Wissen		
- allgemein relevant	Wissen über rechtliche, ökonomische und Management-Grundlagen in Forschungseinrichtungen;	Wissen über Strukturdaten, berufliche Anforderungen und Arbeitsbedingungen in der Forschung;
	Kenntnisse über Personalführung und -wesen im allgemeinen;	
- fallspezifisch	Wissen über Kriterien bei Entscheidungen über die Bildungspraxis, z.B. bei Anträgen zu Bildungsmaßnahmen;	Wissen über Bildungsbereitschaft, Bildungsinteressen oder Probleme der Mitarbeiterschaft des Hauses;
	Wissen über die (geplante) Gestaltung und Begründung des institutsspezifischen Weiterbildungsmanagements;	
Verbalisierbares Hintergrundwissen bzw. Erfahrungswissen		
- systematisch, aber ungezielt erworben	im Vollzug der alltäglichen Management-Aufgaben erworbene Vorstellungen über die Inhalte von Wissenschafts- und Forschungsmanagement, Personalwesen sowie Bildung;	Vorstellungen über Lernanforderungen und -bedingungen im Berufsfeld "Forschung";
	Verfahrenskenntnisse, z.B. wie Einstellungsgespräche zu führen sind oder wie MitarbeiterInnen motiviert werden können;	Vorstellungen, wie die Beschäftigten an ihre Aufgaben herangehen bzw. mit Bildungsanforderungen umgehen, wie sie auf Interventionen reagieren;
	Handlungs- und Interventionskonzepte (auch dazu, wie in anderen Einrichtungen vorgegangen wird);	
- primär biographisch erworben	Konzeption des eigenen Berufsbildes - mit ihren Konsequenzen für das Verhältnis von Bildung und Forschung;	Transfer eigener Sozialisationserfahrungen auf die Situation der Beschäftigten;
- allgemeine Metaregeln	Menschenbild(-er) (inkl. bildungstheoretische Annahmen, z.B. zur Anlage-Umwelt-Debatte);	Kenntnisse über die Vorstellungen der MitarbeiterInnen über diesbezügliche Metaregeln;
	berufsethische Grundnormen von WissenschaftlerInnen;	
	'Spielregeln' des Wissenschaftsbetriebs;	

Abb. 8: Potentiell in den Experteninterviews mit den WissenschaftsmanagerInnen anzutreffende Wissensarten – im Hinblick auf die berufsbezogene Weiterbildung im Kontext der Forschung[99]

---

[99] Feindifferenzierung auch in Anlehnung an Reicherts (1994)

2.4   Erhebung

Auch wenn der Aspekt beruflich-institutionellen Expertenwissens zu einer bestimmten Fragestellung im Vordergrund steht, wird die Interviewsituation selbst doch prinzipiell offen gehalten. Ein Interviewleitfaden dient dabei zur Absicherung der Themenzentrierung. "Auf jegliche thematische Vorstrukturierung zu verzichten, wie dies für narrative Interviews kennzeichnend ist, brächte nicht nur die Gefahr mit sich, sich dem Experten als inkompetenter und nicht ernstzunehmender Gesprächspartner darzustellen. Ein solcher Verzicht führte zudem methodisch in die falsche Richtung, ist uns doch nicht an der Biographie des jeweiligen Elitemitglieds gelegen, sondern an seinen auf den Funktionskontext abgestimmten Strategien des Handelns und Kriterien des Entscheidens" (Meuser/Nagel 1994, S. 184).
Der Leitfaden wird jedoch nicht als vollständig standardisierendes oder strukturierendes Instrument eingesetzt, sondern dient mit Impulsfragen der Gesprächsanregung sowie mit thematisch geordneten, zur Diskussion gestellten Aspekten der Berücksichtigung verschiedener Ebenen und Perspektiven in bezug auf die Fragestellung. Durch den Leitfaden wird - sofern der jeweilige Interviewverlauf dies zuläßt - eine punktuelle, qualitative Vergleichbarkeit einzelner Stellungnahmen verschiedener GesprächspartnerInnen angestrebt.
Die Einhaltung einer Reihenfolge der Fragen wird nicht verbindlich gehandhabt. Auch das Kriterium der vollständigen Beantwortung aller vorbereiteten Fragen wird dem individuellen Gesprächsfluß untergeordnet, da u.U. ganz andere Relevanzstrukturen anzutreffen sind als die, die durch den Leitfaden vorgegeben werden.
Daß also auf einen höheren Grad an Standardisierung verzichtet wird, ist z.T. wiederum dem bisherigen Forschungsstand geschuldet: "Die Wahl des Forschers zwischen einem vollständig standardisierten, halb-standardisierten oder nicht-standardisierten Interview wird jeweils stark von dem Entwicklungsstadium des Untersuchungsgebietes abhängen, auf dem er arbeitet. Es ist nutzlos, standardisierte Interviews anzustreben, bevor die Ausmaße eines Gebietes gut umrissen worden sind, und viele Jahre Forschungsarbeit sind oft erforderlich, ehe die Genauigkeit des standardisierten Interviews möglich oder gerechtfertigt ist" (Maccoby/Maccoby 1976, S. 45).
So umfaßt der Leitfaden, der auf der Basis der gewählten Foki der Fragestellung entwickelt und im Anschluß an zwei Vorinterviews hinsichtlich der Stimmigkeit und Handhabbarkeit modifiziert wurde, folgende inhaltliche Schwerpunkte und Leitfragen. Die Fragen wurden dabei jeweils dem Gesprächsfluß angepaßt (vgl. Abb. 9).

Inhaltliche Schwerpunkte	Exemplarische Fragestellung
Zu den beruflichen Anforderungen (vgl. 1. Fokus der Studie)	- Welche Fähigkeiten oder Kompetenzen zeichnen 'einen guten Forscher/eine gute Forscherin' * aus der Sicht des Wissenschaftsmanagements aus? - Gibt es hierbei sog. 'Schlüsselqualifikationen'? Was verstehen Sie darunter? - Woher stammen die als notwendig erachteten Kompetenzen? - Wie werden sie erworben? Gehört Weiterbildung zu den Aufgaben einer Forschungseinrichtung?
Zur Weiterbildungspraxis (vgl. 2. Fokus der Studie)	- Wie sieht die Weiterbildungspraxis in Ihrem Institut aus? - Welche Inhalte und Formen umfaßt die Weiterbildung? - Welche Zielgruppen angesprochen? - Wie bewerten Sie die hauseigene Praxis der Weiterbildung? - Welche Entwicklungstrends der Wissenschaft nehmen Sie als folgenreich für die eigene Arbeit wahr? - Haben diese u.U. auch Konsequenzen für Weiterbildung?
Zum Weiterbildungs-Management (vgl. 3. Fokus der Studie)	- Wie ordnet sich die Weiterbildung in Strategien der Personalentwicklung des Hauses ein? - Wer ist dafür zuständig? - Wie wird Weiterbildung finanziert? - Welches Modell wird verfolgt, welche Instrumente werden eingesetzt? - Sind ggf. Modelle aus der betrieblichen Praxis übertragbar?

Die Formulierung "guter Forscher"/"gute Forscherin" wurde als qualitative Abgrenzung im Sinne von "Güte" gewählt. Sie sollte keine inhaltliche Spezifizierung nahelegen bzw. für unterschiedliche Wertvorstellungen offen sein.

Abb. 9: Überblick zum Interviewleitfaden

Die Interviewtermine wurden jeweils nach einer schriftlichen Anfrage und der Erläuterung des Anliegens telephonisch vereinbart. Ort des Interviews war - mit wenigen Ausnahmen, in denen ein Privat- oder Veranstaltungsraum gewählt wurde - das Büro der Betreffenden. Die Gespräche fanden im Zeitraum vom Sommer 1996 bis zum Winter 1997 statt. Der relativ lange Zeitraum ergab sich aus der langfristig angelegten Terminplanung bei einzelnen PartnerInnen. Die Dauer der Interviews, die alle von der Verfasserin geführt wurden, betrug im Durchschnitt eine Stunde. Unter Zusicherung einer anonymisierten Auswertung wurden die Sitzungen mit Erlaubnis der GesprächspartnerInnen auf Tonband aufgezeichnet. Um ggf. vorliegende schriftliche Materialien wurde jeweils im Anschluß an die Unterredung gebeten.

Ist es Ziel der Untersuchung, sich über Wissensinhalte und Vorstellungen verschiedener ExpertInnen einer Fragestellung zu nähern, darf nicht außer acht gelassen werden, daß im Rahmen der Interviews nicht die soziale Realität des institutionellen Weiterbildungsgeschehens selbst erfaßt werden kann. Es geht vielmehr um Daten, "die während der Interaktionssituation erzeugt werden" (Schwarzer 1983, S. 317). Jeder verbale (Re-) Konstruktionsprozeß des wahrgenommenen Realitätsausschnittes wird zudem überlagert durch die Notwendigkeit einer Erinnerungsleistung an Vergangenes (vgl. Clephas-Möcker/Krallmann 1988). Hinzu kommen spezifische Effekte, die der Interviewsituation selbst geschuldet sind: z.B. Reaktivitäten, Sprachspieldifferenzen zwischen Interviewten und Interviewenden (Meuser/Nagel 1991) oder rollendefinitionsabhängige Selbstinszenierungen (vgl. Schwarzer 1993). So kann nicht ausgeschlossen werden, daß InterviewpartnerInnen in den Gesprächen - bewußt oder unbewußt - auf eine positive Außendarstellung der vertretenen Einrichtung wert legen - oder im Gegenteil, daß sie die Gelegenheit nutzen, sich v.a. über Mißliebigkeiten und Schwierigkeiten auszusprechen. Von den grundsätzlichen Problemen abgesehen, die allerdings als methodisch kaum im Interview kontrollierbar in Kauf genommen werden müssen, kann für die im Rahmen dieser Untersuchung durchgeführten Gespräche insgesamt eine eher aufgeschlossene, oftmals am Gedankenaustausch interessierte Atmosphäre konstatiert werden. Der spezifischen Konstitutionssituation von aus Interviews hervorgehenden Interaktionsprotokollen muß aber im Rahmen des Auswertungsverfahrens Rechnung getragen werden.

2.5   Auswertung

Den zentralen Ausgangspunkt der Auswertung bilden die Transkripte der Interviews - unter der Prämisse, daß es in der Erhebungssituation des Interviews möglich ist, einen spezifisch vermittelten Einblick in Wahrnehmung und Reflexion von Handeln und Erleben der GesprächspartnerInnen innerhalb ihrer beruflichen Rolle zu erlangen. Die Schritte der Bearbeitung und der Aufbereitung des empirischen Materials orientieren sich an dem von Meuser/Nagel (1991 und 1994) entwickelten Konzept des Experteninterviews.

Zur Unterstützung dieses Prozesses wurde das computergestützte Textanalysesystem "WINMAX"[100] herangezogen. Diese Software wurde speziell für die Auswertung qualitativer Daten, im Sinne von Textkorpora, entwickelt - ohne jedoch ein bestimmtes Verfahren der Kategoriengenerierung vorab festzulegen (vgl. Kuckartz 1995, S. 28f.). Das System basiert auf der Bestimmung bzw. Abgrenzung aussagefähiger Textpassagen unter Zuteilung von Schlagworten, d.h. 'Codeworten'. "Diese Art der Texterschließung ist die Basistechnik aller sozialwissenschaftlichen Textanalyseprogramme. Immer geht es darum, Textinhalte durch menschliche Interpretationsleistungen zu identifizieren und einem Stichwort zuzuweisen" (Kuckartz 1995, S. 24). Die Codeworte erleichtern den Rückgriff bzw. das Wiederauffinden zusammengehöriger Passagen und können überdies strukturierend (via Hierarchisierung) oder selegierend (via Variablendefinition) eingesetzt werden. Mit den Funktionen der Datensicherung und Archivierung leistet das Programm zudem einen Beitrag zur Transparenz durch die Möglichkeit einer späteren Nachvollziehbarkeit der einzelnen Interpretationsschritte.

Die Auswertung erfolgte gemäß der nachstehenden Schrittfolge, deren Stufen auch Parallelen zum Modell einer gegenstandsnahen Theoriebildung von Glaser (1978) bzw. Strauss (1987) erkennen lassen.

---

[100] Aus dem bestehenden Software-Angebot im Bereich der Unterstützung bei der Auswertung qualitativer Erhebungen wurde "WINMAXpro 96" ausgewählt, da es sich durch eine relative Offenheit hinsichtlich der Entwicklung, Bestimmung und Veränderung der Kategorien/ Codeworte auszeichnet. Außerdem war es - was die praktischen Erwägungen betraf - als Windows-Version erhältlich, was die Benutzerfreundlichkeit steigert. Auf "ATLAS-TI", das z.T. vergleichbare Möglichkeiten bietet, wurde nicht zurückgegriffen, da die hier erweiterten Auswertungsoptionen - z.B. der komplexeren Vernetzung von Variablen - im Rahmen der vorliegenden Analyse nicht in Anspruch genommen werden sollten bzw. konnten. Im Zuge der nach Beginn dieser Untersuchung erschienenen Updates bzw. neuen Versionen einiger Programmvarianten hat inzwischen eine prinzipielle Angleichung des Leistungsspektrums stattgefunden - wenn auch bei unterschiedlicher Schwerpunktsetzung.

1. Den ersten Schritt bildete die **Transkription** der Tonbandaufzeichnungen der einzelnen Interviews. Dabei wurden alle Passagen, die Teil des inhaltlichen Gespräches waren[101], im vollen Wortlaut transkribiert.

2. Es folgte die **'textnahe Paraphrasierung'** des gesamten Materials, d.h. die einzelnen Textpassagen wurden der Abfolge im Interview entsprechend jeweils in Form von Überschriften alltagssprachlich-interviewtextnah zusammengefaßt. Diese 'Überschriften' wurden als 'Codeworte' im Rahmen von WINMAX vergeben. Das Vorgehen entsprach dem Vorsatz, die Kategorien und ihre Struktur möglichst aus dem Interviewmaterial selbst zu entwickeln. In Abhängigkeit vom Abstraktionsgrad der Aussagen sowie von der Strukturierung der Antworten durch die InterviewpartnerInnen wurden hierbei bereits erste Zusammenhangszuschreibungen und Hierarchien deutlich.
Mit diesem Schritt wurde intendiert, die in den Gesprächen thematisierten Inhalte zu sichten und den Zugriff zu strukturieren. Dabei ging es jedoch nicht darum, "in romantischer Einstellung das 'wirklich' oder 'eigentlich' Gedachte der Individuen zu erfassen, sondern darum, die Produkte wechselseitiger Perspektivübernahmen in Alltagsinteraktionen festzustellen. In der Interpretationspraxis von Beobachtern wird Sinn in der beschreibenden Rekonstruktion des zentralen Phänomens einer Textsequenz festgehalten, aber noch nicht auf theoretisch erklärende Kategorien hin erfaßt" (Kleger 1996, S.169).

3. In einem dritten Schritt erfolgte eine die Abfolge des einzelnen Interviews auflösende **Ordnung bzw. Strukturierung der Codeworte** aller Interviews. Die Codeworte wurden anhand erkennbarer Schwerpunkte, die teils durch die Fragestellung bzw. den Leitfadenaufbau induziert waren, teils die Relevanzstrukturen der GesprächspartnerInnen wiedergaben, vereinfacht und nach allgemeinen, *formal* abgrenzbaren Themenbereichen sortiert.[102]
Die Identifikation verfolgenswerter Codeworte wurde anhand folgender Kriterien vorgenommen: Zentralität (im Sinne der zuschreibbaren Bedeutung für den Gegenstand), Häufigkeit des Auftretens, inhaltliche Vernetzungsmöglichkeit und theoretische Anschlußfähigkeit sowie nach dem Prinzip der "maximalen Variation" (im Sinne der Erfassung der in den Interviews genannten Spielarten einer Aussage) (vgl. Strauss 1994, S. 67f.). Im Ergebnis lag damit eine differenziertere Hierarchie der Codeworte bzw. eine Gruppierung der Aussagen vor, die verschiedene Ebenen umfaßte. Einen Ausschnitt aus dem Codewortbaum veranschaulicht die folgende Abbildung (vgl. Abb. 10), wobei den dort aufgeführten Codeworten mit WINMAX jeweils die Textpassagen aus den Transkripten zugeordnet werden ('Codieren').

---

[101] (d.h. Begrüßung, Servieren von Kaffee oder Unterbrechungen durch Telephonate etc. wurden nicht transkribiert.)

[102] Die Kategorienzuordnung geschieht nicht vorurteilsfrei, sondern ist bereits von der formulierten Fragestellung und ihrer thematischen Struktur, wie diese von der jeweiligen Fachdisziplin betrachtet wird, beeinflußt (vgl. auch Meuser/Nagel 1991, S. 464). Subsumption wird also nicht vermieden, doch existieren die Kategorien/Codeworte nicht vorab und stellen später keine geschlossenen, standardisierten Einheiten, sondern thematische Filter dar. In einem rekursiven Alternieren zwischen Theorie und Empirie soll sowohl eine theoretische Strukturierung der empirischen Erfassung als auch eine Erweiterung des theoretischen Gerüstes durch bis dato nicht einordnenbare empirische Befunde ermöglicht werden.

...		
- *Notwendig erachtete Fähigkeiten von Forschenden*		
	- *Fachliche Fähigkeiten*	
		- *Inhalte*
		- *Methoden*
	- *Metafachliche Fähigkeiten*	
		- *Kommunikationskompetenzen*
		- *Kooperationskompetenzen*
		- *Kreativität*
		- *Führung und Management*
...		

Abb. 10: Ausschnitt aus einem via WINMAX erstellten Codewortbaum

4. Mit dem Ziel einer thematisch geordneten Bündelung der Aussagen erfolgte anschließend eine **erneute Durchsicht des Materials** gemäß der neuen Codewortordnung, um ggf.

- die Passagen zuzuordnen bzw. zu codieren, die beim ersten Durchgang nicht wahrgenommen wurden, da zu diesem Zeitpunkt noch kein Oberbegriff vergeben werden konnte[103],
- mehrfach zu codieren, z.B. bei Passagen, die eine Aussage zu verschiedenen Codeworten machten, und
- zu recodieren, was - unter Maßgabe des neuen Codewortschemas - eine neue Zuordnung erforderlich machte.

Die Ordnung des gesamten Textmaterials im Anschluß an die generierten Codewort-Kategorien diente auch der Identifikation differenter Herangehensweisen und Deutungen des Weiterbildungsgeschehens einschließlich seiner Probleme. Zudem wurden die Interviews aus der Gruppe der UnternehmensberaterInnen/WeiterbildnerInnen als mögliche Kontrastfolien herangezogen. Ebenso wurde auf schriftliche Datenquellen, konkret auf Stellenbeschreibungen, Betriebsvereinbarungen, Haushaltspläne, Weiterbildungskonzeptionen sowie interne Papiere der Institute zurückgegriffen.

Zur Absicherung wurden überdies pro Themenschwerpunkt jeweils zwei Personen, die nicht aus der Pädagogik stammten, herangezogen, um als Mit-InterpretInnen die Lesarten der Interviews auf Plausibilität zu prüfen bzw. um andere Lesarten zu generieren.

5. Schließlich erfolgte eine Ablösung von der Terminologie der Interviewten. In Anlehnung an Meuser/Nagel (1991, S. 462) kann dieser Schritt als **"Wissenschaftliche Konzeptualisierung"** bezeichnet werden. Das aus der Ordnung des Materials entstandene Profil von Weiterbildung wird mit bestehenden Ansätzen der (bildungs-) wissenschaftlichen Diskussion in Beziehung gesetzt. Dazu gehört zum Beispiel der Bezug des empirischen Materials auf verschiedene Dimensionen des Lernens als Referenzfolie. In der Erhebung zwar kasuistisch angelegt, wurde mit diesem Schritt der Auswertung zumeist eine übergreifend aggregierende Zusammenschau des Feldes ‚berufsbezogener Weiterbildung in der außeruniversitären Forschung' angestrebt. Die Analyse der Einzelfälle trat in den Hintergrund – außer im Hinblick auf die modellhafte Erfassung der Varianten des Weiterbildungsmanagements (vgl. Kap. V – 3.3.2).

---

[103] Das Verfahren ist so als Sensibilisierungsprozeß für die Vielfalt der Facetten des Themas angelegt.

Gemäß der explorativen Anlage der Untersuchung konnte es in der Auswertung nicht um eine Zuordnung von Häufigkeiten oder Verteilungen gehen. Vielmehr ermöglichte das empirisch vorfindliche Spektrum von Weiterbildungsvarianten einen felderschließenden Zugang zur Diskussion der jeweiligen Praxisformen sowie zur weiteren Formulierung spezifizierender Forschungsfragen (vgl. Jüttemann 1985).

6. Die **schriftliche Darstellung der Ergebnisse** in Kapitel V orientiert sich hinsichtlich der Abfolge und der Ausführung in den Teilkapiteln an der entwickelten Struktur der Codeworte bzw. in der Grobgliederung an den gewählten inhaltlichen Foki.
Zum einen illustriert die Zusammenschau der Ergebnisse - u.a. mittels themenbezogener Kontrastierung verschiedener Passagen, verschiedener Interviewgruppen bzw. der schriftlichen Materialien - den vorgefundenen Facettenreichtum der Antworten einschließlich seiner Widersprüchlichkeiten. Unter Rückgriff auf die jeweiligen Originalzitate wird dabei versucht, das Zustandekommen der gewählten Ordnung transparent zu machen sowie punktuell Prägnanz und 'Zwischentöne' einzelner Interviewaussagen nicht durch fachwissenschaftssprachliche Reformulierungen zu 'verwässern'.
Zum anderen dient die Darstellung bereits der Analyse (beispielsweise zur Intentionalität von Lernprozessen) bzw. der fallbezogenen Typisierung (etwa von Formen institutionellen Weiterbildungsmanagements). Das entstehende, die Einrichtungen übergreifende Spektrum zu Weiterbildungspraxis bzw. zu Ansätzen des Weiterbildungsmanagements und ihrer Bewertung kann so mit den in den Eingangskapiteln entwickelten Referenzfolien in Beziehung gesetzt werden.

2.6   Geltung und Güte

Die Wahl des Untersuchungsdesigns bedeutete auch eine methodische Weichenstellung hinsichtlich des Geltungsanspruchs und der Gütekriterien der zu erwartenden Ergebnisse.
Spätestens im Zuge des Booms qualitativer Verfahren in der empirischen Sozialforschung der 70/80er Jahre bezog sich die Diskussion auch auf die hierbei möglichen bzw. sinnvollen Strategien der Geltungsbegründung. Sollten qualitative Methoden mehr sein als zufällige Suchbewegungen in der Erhebung und intuitiv-undurchschaubare Deutungsprozesse in der Auswertung, sollten sie als 'Pfadfinder' über die Subjektivität des Einzelfalls hinausweisen, wurde zunächst versucht, die Kriterien der quantitativen Sozialforschung - Reliabiliät, Validität, Objektivität, Repräsentativität u.ä. - zu übernehmen (vgl. Flick 1992). Auf Kritik stieß dieses Vorgehen einer einfachen Übertragung der Kriterien unter Hinweis auf die Differenz der Forschungsverfahren: "Ebenso wie die Methoden dem untersuchten Gegenstand angemessen sein sollten, müssen die zu ihrer Überprüfung verwendeten Kriterien und Prüfschritte den eingesetzten Methoden angemessen sein" (Flick 1992, S. 13). Lamnek (1995, S. 156ff.)[104] diskutiert in diesem Kontext zusammenfassend die folgenden Gütekriterien für die qualitative Sozialforschung: detaillierte Verfahrensdokumentation zur Gewährleistung von Nachvollziehbarkeit, argumentative Interpretationsabsicherung in explikativer Absicht, durchgängige Regelgeleitetheit des methodischen Vorgehens, Nähe zur Spezifik des Gegenstands, Wahrung von Typik und Berücksichtigung der spezifischen Kontextabhängigkeit, kommunikative Validierung via Rückkoppelung mit den Befragten, Triangulation unterschiedlicher Techniken und Perspektiven, Leistung eines Beitrags zur Prognostizierbarkeit und Steuerbarkeit sozialer Vorgänge. Diese - in ihrer Umsetzung

---

[104] (u.a. unter Bezug auf die Arbeiten von Mayring; Küchler; Honig; Leithäuser/Volmerg)

noch immer umstrittenen - Kriterien beziehen sich auf verschiedene Phasen bzw. Bestandteile des Forschungsprozesses:

- auf die Art der empirischen Daten,
- auf Möglichkeiten und Konsequenzen ihrer Reduktion bzw. Kontextualisierung im Rahmen der Erhebung sowie
- auf Auswertung und Darstellung.

Die geforderte Spezifizierung der Kriterien für ein qualitatives Vorgehen hat für die vorliegende Untersuchung zunächst im Bereich der **Wahl des empirischen Materials** Konsequenzen. Mit der Fokussierung der Fragestellung auf die *institutionelle* Handhabung von Weiterbildung an Forschungseinrichtungen ging die Entscheidung für die Befragung von Personen einher, die das Wissenschaftsmanagement vertreten. Damit wurde eine bestimmte Betrachtungsperspektive von Weiterbildung - einschließlich ihrer spezifischen Interessenlage - ausgewählt. Dieser Zugang wurde allerdings um kontrastierend einzusetzendes schriftliches Material und weitere Interviews ergänzt.
Im Sinne eines prozeßoffenen Verfahrens wurde bei der Bestimmung der GesprächspartnerInnen (und der anderen Datenquellen) davon abgesehen, statistische Repräsentativität als Selektionskriterium gewährleisten zu können. Vielmehr kann die Auswahl in Anlehnung an das 'theoretical sampling' von Glaser und Strauss beschrieben werden[105]: "Damit ist gemeint, daß die Einbeziehung weiterer Fälle, Untersuchungsgruppen etc. orientiert am Stand der sich aus den Daten und der Untersuchung entwickelnden Theorie (...) erfolgen soll. Konsequent weitergedacht ist es auch eine Entscheidung innerhalb des theoretical sampling (...), welche Art von Daten ergänzend zu den schon vorliegenden in die Untersuchung einbezogen werden soll" (Flick 1992, S. 24f.). So entstand im vorliegenden Fall ein rekursiver Prozeß des Alternierens zwischen Fragestellung und Interview, Kategorien und Daten, Theorie und Empirie[106] (vgl. auch Meuser/Nagel 1991). Bildlich gefaßt, diente das empirische Material der Identifikation von möglichen Fixpunkten innerhalb eines 'Koordinatensystems' der Anschauung von Weiterbildung in der Forschung. Die notwendigen 'Achsen' wurden über die Wahl der Betrachtungsperspektive (Kap. II) definiert und in einem Prozeß wechselseitigen Alternierens zwischen theoretischen Anschlußstellen (Kap. III) und empirischem Material (Kap. V) ausgerichtet.
Da die 'Maßeinheiten' an den Achsen jedoch mit den für die Fragen offen gehaltenen Antwortdimensionen variieren, entziehen sie sich der üblichen Operationalisierung der Gütekriterien quantitativer Verfahren. Die gewählte Reduktionsform von Komplexität entspricht hier eher der der Feldanalyse. Die Generalisierungsmöglichkeiten sind entsprechend begrenzt; eine Übertragung auf andere Einrichtungen ist nur sehr bedingt möglich. Doch kann - etwa aus der Sicht einer evaluativ arbeitenden Forschung - ein Verallgemeinerungsanspruch zwar verworfen, aber mit einem anderen Erkenntnisinteresse verknüpft werden: "Etliche Autoren (...) halten diesen Anspruch <der Generalisierung, Anm. d. Verf.> für wissenschaftstheoretisch nicht begründbar. Sie knüpfen damit - forschungspraktisch gesehen - an die Praxis vielfältiger Formen der Organisationsberatung an, die ausgesprochen einzelfallbezogen ansetzen" (Kraus 1995, S. 414). So besteht – via Erfassung und Beschreibung – zum einen im Hinblick auf die Wissenschaft ein felderschließender sowie zum anderen im Hinblick auf die untersuchten Institutionen ein informierender Anspruch. Daß auch ein Informations*bedarf* von Seiten

---

[105] (vgl. auch Wiedemann 1995)
[106] Der lineare Aufbau der schriftlichen Darstellung der Untersuchung und ihrer Ergebnisse folgt aber der thematischen Gliederung, nicht der forschungspraktischen Entwicklungslogik.

des Wissenschaftsmanagements besteht, läßt vor allem das mehrfach von den InterviewpartnerInnen geäußerte Interesse vermuten, etwas über die Handhabung von Weiterbildung an anderen Instituten zu erfahren.

Was die Einschätzung der **Interviewsituationen** selbst anbelangt, handelt es sich bei den für die Untersuchung ausgewählten GesprächspartnerInnen durchweg um Personen, die bereits aufgrund ihrer beruflichen Position gehalten bzw. gewöhnt sind, über ihre Arbeit Auskunft zu geben, was eine prinzipielle Verbalisierungskompetenz erwarten läßt. Doch ist bei der Gruppe der ForschungsmanagerInnen das Managementhandeln selbst - insbesondere im Bereich Personalarbeit und Weiterbildung - wohl eher selten ausdrückliches Thema der verbalen Außendarstellung. Den UnternehmensberaterInnen/WeiterbildnerInnen hingegen dürfte diese Thematik auch in ihrer sprachlichen Darstellung vertrauter sein, da es zu ihren beruflichen Aufgaben zählt, diesbezügliche Inhalte und Begründungen ihren KundInnen zu vermitteln. Für beide Gruppen kann die erwartbare, relativ hohe Zugänglichkeit des Wissens als Chance für die Interviewsituation angesehen werden, die allerdings mit dem Risiko verbunden ist, im Rahmen der verbalen Inszenierung des eigenen Wissens auf z.B. bereinigende oder außenwirkungsorientierte, insgesamt u.U. verzerrende Darstellungsformen zu stoßen (vgl. Hitzler 1994).

Zum einen kann - etwa Legewie zufolge - eine Validierung in Form eines "mehr oder weniger expliziten (...) 'Arbeitsbündnisses'" in der Interviewsituation angestrebt werden, das die "Voraussetzungen nicht-strategischer Kommunikation" schafft (Legewie 1997, S.141ff.). So wurde darauf geachtet, daß das explorative Anliegen des Gesprächs den InterviewpartnerInnen bereits vorab möglichst deutlich war. Es wurden vorher Umfang und geplante Verwendung des Interviews thematisiert sowie eine anonyme Auswertung zugesichert. Auch die Zugehörigkeit der Interviewerin zu einem Institut der Blauen Liste mag dazu beigetragen haben, daß die Gespräche von einer relativ offenen Haltung geprägt waren. Auf Passagen, die von differenten Sprachspielen oder ausweichender Rhetorik geprägt waren, wird ggf. in der Aufbereitung und Analyse der Ergebnisse in Kap. V eingegangen. Zum anderen wurde versucht, den Risiken der Verzerrung u.ä. mit der Zusammenstellung der Gruppe, mit dem kontrastierenden Einsatz verschiedener Quellen sowie in der Wahl des Auswertungsverfahrens zu begegnen.

In **Auswertung und Darstellung** wurde eine Sicherung der Aussagequalität u.a. durch Transparenz, im Sinne einer Nachvollziehbarkeit der einzelnen Interpretationsschritte angestrebt (vgl. Lamnek 1995). Dabei leistet die Archivierungsfunktion im Rahmen der computergestützten Analyse des Interviewmaterials mit WINMAX einen Beitrag zur Dokumentation der Schritte in der Datenaufbereitung, die damit auch im nachhinein zugänglich sind. Um den LeserInnen den Nachvollzug der Gedankenführung zu ermöglichen, wurde in den Kapiteln zur Darstellung der Ergebnisse ein relativ niedriges Aggregations- und Abstraktionsniveau gewählt, was eine relativ ausführliche Darstellung des empirischen Materials zur Folge hat. Der Rückgriff auf Originalzitate bzw. die Nutzung "natürlicher Kodes" in Darstellung bzw. Analyse des empirischen Materials soll das Zustandekommen von Kategorien und Aussagen im Sinne von Augenscheinplausibilität und illustrativer Kraft untermauern[107]. Die auch diesem Auswertungsverfahren immanente "Dialektik zwischen Authentizität und Strukturierung" (Flick 1995, S. 168) des empirischen Materials kann dabei allerdings nie aufgelöst werden. Dies wird insbesondere in dem die Ergebnisse darstellenden Kapitel V deutlich: "Eines der ungelösten Probleme qualitativer Forschung ist die Darstellung von Ergebnissen und der Prozesse, die zu ihnen geführt haben. Quantitative Ergebnisse lassen sich in Form von

---

[107] (vgl. Strauss 1994, S. 64)

Verteilungen, Tabellen, Kennwerten etc. prägnant darstellen, ohne die dort angepeilte Komplexität zu unterlaufen. Ergebnisse qualitativer Forschung lassen sich häufig nicht ähnlich prägnant präsentieren, ohne die ihnen eigene Komplexität zu vernachlässigen" (Flick 1995, S. 169).

Außerdem wurde im Rahmen der Auswertung der Bezug von Einzelaussagen auf andere Passagen desselben Interviews, auf Angaben anderer InterviewpartnerInnen (ggf. aus unterschiedlichen Positionen bzw. Gruppen) sowie auf anderes Material, wie Textdokumente der Institute, validierend eingesetzt. Zur Generierung unterschiedlicher Lesarten des in den Interviews Gesagten wurden zudem pro Themenbereich zwei Mit-InterpretInnen herangezogen. Sie sollten zwar auf wissenschaftliche Erfahrungen zurückgreifen können, jedoch nicht aus den Erziehungswissenschaften stammen, um die Begrenzung der bildungstheoretischen Herangehensweise hinterfragen zu können. Zudem wurden zwei Fachkolloquien, auf denen die Untersuchung vorgestellt wurde, genutzt, um Stimmigkeit und Plausibilität zu diskutieren. Auch im Schritt der 'wissenschaftlichen Konzeptualisierung' wurde auf verschiedene theoretische Zugangsweisen zurückgegriffen, um den Raum potentieller Ergebnisse nicht vorab zu beschneiden. "Es besteht die Annahme, daß kulturelle Beschreibungen nicht absolut, wohl aber relativ zu Kontrastfolien Gültigkeit beanspruchen können - wie sie auch mit Hilfe von Kontrastfolien auf effektive Weise generiert werden können. Validität wird hier eine Frage der Spezifizierbarkeit von Differenzen zwischen kontrastierenden Phänomenbereichen" (Beck/Bonß 1995, S. 422).

Diese Schritte können als Ansätze eines triangulierenden Verfahrens verstanden werden, wobei versucht wurde, verschiedene Referenzpunkte sowohl bei der Betrachtung von Interviewaussagen als auch im Hinblick auf die herangezogenen theoretischen Ansätze einzunehmen.[108] Damit kann zwar nicht der Anspruch wechselseitiger methodischer Validierung im engeren Sinn eingelöst werden. Doch steht die systematische Einnahme unterschiedlicher Perspektiven sowie die stete Rückkopplung innerhalb des Verfahrens im Dienste einer facettenreicheren Gegenstandsabbildung bzw. einer explorativen Verbreiterung der Erkenntnismöglichkeit (vgl. Flick 1992, S. 22ff.).

Insgesamt handelt es sich bei dem gewählten methodischen Weg um eine von vielen Varianten des Versuchs, die unspezifische Komplexität des Alltags systematisch in eine themengebundene Aussagerealität der wissenschaftlichen Textform zu überführen. Durch den externen Blickwinkel der Fragestellung und ihre Bearbeitung werden Offenlegungen und Verdeckungen, Ambivalenzen und Mehrdeutigkeiten der Interviews aus der Kontextualität der Erhebungssituation und des Arbeitsalltags der Interviewpartner Innen zugleich freigesetzt und filternd kanalisiert. Die Spezifik der Vorgehensweisen in Erhebung, Analyse und Darstellung eröffnet dabei nur einen von vielen möglichen Horizonten (vgl. Eco 1992). Eindeutigkeit ist auch aufgrund der Angewiesenheit auf sprachliche Vermittlung sowie des mehrfachen Konstruktionsprozesses der Interpretation nicht zu erwarten. Doch kann der gezielte Wechsel des Kontextes (vom Institutsalltag zur bildungswissenschaftlichen Aufbereitung) die geschilderten Praktiken und Deutungen von Weiterbildung in den untersuchten Einrichtungen einer Reflexion zugänglich machen. Die vorliegende Studie versteht sich als "kontextbildende Forschung" (vgl. Patzelt 1993, S. 113), die anhand des empirischen Materials zunächst felderschließend arbeitet und nicht primär nach generalisierbaren Mustern oder Gesetzmäßigkeiten sucht. Vielmehr geht es darum, Ansatzpunkte für eine Diskussion von Weiterbildung in Forschungseinrichtungen zu gewinnen, die auch von Seiten der Bildungswissenschaften aufgenommen werden können (vgl. auch Jüttemann 1985).

---

[108] (vgl. zu Typen der Triangulation: Denzin 1978)

Kapitel V
Berufsbezogene Weiterbildung
aus der Sicht des Wissenschaftsmanagements
am Beispiel der "Wissenschaftsgemeinschaft Blaue Liste" -
Aufbereitung und Analyse des empirischen Materials

Der fünfte Hauptabschnitt der vorliegenden Arbeit widmet sich in den folgenden drei Teilkapiteln der Aufbereitung des empirischen Materials aus der durchgeführten empirischen Studie sowie seiner Analyse. Das Material wird anhand der in den theoretischen Kapiteln II und III entwickelten Leitfragen, Kriterien und Referenzfolien vorgestellt und diskutiert. Am Beispiel der "Wissenschaftsgemeinschaft Blaue Liste" (WBL) wird das Weiterbildungsgeschehen an außeruniversitären Forschungseinrichtungen aus der Sicht der interviewten WissenschaftsmanagerInnen untersucht.

Dabei geht es zunächst um die zusammenfassende Beschreibung und Darstellung der in den Interviews angesprochenen Aspekte des Themas. Daneben wird das Material aus weiteren Quellen berücksichtigt, wie die kontrastierenden Interviews mit UnternehmensberaterInnen/WeiterbildnerInnen sowie Textdokumente aus den Instituten.

Wie im vierten Kapitel zum Instrumentarium der Analyse erläutert, steht jenseits eines Anspruchs auf statistisch repräsentative Generalisierbarkeit eher eine explorative Sensibilisierung für die Strukturen des Feldes im Vordergrund.

Die Zusammenschau und Differenzierung der in den Interviews angesprochenen Facetten des Themas nimmt wiederum die formale Dreigliederung der drei Foki auf (vgl. Kap. I):

- Arten beruflich-qualifikatorischer Anforderungen an die Forschenden (Teilkap. 1);
- Zielgruppen, Formen und Inhalte der Weiterbildungspraxis (Teilkap. 2) sowie
- das institutionelle Weiterbildungsmanagement und seine Einbindung in den Kontext des Wissenschafts- bzw. Personalmanagements (Teilkap. 3).

1   Beruflich-qualifikatorische Anforderungen an die Forschenden

Da im Anschluß an die in Kap. III entwickelten Facetten des Berufsbildes von Forschenden die beruflichen Anforderungen als sehr heterogen und bislang wenig im Sinne ihrer (Weiter-) Bildung operationalisiert erscheinen, wird in diesem Teilkapitel ein erster Zugang zum Thema darüber gesucht, wie die beruflichen Anforderungen aus der Sicht des Forschungsmanagements wahrgenommen werden bzw. inwiefern sich diese unter der Perspektive der Bildung als erlernbare Fähigkeiten oder Kompetenzen darstellen. Die Antworten der interviewten WissenschaftsmanagerInnen der WBL auf die Frage nach den Fähigkeiten, Qualifikationen oder Kompetenzen, die aus ihrer Sicht einen 'guten Forscher' bzw. eine 'gute Forscherin' ausmachten, umreißen ein breites Spektrum.

Aus der Fülle des Materials werden hier zunächst die Fähigkeiten selbst zusammengestellt (Teilkap. 1.1). Ein weiteres Teilkapitel beschäftigt sich mit den in den Antworten enthaltenen Einschätzungen zur Herkunft bzw. zur generellen Erlernbarkeit der für Forschende als bedeutsam erachteten Kompetenzen (Teilkap. 1.2). Zum dritten werden die Ausführungen zum Berufsbild "Forschung" allgemein bzw. zu verschiedenen Typen von Forschenden betrachtet (Teilkap. 1.3). Dieses Teilkapitel abschließend folgt eine Diskussion der Befunde zu den beruflich-qualifikatorischen Anforderungen (Teilkap. 1.4).

1.1 *"Also Kreativität zum Beispiel, die ist ja erstmal was Gutes"* - Von Forschenden erwartete Fähigkeiten

Da die Ausführungen der InterviewpartnerInnen zu den 'Fähigkeiten guter ForscherInnen' vielfach auf die Unterscheidung zwischen 'fachlich' und 'nicht-fachlich' zurückgreifen, werden die genannten Fähigkeiten zunächst anhand dieses Ordnungsmusters vorgestellt. Anschließend wird kurz auf andere Varianten der Gruppierung eingegangen (Teilkap. 1.1.1). In Teilkap.1.1.2 erfolgt die Darstellung der Gewichtung der thematisierten Fähigkeiten - jeweils sofern Material zu den einzelnen Punkten vorliegt.

1.1.1 Welche 'Fähigkeiten' werden genannt bzw. nach welchen Ordnungsmustern werden sie gruppiert?

Daß fachliches Wissen bzw. Können vielfach den Ausgangspunkt der Antworten auf die Frage nach den in der Forschung bedeutsamen Fähigkeiten darstellt und erst dann auf andere Kompetenzen Bezug genommen wird, weist zunächst auf eine alltägliche Präsenz der Differenzierung in fachlich und ‚nicht-fachlich' hin.
Unter diesem Aspekt der Ordnung gesehen, werden **'fachliche Fähigkeiten'** u.a. in den folgenden Aussagen beschrieben:

- fachliche Ausbildung von guter Qualität (vgl. PGAM 21, PBE 24, PHP 24, PLAV 30)[109];
- gute/sehr gute Theoriekenntnisse als Bezugsrahmen und gute/sehr gute Methodenkenntnisse (vgl. SK 24f.);
- Faktenwissen und analytische Fähigkeiten, d.h. Theorie- und Methodenkenntnisse, im Sinne der Anwendung von Theorien (vgl. PHB 20ff.);
- fachliches Breiten- und punktuelles Tiefenwissen (vgl. PHP 29ff.);
- Beherrschung der jeweils neuesten Forschungstechnik (vgl. PBE 43f.).

Äußerungen in diesem Zusammenhang, die von der Notwendigkeit einer guten Publikationsliste oder von Auslandsaufenthalten sprechen, verweisen auf die Nähe von erwarteten Fähigkeiten zu bereits erbrachten Leistungen.[110] Auch der Hinweis auf eine "gute Ausbildung" macht deutlich, daß fachliche Fähigkeiten stark mit einschlägigen Leistungs- oder Erfahrungsnachweisen assoziiert werden.
Daß es sich bei der Unterscheidung von fachlichen und nicht direkt fachbezogenen Fähigkeiten um eine Frage der Betrachtungsebene handelt, machen viele Antworten aus den Interviews deutlich, die zwar von im disziplingebundenen Studium zu erwerbenden Kompetenzen sprechen, diese dabei aber allgemein wissenschaftsbezogen formulieren. So ist in einem Interview etwa von folgenden Fähigkeiten die Rede, *"daß man das Problem, die Fragestellung sauber formuliert, daß man die Methodik klar angibt, daß man die Überprüfung von theoretischen Hypothesen klar gestaltet, und diese ganzen Dinge"*[111] (PHB 84ff.).

---

109 Die Buchstaben stehen als Abkürzung für das jeweilige Interview. Die Zahl gibt die Position der Aussage im dazugehörigen Interviewtranskript an.
110 Z.B. im Falle einer Neueinstellung, wo sich den ForschungsmanagerInnen die Frage nach den Fähigkeiten einer Wissenschaftlerin/eines Wissenschaftlers am häufigsten zu stellen scheint.
111 Die Kursivstellung von interviewzugehörigen Passagen soll der leichteren Identifikation zitierter Passagen und damit der Lesbarkeit des Textes dienen. Längere Zitate oder Zitatgruppen werden ggf. gesondert vom Text abgesetzt.

Zwar ist der Begriff der "**Schlüsselqualifikation**" einigen InterviewpartnerInnen nicht vertraut, doch wird durchweg das Vorhandensein bzw. die Berufsrelevanz von Fähigkeiten anerkannt, die nicht direkt mit der disziplinär-fachlichen Bildung verbunden sind. Die genannten nicht-fachdisziplinorientiert formulierten Fähigkeiten umfassen - in Abhängigkeit von der Erläuterungstiefe im Interview - sowohl auf die Forschung generell bezogene als auch noch weiter verallgemeinerte, 'metafachliche' Kompetenzen. Dabei lassen sich die nachstehenden Bereiche unterscheiden: Kommunikation, Kooperation, Kreativität/Innovationskraft, Arbeitsorganisation, Interdisziplinarität sowie Führung und Management.

Betrachtet man die Aussagen zu den für die Forschung als relevant beschriebenen Fähigkeiten im Gebiet der **Kommunikation** genauer, werden formal *"sprachlich guter Ausdruck"* (PHB 46f), persönliche Dispositionen, wie *"Offenheit"* oder *"Selbstsicherheit"* (SK 35f), oder auch das Selbstverständnis assoziiert, daß innerwissenschaftlicher Austausch ein Teil der wissenschaftlichen Arbeit sei (vgl. PHP 48ff.). Als bedeutsam erachtet werden zum ersten das arbeits- und ergebnisbezogene Gespräch mit den KollegInnen im Projektteam, zum zweiten die fachabteilungsübergreifende Kommunikation innerhalb des Hauses und zum dritten die Vermittlung von Forschungsinhalten und -relevanzen an Fach- und Medienöffentlichkeit. Auch werden sowohl die prinzipielle Bereitschaft zur Auseinandersetzung als auch die tatsächliche Fähigkeit dazu thematisiert. Eine weitere Dimension der Kommunikation stellt die *"Kritikfähigkeit"* dar, d.h. *"auch mal Kritik von Mitarbeitern einstecken zu können oder Anregungen von den Mitarbeitern wahrzunehmen"* (PGAM 128ff.). In diesem Zusammenhang werden überdies Fähigkeiten als wichtig erachtet, die mit dem Umgang oder der Bewältigung von Konflikten verbunden sind. In einem Interview wird dies als ein Bereich beschrieben, der über informell-kommunikative Bewältigungskompetenzen hinausgehende Fähigkeiten - insbesondere bei Vorgesetzten - notwendig erscheinen läßt (vgl. PSA 421ff.).

Wird bereits die Kommunikation mit den KollegInnen als ein wichtiges Element forscherischer Kompetenz erachtet, so gewinnt es unter dem Aspekt der **Kooperationsfähigkeiten** auch für die Handlungsebene an Relevanz. Bereitschaft bzw. Fähigkeit zur Zusammenarbeit werden von den InterviewpartnerInnen vor allem als *"Teamfähigkeit"* (PHB 46ff., PLAV 26ff.), unter Betonung der *"horizontalen Kooperation"* (PHP 45f.) konkretisiert. Zudem wird die Fähigkeit zur Zusammenarbeit auch als bedeutsam für den über das Einzelprojekt hinausreichenden Erfolg der Forschungsarbeit beschrieben, im Sinne eines Brückenschlags zur Realisierung von Ideen in Forschung oder Praxis (vgl. PSC 180ff.): *"Da gibt es auch sehr viele Beispiele, wo interessanteste Dinge zumindest in der Hand eines Forschers nur bis zu einer gewissen Ebene kommen. Vielleicht als interessanter Initialbefund. Andere greifen das auf, setzen eine ganze Laborfabrik darauf an und machen damit erst die Sache bestimmend für die weitere Forschung"* (PSC 184ff.).

Die Notwendigkeit zur Kooperation wird zumeist mit der projekt-förmigen Organisationsart von Forschung in primären Forschungseinrichtungen, wie den Blaue-Liste-Instituten, begründet (vgl. PGAM 25ff., SN 95f.). Diese Zwangsläufigkeit wird sowohl von seiten der Naturwissenschaften - *"Ich kann heute moderne Forschung nicht mehr allein in meinem Kämmerlein machen, mit wenigen Ausnahmen. In der Regel muß ich mit anderen zusammenarbeiten"* (PHP 60ff.) - als auch aus geisteswissenschaftlicher Perspektive gesehen: *"In jetzt schon zwei Jahrzehnten habe ich zu häufig erlebt, daß hochqualifizierte Einzelwissenschaftler oft ein extrem unterentwickeltes Kooperationsvermögen haben und von daher zu dem besonderen Typus von Forschung, wie wir ihn hier betreiben, nur bedingt beitragen können. Das gilt nun bei einem Institut wie dem unseren ganz besonders. Wir sind Geisteswissenschaftler"* (PSA 29ff.).

Doch sind auch relativierende Positionen anzutreffen: *"Also, ich bin nicht davon überzeugt, daß ausschließlich Leute, die im Team zusammenarbeiten können, gute Wissenschaft machen. Oder umgekehrt, daß Leute, die ziemlich für sich alleine arbeiten, nicht so top sind. Das ist sehr unterschiedlich verteilt"* (PSC 154ff.).

Kommunikation und Kooperation werden allgemein eher als Rahmenbedingungen aufgefaßt, die dem Ziel der Ideengenerierung bzw. des Erkenntnisgewinns dienen können - und mit anderen Fähigkeiten Hand in Hand gehen müssen.[112]
Ein dritter Bereich, dem ein Teil der fähigkeitsbezogenen Aussagen zugeordnet werden kann, ist der der **Kreativität** bzw. der **Innovationskraft.** Unter der Perspektive der Ideenfindung werden dabei Begriffe wie "Phantasie", "Offenheit", "Intuition", eine "bestimmte Form der Intelligenz", "Neugier", "Lernbereitschaft" oder "gedankliche Flexibilität" genannt. Wiederum beziehen sich die InterviewpartnerInnen dabei auf verschiedenste Aspekte.
So werden diese innovationsorientierten Kompetenzen zum einen als eine prinzipielle Haltung der Offenheit für Neues, der "Lern*bereitschaft*" im Sinne eines Motivations- und Antriebsfaktors forscherischen Tuns beschrieben: *"Der Forscher ist hungrig nach Neuem, neugierig und unruhig. Wenn ich sage hungrig, dann meine ich auch, er möchte gerne Karriere machen, aber primär möchte er gerne etwas herausfinden. Dynamisch ist er, er setzt sich nicht auf Dinge für immer und ewig fest und sagt, das kann ich jetzt. Er ist stets bereit, Neues zu lernen, Neues zu tun, die Augen offen zu halten"* (PHP 24ff.).
Zum anderen wird "Lern*fähigkeit*" mit Können und Wissen im Bereich des Umgangs mit Neuem assoziiert, die auf *"Problemlösungen"* (PSC 39ff.), Hypothesen- und Theorieentwicklung (vgl. PSA 58ff.) oder auf eine Kombination von neuen Fragestellungen mit neuen Theorien und Methoden (vgl. SK 103ff.) ausgerichtet sein kann. Ob wissenschaftliche Kreativität ausschließlich im engeren Kontext der Forschungspraxis oder auch außerhalb desselben - *"Ich geh' offen durch die Straßen, oder ich les' eine Zeitung, da hab' ich auch Ideen"* (SK 96ff.) - angeregt wird, ist umstritten. Beide Positionen werden in den Interviews vertreten.
Einen weiterer Teil der genannten metafachlichen Fähigkeiten im Bereich 'guter Forschung' kann dem Gebiet der wissenschaftlichen **Arbeitsorganisation** zugerechnet werden, im Sinne eines sehr umfassenden Verständnisses dieses Begriffs. Faßt man unter Arbeitsorganisation auch die genannten Fähigkeiten wie Arbeits- und Selbstdisziplin, systematisches Vorgehen (vgl. PSC 112ff.), *"Ausdauer"* (PLAV 25f.) oder *"Bienenfleiß"* (PSC 50f.), werden diese mehrfach kontrastiert mit dem Bereich der Kreativität: *"Forschung beinhaltet zu 95% Knochenarbeit/Selbstdisziplin und nur zu 5% Intuition/Kreativität"* (SN 133ff.). Zur Arbeitsorganisation in einem eher pragmatischen Sinn gehören daneben Fähigkeiten des Zeit- und Ressourcenmanagements (vgl. PSC 438ff., SK 28, PSC 248ff., SK 30) - orientiert an termingerechter Durchführbarkeit und ökonomischer Machbarkeit - sowie das nötige Know-how im Umgang mit der Computer-Technik.
An einer Schnittstelle von Kommunikation, Kooperation sowie Arbeitsorganisation wird die **Fähigkeit zu interdisziplinärem Arbeiten** angesiedelt. Sie wird als strukturelle Anforderung aus der Forschungskonzeption bzw. Projektanlage des Institutes abgeleitet (PBE 29f.), aber auch mit einem generellen Trend in der Forschung begründet, daß *"Phänomene systematisch von x-verschiedenen Seiten abzuklopfen"* seien (PSC 206ff.). Zentral sei dabei die Bereitschaft, disziplinäre Sprachspiele in der Verständigung zwischen den KollegInnen zu überschreiten.

---

[112] So wird ein Zusammenhang von Kommunikationsverhalten und Kreativität in einem weiteren Interview angedeutet: *"Wir haben z.B. einen Kollegen, der absolut autoritär ist. Die ganze Abteilung zittert vor dem Mann. Die Betriebsanalyse hat das auch bestätigt. Letzten Endes hat er folgendes geschafft: Die ganze Abteilung muß zugemacht werden, weil jegliche Kreativität 'rausgegangen ist. Kein Dialog, keine fruchtbare Diskussion hat stattgefunden, und dann blutet das langsam aus"* (PGAM 104ff.).

In größerem Umfang werden in den Interviews schließlich die Fähigkeiten thematisiert, die sich aus **Führungsaufgaben** innerhalb der Forschungsorganisation ergeben. Dabei wird durchweg anerkannt, daß Führung - ob in der Projekt-, Arbeitsgruppen-, Abteilungs- oder Institutsleitung - spezielle Fähigkeiten erfordert. Ihr Anteil bzw. ihre Relevanz werden als mit wachsender Stufe innerhalb der Hierarchie zunehmend beschrieben und von den 'wissenschaftlichen' Kompetenzen abgegrenzt (vgl. PLAV 55ff.).

- *"Der hervorragende Einzelgelehrte, der in vielen Publikationen seine Forschungsbrillanz und Kreativität erwiesen hat, ist möglicherweise nicht in der Lage, mehr als zwei, drei Leute zu gemeinsamen Arbeiten anzuhalten"* (PSA 259ff.).
- *"Wir achten schon darauf bei den Abteilungsleiterstellen, die wir ja immer extern ausschreiben. Da gucken wir uns die Leute schon sehr genau an, ob sie nicht nur wissenschaftlich beschlagen sind, sondern auch in der Lage sind, eine Abteilung zu leiten. Denn da besteht in der Tat ein Riesenunterschied. Wir haben hier auch Leute als Abteilungsleiter wieder 'abgesägt', weil das nicht lief"* (PHB 189ff.).

Folgende Bereiche des Wissens bzw. Könnens von Führungskräften werden explizit angesprochen:

- Fähigkeiten zu Kommunikation (vgl. PHB 197ff.) und Konfliktbewältigung (vgl. ST 21ff.);
- „*vertieftes Wissen um Mitarbeiterführung"* (PLAV 76ff.) bzw. *"geschickte Menschenführung"* (PSC 175ff.), Fähigkeit zur Mitarbeitermotivation (vgl. ST 21ff.; PSC 175ff.);
- Wissen um die Strukturierung von Arbeitsprozessen (vgl. PLAV 76ff.);
- Akquise-Fähigkeiten (vgl. PHB 197ff.)
- sowie juristische und betriebswirtschaftliche Grundkenntnisse (vgl. SN 106ff.).

Insbesondere die Aussagen zu den Führungs- und Managementfähigkeiten der Forschenden beziehen sich allerdings nicht nur auf erwünschte 'Fähigkeiten' im engeren Sinne. Oft werden vielmehr die berufliche Aufgabenstellung oder bestimmte Problemsituation benannt, die bestimmte Fähigkeiten zu erfordern scheinen.

Neben der Gruppierung der genannten Fähigkeiten, die für Forschende als bedeutsam erachtet werden, unter dem Aspekt ihrer Fachlichkeit wählen einige InterviewpartnerInnen auch **andere Ordnungsmuster.**
So wird in einem Fall nach der Art von Forschung differenziert, die jeweils unterschiedliche Kompetenzen erfordere.

- *"Wenn ich etwa ein klar definiertes Thema habe und der Bundesregierung in zwei Monaten einen Bericht abliefern muß, dann ist das etwas anderes, als wenn ich herausfinden will, was denn mein Molekül XY unter Beschuß von Photonen macht, und ich noch keine Vorstellung davon habe, wie es denn darauf reagiert, ob denn meine Geräte überhaupt dazu tauglich sind, dies herauszufinden"* (PHP 404ff.).

Eine weitere Variante der Strukturierung notwendiger Fähigkeiten stellt die Ordnung anhand verschiedener Phasen des Forschungsprozesses dar, die in zwei Interviews gewählt wurde (PSC 18ff. und SK 17ff., vgl. Abb. 11).

Modellhafte Phasenunterteilung eines Projektes	Notwendige Fähigkeiten
Projektgenerierung	• *Kreativität, Gespür für relevante/unerwartete Frage- und Problemstellungen* • *Akquisefähigkeiten*
Konzeption	• *Fähigkeit, die Machbarkeit des Vorhabens zu beurteilen*
Durchführung	• *Blick für Wesentliches/Neues* • *gute/sehr gute Theoriekenntnisse als Bezugsrahmen* • *für die empirische Arbeit: gute/sehr gute Methodenkenntnisse* • *Teamarbeit: soziale Kompetenz und Hartnäckigkeit* • *organisatorische Kompetenz, Zeitmanagement* • *Mindestkenntnisse der Finanzierungsbedingungen*
Veröffentlichung und Vermarktung	• *Fähigkeit zu zusammenfassender Darstellung der Ergebnisse* • *Selbstsicherheit* • *Vermarktungsfähigkeiten in der wissenschaftlichen Welt*

Abb. 11: 'Guten ForscherInnen' zugeschriebene Fähigkeiten, strukturiert nach einem modellhaften Projektverlauf (auf Basis zweier Interviews: SK; PSC)

1.1.2 Wie werden die für Forschende als relevant erachteten Fähigkeiten gewichtet und ihr Verhältnis zueinander beurteilt?

Die Frage nach den idealen Fähigkeiten von Forschenden induziert zunächst einen sehr breiten Raum für die verschiedensten Antworten. Konkreter wird das Bild beruflicher Anforderungen im Hinblick auf die Gewichtung der genannten Fähigkeiten. Einige Aussagen in den Interviews, die sich auf die Bewertung beziehen, sind exemplarisch in der nachstehenden Tabelle zusammengestellt (vgl. Abb. 12). Dabei wird ausschließlich der Originalwortlaut der Interviews zitiert, da es sich um individuelle Einschätzungen handelt und eine zusammenfassende Reformulierung den unterschiedlichen Bewertungsdimensionen und -maßstäben nicht gerecht würde.

Fähigkeits-bereiche	Bewertung / Gewichtung
Fachliche Fähigkeiten	- *"stehen an erster Stelle"* (PBE 24f.) - *"Grundvoraussetzung", andere Fähigkeiten sind der zweite Schritt"* (SK 112ff.)
Kommunikations-fähigkeiten	- *"Die fehlende Bereitschaft, sich mit seiner wissenschaftlichen Umgebung stets in laufender Diskussion zu befinden und auch freiwillig kommunikativ zu sein, nicht abzuschotten, halte ich für ein Hindernis"* (PHP 48ff.) - *"Er muß auch in der Lage sein, seine Ergebnisse nicht nur unmittelbaren Fachkollegen zu vermitteln, sondern auch darüber hinaus Leuten, die den Spezialgebieten nicht so sehr nahe stehen (...). Das ist eine ganz entscheidende Sache, das ist fast noch wichtiger als kooperative Fähigkeiten: die Kommunizierfähigkeit"* (PHB 49ff.)
Kooperations-fähigkeiten	- *"Wenn man Konvergenz von Forschung braucht, wenn man Brücken schlagen will (...), dann wird Kooperation dramatisch wichtig. Wenn jemand die Fähigkeit fehlt, bei so einem Problem, Leute zu integrieren, dann ist er verloren"* (PSC 180ff.) - *"Das ist ein wichtiger Punkt: also Kooperationsfähigkeit, nicht nur, daß man zusammen arbeitet, sondern, daß man sich einbringen muß in das Projekt. Sehr, sehr schwierig; scheitert auch sehr oft"* (PGAM 44ff.)
Kreativität/ Innovationskraft	- *"Also zunächst mal würde ich (...) sagen, daß die Grundvoraussetzung für einen guten Wissenschaftler (...) diese gewisse Kreativität ist"* (PSC 37ff.) - *"Die Kreativität z.B., die ist erstmal etwas Gutes"* (PSA 58f.)
Fähigkeiten im Bereich der Arbeitsorganisation	- *"Mindestkenntnisse sind Voraussetzung"* (SK 17ff.) - *"dieses Spektrum von Zufällen und Erratik: auch daraus wird nur der Nutzen gezogen, wenn man bereit ist, nicht nur auf Zufälle zu setzen, sondern eben sehr systematisch auch in anderer Weise vorgeht"* (PSC 112ff.)
Fähigkeit zu interdisziplinärem Arbeiten	- *"Unsere wesentliche Aufgabe ist ja das interdisziplinäre Arbeiten"* (PBE 29f.) - *"Offenheit, der Wille, sich in angrenzende Gebiete einzuarbeiten, daß man überhaupt miteinander reden kann, daß man bestimmte Begriffe gemeinsam definieren kann, gehört zu den wichtigsten Schlüsselqualifikationen"* (PBE 52ff.)
Führungs-fähigkeiten	- *"Wo es mangelt, ist dann wirklich das fundierte, vertiefte Wissen um Motivation, um Mitarbeiterführung, um Strukturierung von Arbeitsprozessen. Das sind ja alles Dinge, die in der Tat in der Ausbildung nicht gelehrt werden, die aber gerade wenn man eine Führungsposition hat, herausragend wichtige Dinge sind"* (PLAV 76ff.) - *"Die glauben alle, die können das. (...) Jeder glaubt im Personalgeschäft, das kann er. Dabei ist das schwieriger als irgendeine andere Sache. Das ist wie beim Fußball. Es gibt 2 Mio. Bundestrainer in Deutschland"* (PGAM 185ff.)

Abb. 12: Aussagen zu Gewichtung bzw. Bewertung von Fähigkeiten

Neben der selbstverständlichen Voraussetzung fachlicher Kompetenz, die in fast allen Interviews dominiert, aber selten weiter problematisiert wird, werden die metafachlichen Kompetenzen - jenseits der verallgemeinernden Begriffe - sehr unterschiedlich gefaßt und meist eher aus Arbeitsaufgaben oder erfahrenen Defiziten abgeleitet. Konsensfähig erscheint jedoch, daß v.a. Kommunikations- und Kooperationsfähigkeiten sowie Führungskompetenzen unabdingbare, wenn auch häufig unterschätzte Attribute darstellen. Im Hinblick auf die Gewichtung kommen jedoch insbesondere die individuell variierenden Sprachstile der InterviewpartnerInnen zum Tragen, die ihre Einschätzungen mit unterschiedlicher Vehemenz zum Ausdruck bringen. Die faktische Bedeutungszuschreibung ist höchstens indirekt zu erschließen.[113]

Der letzte Abschnitt dieses Teilkapitels, das sich mit den aus der Sicht des Wissenschaftsmanagements erforderlichen beruflichen Fähigkeiten beschäftigt, geht der Frage nach, ob bzw. inwiefern die verschiedenen, den Forschenden im Idealfall zugeschriebenen Fähigkeiten zueinander in Relation gesetzt werden.

Abgesehen von einer grundlegenden Voraussetzungshaftigkeit fachlichen Wissens und Könnens setzen die InterviewpartnerInnen diese nicht weiter mit den metafachlichen Kompetenzen in Beziehung. Ein Unterschied von fachlichen und nicht direkt fachbezogenen Fähigkeiten wird zwar konstatiert, z.B. *"Die Fähigkeiten sind eine Kombination aus fachlicher Einschätzung und 'das paßt irgendwie zu uns'"* (PHP 272f.). Der Übergang selbst wird jedoch nicht gesondert thematisiert.

Im Bereich der hier unter dem Begriff 'metafachlich' zusammengefaßten Fähigkeiten bzw. Eigenschaften oder Haltungen wird mehrfach eine **Komplementarität** konstatiert, die sich zum einen auf die gegenseitige Ergänzung innerhalb der Persönlichkeit der Forscherin/des Forschers bezieht:

- **Kooperationsfähigkeit und Ehrgeiz**: *"Ja, Kooperationsfähigkeit, sich in ein Team einbringen, ist wichtig. Aber ein guter Wissenschaftler braucht auch eine Portion persönlichen Ehrgeiz. Eben hungrig, getrieben sein. Das muß er eisern durch verfolgen. Das darf sich nicht nur im Kommunizieren erschöpfen"* (PHP 51ff.);
- **Flexibilität und Beharrungsvermögen**: *"Es gehört aber auch ein gewisses Beharrungsvermögen dazu. Man muß schon einfach auch irgendwo sich durchbeißen können. Das ist dann vielleicht das Gegenteil von Flexibilität. Eine gute Kombination: Merken, wo weiterzubohren keinen Sinn mehr macht, und aber nicht beim ersten Widerstand aufgeben. (...) Die Zähigkeit, auch wenn es scheinbar schwierig voran geht. Gerade in der modernen Naturwissenschaft, wo wir mit komplexen Apparaturen umgehen, mit vielen Widrigkeiten zu kämpfen haben, wo die Maschinen nicht immer das tun, was wir wollen, da ist genau diese Fähigkeit unheimlich wichtig"* (PHP 80ff.);
- **Begeisterung und Frustrationstoleranz**: *"Der behaupten würde, daß man zur Wissenschaft Begeisterung braucht, der hat recht, natürlich. Das braucht man in jedem Falle. Aber was man noch viel mehr braucht, ist Frustrationstoleranz, diese gewisse eingesponnene Zähigkeit, dieses absolut Sich-nicht-abbringen-Lassen durch Mißerfolge, äußere Anfeindungen oder politische Störungen"* (PSC 964ff.).

Zum anderen wird angesichts der Schwierigkeit bzw. Seltenheit, sämtliche Fähigkeiten in einer Person zu vereinbaren, auf die komplementäre Zusammensetzung in Teams oder die Notwendigkeit der Kombination verschiedener Forschertypen innerhalb eines Institutes verwiesen: *"Die Natur der Projekte, die wir betreiben, läßt es nicht zu, daß wir diesen reinen Idealtypus multipliziert beieinander finden. Oft ergibt sich einfach das gute Forscherteam erst*

---

[113] Es bedürfte eines anderen, z.B. einzelfallanalytischen Vorgehens, um die jeweiligen Formulierungen und Gewichtungen mit den persönlichen Relevanzstrukturen in Beziehung zu setzen.

aus der Kombination von verschiedenen komplementären Begabungen. Der monomanische Spezialist, der sich seinem Thema mit großer Hingabe widmet, und der Generalist, der in der Lage ist, dieses Spezifische dann auch nach außen zu vermitteln und größere Sachbezüge herzustellen - das bekommt man nie in einer Person zusammen" (PSA 50ff.; vgl. auch PHB 43ff.).

Auch direkte **Widersprüchlichkeiten** werden zur Sprache gebracht:

- *"Der richtige Forscher, der nobelpreisverdächtige, ist absolut rücksichtslos und sieht nur seine Forschung, sein Ziel. Das widerspricht genau dem Teamgeist"* (PGAM 64ff.);
- *"Sie kennen das wahrscheinlich in der Politik, an dem sogenannten Präsidentenparadox, daß die Eigenschaften, die jemanden dazu bringen, gewählt zu werden, ziemlich diametral entgegengesetzt sind von denen, die ihn nachher zu einem guten Präsidenten machen"* (PSC 28ff.).

Dabei fließen in die Antworten auch Gedanken mit ein, die sich wiederum weniger direkt auf Fähigkeiten als vielmehr auf individuelle Merkmale und Persönlichkeitseigenschaften, Haltungen und Einstellungen oder allgemeine Rahmenbedingungen beziehen. So werden etwa *"menschliche Verträglichkeit"* (PGAM 28ff.) und *"Vertrauen"* (PGAM 45) unter KollegInnen als wichtig erachtet. Werden als typische Merkmale 'guter ForscherInnen' so unterschiedliche Begriffe wie *"eine Portion persönlicher Ehrgeiz"* (PHP 52), *"Hartnäckigkeit"* bei hoher *"Frustrationstoleranz"* (PSC 964ff.) oder *"Kommunikations- und Kooperationsfähigkeiten"* thematisiert, so gewinnt dieser Umstand unter dem Aspekt der Herkunft bzw. der Erlernbarkeit besondere Bedeutung.

1.2 *"Die Techniken kann man lernen, das ist Handwerkszeug. Das andere ist dann mehr eine Charakter- und Mentalitätsfrage"* – Herkunft und Erlernbarkeit forschungsrelevanter Fähigkeiten

Vor dem Hintergrund der diversen ‚Fähigkeiten‘, die für das Gelingen von Forschung als notwendig erachtet werden, wird im folgenden der Frage nachgegangen, woher die Fähigkeiten - den InterviewpartnerInnen zufolge - stammen bzw. inwieweit sie überhaupt als erlernbar gelten. Dabei steht hier der Aspekt im Vordergrund, inwieweit bereits die akademische Ausbildung der Forschenden bzw. anderweitige Vorerfahrungen ausreichen - oder inwieweit sich die Institute selbst explizit als Orte zur Fortsetzung des Lernens verstehen (müssen). Dies steht und fällt freilich mit der Einschätzung der generellen Erlernbarkeit der notwendigen Fähigkeiten.

Durchweg wird bezüglich der Herkunft notwendiger Fähigkeiten davon ausgegangen, daß die **fachlichen Kenntnisse** normalerweise bereits im einschlägigen Studium erlangt werden können (vgl. u.a. PLAV 29f., SK 43ff.). Doch werden hinsichtlich der Fachausbildung qualitative Unterschiede zwischen einzelnen Hochschulen (vgl. PBE 63ff.) und auch allgemeine Defizite konstatiert. So werde an den bundesdeutschen Universitäten z.B. den methodischen Fähigkeiten zu wenig Gewicht in der Ausbildung eingeräumt, die mit der Erstellung eines wissenschaftlichen Aufsatzes verbunden sind, wie Präzision des sprachlichen Ausdrucks, Klarheit des Aufbaus: *"Die Methodik der wissenschaftlichen Forschung sollte eigentlich bei uns ein wichtiges Lehrfach sein"* (PHB 75ff.).

Weitaus problematischer ist die Frage nach der Herkunft der notwendigen **metafachlichen Fähigkeiten**. Hier reicht das Spektrum der Antworten von einer tendenziell positiven Beurteilung des bundesdeutschen Qualifikationssystems für AkademikerInnen (vgl. PSC) über diverse Kritikpunkte hinsichtlich der universitären Fachstudienordnungen (vgl. PSA, SK, PHB) bis hin zum offenen Eingeständnis des Nichtwissens bzw. Nichtwissen-Könnens, wo diese Kompetenzen erlangt werden (vgl. PHP, SV).

Generell wird die Meinung vertreten, daß die Universitäten als Ausbildungsinstitutionen ebenso wie für das Fachwissen auch für das Training metafachlicher Fähigkeiten zuständig seien. Positiv wird die Vermittlung des grundlegenden *"Handwerkszeuges"* beschrieben, wobei den AkademikerInnen später die Aufgabe zufalle, das *"Feinwerkzeug"* zu entwickeln (vgl. PLAV 71ff.). In einem Fall werden gesondert die Möglichkeiten gewürdigt, im Rahmen der studentischen Beteiligung an einem Forschungsprojekt einschlägige Kompetenzen zu entwickeln (vgl. SK 47ff.).

In den meisten Gesprächen wird jedoch problematisiert, daß die Hochschulen dieser Aufgabe nur unzureichend nachkämen, so daß dahingehende Bildungsaufgaben den Instituten zufielen.[114] Konkret wird beispielsweise die Vernachlässigung der Einübung von Kooperationsfähigkeiten kritisiert: *"Wir haben an ganz wenigen Hochschulen, jedenfalls die ich kenne, eine Lernstruktur, eine Ausbildungsstruktur, die kooperatives Arbeiten betont. Schon unser Prüfungssystem ist immer sehr stark individualistisch ausgerichtet, d. h. Gruppenarbeiten werden als nicht prüfungsfähig angesehen"* (PHB 70ff.).[115] Als stark defizitär wird zudem die universitäre Vorbereitung auf spätere Führungsaufgaben eingestuft (vgl. PLAV 76ff.).

Mit Blick auf eine aktuell stark im Wandel befindliche Wissenschaftsstruktur wird auch die Position vertreten, daß gerade im Bereich des Wissenschaftsmanagement das allgemeine Studium unmöglich auf die neuen Anforderungen vorbereiten könne (vgl. SV 30ff.). Hier seien Berufserfahrung, gezielte, situationsspezifisch auszuwählende Weiterbildung oder u.U. ein gesonderter Aufbaustudiengang vonnöten (vgl. SV 86ff.).

Neben einer Zuschreibung von Zuständigkeiten für den Erwerb der Kompetenzen wird in den Interviews in verschiedenen Zusammenhängen auch die Erlernbarkeit der einzelnen Fähigkeiten selbst in Frage gestellt. Hier stößt man u.a. auf das bereits eingangs erwähnte Problem, daß unter dem Begriff der 'Fähigkeiten guter ForscherInnen' auch Persönlichkeitseigenschaften, Mentalitäten und Haltungen assoziiert werden, deren Beeinflußbarkeit sich anders darstellt als bei in einem Bildungs- oder Lernprozeß zu erwerbenden 'Fähigkeiten'.

Daß die o.g. Fähigkeiten insbesondere im Rahmen organisierter Weiterbildung zu erlangen seien, wird einerseits mit verschiedenen Argumenten bezweifelt. Die InterviewpartnerInnen benennen die folgenden **Grenzen der Erlernbarkeit**; allerdings wird die Problematisierung der Erlernbarkeit zumeist auf die Lernsituation gezielter, organisierter Unterrichtung in Schul- oder Seminarform bezogen.

- Generell seien die Institute in ihren Beschäftigten mit bereits geprägten Erwachsenen konfrontiert: *„(...) das baut auf unterschiedlicher Eignung auf, auf einem schulichen oder sozialen Hintergrund, den ich nicht beeinflussen kann. Insofern sind das erwachsene Menschen mit einer Prägung - ob nun genetisch oder umweltbedingt. An deren Gesamtstruktur kann man nur noch wenig verändern"* (PHP 74ff.).

- Es handle sich zum Teil um **Charaktereigenschaften**. So sei es z.B. charakterlich angelegt, *"ob ich gut mit jemand kann, ob ich den anleiten kann, ob ich den motivieren kann"* (PBE 111f.).

- Zudem seien die erforderlichen Fähigkeiten, z.B. im Bereich der Führung, **komplex** aus lernbaren, dispositionellen, habituellen und kontextuellen Elementen zusammengesetzt. *"Die Techniken kann man lernen, das ist Handwerkszeug (...). Das andere ist dann mehr eine Charakter- und Mentalitätsfrage"* (vgl. PGAM 112ff.). Oder: *"Aber es*

---

[114] *"Da wird sicher vieles dann nachgeholt, aber wir täten uns sicher sehr viel leichter, wenn wir das frühzeitig schon im Studium einbauen würden"* (PHB 100ff.).

[115] Oder: *"Die Fähigkeit, eine Forschungsfrage miteinander zu bearbeiten, so daß mehr herauskommt als unabhängige Einzelleistungen, muß oft erst hier an einem solchen Institut erworben werden, weil sie in der universitären Ausbildung - mit wenigen Ausnahmen - typischerweise nicht eingebunden wird"* (PSA 38ff.).

gibt eben Typen, die können es besser, und andere, die können es weniger gut. Da gibt es unterschiedliche Naturelle. Vielleicht haben die das mit der Muttermilch eingesogen oder in der Schule. Ich weiß nicht" (PHP 65ff.; vgl. auch PLAV 34ff.).

- Allgemeiner noch wird mehrfach ein fehlendes **Bewußtsein** für notwendige Lernprozesse konstatiert: *Das "Interesse bzw. das Selbstverständnis und die Selbstkritik ist in diesem Bereich nicht sehr ausgeprägt. Viele sehen gar nicht, daß sie da Defizite haben. Und denen das zu vermitteln ist auch sehr schwer"* (PLAV 103ff.).

- Im Hinblick auf Führungs- und Managementfähigkeiten wird die Erlangung derselben eher als **Sensibilisierungsprozeß**, in Abgrenzung von (intentionalem) Lernen betrachtet: *"Also ich glaube nicht, daß man dafür in irgendeiner Weise trainiert werden kann. Die Sensibilität dafür und auch die Strategiefähigkeit in diesem Bereich kristallisiert sich im Laufe der Zeit heraus; bei einigen Leuten, bei anderen nicht"* (PSC 937ff.).

- Lernen finde eher **implizit im Arbeitsprozeß** statt und sei somit nur sehr begrenzt steuerbar: *"Die werden halt in die Gruppen hinein geworfen, in der Hoffnung, daß es dann irgendwie passiert. Dadurch, daß man die Gruppen selbst nicht aus ihrer gemeinsamen Aufgabenstellung entläßt, hofft man, daß sich damit Kooperationsfähigkeit mit der Zeit entwickelt. Ich weiß auch gar nicht so genau, wie man das sozusagen abstrakt vermittelt"* (PSA 78ff.)." *Ja, erstmal ist das Learning by doing. Erstmal auf die Nase fallen"* (PGAM 89f.).

- Das Erlernen mancher Fähigkeiten sei überdies vom **Alter der Lernenden** abhängig (PGAM 92). Ältere MitarbeiterInnen ziehen es selbst für sich nicht mehr in Erwägung (vgl. PSA 439ff.), oder es wird ihre Lernfähigkeit bezweifelt: *"Bei manchem (Älteren, A.d.V.) ist da Hopfen und Malz verloren"* (PHP 214f.). Doch bei jüngeren MitarbeiterInnen gelte es, *"Talente"* zu *"entwickeln"* (PHP 374ff.).

- Schließlich wird im Bereich der Führungs- und Managementkompetenzen die prinzipielle Erlernbarkeit nicht abgestritten, jedoch aus **Mangel an Gelegenheit** ein fehlender Lernvorlauf konstatiert, was faktisch in *"Dilettantismus"* münde (PLAV 55ff.). Die Möglichkeiten, sich diese Kompetenzen später anzuzeigen, seien aufgrund zeitlicher Restriktionen nicht bzw. kaum gegeben (vgl. PLAV 61ff.).

Andererseits werden von den InterviewpartnerInnen ausdrücklich auch **Notwendigkeit und Möglichkeit des Lernens** bestimmter Fähigkeiten betont: Wie *"man an bestimmte Probleme überhaupt 'rangeht, welche Arten von Gedankengängen, wenn sie auf bestimmte Probleme angewandt werden, zu irgendwas führen, das hat man nicht in die Wiege gelegt, sondern das muß man irgendwo lernen"* (PSC 73ff.; vgl. auch SK 45ff.). Dabei werden diese Prozesse zumeist als Gemengelage verschiedener Lernformen und -orte beschrieben.[116] Etwa im Bereich der Konfliktbearbeitung wird Weiterbildung - hier im Sinne einer Sensibilisierung für Problemlagen - als potentiell nutzbringend erachtet: *"Ich würde da schon gern mal jemand zu so einem Seminar schicken. (...) ich würde es jemandem wünschen, der das dann länger macht, daß er das nicht nur durch schiere Erfahrung lernen muß. Manche Dinge kann man zwar nur durch Erfahrung lernen, aber dazu muß man bestimmte Problemfelder überhaupt erst begriffen haben"* (PSA 439ff.). Weiterbildung wird ebenso für die Führungs- und Managementfähigkeiten des Leitungspersonals als sinnvoll erachtet: *"Bei einem großen Teil waren aber diese Fähigkeiten zumindest zu Beginn der Karriere nicht da. Eine ganze Reihe hat sie aufgrund langer Berufserfahrung erworben. Daß Bedarf da ist, hier noch mehr zu machen, sieht man daran: Wir haben unser Seminarprogramm für leitendes Personal vor 14 Tagen verschickt und haben bei ein paar Themen bereits jetzt 8, 9 Anmeldungen. Hier wird auch gesehen, daß Bedarf da ist"* (SV 86ff.). Dies

---

[116] *"Für die Entwicklung von jüngeren Wissenschaftlern (...) ist es enorm wichtig, in einer Umgebung aufzuwachsen, in der wirklich Forschung an vorderster Front mit den nötigen Mitteln und Ausstattungen abläuft und wo exemplarisch gezeigt wird, wie man an solche Probleme im Ungewissen an der Front der Erkenntnis 'rangeht. Das färbt ab"* (PSC 129ff.).

wird mit den Veränderungstendenzen in der Wissenschaftsorganisation in Verbindung gebracht, die dem individuellen Erfahrungswissen Grenzen setzten: *"Die Anforderungen werden größer, die Organisation der Institute wird komplizierter (...). Das kann man nicht mehr einfach mal so mit dem, was man eben erfahren hat"* (SV 338ff.).

Zentral erscheint in diesem Zusammenhang die explizite Stellungnahme eines Interviewpartners zu der These, daß Forschende im Rahmen ihres Berufsbildes als Paradebeispiel lebenslangen Lernens angesehen werden könnten. Lernen, im Sinne einer steten, bewußten Auseinandersetzung mit Neuem, müsse zum Selbstverständnis von Forschenden gehören (vgl. SK 103ff.), wobei der Lernprozeß an einer Forschungseinrichtung keineswegs den Forschenden selbst überlassen bleiben solle bzw. könne.[117]

Nähert man sich dem Weiterbildungsgeschehen in den Forschungsinstituten über die Perspektive des Lernens der für die Berufsausübung als erforderlich eingeschätzten Fähigkeiten, wird also durchaus ein Bedarf an berufsbezogener Weiterbildung diagnostiziert. Dieser stellt sich in den Interviews aber als problematisch hinsichtlich unterschiedlicher Vorverständnisse von 'Weiterbildung' sowie bezüglich der generellen Beeinflußbarkeit des Erlernens von Fähigkeiten dar. Als Einflußfaktoren kommen schließlich noch die sehr viel grundlegenderen Vorstellungen über das Berufsbild 'Forschung' im allgemeinen hinzu.

1.3 *"Normale Menschen"* und *"echte Forscher"* - Berufsbilder in der Forschung

Für den vorliegenden Kontext von Bedeutung sind außerdem jene Interviewpassagen, welche weniger auf die konkreten Fähigkeiten eingehen, sondern vielmehr die allgemeinen Berufsvorstellungen von 'Forschung' betreffen. Diese im Zuge der Gespräche eher am Rande thematisierten Aspekte zu Menschen- und Berufsbildern[118] pointieren vor allem die Perspektive des Managements und damit auch einen Teil des normativen Hintergrunds, vor dem die Wissenschaftspraxis - und damit auch die hier interessierende Weiterbildung - an den untersuchten Instituten organisiert wird.

Diese Ausführungen verdeutlichen nicht nur die generelle Schwierigkeit, berufliche Aufgaben mit entsprechenden 'Fähigkeiten', im Sinne von Handlungskompetenzen, in Verbindung zu bringen. Vielmehr integrieren die Aussagen zu Menschen-/Berufsbildern die unterschiedlichen Konzepte, wie Persönlichkeitseigenschaften, Einstellungen, Praktiken, Berufsinhalte und Anforderungen.

---

[117] Es sei *"bisher so, daß man zunächst mal davon ausgeht, daß jeder Wissenschaftler in seinem Berufsleben von sich aus einen Antrieb verspürt, sich weiterzubilden. Das ist nach wie vor sehr weit verbreitet. Da sagt man einfach, ein Akademiker, der weiß das selber, daß er auf dem Laufenden bleiben muß, und der guckt dann schon, daß er die nötigen Kontakte hat, zu Tagungen geht usf. Und das ist sicherlich noch nicht ausreichend"* (SK 159ff.). *"Da gibt es zwar persönliche Interessen, aber die Summe der persönlichen Interessen ist noch nicht das Weiterbildungsinteresse eines Institutes. Wenn man also lenken will, muß man auch institutionelle Angebote machen"* (SK 174ff.).

[118] Was hierzu aus dem Material zusammengestellt wurde, dient allerdings nicht dem Versuch, vollständige berufliche Anforderungsprofile oder Konzepte der beruflichen Praxis wissenschaftlich Forschender zu ermitteln. Danach wurde in den Interviews auch nicht gefragt, da eine lineare Ableitung von notwendigen Bildungsformen und -inhalten als problematisch einzuschätzen ist (vgl. Kap. II – 1.2).

Das Spektrum der von den Befragten beschriebenen Typen von Forschenden kann zwischen zwei Polen aufgespannt werden.

Auf der einen Seite stehen die *"Individualisten"* (PBE 48), die *"kreativen Entwickler"* (PSA 59), der *"monomanische Spezialist"* (PSA 53), die *"Primadonnen"*, die in *"fast künstlerischer Einmaligkeit"* arbeiten (PSC 973ff.). Sie werden in der extremsten Ausprägung als *"krasse Egoisten"* wahrgenommen: *"In der Durchsetzung ihrer Wünsche sind sie hemmungslos und 'gehen da über Leichen'. Um ein Gerät zu kriegen, würden sie die 'ihre eigene Großmutter verkaufen'"* (PGAM 58ff.). Sie seien aber eher selten: *"Bei 160 Wissenschaftlern hier ca. fünf oder sechs"* (PGAM 60ff.).

Dagegen *"gibt es dann die anderen, ganz biedere, normale Ingenieure, die eben durch Zufall teilweise auch in die Forschung gekommen sind. Die waren irgendwie an einem Lehrstuhl, und da hat sich dann das Projekt entwickelt, und dann wurden sie dabei promoviert. Die machen einen ganz normalen Job. Eine Aufgabe, die meist gar nicht von ihnen selbst kommt"* (PGAM 66ff.). *"Das ist der größte Teil. (...) Deswegen haben ja Forscher auch sozial keinen Vorrang. Das sind ganz normale Menschen"* (PGAM 76ff.). Sie bilden den Gegenpol als *"sehr viel biederer erscheinender Wissenschaftler oder die sehr viel bravere Wissenschaftlerin, die gar nicht so sehr an innovativen Dingen interessiert sind, die aber mit großer Geduld und Beharrlichkeit dazu in der Lage sind, sowas zu Ende zu führen"* (PSA 58ff.).

Die beiden Typen unterschieden sich im Hinblick auf ihre Motivation und Berufsauffassung: *Ein "normaler Wissenschaftler kommt morgens zum Dienst. (...) Der hat einen Ablaufplan, der muß bis dann und dann das fertig machen. Der arbeitet das ganz genau ab, wie jeder andere. Und das ist dann nicht wesentlich unterschiedlich zu einer Arbeit im Ministerium. Es ist nur ein anderer Inhalt. Dagegen der echte Wissenschaftler, die kommen hierher, und die brennen regelrecht. Die sind natürlich schwierig. Wir haben hier einen, der hier nächtelang und am Wochenende sitzt. Der hat eine Motivation, den müssen sie bremsen"* (PGAM 278ff.).

In der Bewertung der Typen kommt stark die Perspektive des Wissenschaftsmanagements eines Gesamtinstitutes zum Tragen. Für die erfolgreiche Arbeit eines Institutes seien zwar beide Typen vonnöten (vgl. PHP 39ff.). Da die InterviewpartnerInnen als Institutsleitende für das jeweilige Institut als Ganzes verantwortlich sind, zeigen sie sich jedoch weniger an ungewöhnlichen Sonderwegen interessiert als am Beitrag der jeweiligen MitarbeiterInnen zur Gesamtleistung[119]:

- *"Die extravaganten, schillernden, allzu grundlegend spekulativ arbeitenden Forscherpersönlichkeiten habe ich 'gefressen wie grüne Seife'"* (SN 129f.).
- *"In jetzt schon zwei Jahrzehnten habe ich zu häufig erlebt, daß hochqualifizierte Einzelwissenschaftler oft ein extrem unterentwickeltes Kooperationsvermögen haben und zu dem besonderen Typus von Forschung, wie wir ihn hier betreiben, nur bedingt beitragen können"* (PSA 31ff.).
- Erwartet wird hingegen: *"Der beständige Wille desjenigen, die Forschungsrichtung, die er mal in der Ausbildung betrieben hat, hier so umzusetzen, daß es den Anforderungen unserer wissenschaftlichen Zielstellung hier im Hause entspricht"* (PBE 26ff.; vgl. PSA 62ff.).

In den Zitaten wird deutlich, daß die in Institutsform organisierte Forschung der Blaue-Liste-Einrichtungen stark auf eine Gesamtleistung setzt - und eine diesbezügliche Einordnung der Forschenden einfordert.

---

[119] Interessant ist allerdings, daß in der Wortwahl gerade der erste Typ als *"echte"*, *"richtige Forscher"* (vgl. PGAM) oder als *"erfolgreich"* bezeichnet wird. *"Die ganze Landschaft der erfolgreichen Wissenschaftler, das ist eine Landschaft von Primadonnen"* (PSC 973f.). Es könnte vermutet werden, daß hierbei die Bilder und Werthaltungen aus Alltagswelt und -sprache Wirkung zeigen, wo Forschende eher mit exotischen Sonderlingen assoziiert werden als mit einer fast austauschbar normalen Berufsausübung.

Neben der Bewertung bestimmter Typen von Forschenden lassen sich den Interviewtexten auch **Aussagen zum Wandel des Berufsbilds 'Forschung'**, zu sich verändernden Anforderungen an die berufsmäßig Forschenden aus der Sicht des Wissenschaftsmanagements entnehmen, die nicht allein auf die Ebene der Fähigkeiten zu beziehen sind, aber trotzdem damit zusammenhängen (vgl. auch Teilkap. 2.3.3).

So wird von mehreren InterviewpartnerInnen eine falsch verstandene "Freiheit der Wissenschaften" problematisiert, die nicht Freiheit von Planung oder Steuerung meine.

- *"Natürlich ist Forschung nicht vergleichbar mit einem Produktionsbetrieb. Gleichwohl ist auch Grundlagenforschung Management. Wenn man sich über Ziele verständigt, dann muß man Zwischenkontrollen/Endkontrollen einführen, ob die Ziele erreicht sind oder nicht (...). Das erfordert einen ständigen Dialog. Man darf freie Grundlagenforschung nicht verwechseln mit der Freiheit, zu tun und zu lassen, was man gerne möchte. Auch Forschung erfordert, wenn sie erfolgreich sein will, ständige Erfolgskontrollen und eine ständige Vereinbarung von Zielen und Zwischenzielen"* (PLAV 197ff.).

Daß sich der Forschertyp zudem im Zuge wachsenden öffentlichen Legitimationsdrucks zu verändern habe (vgl. PGAM 293f.), wird in einem der Interviews gesondert konstatiert. Forschende hätten zu akzeptieren, *"daß die Forschung nicht nur l'art pour l'art ist, sondern das Geld wert ist, das der Steuerzahler in sie hineingibt. Ein return of investment, in welcher Form auch immer"* (PGAM 323ff.).

Neue Anforderungen an die Fähigkeiten der Forschenden ergäben sich aus veränderten Finanzierungsbedingungen von Forschung:

- *"Jetzt versuchen wir Wissenschaftler mehr auf eine aus der Wirtschaft kommende Arbeitsweise umzubiegen, daß sie auf Termin arbeiten, ein Qualitätsbewußtsein kriegen. Dann, was sie bisher nie mußten, die Wissenschaftler sollen Aufträge aus der Industrie akquirieren. Sie sollen (...) in die Industrie gehen, auch an Vermarktung denken"* (PGAM 297ff.).

Die Wortwahl des „*Versuchs Umzubiegen*" verweist auf seiten des Managements auf eine Erfahrung des Widerstands bzw. einen möglichen Veränderungsdruck, der sich bis auf die einzelnen MitarbeiterInnen auswirkt.

Von anderer Seite wird hierzu allerdings bereits ein Einstellungs- bzw. Erwartungswandel bei der folgenden Wissenschaftlergeneration beobachtet:

- *"Aber hier ist mir aufgefallen, daß die Jüngeren wesentlich klarer sehen, daß die 'schönen Zeiten', wie man früher (...) arbeiten konnte, daß die vorbei sind: Diese Punkte, wie kein Institut ist von vornherein sicher, kein Mitarbeiter des Öffentlichen Dienstes hat auch in zehn Jahren noch die Aussicht, daß er da dabei ist, etc."* (ST 38ff.).

1.4.1 'Wissen' heißt nicht unbedingt 'Können' – Diskussion der beruflichen Anforderungen im Bereich der Forschung unter der Perspektive der Bildung

Die in Kap. III dieser Arbeit entwickelten Facetten eines Berufs, welche mit Blick auf den Untersuchungsstand zum Berufsfeld 'Forschung' untersetzt wurden, stellten den Ausgangspunkt der Auswertung der Experteninterviews dar. Unter der Prämisse, daß die Vorstellungen der Befragten über die beruflichen Anforderungen einen Zugang zur Einschätzung vorhandener bzw. erforderlicher Bildungsprozesse eröffnen könnten, wurden im vorausgegangenen Teilkapitel Fragen zu den aus der Sicht des Wissenschaftsmanagements erforderlichen Fähigkeiten im Berufsfeld 'Forschung' untersucht.

Im Bereich der genannten Fähigkeiten ist dabei eine allgemeine Verbreitung der **Unterscheidung von 'fachlichen' und 'anderen' Fähigkeiten** zu konstatieren. Diese in der bildungswissenschaftlichen Diskussion umstrittene Differenzierung bereitet den Befragten anscheinend keine Schwierigkeiten. Die Artikulation der InterviewpartnerInnen übernimmt einen alltagssprachlichen Begriffsgebrauch.

Doch wird 'fachliche' hierbei nicht der 'allgemeinen' Bildung gegenübergestellt, da der Berufsbezug in beiden Bereichen erhalten bleibt. Unter 'fachlich' werden zumeist diejenigen Fähigkeiten gefaßt, die auf in einem Projekt vertretene Fachdisziplinen bezogen werden können. Wird dies im Sinne der disziplinären Theorien und Methoden gefaßt, bewegen sich die Antworten damit vor allem auf der Ebene von Wissensinhalten oder Kenntnissen.

Die Ebene des Handelns - und damit die performative Seite von 'Fähigkeiten' - wird hingegen stärker in dem Sektor 'anderer' forschungsrelevanter Fähigkeiten angesprochen, der hier unter dem Begriff des 'Metafachlichen' zusammengefaßt wurde. Dazu gehören Fähigkeiten, die zum Teil explizit als "Schlüsselqualifikationen" bezeichnet oder im einzelnen konkret aufgelistet wurden. Sie beziehen sich auf den sozialen Arbeitszusammenhang, wie Fähigkeiten zu Kooperation, Kommunikation oder Vermarktung, sowie auf eher dem Individuum zugeschriebene Leistungen, wie Arbeitsorganisation oder Kreativität. Auffällig ist dabei, daß in den Antworten der InterviewpartnerInnen häufig auf indirektem Wege aus im Rahmen der alltäglichen Projektarbeit entstehenden Problemen und Defiziten auf erforderliche Fähigkeiten geschlossen wird.

Die Unterscheidung scheint eine Trennung zwischen den tendenziell unproblematisch zu formulierenden fachlichen Wissensbeständen und den Kompetenzen zu begünstigen, die jenseits des fachlich-disziplinären Zusammenhangs zu einer handlungspraktischen Bewältigung der forscherischen Aufgaben nötig sind. Dieser Befund kann auch als die Erfahrung einer Differenz zwischen als Fachwissen vorliegenden Kenntnissen und der umsetzungsbezogenen, aktiven, eben 'befähigenden' Komponente des Fähigkeitsbegriffs verstanden werden.

Bei den forschungsrelevanten metafachlichen Fähigkeiten werden zumeist die - etwa aus Medien oder Stellenanzeigen - bekannten Termini alltagssprachlich genutzt, z.B. Kommunikations- und Kooperationsfähigkeiten, Kreativität oder Führungskompetenzen. Hinsichtlich dieser Fähigkeiten ist auf der Ebene der Begrifflichkeiten ein relativer Konsens zwischen den Befragten auszumachen. Die Interviewpassagen zu ihrer Konkretisierung erweisen sich allerdings als überaus facettenreich in bezug auf die angesprochene inhaltliche Ebene sowie - im Vergleich der Interviews - als kontrovers mit Blick auf die Bewertung bzw. Gewichtung der genannten Fähigkeit innerhalb der Berufsausübung. In der Wahrnehmung der InterviewpartnerInnen ist auch die Begrenztheit dieser Kennzeichnungen präsent, wenn sie diese als zueinander widersprüchliche bzw. komplementäre Teilfähigkeiten konzipieren.[120]

Wollte man aus den gemachten Aussagen auf ein **Berufsbild** von Forschenden in den untersuchten Einrichtungen abheben, so umfaßt eine generalisierte Stellenbeschreibung im Sinne einer Addition der genannten Fähigkeiten eine lange Liste unterschiedlichster Attribute[121], die sich überdies in einem spannungsreichen Wechselverhältnis zueinander befinden. Auch bezogen auf *einzelne* Fachdisziplinen bzw. auf die einzelnen Interviews ist das Berufsbild kaum genauer zu fassen.

---

[120] (z.B. Kooperationsfähigkeit und persönlicher Ehrgeiz; Flexibilität und Beharrungsvermögen)
[121] (von fachlicher Qualifikation als Ausgangspunkt, über innovativ-durchsetzungsfähige Persönlichkeitseigenschaften bis zu organisatorischen oder sozialen Kompetenzen)

Es besteht in den Interviews eine disziplin-übergreifende Übereinstimmung, daß sich die Charakteristika von Forschenden - als PhysikerInnen, SprachwissenschaftlerInnen, WirtschaftswissenschaftlerInnen etc. - in einem komplexen Anforderungsprofil aus diversen fachlichen *und* metafachlichen 'Fähigkeiten' zusammensetzen.

Im Hinblick auf die qualifikatorischen Anforderungen kann kaum von einem - von der Ebene der Tätigkeit als Forschende abstrahierbaren - klar profilierten Berufsbild gesprochen werden. Dieses Ergebnis deckt sich mit den aus der theoretischen Betrachtung des Gegenstands in Kap. III abzuleitenden Befunden, die eher auf vielfältige Einflußgrößen und Verständnisansätze von 'Forschung' verweisen. Somit trügt auch der Reichtum an Metaphern nicht, welche die Forschenden mit "Wölfen", "RätsellöserInnen", "wilden KapitalistInnen", "DetektivInnen", "zerstreuten ProfessorInnen" oder "managenden MagnatInnen" vergleichen (vgl. Kap. III - 1.3). Auch in den Interviews fallen die Passagen, die sich auf das Berufsbild im allgemeinen beziehen, deutlich bildreicher aus. Die in einigen Interviews anzutreffende Polarisierung zwischen "kreativen Individualisten" und "biederen Ingenieuren" sowie ihre ambivalente Einschätzung als hochmotivierte Erfolgsgaranten oder Integrationsproblemfälle verweisen auf eine Präsenz der kraftvoll stilisierten Vorstellungsbilder des Alltags - auch in den Köpfen des Wissenschaftsmanagements.

Die Schwierigkeiten, die beruflichen Anforderungen analytisch zu differenzieren und begrifflich zu fassen, kommen auch bei der näheren Betrachtung der von den Befragten für notwendig erachteten 'Fähigkeiten' zum Ausdruck. Insbesondere die Gruppe der jenseits des Fachlichen liegenden Kompetenzen umfaßt so unterschiedliche Konzepte wie Persönlichkeitseigenschaften, kognitive Fähigkeiten, technische Fertigkeiten, Einstellungen, Mentalitäten, Wissensbereiche, individuelle Dispositionen und Qualifikationen.

So ist es nicht verwunderlich, daß die **Erlernbarkeit** der thematisierten forschungsrelevanten metafachlichen Fähigkeiten zum Teil eher problematisch beurteilt wird.

Geht beispielsweise ein Interviewpartner davon aus, daß es sich bei der Fähigkeit zur Kooperation um ein notwendiges Attribut von Forschenden handle, so geht in die Beurteilung ihrer Erlernbarkeit eine grundlegendere Vorstellung mit ein: 'Kooperationsfähigkeit' wird als abhängig vom "Naturell" der jeweiligen Person konzipiert, und dieses wird außerdem als eher unveränderbar eingeschätzt. Der Logik dieses Falls zufolge kann 'Kooperationsfähigkeit' kaum als Thema berufsbezogener Bildungsprozesse erscheinen. Das Beispiel zeigt, wie stark sich spezifische Verbindungen von Menschen- und Berufsbild auf das Bildungsgeschehen auswirken.

Zudem könnte im Zusammenhang mit den jeweiligen Tendenzen in den Aussagen über die Erlernbarkeit der als für die Forschung wichtig eingestuften Fähigkeiten vermutet werden, daß es das jeweilige Menschenbild - im Sinne einer verallgemeinerten Verinnerlichung gemachter Erfahrungen der InterviewpartnerInnen - mit sich bringt, prinzipiell eher die gestaltbaren oder die unveränderlichen Seiten des Menschen in den Vordergrund der Argumentation zu rücken.

Wenn etwa bei der Institutsleitung eine skeptische Einschätzung der Lernfähigkeiten der MitarbeiterInnen und der Erlenbarkeit notwendiger Fähigkeiten vorherrscht, dürfte sich das erheblich auf die Bedeutung auswirken, die der Weiterbildung in einem solchen Institut zugemessen wird. Zumal es insbesondere dem Wissenschaftsmanagement der Einrichtungen obliegt, Weiterbildung zu unterstützen oder restriktiv zu handhaben. Stufen die GesprächspartnerInnen forschungsrelevante Fähigkeiten als unterschiedlich erlernbar ein, wird auch deren **Herkunft** verschieden beurteilt. Aus der Sicht des Wissenschaftsmanagements stellt sich die Herkunft der fachlichen Kompetenzen insgesamt - von einiger grundsätzlicher Kritik an der Hochschulausbildung abgesehen - als relativ unproblematisch im Sinne des Fachwissens dar. Als schwieriger und damit als Herausforderung für die Einrichtungen wird die Umsetzung von Wissen in die Praxis sowie der Erwerb der metafachlichen Fähigkeiten beschrieben (vgl. oben).

In beiden Bereichen scheinen die beruflichen Anforderungen aber ein berufsbezogenes Weiterlernen erforderlich zu machen, was im Fachlichen, d.h. auf der Ebene des Wissenserwerbs, zu großen Teilen als relativ selbstverständlicher Prozeß beschrieben wird. Die notwendigen metafachlichen Fähigkeiten hingegen werden entweder als nicht gezielt in Aus- und Weiterbildung zu erwerbende verstanden, wenn sie - jenseits der Möglichkeiten organisierter Lernprozesse liegend - als Teil von "Mentalität", "Charakter" oder "Prägung" konzipiert werden. Somit müssen sie bereits in den Beruf mit eingebracht werden. Andernfalls, so die Befragten Erhalt oder Ausbau der metafachlichen Fähigkeiten als einem Bildungsprozeß unterliegend erachten, wird häufig die unzureichende Vorbereitung der AkademikerInnen für diese jenseits des Fachwissens liegende Seite der Forschungsarbeit thematisiert.

Damit stellt sich sowohl der fachliche als auch, soweit möglich, der metafachliche Kompetenzauf- bzw. Ausbau als **berufsbegleitende Aufgabe** für die Forschenden dar. Die eingangs erwähnte These der Selbstverständlichkeit lebenslangen Lernens im Bereich der Forschung wird von den GesprächspartnerInnen unter diesem Aspekt zumeist geteilt. Deutlich wird dies etwa in der Formulierung eines Interviewpartners, wonach es nach der Vermittlung des grundlegenden "Handwerkszeugs" in der Hochschulausbildung anschließend zu einer Entwicklung des "Feinwerkzeugs" im Beruf kommen müsse. Individuelles Weiterlernen ist zwar keineswegs mit organisierter Weiterbildung gleichzusetzen, doch sieht sich zum Teil auch das Management der Einrichtungen für die Prozesse berufsbezogener Weiterbildung in der Pflicht - wenn auch in unterschiedlich institutionalisierten Spielarten.

Pointiert kommt dies in der folgenden Passage zum Ausdruck: Es sei zwar *"bisher so, daß man zunächst mal davon ausgeht, daß jeder Wissenschaftler in seinem Berufsleben von sich aus einen Antrieb verspürt, sich weiterzubilden. Das ist nach wie vor sehr weit verbreitet. Da sagt man einfach, ein Akademiker, der weiß das selber, daß er auf dem Laufenden bleiben muß, und der guckt dann schon, daß er die nötigen Kontakte hat, zu Tagungen geht usf. Und das ist sicherlich nicht ausreichend"* (SK 159ff.). *"Da gibt es zwar persönliche Interessen, aber die Summe der persönlichen Interessen ist noch nicht das Weiterbildungsinteresse eines Institutes. Wenn man also lenken will, muß man auch institutionelle Angebote machen"* (SK 174ff.).

Für die einzelnen Forschenden und für die sie beschäftigenden Einrichtungen kann hierin ein Konflikt liegen, der zwischen der auf einen individuellen Berufsweg ausgerichteten Hochschulausbildung und der späteren Zugehörigkeit zu einem projektförmig arbeitenden 'Großbetrieb' angelegt ist. Grundlegender werden zudem das Wissenschaftsverständnis und die Vorstellung von 'Forschung' selbst an der Universität erworben bzw. von ihr geprägt. Sie orientieren sich jedoch oftmals eher an einem Berufsbild von in "Einsamkeit und Freiheit" forschenden, festangestellten ProfessorInnen und führen später u.U. zu einer Kollision mit den Anforderungen und der Logik organisierter Forschung in größeren Einheiten.

Bereits die Thematisierung der beruflichen Anforderungen zeigt sich damit durchdrungen von institutionellen Faktoren, die auch Bildungs- bzw. Lernprozeß (mit-) determinieren. Sie verweisen gleichsam als 'Vorboten' auf die Problematiken der jeweiligen Weiterbildungspraxis der Institute, welche das Thema des folgenden Teilkapitels darstellt.

2 Die Weiterbildungspraxis aus der Sicht des Forschungsmanagements

Nachdem im ersten Teilkapitel die qualifikatorischen Anforderungen an die Forschenden im Vordergrund standen, wird der Blick nun auf die Weiterbildung*spraxis* an den untersuchten Einrichtungen der WBL gerichtet, d.h. ob bzw. wie diese von den InterviewpartnerInnen wahrgenommen wird. Das vorausgegangene Kapitel machte deutlich, daß diverse Faktoren in der beruflichen Praxis der Forschung die internen Bildungsprozesse beeinflussen. Wenn aber Restriktionen wie Möglichkeiten unterschiedlich wahrgenommen und bewertet werden, kann davon ausgegangen werden, daß die konkrete Weiterbildungspraxis der Institute unterschiedliche Formen der Realisierung erfahren hat.

Zu ihrer Darstellung wird auf die in Kap. II entwickelte Strukturierung von Bildungsprozessen zurückgegriffen. Die Leitfragen für dieses Teilkapitel lauten demgemäß:

- Welche Zielgruppen werden in Betracht gezogen? (Teilkap. 2.1)
- Welche Formen des Lernens werden beschrieben? (Teilkap. 2.2)
- Welche Inhalte umfassen Lernen und Weiterbildung, bzw. zu welchen Themen wird weitergehender Bedarf gesehen? (Teilkap. 2.3)

Schließlich wird in Teilkap. 2.4 darauf eingegangen, wie sich die beschriebene Weiterbildung vor dem Hintergrund der Dimensionen 'Intentionalität' und 'Selbstorganisiertheit' von Lernprozessen ausnimmt.

Abschließend erfolgt in Teilkap. 2.5 eine Diskussion der Ergebnisse.

2.1 *"Und bei manchem ist da Hopfen und Malz verloren"* – Zielgruppen der Weiterbildung

Im Hinblick auf die Weiterbildungspraxis der untersuchten Institute werden im folgenden die im Rahmen der Interviews angesprochenen Zielgruppen[122] von Weiterbildungsaktivitäten zusammengestellt, wobei jeweils - sofern möglich - auf die Beschreibung der jeweiligen Praxis sowie auf die Begründung des konstatierten Weiterbildungsbedarfs eingegangen wird. 'Weiterbildung' wird hierbei - je nach Sicht der GesprächspartnerInnen - z.T. in einem umfassenden Sinn verstanden, z.T. auf intentionale, fremdgesteuerte Formen des Unterrichts bzw. der Schulung beschränkt, z.T. speziell auf den wissenschaftlichen Nachwuchs bezogen.

Die meiste Aufmerksamkeit bzw. kontroverseste Haltung erfährt die **Zielgruppe der wissenschaftlichen Führungskräfte**, welche vor allem AbteilungsleiterInnen oder vergleichbare Einstufungen umfaßt.

Vier verschiedene Ansätze sind dabei zu erkennen:

- Zum einen wird die Position vertreten, daß für die Führungskräfte weder spezielle Weiterbildungsbedarfe noch weiterbildnerische Aktivitäten von Relevanz seien. *"Da ist totales Schweigen. Das paßt wahrscheinlich auch nicht in die Struktur. Wenn Sie sich vorstellen: 7 (Teil-)Institute, 7 mal 3 bzw. 4 Abteilungen, 21 bzw. 28 Abteilungsleiter. In der Richtung, daß da mal die Leiterqualitäten geschult werden, das läuft nicht"* (PBE 100ff.). Auch würden die AbteilungsleiterInnen aufgrund langjähriger beruflicher Erfahrung ausgewählt und seien damit bereits ausreichend qualifiziert (vgl. PBE 106ff.).

---

[122] (zum Konzept der Zielgruppe vgl. Kap. II - 2.2.1)

- In einem weiteren Fall werden - einem möglichen Bedarf zum Trotz - negative Erfahrungen als Grund für die skeptische Beurteilung zukünftiger weiterbildnerischer Bemühungen für diese Zielgruppe thematisiert: *"Sie haben alle die Techniken gelernt: einen Jour fixe zu machen, Kaffeerunden einführen. Aber sie ändern sich gar nicht in der Art und Weise, wie sie mit den Leuten umgehen. Sie haben dann Rituale und denken, nun ist es gelaufen, damit bin ich dann Führungskraft"* (PGAM 124ff.). Wiederum wird auf die bereits im vorausgegangenen Teilkapitel thematisierten Grenzen der Erlernbarkeit verwiesen.[123] Generell vollziehe sich Weiterbildung der Führungskräfte eher selbstorganisiert im Forschungsvollzug, d.h. nur bedingt von außen beeinflußbar. *"Die qualifizieren sich, indem sie tüchtig publizieren und in der Weltgeschichte herumreisen, um ihr eigenes Profil und Standing zu kriegen. (...) Da kann ich höchstens mal Tips geben"* (PHP 212ff.).

- Insbesondere im Bereich der metafachlichen Kompetenzen, die im Rahmen von Managementaufgaben gefragt sind, wird bei mehreren Einrichtungen jedoch auch ausdrücklich ein Bedarf an organisierten Formen der Weiterbildung diagnostiziert: *"Ich glaube schon, daß da ein Bedarf ist. (...) Ich glaube nicht, daß wir da optimal darauf reagieren. Ich kann mir vorstellen, daß allgemeine Kurse, Managementkurse manchem gut täten. Mir sicher auch"* (PSC 488ff.). Oder: *"Wir alle haben letztendlich Management nicht gelernt. Auf der Ebene der Arbeitsgruppenleiter sind die Aufgaben, die man bewältigen muß, nur noch zu einem Bruchteil wissenschaftliche Aufgaben, sondern mit der Hierarchieebene immer stärker werdende Managementaufgaben. Da dilettieren wir alle mehr oder weniger. Und in diesem Bereich würde ich in der Tat ein Fortbildungsangebot für sinnvoll erachten"* (PLAV 55ff.). Zum Beispiel wird ein Trainingsbedarf im Hinblick auf die Auseinandersetzung mit Konflikten gesehen (vgl. PSA 448ff.). Doch wird auch hier auf einschränkende Faktoren (mangelnde Zeit, Arbeitsüberlastung, fehlendes Problembewußtsein, kein Anreizsystem, Finanzierungsaufwand etc.) hingewiesen, die kaum eine dahingehend gezielte Weiterbildungspraxis ermöglichten.

- Schließlich gibt es auch Einrichtungen, die sowohl bereits Weiterbildung für die Zielgruppe ihrer Führungskräfte im Bereich der metafachlichen Kompetenzen angeboten haben als auch weitergehenden, explizit zielgruppenspezifischen Bedarf sehen: *"Abteilungsleiter-Fortbildung haben wir bis dato wenig gemacht, aber da besteht eindeutig Bedarf. Den haben wir auch schon eruiert. (...) Was momentan konkret ansteht: Wir wollen im Laufe des Jahres eine Weiterbildungsveranstaltung zu Fragen des Personalgesprächs machen. (...) Generelle Weiterbildung kann man da nicht machen. Man muß sehen, wo die Defizite sind. Die muß man identifizieren, dann ganz gezielte Sachen machen. Das machen wir"* (PHB 170ff.). In einer weiteren Einrichtung finden etwa Schulungen bzw. Weiterbildungsveranstaltungen für Führungskräfte zu folgenden Themen statt: Führung von Mitarbeitergesprächen, Vergabe von Arbeitsanweisungen, Controlling und Kostenrechnung (vgl. SN 86ff.).

Auch der **wissenschaftliche Nachwuchs** wird häufig als Zielgruppe von Weiterbildung angesprochen. Da er meist mit der Gruppe derer assoziiert wird, die als DoktorandInnen oder Post-DoktorandInnen beschäftigt sind, steht hier die Weiterqualifikation schon im Rahmen der Anstellung im Vordergrund und wird als gegebener Bedarf nicht gesondert hinterfragt. Das Spektrum der mehr oder minder formal organisierten Weiterbildungsangebote bzw. Unterstützungsleistungen für Nachwuchs-WissenschaftlerInnen ist, insgesamt gesehen, breit.

---

[123] *"Ich denke, wir müßten da vielleicht ein bißchen mehr trainieren, aber ich bin da nicht so ganz sicher. Wenn ich mir so meine Abteilungsleiter anschaue, da hängt auch vieles mit dem Naturell zusammen"* (PHP 113ff.).

Es umfaßt:

- *Rhetorik-Seminare* (vgl. PGAM 149),
- *Seminare "Wie halte ich einen wissenschaftlichen Vortrag"* (vgl. PGAM 153ff.),
- *Kooperationstraining* (vgl. PGAM 153f.),
- *Diplomarbeits-, Dissertations- oder Habilitationsbetreuung* (vgl. PHP 198ff., PBE 135ff., PLAV 36ff., PSA 270ff.), z.B. *"Doktoranden-Tee"* (PHP 235),
- *Auslandsaufenthalte* (vgl. PHP, PBE, PGAM),
- *Freistellungsmöglichkeiten zu Forschungszwecken* (vgl. PHB 108ff.),
- *Teilnahme an wissenschaftlichen Veranstaltungen* (vgl. PHB 261ff.),
- *Integration in den Forschungsbetrieb* (vgl. PSA 273ff.),
- einen *Doktoranden-Preis* als Anreiz (vgl. SV 401).

Neben diesen Unterstützungsmöglichkeiten wird die Praxis der Nachwuchsförderung aber auch problematisiert:

- Es laufe *"leider nicht sehr geplant. Nicht in der Weise, daß wir Neulinge an die Hand nehmen würden und in Aufbaustudien etwa zur Kooperation anleiten würden. Das geht sehr viel primitiver. Die werden halt in die Gruppen hinein geworfen, in der Hoffnung, daß es dann irgendwie passiert"* (PSA 77ff.).

In einem Interview gehört der auch Führungskräfte-Nachwuchs zu den Zielgruppen von Weiterbildung im weitesten Sinne - auch wenn die Möglichkeiten des intentionalen Lernens metafachlicher Kompetenzen negativ beurteilt werden:

- *"Bei den zum Teil sehr jungen Kollegen ist die Notwenigkeit vielleicht schon gegeben, mit diesen Bereichen wenigstens Tuchfühlung zu nehmen, lernen kann man das sowieso nicht"* (PBE 108ff.).

Weiterbildungsbedarf bzw. -interesse der **wissenschaftlichen MitarbeiterInnen** im allgemeinen wird je nach Bildungs- und Berufsverständnis der InterviewpartnerInnen sehr unterschiedlich beurteilt. Oftmals dominiere die Vorstellung,

- *"daß eben das Selbstverständnis der Wissenschaftler bisher so ist, daß man zunächst mal davon ausgeht, daß jeder Wissenschaftler in seinem Berufsleben von sich aus einen Antrieb verspürt, sich weiterzubilden. Das ist nach wie vor sehr weit verbreitet"* (SK 159ff.).

Ein Großteil der Bildungsprozesse des wissenschaftlichen Personals läuft eher unbeobachtet bzw. partiell unbeeinflußt durch das Institutsmanagement ab. Hier wird eher indirekt in Form der Ermöglichung von Forschungsvorhaben durch Freistellungen oder durch entsprechenden Personalmix von senior- und junior-ForscherInnen Einfluß genommen. Im Bereich der gezielten Unterstützung einer Auseinandersetzung mit wissenschaftlichen Fachthemen wird in den Interviews zudem auf die weiterbildende Funktion von verschiedenartigen Institutskolloquien verwiesen (vgl. Teilkap. 2.2), etwa:

- *"Was wir haben - und das betrifft alle Forscher und läuft auch nicht unter dem Etikett Weiterbildung, aber ist natürlich so etwas -, daß wir ausländische Kollegen zu Kolloquien einladen, die dann hausweit offen sind"* (PHB 262ff.).

Schließlich wird punktuell auch die **Gruppe des nicht-wissenschaftlichen Personals** in den Gesprächen erwähnt. Hier scheint die Praxis von Weiterbildung als wenig problematisch empfunden zu werden, da die Bedarfe, wie sie u.a. aus der Einführung neuer Software entstehen, relativ klar in die Zuständigkeit des jeweiligen Institutes fielen (vgl. PLAV 47ff.).

Insgesamt werden in den Interviews mit den InstitutsleiterInnen keine weiteren Ziel-gruppen der Weiterbildung unterschieden.[124] Einzig aus der Sicht der Verbandsge-schäftsstelle der WBL wird zudem auf die gesonderten **Belange weiblicher Beschäf-tigter** verwiesen, da Weiterbildung auch als ein Instrument der Frauenförderung ange-sehen werden könne (vgl. SV 94ff.).

2.2 *"Forschung kann man nur durch Forschung lernen"* - Formen der Weiterbildung

Bereits der Blick auf die Zielgruppen offenbart indirekt ein breites Spektrum von For-men der Weiterbildung, die jedoch hinsichtlich des Konkretheitsgrades, der Ausführ-lichkeit, der Ebene der Beschreibung und der Wahl der Termini variieren.
Zur Darstellung wird auf den allgemeinen Begriff des Lernens zurückgegriffen, da Weiterbildung als Begriff in den Gesprächen zu unterschiedlich gefaßt wird, um einen Vergleich zu ermöglichen. Wird zudem anhand des sozialen Settings, im Sinne der Ex-plizitheit der Rollen von Lernenden und Lehrenden, unterschieden, so zeichnen sich drei Teilbereiche ab, nach denen die zur Sprache gebrachten Formen des Lernens in den untersuchten Einrichtungen gegliedert werden können, wobei ihre Verbreitung von Institut zu Institut stark variiert.[125]
Die folgende Tabelle gibt dazu einen Überblick (vgl. Abb. 13):

1. Formen des Lernens im Prozeß der wissenschaftli-chen Auseinandersetzung	2. Lernformen, die den Fokus auf die Lernleistung des einzelnen Individuums richten	3. explizite Lehr-Lern-Situationen
Teamkontext	*"Learning by doing" als:* Entwicklungsprozeß, Transferleistung, Lernen aus Fehlern	Lernen am Modell
Interne Kolloquien u.ä.	Studium der Fachliteratur	Simulationen/ 'Trockentraining'
Kolloquien mit externen Gästen	Training durch Nutzung vorhandener Ressourcen (z.B. Medientechnik)	Anlernen
Fachtagungen u.ä.	"Bewußtseinswandel"	Supervision/Coaching
Auslandsaufenthalte		Seminarveranstaltungen

Abb. 13: Aus der Sicht des Forschungsmanagements wahrgenommene Lernformen der WissenschaftlerInnen

[124] In der Weiterbildungskonzeption eines der untersuchten Institute fällt die Zielgruppendiffe-renzierung etwas ausführlicher aus. Hier wird auf der Basis einer Erhebung des Weiterbil-dungsbedarfs auf folgende Beschäftigtengruppen Bezug genommen: Verwaltung, Sekretariate, Zentrale Dienste (wie Öffentlichkeitsarbeit und Bibliothek), EDV-NutzerInnen, Führungs-kräfte (fachliche und metafachliche Bedarfe) und wissenschaftliche MitarbeiterInnen (fachli-che und metafachliche Bedarfe) (vgl. WBK S.35ff.).
[125] Der Schwerpunkt des Kapitels liegt dabei auf dem wissenschaftlichen Personal.

zum 1. Bereich

Am ausführlichsten wird in den Interviews auf ein anscheinend selbstverständliches, eher prozeßbedingtes, fast zwangsläufiges Lernen im Rahmen der wissenschaftlichen Auseinandersetzung mit anderen KollegInnen eingegangen.

Es kann sich auf den **Teamkontext** innerhalb eines Projektes beziehen, wobei der Tatsache, daß zusammengearbeitet wird bzw. werden muß, eine fast automatisch bildungsfördernde Wirkung zugeschrieben wird, die sowohl fachliche als auch metafachliche Kompetenzen umfassen kann. *"Ich denke, das ist bei uns im Hause, wo man zusammenarbeitet, kein Problem, weil das eine Fortpflanzungswirkung hat. Einer hat das große Interesse, und die anderen nehmen das dann an - indem man zusammenarbeitet"* (PBE 45ff.). Doch gibt es auch kritische Stimmen, die vor einer Überschätzung der Teamarbeit v.a. im Zusammenhang kreativen Arbeitens warnen und eher auf individuell zu unterscheidende Strategien der Ideensammlung oder Inspiration verweisen (vgl. PSC 162ff.). Unbestritten bleibt die Notwendigkeit der "geistigen" Auseinandersetzung mit den Perspektiven und Methoden der anderen KollegInnen. Bei DoktorandInnen können das Mentor oder Mentorin sein oder die *"Arbeitsgruppe, in die er eingebettet ist, die auch die Zur-Verfügungstellung der Mittel ermöglicht. Das produziert dann jemanden, der hat inhaliert, wie man an ein bestimmtes Problem herangeht"* (PSC 44ff.; vgl. auch PSA 273ff.).

Eine wichtige Rolle im Rahmen des Lernen in der wissenschaftlichen Diskussion wird dabei der Gruppenzusammensetzung im Sinne des gezielten Aufeinandertreffens von jüngeren und älteren WissenschaftlerInnen beigemessen: *"Es gibt ja im angelsächsischen Bereich so eine schöne Einrichtung, die Senior- und die Junior-Forscher. Man versucht, bei anspruchsvollen Projekten, diese immer gemischt zu besetzen. Das finde ich auch wichtig. Man kann kein Projekt machen, wo Leute arbeiten, die selber vorher noch nie ein Forschungsprojekt mitgemacht haben. Also ins Wasser hinein springen und da dann auch allein gelassen werden, das würde ich für falsch halten"* (SK 67ff.). Dabei weist dieser Interviewpartner keineswegs nur dem wissenschaftlichen Nachwuchs die Rolle der Lernenden zu: *"Umgekehrt ist es auch falsch, wenn Forscher, die lange zu einem Thema geforscht haben, nur unter sich bleiben und immer weiter so forschen. Da kann man das durch Junior-Forscher auch wieder aufknacken. Wenn man Forschungsgruppen so zusammenstellt, kann man so auch am besten sicherstellen, daß ein Lernprozeß stattfindet. Die eine Seite vermittelt Erfahrungen, die andere Seite vermittelt kreative Inputs"* (SK 75ff.).

In den Einrichtungen gibt es darüber hinaus **organisierte Formen des wissenschaftlichen Austauschs** zwischen den KollegInnen, wie Gruppenseminare, Klausuren, Institutsseminare oder interne Kolloquien, denen verschiedene Lerneffekte zugeschrieben werden:

- *"Gruppenseminare, in denen die einzelnen Projekte durchdiskutiert werden und wo man dann auch aus den Nachbargruppen was erfährt. Wir haben das montags meistens, da sitzt man ab 5 Uhr meistens zwei Stunden zusammen und diskutiert. Wir holen uns dann jemanden aus der anderen Abteilung, der uns darüber berichtet, wie das aus deren Sicht aussieht"* (PSC 738ff.).
- *"Dann machen wir noch mal ein Wochenend-Seminar, wo wir uns in Klausur begeben, uns ein Thema vorknöpfen und uns vorbereiten. Dann setzen wir uns zusammen und diskutieren. Im März mache ich das mit meinen Leuten an der Ostsee. Das halte ich durchaus für eine Fortbildungsveranstaltung, die wichtige Funktionen hat"* (PHP 169ff.).
- *"In einem sehr generellen Sinne machen wir jedes Jahr ein Institutsseminar, zu dem wir uns irgendwo zurückziehen; hier in die Nähe, irgendeine Jugendherberge oder ein billiges Hotel. Und alle Wissenschaftler tragen dort ihr Projekt vor. Das ist ein Marathon, etwa zweieinhalb Tage. Das ist ein ziemlicher Schlauch, sehr anstrengend, aber dort hat jeder Gelegenheit, alles kennenzulernen, was an diesem Institut gemacht wird"* (PSC 745ff.).
- *"Ja, hausinterne Kolloquien gibt es sowieso. Das könnte eine Art der Weiterbildung sein. Hierbei stellt sich im monatlichen Wechsel eine Projektgruppe vor"* (PSA 203ff.).

Neben diesen hausinternen Formen der wissenschaftlichen Auseinandersetzung wird in ähnlichen Settings zudem der Kreis um **externe Gäste** erweitert, wie beispielsweise an diesem Institut: *"Darüber hinaus gibt es ein Dienstagsseminar mit auswärtigen Gästen; organisiert im wesentlichen von Doktoranden und jüngeren Mitarbeitern. Der Input kommt von verschiedenen Seiten, wird dann noch ein bißchen gefiltert. (...) Wir achten darauf, daß einigermaßen ausgewogen aus den verschiedenen Bereichen die Anregungen kommen, so daß jeder dort die Möglichkeit hat, aus der Sicht der Auswärtigen die verwandten Bereiche in diesen Vorträgen kennenzulernen. (...) es ist nicht nur so eine unverbindliche Geschichte, sondern das gehört mit zum Ausbildungsprogramm des Instituts"* (PSC 752ff.; vgl. auch PHB 262ff.). Ziel dieser Veranstaltungen sei es, den Kreis der Meinungen zu öffnen, um das "Gesichtsfeld" der KollegInnen zu erweitern bzw. "große Zusammenhänge" herzustellen (vgl. PBE 147ff.).

Als zentral zur Weiterbildung der WissenschaftlerInnen gehörend wird - neben diesen 'Inhouse'-Veranstaltungsformen der Forschungseinrichtungen selbst - die **Teilnahme an Kongressen oder Fachtagungen** erachtet. Hierbei wird meist der Aspekt der aktiven Beteiligung in den Vordergrund gerückt, wobei z.T. auch von gezielter Förderung die Rede ist. *"Wir gestatten es ja auch Leuten, zu Konferenzen zu fahren, was ja auch immer einen Weiterbildungs-Charakter hat. Allerdings nur unter der Voraussetzung, daß sie dort einen aktiven Beitrag halten"* (PHB 256ff.; vgl. auch PSC 352ff.). In einem weiteren Interview heißt es dazu - wiederum unter ausdrücklicher Betonung des Aspektes der Auseinandersetzung: *"Wir versuchen, unsere Wissenschaftler auf Tagungen und Kongresse zu schicken - auch international. Sie dann da auch reden zu lassen, ist meiner Meinung nach die beste Ausbildung, die ich einem Wissenschaftler angedeihen lassen kann: Sich dem Kreuzfeuer einer Community zu stellen"* (PHP 160ff.).

Kritisch wird zum Bildungspotential von Kongressen u.ä. jedoch angemerkt: *"Das Besuchen von Kongressen allein bietet jedoch keinerlei Forschungsqualifikation, das bringt nur auf einen gewissen Informationsstand. Ich lerne ja dabei nicht den Forschungsprozeß kennen, in aller Regel. Der Prozeß selber wird meist nicht sichtbar; nur die Ergebnisse"* (SK 88ff.). Auch eine die Ideenfindung anregende Funktion von Kongreßbesuchen wird dabei relativiert: *"Wo kommen meine Ideen her? Da kann ich natürlich auch sagen, ich geh' offen durch die Straßen oder ich les' eine Zeitung, da hab' ich auch Ideen. Nur habe ich das auf einem Kongreß mehr kanalisiert auf bestimmte Fachrichtungen"* (SK 97ff.).

Zusätzlich zu den Kongressen wird insbesondere längeren **Auslandsaufenthalten** zu Forschungszwecken ein wichtige Rolle im Lernprozeß von Forschenden zugeschrieben: *"Wir versuchen, die Leute zu bewegen, mal ein halbes Jahr ins Ausland zu gehen, sich mal einem anderen Labor zu stellen. Wenn sie das tun, dann ist das eigentlich immer ein Erfolg, wo sie viel Neues lernen, eine andere Umgebung. (...) Das halte ich für die wichtigsten Ausbildungselemente"* (PHP 164ff.).

zum 2. Bereich

Neben diesen vielfach wechselseitigen Formen der Weiterbildung in der wissenschaftlichen Auseinandersetzung selbst werden in den Interviews auch eine Reihe von Lernformen thematisiert, die den Fokus eher auf die Lernleistung des einzelnen Individuums richten.[126] Dabei wird u.a. in sehr bildreichen Formulierungen häufig deutlich, daß zwar Formen (oder Lernergebnisse) benannt werden können, aber die Lernverantwortung bei den MitarbeiterInnen liege. Entsprechend offen bleibt auch hier vielfach die Frage, wie sich der Bildungsprozeß innerhalb dieser Formen tatsächlich vollzieht.

Den Schwerpunkt bilden hierbei Aussagen, die sich - teils unter ausdrücklichem Bezug auf den Begriff des **"Learning by doing"** (vgl. PGAM 91, ST 111ff., PHB 188f.) auf

---

[126] (vgl. den 2. Bereich in Abb. 13 zu Beginn dieses Teilkapitels)

die bildende Wirkung des forscherischen Arbeitsvollzugs, auf Formen des Erfahrungslernens beziehen: *"Die qualifizieren sich, indem sie tüchtig publizieren und in der Weltgeschichte
herumreisen, um ihr eigenes Profil und „Standing' zu kriegen"* (PHP 212ff.). Dabei würden
*"Lernprozesse automatisch in die Wege geleitet. Einfach weil die dann eine Aufgabe vorgesetzt be-
kommen, und in einem Institut, wie dem unseren jedenfalls, niemand einfach eine Arbeit machen und
dann abliefern kann"* (PHP 94ff.). Dabei gelte dieser Selbstlernprozeß nicht nur für fachliche Inhalte und Methoden.

Auch die notwendigen metafachlichen Kompetenzen seien so - wiederum fast zwangsläufig - zu erlangen:

- z.B. Kooperations- und Teamfähigkeiten: *"Kooperationsfähigkeit kann man schon lernen,
dazu wird man notfalls gezwungen beim Tun. Ich kann heute moderne Forschung nicht mehr allein in meinem Kämmerlein machen (...). In der Regel muß ich mit anderen zusammenarbeiten.
Wenn ich das nicht tue, dann wird das zwangsläufig bestraft. Dann kommen keine Paper raus,
keine Ergebnisse"* (PHP 60ff.). Oder: *"Die werden halt in die Gruppen hinein geworfen, in
der Hoffnung, daß es dann irgendwie passiert. Dadurch, daß man die Gruppen selbst nicht aus
ihrer gemeinsamen Aufgabenstellung entläßt, daß sich damit Kooperationsfähigkeit mit der Zeit
entwickelt. (...) letztlich geschieht das durch die tagtägliche Zusammenarbeit"* (PSA 79ff.).
- z.B. Fühungskompetenzen: *"Bei einem großen Teil waren aber diese Fähigkeiten zumindest
zu Beginn der Karriere nicht da. Eine ganze Reihe hat sie aufgrund langer Berufserfahrung erworben"* (SV 92ff.).

Betrachtet man nun die Aussagen genauer hinsichtlich der Art und der Ausprägung des
Lernprozesses, der mit Learning by doing assoziiert wird, so werden in den Interviews
verschiedene Facetten zur Sprache gebracht.

- Learning by doing umfasse einen **Entwicklungsprozeß** angesichts tagtäglicher
Herausforderungen sowie eine Sensibilisierung für Handlungsmöglichkeiten: *"Das
entwickelt sich dann so langsam auch unter den Händen von Gutachtern, die das vielleicht ein
bißchen verfolgen. Also er hat da einen Entwicklungsprozeß, wo er den Umgang mit Leuten
lernt, und er ist - weil er sich täglich damit auseinandersetzen muß - auch rezeptiver in der
Wahrnehmung, wie man sowas machen muß"* (PSC 278ff.).
- Zentral sei überdies der **Transfer** von anderswo zu beobachtenden Herangehensweisen auf die eigene Arbeit: *"Was vielleicht an Universitätsinstituten im Einzelfall doch
eher selten ist, passiert hier eigentlich dauernd, daß Doktoranden entdecken, daß der Kollege irgendeine Methode hat, mit der er irgendwas Bestimmtes anguckt, und daß man das damit auch
mal angucken könnte, also versuchen könnte, der Sache einen neuen Blickwinkel abzugewinnen.
Das heißt also: die Ansammlung hochkarätigster Methoden aus verschiedenen Bereichen auf so
kleinem Raum - und alle angewandt auf ähnliche Probleme - produziert eine Ausbildung, die
zwar niemanden zum universal Ausgebildeten macht, aber die Leute kriegen mit, was es überhaupt für verschiedene Dinge gibt, mit denen man an die Sache 'rangehen kann. Und später
dann fällt es ihnen auch nicht schwer, das zu etablieren, weil sie schon so ungefähre Vorstellungen
haben"* (PSC 720ff.).
- Mehrfach wird im Kontext des Learning by doing auf ein **Lernen aus Fehlern**
oder ein Lernen aus Versuch und Irrtum verwiesen. Es kann sich auf Projektan-
träge zur Drittmittelakquise beziehen. Etwa: *"Dann die Fähigkeit, an Drittmittel zu
kommen, indem Postdocs schon sehr früh lernen, Entwürfe zu machen, für solche Anträge, die
dann auch durchgesprochen und korrigiert werden. Sie sind von vornherein eingebunden in den
Prozeß, kriegen mit, ob das erfolgreich war und so weiter. Also d.h. sie haben da nicht irgendwo
einsam entschieden, sondern sie stecken da mit drin, machen auch die Entwürfe und werden dann
natürlich besser und lernen wie das geht"* (PSC 353ff.). Auch im Rahmen der Erstellung
von Veröffentlichungen wird ein Lernen durch Fehlerkorrektur im Rahmen des

Lektorierungsprozesses angesprochen (vgl. PHB 96ff.). Hierzu wird in einem anderen Interview doch auf die Grenzen impliziten Lernens hingewiesen: *"Ein anderer Aspekt, der nicht stark genug betont werden kann, wo man, glaube ich, auch durch eine Schulung sehr viel erreichen könnte, ist, wie man ökonomisch Paper schreibt. Also das halte ich für einen ganz wichtigen Bereich, weil es dafür schon ein paar allgemeine Regeln gibt"* (PSC 455ff.).

Neben diesen Formen des "Learning by doing" werden - bezüglich der fachlichen Inhalte - das regelmäßige **Literaturstudium** von einschlägigen Fachartikeln (vgl. PSC 164) und - im Hinblick auf Fähigkeiten der Präsentation von Ergebnissen - die aktive **Nutzung einer entsprechenden medientechnischen Ausstattung** zur Verfügung aller WissenschaftlerInnen des Institutes (vgl. PHB 240f.) genannt.

Schließlich werden vor allem im Rahmen des Wandels von Wissenschafts- bzw. Forschungssystems zudem individuelle Lernaufgaben angesprochen, die formal jedoch nur allgemein unter den Begriffen, wie *"Entwicklung eines Selbstverständnis' als Lernende"* (vgl. SK 107f.) oder **"Bewußtseinswandel"** (vgl. u.a. PGAM 363) gefaßt werden. Es bestehe die Notwendigkeit eines innerwissenschaftlichen Verständigungsprozesses angesichts der Veränderungstendenzen, der im weitesten Sinn auch als 'Bildungsprozeß' begriffen werden könne: *"Da ist sicher ein Erörterungsbedarf da. Das muß organisiert sein. Es müssen die Gelegenheiten geschaffen werden. Dazu muß Bereitschaft sein"* (PSA 363ff.).

Insgesamt gesehen wird zwar zum Teil die Meinung vertreten, daß die aktive Mitarbeit in der Forschung der einzige Weg sei, diese zu erlernen: *"Forschung kann man nur durch Forschung lernen"* (PSC 341; vgl. auch SK 63). Doch werden andererseits auch die Grenzen des Erfahrungslernens thematisiert: *"Das ist nach wie vor sehr weit verbreitet. Da sagt man einfach, ein Akademiker, der weiß das selber, daß er auf dem Laufenden bleiben muß, und der guckt dann schon, daß er die nötigen Kontakte hat, zu Tagungen geht etc. Und das ist sicherlich nicht ausreichend"* (SK 162ff.).

zum 3. Bereich

So wichtig die Formen des "Learning by doing" auch eingeschätzt werden, so werden doch drittens auch verschiedene Formen der Weiterbildung in expliziten Lehr-Lern-Situationen beschrieben.[127]

Darunter können zunächst die eher informellen Formen des **Lernens am Modell bzw. an Vorbildern** subsumiert werden, die insbesondere im Hinblick auf den wissenschaftlichen Nachwuchs angesprochen werden. Als bedeutsam in diesem Kontext der *"Identifikationsphänomene (...), d.h. es ist eher sehr häufig, daß jemand, der anfängt Wissenschaft zu betreiben, sich an irgend jemand orientiert"* (PSC 68ff.), wird dabei die gezielte Transparenz eines bewußten Lernangebotes erachtet:

- *"Aber es müssen von den Leitern einer Forschungsstruktur Impulse ausgehen, d.h. also, man muß offensichtlich auch in gewisser Weise abgucken können, wie man an bestimmte Probleme überhaupt 'rangeht, welche Arten von Gedankengängen, wenn sie auf bestimmte Probleme angewandt werden, zu irgendwas führen. Das hat man nicht in die Wiege gelegt, sondern das muß man irgendwo lernen. Diese Übertragung funktioniert da eben besonders gut, wo von dem Wissenschaftsmanagement auch in Diskussionen oder in praktischen Beispielen offengelegt wird, wie man wirklich an ein Problem 'rangeht"* (PSC 71ff.).

Neben dieser umfassend sozialisierenden Wirkung, die ein Quasi-Meister-Betrieb zeitigen könne, werden folgende Formen eines expliziten Lernsettings aus der Sicht der WissenschaftsmanagerInnen thematisiert:

---

[127] (vgl. den 3. Bereich in Abb. 13 zu Beginn dieses Teilkapitels)

- **Simulation/'Trockentraining'**: *"Wenn jemand rausgeht und einen Vortrag hält, da machen wir in aller Regel einen Probevortrag"* (PHP 218f.);
- **'Anlernen'** im Sinne einer angeleiteten Einführung in die Nutzung spezieller Großtechnik (vgl. PSC 887ff.);
- **'Supervision' und 'Coaching'** beziehen sich v.a. auf die Gruppe der Führungskräfte und werden kontrovers beurteilt. Abteilungsbezogene Supervisionstage mit externem Moderator seien teuer, lohnten sich aber (vgl. SN 92f.). *"Supervision ist sicherlich möglich, aber da brauche ich eigentlich schon sehr viele gemachte Erfahrungen"* (SK 432ff.). Aber: *"Im Neudeutschen nennt man das ja 'coaching', d.h. die Abteilungsleiter, die Führungsebene (...) und die darunterliegende Gruppenleiterebene (...), werden zwangsweise in Sitzungen von einem Coach, einem Psychologen, in dieser Hinsicht getrimmt, und es wird versucht, mehr als nur Techniken beizubringen. Wir machen das jetzt seit zwei Jahren. Das kostet ein Schweinegeld und bringt nichts"* (PGAM 118ff.);
- **Seminarveranstaltungen** kommen als "Schulungen", "Kurse" oder "Trainings" für das wissenschaftliche Personal themenbezogen zum Einsatz: *"Man muß sehen, wo die Defizite sind. Die muß man identifizieren, dann ganz gezielte Sachen machen"* (PHB 178ff.). Die Möglichkeiten des "Bildungsurlaubs" werden dabei eher selten in Anspruch genommen (vgl. SST 27ff.).

Als problematisch werden insbesondere bei der Seminarform zum Teil die mangelnde Teilnahmebereitschaft der MitarbeiterInnen, die Kostenintensität oder der hohe Zeitaufwand eingeschätzt. Auch spielt die Skepsis eine Rolle, nicht auf wissenschaftsadäquate Angebote zu stoßen: *"Also ich glaube, daß es sehr, sehr schwierig ist, etwas zu schneidern, das wirklich diesem Bedarf, der da ist, auch gerecht wird"* (PSC 390ff.). Oder auf die Frage nach Erfahrungen mit den AnbieterInnen von Seminarveranstaltungen: *"Ganz unterschiedliche. Da kristallisieren sich wenige heraus. Es gibt da viel Scharlatane"* (PGAM 164f.). Positiv bewertet werden in einem Fall ein Rhetorik-Seminar-Anbieter (vgl. PHP) sowie mehrfach die Organisationen, die Auslandsaufenthalte vermitteln (vgl. PHP, PBE), und die Angebote über die Geschäftsstelle der Blauen Liste (vgl. SK, PGAM, ST).

2.3 *"Im übrigen bilden wir uns permanent wissenschaftlich weiter"* - Inhalte von Weiterbildung

Nach der Perspektive der Zielgruppen und der Formen der Weiterbildung werden in einem dritten Schritt zur Annäherung an die Wahrnehmung der Weiterbildungspraxis in außeruniversitären Forschungseinrichtungen die Aussagen zu Inhalten bzw. Themen von Weiterbildung zusammengestellt. Hierbei werden drei Aspekte unterschieden:

- Welche Inhalte umfaßt die Weiterbildung bereits? (Teilkap. 2.3.1)
- Zu welchen Themen wird zusätzlicher Bedarf gesehen? (Teilkap. 2.3.2)
- Ergeben sich aus möglichen zukünftigen Veränderungen in der Wissenschaft neue Bildungsaufgaben? (Teilkap. 2.3.3)

In der textlichen Darstellung wird wiederum auf die o.g. Gliederung verschiedener Lernformen zurückgegriffen (vgl. Abb. 13).

2.3.1 Welche Inhalte umfaßt die Weiterbildung bereits?

Die Formen des Lernens im Prozeß der wissenschaftlichen Auseinandersetzung, wie Kolloquien oder Kongresse[128], sind inhaltlich logischerweise meist an die jeweiligen Fachthemen geknüpft, was einer der InterviewpartnerInnen in die Worte faßt: *"Im übrigen bilden wir uns permanent wissenschaftlich weiter"* (PHP 159). Der fachliche Lernprozeß kann dabei sowohl eine Vertiefung der Kenntnisse auf dem eigenen Forschungsgebiet als auch die gezielte Diskussion anderer theoretischer Perspektiven oder methodischer Herangehensweisen umfassen. Zudem wird der Beteiligung an diesen Formen auch ein Lerneffekt im Bereich der notwendigen metafachlichen Kompetenzen zugeschrieben:

- *"Dann machen wir noch mal ein Wochenend-Seminar, wo wir uns in Klausur begeben, uns ein Thema vorknöpfen und uns vorbereiten. Dann setzen wir uns zusammen und diskutieren. (...) Das halte ich durchaus für eine Fortbildungsveranstaltung, die wichtige Funktionen hat, auch so das Kommunizieren dabei zu üben"* (PHP 169ff.).

Im Falle von Auslandsaufenthalten wird neben der Auseinandersetzung mit fachlich Neuem auch ein Zugewinn an Flexibilität erhofft (vgl. PHP 164ff.). Metafachliche Kompetenzen stehen dabei jedoch nicht ausdrücklich als Lerninhalte im Vordergrund; ihr Erwerb wird eher als nützlicher Nebeneffekt beschrieben.

Auch bei den erfahrungsbezogenen Lernformen, die den Fokus eher auf die Lernleistung des einzelnen Individuums richten[129], wird der jeweilige Lerninhalt in den Interviews selten expliziert. Kennzeichnend ist eine Gleichsetzung von Lernvollzug und Lerninhalt im Arbeitsprozeß, die der mehrfach von den InterviewpartnerInnen verwendete Begriff des 'learning by doing' andeutet. Wie bereits erwähnt, wird z.T. die Meinung vertreten, daß Forschung eben durch Forschung zu erlernen sei. Inhaltlich gehe es dabei z.B. um ein Wissen, auf welche verschiedenen Arten etwas prinzipiell gemacht werden kann:

- *"(...) die Leute kriegen mit, was es überhaupt für verschiedene Dinge gibt, mit denen man an die Sache 'rangehen kann. Und später dann fällt es ihnen auch nicht schwer, das zu etablieren, weil sie schon so ungefähre Vorstellungen haben. Sie müssen gar nicht genau wissen, wie das geht, aber schon zu wissen, mit was man was aussagen kann, ist Gold wert"* (PSC 725ff.).

Im Falle des Lernens an einem Vorbild - im Sinne einer expliziten Lehr-Lern-Situation[130] - bleibt der Lerninhalt wiederum an prozeßimmanente Lernbotschaften der jeweils erfahreneren KollegInnen gebunden, die sich u.a. auf unterschiedliche fachliche Herangehensoptionen und deren Begründung beziehen können und die ggf. damit verbundene soziale oder organisatorische Kompetenzen implizit mit vermitteln sollen (vgl. PSC 71ff.). Das von einem Interviewpartner angesprochene "Anlernen" bezieht sich dagegen auf spezielle Kenntnisse, die zum Einsatz eines technischen Großgerätes im Rahmen von Untersuchungen nötig sind: *"Ein Projekt läuft nur dann, wenn derjenige, der das Problem bringt, jemanden abstellt, der dann im Bereich der Elektronenmikroskopie angelernt wird, das Problem zu bearbeiten"* (PSC 807ff.). Zu den ausdrücklich angesprochenen Inhalten der Lernformen im Seminarsetting gehören schließlich:

- Kooperation und Kommunikation: *"Kurse: 'Wie halte ich einen wissenschaftlichen Vortrag'? oder ein Kooperationstraining: 'Wie mache ich eine Gruppensitzung?"* (PGAM 152ff.); *"Rhetorik-Seminare"* und Kurse zu *"Präsentation, Darstellungsformen"* (PHP 104ff.);

---

[128] (vgl. 1. Bereich in Abb. 13, S. 140)
[129] (vgl. 2. Bereich in Abb. 13)
[130] (vgl. 3. Bereich in Abb. 13)

- Konfliktmanagement (vgl. PGAM 172ff., SV 142ff.);
- Sprachkurse: *"Dann bieten wir hier die Möglichkeit, auf Kosten des Institutes Sprachkurse zu machen - entweder als Weiterbildung oder als Crash-Kurs"* (PHB 242ff.);
- EDV-Kurse (vgl. SN 89ff.);
- Pflichtinhalte: *"Pflichtaufgaben der Weiterbildung zum Thema Radioaktivität und Gentechnik, die laut Auflage als Schulungsthemen absolviert werden müssen"* (SST 22ff.);
- Führungskompetenzen im weitesten Sinne - darunter etwa: *"zu Führung von Mitarbeitergesprächen, Vergabe von Arbeitsanweisungen"* (SN 86f.; auch PHB 175ff., PHP 159), *"einen 'Jour fixe' machen, Kaffeerunden einführen"* (PGAM 125ff.), *"Suchtprobleme: Wie geht man als Abteilungsleiter damit um? Da gab es ein ganztägiges Seminar"* (PHB 175ff.), *"Thema: Kostenrechnung. Was muß ich machen, wenn ich mein Institut wie einen Betrieb im Bereich Kostenrechnung betreibe? Was muß da neben der Einführung auch von seiten des Managements berücksichtigt werden?"* (SV 143ff.; auch SN 93).

In den wenigen Instituten der Studie, die über ein formalisiertes Weiterbildungskonzept verfügen, decken sich diese Angaben weitestgehend mit den dortigen Angeboten.

2.3.2 Zu welchen Themen wird zusätzlicher Weiterbildungsbedarf gesehen?

Die Möglichkeiten der fachlichen Weiterbildung werden unter dieser Perspektive kaum problematisiert, was erneut damit zusammenhängen mag, daß eine Frage nach einem zusätzlichen Weiterbildungsbedarf eher mit Formen des Seminarsettings assoziiert wird.

Es werden für den fachlich-wissenschaftlichen Bereich einzig Lerninhalte bezüglich der Arbeitstechniken thematisiert; hierzu beispielsweise die Erstellung von Ergebnisberichten. *"Ein anderer Aspekt, der nicht stark genug betont werden kann, wo man, glaube ich, auch durch eine Schulung sehr viel erreichen könnte, ist, wie man ökonomisch Paper schreibt. Also das halte ich für einen ganz wichtigen Bereich, weil es dafür schon ein paar allgemeine Regeln gibt. Aber das ist schwer zu vermitteln"* (PSC 455ff.).

Vielmehr stehen nicht-fachgebundene, z.T. neue Anforderungen bei den Interviews im Vordergrund, aus denen ein Weiterbildungsbedarf abgeleitet wird: *"Wo neue, jenseits des Fachlich-Wissenschaftlichen liegende Aufgaben für den Beruf relevant werden, ist der Bereich des 'Verlagswissens' für FachwissenschaftlerInnen"* (SN 72ff.). Oder: *"Wir haben jetzt ein neues Problem in der Wissenschaft durch das Internet. Es gibt Leute, die jetzt anfangen, seit es das gibt, wirklich Zeit zu verplempern. Die sind von der Idee besessen, daß sie da in diesem Internet an irgendwelche Informationen kommen, die sie sonst nicht kriegen können. Fazit ist, wenn ich das aus meiner Perspektive betrachte, daß sie einfach Zeit vergeuden. Wenn man da eine Anleitung hätte, wie man besser mit seiner Zeit umgehen kann, wäre schon viel gewonnen"* (PSC 446ff.).

Weiterer Bedarf wird auch im Bereich der sozialen Kompetenzen gesehen. Mögliche Lerninhalte bzw. -ziele seien dabei Kritikfähigkeit (vgl. PGAM 128ff.), Konfliktbewältigung (vgl. PLAV 121ff., PSA 439ff.), Kommunikationstechniken (vgl. PHP 120ff.), Kreativitätstechniken (vgl. SK 125ff.) und Teamarbeit (vgl. SN 95f.). Auch verbessertes Zeitmanagement wird angesprochen: *"Ich könnte mir vorstellen, daß das schon eher ein Thema sein könnte; das ist vielleicht sogar ganz interessant. Wissenschaftler unterscheiden sich extrem im Hinblick auf ihren ökonomischen Zeiteinsatz, auch jüngere Leute. Es ist auch schwer, in so einem Laden dem einzelnen Tips zu geben, wie er das besser macht. Das könnte man in der Tat allgemeiner thematisieren"* (PSC 440ff.). Schließlich müsse die Weiterbildung generell im Bereich der Führungs- und Managementaufgaben verstärkt werden (vgl. SV 24ff., PSC 484ff., ST 21ff.).

2.3.3 Ergeben sich insbesondere aus möglichen zukünftigen Veränderungen in der Wissenschaft inhaltlich neue Bildungsaufgaben?

Zu dieser Frage werden in den Interviews mit dem Forschungsmanagement sich abzeichnende, für die einzelnen Disziplinen und Forschungsfelder folgenreiche Entwicklungstrends der Wissenschaften sowie ihre Auswirkungen auf den Bildungsbedarf der Forschenden thematisiert.

Dabei kommen - im Überblick gesehen - sechs Trends zur Sprache, die unterschiedlich beurteilt werden:

- verstärkter Druck zur Anwendungsorientierung,
- Finanzverknappung,
- stärkere Fremdbestimmung und Legitimationszwang,
- zunehmende Durchsetzung betriebswirtschaftlicher Modelle und Maßstäbe,
- wachsende Globalisierung bzw. Internationalisierung der Wissenschaften,
- Tendenz zur Interdisziplinarität.

Da sich die Institute der WBL insgesamt ihrem Selbstverständnis zufolge einer "anwendungsorientierten Grundlagenforschung" widmen, wird die Ausrichtung auf eine **Anwendungsorientierung** prinzipiell akzeptiert. Dies kommt in einem der Interviews etwa als "Serviceorientierung" zum Ausdruck: *"Da muß schon mal was Greifbares, was sofort erarbeitet werden kann, geliefert werden. Das sind auch oft Tagesfragen. Da muß schon sachkundig Auskunft gegeben werden können"* (PBE 312ff.). Doch wird der externe Druck bzw. die Fremddefinition von 'Anwendung' durch die Auftrag- bzw. FinanzgeberInnen problematisiert; d.h. *"(...) aufgrund der finanziellen Lage. Wir müssen mehr in die Industrie gehen mit der Forschung. Wir sind in Zugzwang"* (PGAM 294f.).

Dieser Verständniswandel werde auch von der gesellschaftlichen Öffentlichkeit mit vollzogen: *"Das Verständnis der Öffentlichkeit von Forschung entfernt sich immer weiter von dem, was sie denn eigentlich ist. Diese ursprüngliche Neugier auf neue Erkenntnis, von der sich in der Vergangenheit auch immer gezeigt hat, daß sie dann in irgendeiner Weise auch nützlich ist, dieses erfolgreiche Konzept von Wissenschaft gerät zusehends in Mißkredit in der Öffentlichkeit"* (PHP 294ff.).

Das Problem bestehe zusätzlich darin, daß deutlich zwischen "anwendungsorientierter Forschung" und "Entwicklung" zu unterscheiden sei: *"Wenn z.B. die Industrie nun eben fordert: 'Industrieführerschaft bei Projekten'. Und die den 'dummen Forschern' erstmal erzählen müssen, was sie denn nun forschen sollen, weil 'wir in Deutschland ja so schlecht umsetzen' und 'die Produkte von morgen erst übermorgen entwickeln'. Das setzt an einem ganz falschen Verständnis von Forschung an. Die Leute reden über Entwicklung. Da kann das alles ganz richtig sein. Wenn man weiß, was am Ende herauskommen soll, kann man die Wege optimieren"* (PHP 300ff.).

Im Zuge eines Trends zur Instrumentalisierung von Wissenschaft gerate überdies der "Eigenwert" von Erkenntnis, ihre anthropologische Dimension außer Sicht: *"Es ist unbezweifelt (...), daß Erkenntnis einen Eigenwert hat, zumindest wenn man Erkenntnisfähigkeit als eine der Grundeigenschaften des Menschen betrachtet, die ihn neben sonstigen Eigenschaften von Tieren trennen. Es gehört auch zu seiner Würde. Das ist ja auch in der Verfassung sehr interessant parallel angeordnet. Erkenntnisfähigkeit macht eben auch den Menschen zum Menschen und macht damit einen Teil seiner Würde aus"* (PSC 826ff.).

Dieser Umstand bedeute in der Konsequenz für die Belange der Bildung - im weitesten Sinn - einen erheblichen Plausibilisierungsaufwand seitens des Managements bzw. einen Bewußtseinswandel auf seiten der Forschenden:

Sowohl im Bereich der Forschung:

- *"Jetzt versuchen wir Wissenschaftler mehr auf eine aus der Wirtschaft kommende Arbeitsweise umzubiegen, daß sie auf Termin arbeiten, ein Qualitätsbewußtsein kriegen. Dann, was sie bisher nie mußten, die Wissenschaftler sollen Aufträge aus der Industrie akquirieren. Sie sollen wie Vertreter in die Industrie gehen, auch an Vermarktung denken"* (PGAM 297ff.). ABER: *"Das kriegen sie bei Wissenschaftlern nicht rüber, bei echten eh' nicht. Auch bei den Instituten lehnen das viele aus Prinzip ab. Also müssen sie es ihnen mit Gewalt beibringen, und das geht nur über das Geld. Das muß weit gehen; nicht nur das Vermarkten eines Ergebnisses, sondern wir gehen mit der Industrie von Anfang an zusammen an eine Problemlösung"* (PGAM 324ff.),

als auch im Verhältnis zur Öffentlichkeit:

- *"Das ist in gewisser Weise durchaus wichtig, daß wir als Wissenschaftler uns darüber im Klaren sind, daß die Öffentlichkeit einen Anspruch an uns hat. (...) Wir haben eine Verpflichtung gegenüber der Gesellschaft, deutlich zu machen, warum man denn Wissenschaft betreiben sollte. Das ist eine Grundvoraussetzung unseres Daseins. Wir wären heute nicht das, was wir sind, wenn wir in den letzten paar hundert Jahren nicht geforscht hätten. (...) In den seltensten Fällen hat einer geforscht, weil er eine Glühbirne erfinden wollte oder uns mit Radio und Fernsehen versorgen wollte"* (PHP 320ff.).

Konkret werde versucht, *"die Umsetzbarkeit auch meinen Leuten als Kriterium zu vermitteln"* (PSA 325ff.). Dieses Kriterium dürfe jedoch nicht das einzige bleiben. Beides gehöre dazu: *"daß man (...) Fähigkeiten haben muß, um diese Verwertbarkeit von Forschungsergebnissen mit zu produzieren - und aber gleichzeitig die Fähigkeit haben muß, auch zu sehen, daß hier instrumentalisiert wird und daß Wissenschaft mehr ist. Also die Fähigkeit zurückzutreten und zu gucken, was da geschieht. Also beides zu sehen, ist die Bildungsanforderung"* (SK 383ff.; vgl. auch SV 130ff.).

Eng mit der Orientierung an externer Nachfrage verbunden sind die Veränderungen der Wissenschaften im **Kontext knapper werdender öffentlicher Finanzmittel**, die die Institute der Blauen Liste jedoch unterschiedlich stark betreffen. Für die WBL insgesamt bestehe die Gefahr, *"darin aufgerieben zu werden. Der Staat kann sich eine lockere Forschungsförderung nicht mehr leisten. Der Haushalt des BMBF ist zu drei Vierteln festgelegt durch solche Riesenblöcke wie die Großforschungseinrichtungen, die Milliarden kosten, die Zuschüsse für Fraunhofer, für die DFG, Max-Planck und Blaue Liste. Da bleibt als disponible Masse ganz wenig, um neue Sachen anzuregen"* (PGAM 312ff.). Wiederum habe auf seiten der Wissenschaft ein Bewußtseinswandel stattzufinden: *"Man muß den Leuten eher immer wieder klar machen, daß es nicht mehr reicht, gut zu forschen"* (PGAM 361ff.). Auf der Managementebene habe der Finanzierungsengpaß auch die Folge, daß die Möglichkeiten gezielter Personalarbeit eingeschränkt seien: *"Seit den achtziger Jahren gibt es in dem wissenschaftlichen Bereich, den ich überblicke, kein Personalmanagement mehr, weil es nur noch Stellenkürzungen gibt. Die nächste freiwerdende Stelle wird nicht mehr besetzt. Neueinstellungen gab es nicht mehr, und das Personalmanagement war nur noch Flickwerk. Leider ist das mit der Zeit immer schlimmer geworden"* (PHD 21ff.).

Auf die Bildungsaufgaben bezogen, bedeute es, die Managementkompetenzen zu verbessern - sarkastisch formuliert, *"damit ich dann noch 'den Mangel vernünftig verwalten' kann"* (SV 109f.). Hier seien aber erhebliche Defizite festzustellen: *"Im Normalfall ist keiner für die gestiegenen Anforderungen ausgebildet; im Studium der Wissenschaftler nicht und auch nicht auf der administrativen Seite"* (SV 37ff.).

Unter Anwendungsdruck sowie im zunehmenden Konkurrenzkampf um die Finanzmittel bzw. mit wachsender Abhängigkeit von anderen GeldgeberInnen werden für die öffentliche Forschung auch die **Fragen der Fremdsteuerung und der Legitimation nach außen** spürbarer. Art und Bewertung dieser Einflußnahme wird von einem der GesprächspartnerInnen in folgendes Bild gefaßt:

- *"Da sehe ich eine große Bedrohung auf die Wissenschaft zukommen. Da zitiere ich gerne John Polanyi, Nobelpreisträger für Chemie: 'Es ist eine durchaus verdienstvolle Aufgabe, in der Nähe von existierenden Bohrlöchern nach Öl zu suchen, aber keine, die neue Milliardäre erzeugt.' Das charakterisiert eigentlich die Sache. Man zwingt uns zunehmend, in der Nähe von existierenden Bohrlöchern nach irgendwas zu suchen, soweit der Vorstellungshorizont reicht"* (PHP 309 ff.).[131]

Neben steuernden Eingriffen von außen sei überdies eine innerwissenschaftliche Einflußnahme auf die Einzelinstitute zu berücksichtigen:

- *"Da kommt es schon über die Empfehlungen des Wissenschaftsrates zu starken Eingriffen in die Organisation der Institute, z.B. zur Stellenreduzierung"* (SV 74 ff.).

Bezogen auf zukünftige Bildungsaufgaben, die den InterviewpartnerInnen zufolge allerdings eher problematisch im Hinblick auf eine organisierte Weiterbildung umzusetzen seien, hätten sich die WissenschaftlerInnen verstärkt mit der Verbesserung der Vermittlung ihrer Ergebnisse bzw. der Plausibilisierung ihrer Arbeit zu beschäftigen (vgl. PHB 228 ff.).

- *"Und deshalb müssen die Forschertypen jetzt anders aussehen als früher. Diese Arroganz, ich forsche, also muß ich auch Geld vom Staat dafür kriegen, das ist vorbei. Man muß als Forscher jetzt nachweisen, warum die Gesellschaft das finanzieren soll. Es muß also gesellschaftlich relevant sein"* (PGAM 333 ff.). Oder: *"Wissenschaft muß sich viel mehr als in der Vergangenheit auch gegenüber der Öffentlichkeit legitimieren. Das bedeutet, sie muß in der Lage sein, Fragestellungen zu kommunizieren"* (PHB 228 ff.).

Auch andere InterviewpartnerInnen bestätigen die Bedeutung von Vermittlungskompetenzen: *"Was wir machen, wir versuchen, die Präsentationstechniken zu verbessern. Wenn Sie mal auf wissenschaftliche Tagungen gehen, das sind manchmal Alpträume. Allein die Folien, die man präsentiert bekommt, sind zum Teil nicht lesbar etc. Wir haben uns da auch die technische Ausstattung beschafft"* (PHB 237 ff.). Zum anderen gehöre dazu ein vielfältiger Lernprozeß im Managementbereich:

- *"Wir müssen viel mehr lernen, wie man publikums- und medienwirksam Wissenschaft vertreiben kann. Auch das Marketing. Nicht in dem Sinne: Nun müßt ihr eure Forschungsergebnisse vermarkten, sondern begreiflich machen, was das ist. Da kommt dann der Bereich Wissenschaftsjournalismus hinein. Es ist die Frage, ob man nun von jedem einzelnen Wissenschaftler verlangen kann, daß er diese Fähigkeiten hat. Man muß das Problem erkennen und sich dann der richtigen Person bedienen"* (PHP 361 ff.).

Ein weiterer Entwicklungstrend, der bei den befragten WissenschaftsmanagerInnen auf unterschiedliches Echo stößt, ist die zunehmende **Durchsetzung betriebswirtschaftlicher Modelle und Maßstäbe** (vgl. auch Teilkap. 3.1), der sich die Forschungsein-

---

[131] Dabei sei die Abhängigkeit von anderen gesellschaftlichen Teilbereichen kein neues Phänomen: *"Wenn Sie alte Akten und Wissenschaftshistorik lesen: dieses Hin-und-Her-Pendeln zwischen Landesvätern, die bei ihren gegründeten Universitäten stolz auf die Erkenntnisse waren, und solchen, die immer mehr den praktischen Nährwert sahen, und Wissenschaftlern, die immer hoch gehalten haben, daß die reine Erkenntnis das wichtigste ist, und solchen, wie Leibniz, die die Berliner Akademie dem Fürsten angedient haben; mit dem Gesichtspunkt, daß da etwas Nützliches `rauskommen müsse"* (PSC 920 ff.).

richtungen kaum entziehen könnten (vgl. PSA 128ff.). In keinem Interview wird diese Tendenz völlig in Abrede gestellt. Die Orientierung an betriebswirtschaftlichen Konzepten sei dabei keineswegs allein fremdbestimmt. Sie ergebe sich auch aus der Entwicklung der Wissenschaften selbst. Wo es immer weniger auf die Leistungen einzelner ankomme, seien andere Organisationsformen als bisher gefragt.

- *"Da gibt es auch sehr viele Beispiele, wo interessanteste Dinge zumindest in der Hand dieses Forschers nur bis zu einer gewissen Ebene kommen. Vielleicht als interessanter Initialbefund. Andere greifen das auf, setzen eine ganze Laborfabrik darauf an und machen damit erst die Sache bestimmend für die weitere Forschung. Dieses Phänomen haben Sie überall. Ich glaube auch, daß es im modernen Wissenschaftsbetrieb eine immer größere Rolle spielt"* (PSC 184ff.).

Gerade im Hinblick auf größere Organisationsformen dürfe es dadurch aber nicht zu einer völligen Formalisierung oder Verregelung kommen (vgl. PSA 293ff.). Doch ist auch die Skepsis groß. Ausdrücklich wird auf einer Abgrenzung von den Bedingungen der Wirtschaft und der Industrie bestanden:

- *"Trotzdem glaube ich nicht, daß es generell zur Übernahme von betriebswirtschaftlichen Strategien oder Kriterien kommen wird, weil wiederum der Zweck ein ganz anderer ist. Für den Unternehmenszweck ist dies sozusagen rational betriebswirtschaftlich zu strukturieren. (...) Da der Wissenschafts- und Forschungsbetrieb eine andere Zweckstellung hat, wird es in den wesentlichen Fragen immer nicht-betriebswirtschaftliche Kriterien geben"* (SK 448ff.).

Entsprechend wird für die Belange der Weiterbildung eine Spezifizierung auf die Anforderungen der Wissenschaften vorgeschlagen, die sich nicht allein am Kriterium des Kosteneinsatzes messen lasse, deren Konkretisierung jedoch noch ausstehe:

- *"Man müßte eigentlich für die Forschung, für die öffentlich finanzierte Forschung, eine spezifische Form dieser Qualitätsverbesserung dieser Weiterbildung finden, die die speziellen Bedarfe auch abdeckt. Und die wird sich in gewissen Punkten von der betriebswirtschaftlichen Weiterbildung unterscheiden. Im Detail kann ich diese Punkte nicht benennen, aber es sind unterschiedliche Aufgaben. Wenn wir in der Forschung Grundlagenforschung mit Anwendungsbezug machen sollen, dann ist es zunächst mal nicht zu messen an einer bestimmten Effizienz und marktmäßigen Verwertbarkeit, sondern nur vermittelt meßbar. Während die Betriebe Weiterbildung machen und darauf achten, daß dies mit dem geringstmöglichen Kosteneinsatz zum bestmöglichen Output führt - im Interesse des Betriebes, in seiner eigenen Zielstellung, die aber eine betriebswirtschaftliche ist"* (SK 137ff.).

Auf der Ebene der Forschungsmanagements habe das zur Folge, daß auch in Zukunft FachwissenschaftlerInnen die Führungspositionen inne haben sollten (vgl. SV 86ff.). Diese seien jedoch verstärkt durch VerwaltungsleiterInnen mit betriebswirtschaftlichen Kompetenzen zu unterstützen. Es fehle hier jedoch an einer entsprechenden Ausbildung, die speziell auf die Bedingungen von Forschungseinrichtungen zugeschnitten sei, wie dies z.B. in der DDR mit dem Studiengang "Wissenschaftsorganisation" versucht worden sei (vgl. SV 310ff.).

Unter den Stichworten **"Globalisierung" und "Internationalisierung"** wird in den Interviews ein Trend der Wissenschaftsentwicklung beschrieben, der manchem zwar bereits vertraut ist: *"Die Wissenschaft war schon immer global. Meine besten Partner sitzen in den USA, in Israel oder in Japan. Mit der wissenschaftlichen Globalisierung haben wir nie Probleme gehabt. Das ist eine internationale Community"* (PHP 353ff.). Doch in seinem Ausmaß und seiner Unausweichlichkeit wird zum Teil auch eine neue Qualität darin gesehen:

- *"Was in den nächsten Jahren eine ganz große Rolle spielen wird, ist die Internationalisierung, der internationale Wettbewerb im Wissenschaftsgeschehen. Wissenschaft ist zwar immer grenzüber-*

schreitend gewesen, aber es hat auch immer Nischen gegeben. Diese Nischen verschwinden zunehmend" (PHB 218ff., vgl. auch PSA 303ff., SK 371ff.).

Im Bildungsbereich bedeute dieser Trend zum einen für die Führungskräfte eine Erweiterung des bisherigen Erfahrungslernens um gezielte Lernanstrengungen in bezug auf das Forschungsmanagement: *"Die Anforderungen werden größer, die Organisation der Institute wird komplizierter, der Globalisierungseffekt, das kann man nicht mehr einfach mal so mit dem, was man eben erfahren hat"* (SV 345ff.).

Zum anderen werde im Hinblick auf die Forschenden mit Bildungsangeboten im Bereich "Sprachen" reagiert. Diese umfaßten sowohl Kompetenzerwerb im Bereich der Fremdsprachen (vgl. PHB 242ff.) als auch Qualifikationsbedarfe in bezug auf die sprachliche Ausdrucks- und Durchsetzungsfähigkeit sowie hinsichtlich eines kulturübergreifenden Austausches:

- *"Wer heute in der Wissenschaft anfängt und dort weiterkommen will, der muß sich im internationalen wissenschaftlichen Geschehen innerhalb seines Faches gut auskennen, der muß aber vor allen Dingen auch eine gewisse Sprachgewandtheit haben. Ohne Englisch ist heute gar nichts mehr zu machen"* (PHB 222ff.).

- *"Man muß mehr Sprachen lernen, und man muß es anwenden können, d.h. man muß Reisen machen, Kontakte zu anderen Forschern pflegen, das einfach als wesentlichen Teil der Arbeitsorganisation begreifen. Das sind auch wieder Fähigkeiten, die bisher unberücksichtigt sind, was das dann bedeutet an Kommunikationsfähigkeit, kulturelle Hintergründe zu kennen, Aufarbeitung von Information"* (SK 392ff.).

Schließlich wird noch eine **Zunahme inter- bzw. transdisziplinärer Zusammenarbeit** als prägender Trend der zukünftigen Wissenschaftsentwicklung konstatiert:

- *"Wenn man etwas nur gradlinig mit einer Methode anguckt, dann sieht man oft gar nicht, daß ein Phänomen eng verwandt ist mit irgendwas, was in einem anderen Gebiet gefunden worden ist. Interdisziplinarität ist natürlich auch synergieproduzierend, aber es hat darüber hinaus noch einen anderen Aspekt: erkenntnistheoretisch kann man eine Sache besser erklären. Naturphänomene (...) sind äußerst komplex. Sie haben einen Haufen Bedingungen, und man kann das nicht gradlinig auf eine Kausalitätskette zurückführen, sondern das ist interaktiv. Bei diesem erkenntnistheoretischen Prozeß hilft die Interdisziplinarität sehr stark"* (PSC 695ff.; vgl. auch PHP 349ff.).

Dieser Trend habe im Hinblick auf die Qualifikation verschiedene Konsequenzen:

"Für die Bildung hat das dann Konsequenzen im Sinne der Teamfähigkeit, daß man lernt, mit anderen umzugehen, die von einem anderen Hintergrund her argumentieren. Dabei wird es nicht möglich sein, ein völliges Verständnis herzustellen. Eigentlich muß man verabreden, sich gegenseitig ernst zu nehmen und sich zu akzeptieren, dann herauskriegen, wie man trotz der Differenz zu einem gemeinsamen Produkt kommen kann. Das ist das Kunststück" (SK 415ff.; vgl. auch SV 112ff.).

Eher skeptisch werden jedoch Ansätze beurteilt, Interdisziplinarität bereits innerhalb der Ausbildung der WissenschaftlerInnen zu verankern:

"Ich bin sehr dafür, daß Leute verschiedener Disziplinen zusammenarbeiten, wenn es vom Thema her sinnvoll ist. Ich bin aber nicht dafür, daß man sozusagen seine eigene fachliche Qualifikation verwässert. Ich glaube, daß es für jeden Forscher/jede Forscherin ganz wichtig ist, disziplinär verankert zu sein. Und sich dann von da aus zu öffnen. Aber das, was man vor 20 Jahren schon einmal als Ideal diskutiert hat, daß jemand möglichst schon drei verschiedene Fachrichtungen in sich verkörpern soll, also die ideale Synthese schon selber darstellt. Das ist nicht einlösbar. (...) Also: Interdisziplinarität ja, im Sinne der Arbeitsorganisation, aber nicht im Sinne der Verwurzelung des einzelnen" (SK 401ff.).

Insgesamt zeichnen sich aus der Sicht der GesprächspartnerInnen im Rahmen der von ihnen diagnostizierten Veränderungen zahlreiche Aufgaben ab, die zumindest partiell auch Konsequenzen für die Weiterbildungsaktivitäten der Mitarbeiterschaft sowie der Institute zeitigen. Allerdings sind die wahrgenommenen Bildungsanforderungen bis dato kaum im Sinne konkreter Angebote oder Maßnahmen operationalisiert - bzw. wird eine dahingehende Operationalisierbarkeit bezweifelt. Zumeist kommen eher allgemeine Hoffnungen, Vermutungen oder Ahnungen zum Ausdruck.

2.4 *"Manche Dinge kann man zwar nur durch Erfahrung lernen, aber..."* - Intentionalität und Selbstorganisiertheit des Lernens

Bereits bei der Darstellung von Zielgruppen, Formen und Inhalten war vielfach zu spüren, daß trotz vielfältiger und z.T. hoher Anforderungen an die Lernenden die Lernverantwortung bzw. die Gestaltung des Lernprozesses oftmals den MitarbeiterInnen selbst überlassen wird. Um die Aussagen der InterviewpartnerInnen dazu in einen theoretischen Möglichkeitsraum von Weiterbildung einzuordnen und ggf. Schwerpunkte in der Wahrnehmung berufsbezogener Weiterbildung durch das Forschungsmanagement ausmachen zu können, werden die Interviews gesondert unter der Perspektive der zugeschriebenen Intentionalität und der Fremd- bzw. Selbstbestimmtheit des Lernens betrachtet (vgl. Kap. II - 2.2). Diese Dimensionen können auch Hinweise dazu liefern, inwieweit lebenslanges Lernen im Bereich von Forschungseinrichtungen präsent ist bzw. inwiefern auch das Verständnis von Weiterbildung variiert.

Unter dem **Aspekt der Intentionalität**, einen bestimmten Lernerfolg zu erzielen, werden dazu die in Kap. II - 2.2.2, S. 140 unterschiedenen Lernerfahrungen als Folie herangezogen.

Das **intentionale Lernen** in der beruflichen Sphäre dominiert in der Wahrnehmung von 'Weiterbildung' durch das Forschungsmanagement. Es wird in manchen Fällen geradezu mit 'Weiterbildung' gleichgesetzt. Sowohl der Bezug auf die Forschungsarbeit selbst als auch zu anderen, nicht zum Kern der beruflichen Aufgaben gehörenden Lernleistungen (z.B. Datenschutz, PC-Kenntnisse) wird hergestellt.

Hinsichtlich des Lernens in der nicht-beruflichen Sphäre wird im vorliegenden Kontext die Vorstellung wirksam, daß es bei Forschung als Beruf im Idealfall eher um eine Berufung handle, die keine festgelegten Arbeits- bzw. Lernzeiten kennt. Andere Haltungen werden z.T. im Sinne einer "Beamtenhaltung" (vgl. PGAM) als eher unpassende 'Job-Mentalität' diskreditiert (vgl. Teilkap. 1.3). Es wird insbesondere im Bereich der Kreativität/Ideenfindung auf die ständige Bereitschaft zum Bezug auf den Berufsbereich ausgegangen. Berufsbezogenes, intentionales Lernen in der Freizeit wird zwar nicht immer ausdrücklich erwartet, vielfach aber von der Arbeitgeberseite indirekt als selbstverständlich vorausgesetzt.

Ein ähnliches Verständnis wie für das intentionale Lernen gilt auch für die **teilintentionalen Formen**. Allerdings werden diese - je nach Berufsverständnis - nicht primär als "Weiterbildung" beschrieben. Auf Rückfrage heißt es aber, daß Lerneffekte - etwa bei Auslandsaufenthalten zu Forschungszwecken - bewußt mitintendiert seien. Die erhofften Prozesse bzw. Effekte lassen sich jedoch selten genauer konkretisieren. Teilintentionales Lernen spricht das Problemfeld an, daß oft in Verbindung mit "learning by doing" implizit Lernergebnisse erwartet werden, die jedoch von seiten des Managements kaum hinsichtlich der Ziele, adäquaten Formen und tatsächlichen Ergebnisse reflektiert werden (können). Auch die Lernenden zeigten sich z.T. von den Erwartungen überrascht, was jedoch erst bei infolge nicht erbrachter Ergebnisse eingetretenen Krisenfällen offenbar wird.

Der dritte **Bereich des nicht-intentionalen Lernens** nimmt in den Interviews einen bedeutenden Platz ein. Nicht-intentionales Lernen wird zwar nicht als 'Weiterbildung' konzipiert, doch können die Aussagen zu einer Zwangsläufigkeit von Lerneffekten durch die Teilhabe am Forschungsalltag bedeuten, daß ein großer Teil berufsbezogener Bildungsprozesse nur bedingt individuell (und auch institutionell nur indirekt) gezielt verlaufe.

Bei den Formen des nicht-intentionalen Lernens verschärft sich der o.g. Erwartungskonflikt zwischen Führung und MitarbeiterIn gegebenenfalls. Auf der Basis eines Verständnisses, daß Forschung primär durch Forschung zu erlernen sei, werden von seiten des Wissenschaftsmanagements fast alle beruflichen, z.T. auch nicht-beruflichen Aufgaben mit Lernerwartungen verbunden. Inwieweit die Forschenden selbst diese Vorstellung teilen, oder ob ihnen mögliche Lerneffekte bewußt sind, darüber scheint an den Einrichtungen eher selten, nur in speziellen Fällen und vor allem im Zusammenhang mit der Betreuung des wissenschaftlichen Nachwuchses eine Diskussion einzusetzen.

Diese Betrachtung von Lernprozessen macht zudem deutlich, daß ein 'Selbstlernen' oder 'learning by doing' keineswegs mit selbstorganisiertem Lernen gleichzusetzen ist. Bei den erstgenannten Formen bleibt das bewußte Engagement während des Lernprozesses im Hintergrund. Zwar kann das Ergebnis solcher Lernvorgänge auch als Handlungskompetenz wahrgenommen werden. Doch bleiben die intentionale Ausrichtung auf den Erwerb einer Handlungskompetenz als Lernziel und somit die aktiven Gestaltungsmöglichkeiten des Individuums relativ gering. Berufsbezogene Handlungskompetenz, im Sinne des Prozesses der aktiven Auseinandersetzung mit den beruflichen Anforderungen, setzt sowohl Bewußtsein als auch eine - zumindest anteilige - Selbstbestimmtheit der Agierenden voraus - zumal der Begriff des Handelns selbst eng mit dem der Intentionalität verknüpft ist.

Dem zugeschriebenen Grad der Fremd- bzw. Selbstbestimmtheit der Forschenden, im Sinne der individuellen Beteiligung am Lernprozeß, soll nun unter dem Stichwort der **'Selbstorganisiertheit'** genauer nachgegangen werden, da diese Dimension auf das Engste mit einem Kerngedanken des Bildungsbegriffs - im Sinne der Dialektik zwischen Autonomie und Anpassung - verknüpft ist.

Selbstorganisiertheit wird dazu anhand von sechs möglichen Dimensionen der Selbstbestimmung analysiert.[132] Diese Dimensionen beziehen sich auf (vgl. Kap. II - 2.2.3):

- Grad der Freiwilligkeit bei der Beteiligung an einem Lernprozeß;
- Möglichkeiten des Zugangs zu Bildungsressourcen;
- Grad der Beteiligung an der Formulierung der Lerninhalte;
- Grad der Beteiligung an der Gestaltung der Lernformen;
- Grad der Beteiligung an der Definition der Lernziele;
- Grad der Beteiligung an der Evaluation.

Im ersten Bereich der **"Formen des Lernens in der Auseinandersetzung mit anderen KollegInnen"** scheint hinsichtlich des Grades der Freiwilligkeit bei der Beteiligung an einem Lernprozeß - von wenigen Nischen abgesehen - die organisatorische Verfaßtheit der außeruniversitären Forschung (in Form von Instituten und Projekten) den Forschenden mit relativ starken Anforderungen zur Beteiligung an diesen Lernformen

---

[132] Wiederum gegliedert nach den verschiedenen Lernformen (vgl. Abb. 13 in Teilkap. 2.2, S. 140) können dazu allerdings anhand der Interviews nur punktuell Aussagen gemacht werden.

gegenüber zu treten. Häufig wird explizit eine erwartete Selbstmotivation der Beschäftigten angesprochen. Sich hiervon völlig auszuklinken, ist in den wenigsten Fällen möglich. Bei vorliegendem Lerninteresse scheinen die meisten Institutionen jedoch bemüht, allen Interessierten einen Zugang zu ermöglichen. Da die Formen des wissenschaftlichen Austauschs meist eng mit den jeweiligen Projektinhalten verknüpft sind, stellt sich bezüglich der Lerninhalte eher die Frage, inwieweit die Forschenden die Möglichkeit haben, die Forschungsthemen selbst zu bestimmen. Ansonsten wird ihnen zumeist die Möglichkeit der inhaltlichen Mitbestimmung im Sinne der Definition ihrer Beiträge überlassen - bis hin zur Gestaltung einer Tagungs- oder Kolloquiums-agenda. Bei der Wahl der jeweiligen Form des wissenschaftlichen Austausches scheint das Forschungsmanagement unter Rückgriff auf die in der jeweiligen Fachgemeinschaft gängigen "Comments" den Rahmen zu setzen, wobei Impulse von seiten der Mitarbeiterschaft bei der Gestaltung der organisierten Formen nicht nur gewünscht, sondern z.T. auch gefordert werden. Die Frage nach der Lernzielen ist im Bereich dieser so selbstverständlichen, oft indirekten Lernformen generell sehr schwer zu beantworten - will man von formalen Aussagen, wie Informationsgewinnung, Anregungen etc. absehen. In den seltensten Fällen kommt es etwa bei wissenschaftlichen Tagungen von seiten der Institution zu einer vorherigen Konkretisierung oder Operationalisierung von Zielen. Diese strukturelle Offenheit wird jedoch zum Teil gerade als Kennzeichen des wissenschaftlichen Lernprozesses beschrieben. Transfer-Unterstützung, rückblickende Reflexion oder Evaluation von Lerneffekten scheint im Rahmen der wissenschaftlichen Auseinandersetzungsprozesse kaum eine institutionelle Verankerung zu finden. Hierzu wird höchstens auf individuelle und informelle Auswertungsprozesse verwiesen. Analog soll auch für den 2. Bereich der eher **auf die Einzellernleistung orientierten Formen des Lernens** nach den o.g. Dimensionen der Selbstbestimmtheit gefragt werden (vgl. auch Abb. 13 in Teilkap. 2.2). Werden Ausübung und Erlernen eines Berufs unter der Annahme, daß "Forschung nur durch Forschung" zu erlernen sei, auf das engste miteinander verknüpft, stellt sich die Frage nach der Freiwilligkeit der Beteiligung an den berufsbezogenen Lernprozessen fast in Form der Berufswahlentscheidung. Doch werden andererseits vielfach auch die Grenzen des Erfahrungslernens thematisiert. In dieser Argumentation sehen sich Institute dann in der Pflicht, das vorhandene Lernpotential weitergehend institutionell zu fördern, Anreize zu bieten und Ressourcen zur Verfügung zu stellen. In der jeweiligen Institutspraxis kann dies allerdings sehr unterschiedlich aussehen. Für die Beteiligung der Forschenden an der Formulierung von Inhalten, der Gestaltung von Lernformen, der Definition der Lernziele sowie Beteiligung an der Evaluation stellen gerade die Formen des erfahrungsorientierten Lernens eine analytische Herausforderung dar. Von seiten der interviewten ForschungsmanagerInnen wird hier mit Begriffen wie "Sozialisation", "Identifikationsphänomen" oder auch "Naturell" argumentiert, die eine Beteiligung der zu sozialisierenden Forschenden zwar voraussetzen, aber selten weitergehend reflektieren oder vertiefend analysieren. Auf der Seite der Institutionen scheint dem selbstregulativen Verlauf dieser Sozialisationsprozesse entweder großes Vertrauen entgegengebracht zu werden, und/oder diese werden als gegebene, aber letztlich durch das Management kaum beeinflußbare Variablen akzeptiert. Es gab in den Interviews nicht die Möglichkeit, den Anteilen selbstgesteuerten Lernens in den komplexen Bezügen des Erfahrungslernens weiter nachzugehen, da unter Bezug auf vielfach nicht-intentionale Lernprozesse selbst- oder fremdorganisierte Anteile nicht explizit formuliert werden (konnten). Beim dritten Bereich (vgl. Abb. 13 in Teilkap. 2.2) der **"expliziten Lern-Lehr-Situationen"** schließlich ist hinsichtlich der Freiwilligkeit der Beteiligung, der Möglichkeiten des Zugangs und auch hinsichtlich der Definition der Lernziele zu unterscheiden zwischen Lernprozessen, die von den Institutionen als unabdinglich angesehen werden, und Angeboten mit fakultativer, aber erwünschter Teilnahme.

Im ersten Fall steht die Teilnahme nicht zur Disposition, Nicht-Teilnahme wird ggf. sogar geahndet, die Ziele werden vorgegeben. Hinsichtlich des zweiten Falls wird die Teilnahmebereitschaft der Mitarbeiterschaft im Vergleich der Institute und auch je nach Thema recht unterschiedlich eingeschätzt. Hier gibt es Institute, bei denen von großem Interesse und dem Bemühen der Einrichtung, diesem gerecht zu werden, die Rede ist. Andererseits betonen manche InterviewpartnerInnen eine diesbezügliche Reserviertheit der Mitarbeiterschaft. *"Insbesondere bei Wissenschaftlern ist es so, daß die dann doch lieber ihre Forschung machen, als sich mit sowas zu beschäftigen"* (PLAV 63ff., auch ST 32ff.).

In bezug auf die Beteiligung an der Formulierung der Lerninhalte scheint aus Sicht der Institution weniger die positive Bestimmung von Themen das Problem zu sein. Insbesondere im Bereich der metafachlichen Kompetenzen scheint eher eine Ablehnung bestimmter Inhalte bedeutsam: Dabei stießen vor allem Themen auf Widerwillen, die mit betriebswirtschaftlichem Image behaftet sind (vgl. PSA 124ff.). Im Zusammenhang mit der Beteiligung an der Gestaltung der Lerninhalte und -formen werden aus Sicht des Forschungsmanagements im Seminarbereich, der vor allem im Bereich der metafachlichen Kompetenzen eine Rolle spielt, große Zweifel gegenüber den Anbietenden geäußert. Auch hinsichtlich der Evaluation herrscht Skepsis: *"Ich kenne einige Leute, die sowas (d.h. ein Training im Bereich sozialer Kompetenz, A.d.V.) gemacht haben, und die dann behaupten, sie haben etwas davon gehabt. Aber ob die auch behaupten können, daß es sich praktisch auswirkt auf den besseren Gang der Wissenschaft, das habe ich noch nicht gehört. Sie meinen meistens, sie haben persönlich etwas davon gehabt und haben Einsichten gewonnen"* (PSC 499ff.).

Insgesamt wird in den Interviews deutlich, daß bei der Wahl expliziter Lehr- und Lernformen fast automatisch auf klassisch-vortragsorientierte, aus der Ausbildung bekannte Lernformen Bezug genommen wird. Andere Formen, wie interaktive PC-Lernplätze, ‚Lerninseln' oder Verfahren der kooperativen Selbstqualifikation etc., werden nicht thematisiert. Es ist zu vermuten, daß diese entweder nicht bekannt sind oder als inadäquat verworfen werden.

2.5 Ambivalent gehandhabt, kontrovers beurteilt -
Diskussion der Wahrnehmung der Weiterbildungspraxis

In bezug auf die Wahrnehmung der Weiterbildungspraxis an den Instituten stand zunächst die Frage nach dem tatsächlichen Vorhandensein von Weiterbildung bzw. ihrer Relevanz und - ggf. - nach ihrer jeweiligen Ausprägung im Vordergrund. Die Auswertung stützte sich auf die in Kap. II eingeführten Konzepte der Zielgruppe, der Formen und Inhalte von Weiterbildung sowie der Selbstorganisiertheit und der Intentionalität. Bei der Diskussion der beschriebenen Befunde stehen dabei das Verständnis von Weiterbildung im Zusammenhang mit den in Kap. III - 2.2 formulierten Thesen (zu möglicher Irrelevanz von Weiterbildung sowie zu Gründen für ein die Weiterbildung betreffendes Informationsdefizit) sowie die o.g. Konzepte im Mittelpunkt.

Nur selten ist in den geführten Interviews ein explizit definiert vorliegender **Begriff von 'Weiterbildung'** anzutreffen. Zum Teil wird vor allem zu fremdorganisierten, intentionalen Formen der Wissensvermittlung, z.T. zu allgemeinen Lernprozessen im Rahmen des Kompetenzerwerbs Stellung genommen oder - noch allgemeiner - mit Begriffen operiert, die den Einfluß von Bildung relativ offen lassen (wie "Entwicklung" bzw. "Sensibilisierung"). Teils wird der Begriff der 'Weiterbildung' ausdrücklich auf

Formen, wie die institutionelle Förderung von Auslandsaufenthalten, erweitert, teils auf bestimmte Zielgruppen, wie den wissenschaftlichen Nachwuchs, eingeschränkt. Insgesamt dominiert ein Verständnis, das Weiterbildung und Lernen zumeist auf die Funktion des Wissens- bzw. Kenntniserwerbs bezieht. Die Komplexität des Kompetenzerwerbs, im Sinne der Fähigkeit, Erlerntes auch umzusetzen, wird dabei oft außer acht gelassen. Daß Bildung zudem Reflexionsräume bzw. -zeiten bedeuten könnte, etwa 'Auszeiten', die eine kritische Auseinandersetzung mit den eigenen Routinen beinhalten, wurde nur in einem Interview in Betracht gezogen. Es scheint sich bei dem Terminus 'Weiterbildung' demnach nicht um einen offiziell etablierten *und* konsensuell präzisierten Begriff im Inventar des Managements außeruniversitärer Forschungseinrichtungen zu handeln.

Trotzdem werden verschiedene Zielgruppen, Inhalte und Formen explizit mit 'Weiterbildung' in Verbindung gebracht. Die Zusammenschau aller angegebenen Bereiche offenbart ein breites Spektrum der Relevanz von Weiterbildung, wobei die Zusammenstellungen in den Teilkapiteln nicht darüber hinweg täuschen dürfen, daß in einzelnen Instituten jeweils nur ein Bruchteil davon im Interview angesprochen wird. Die Varianz fällt groß aus, was wiederum mit der jeweiligen Abgrenzung des Begriffs der Weiterbildung zusammenhängt. Überdies ist das mit der Darstellung entstehende Bild strukturierter Ordnung auch von der Fragestellung der Studie bzw. der Art der Ergebnisaufbereitung induziert. In den Interviews selbst war nur in zwei Fällen eine formale Ordnung der Weiterbildungspraxis nach fixierten Kriterien anzutreffen.

Die Befunde zur Weiterbildungspraxis der untersuchten Einrichtungen erweisen, daß die **These einer zu vernachlässigenden Binnenrelevanz von Weiterbildung an den untersuchten außeruniversitären Institutionen nicht haltbar** ist (vgl. Kap. III - 2.2), da das empirische Material auf eine durchaus vorhandene sowie insgesamt facettenreiche Praxis schließen läßt.

Somit ist nun zu fragen, warum bisher relativ wenige Informationen darüber vorliegen. So stützen - von wenigen Ausnahmen abgesehen - die Ergebnisse dieser Studie vielmehr die These, daß es sich beim Weiterbildungsgeschehen an den Instituten häufig um einen Bereich selbstverständlicher Alltagspraxis handelt. Oftmals als Praxis des 'Zufalls' gehandhabt, wird Weiterbildung eher selten in seiner Gänze aus dem impliziten Bewußtsein der beruflichen Routine auf eine diskursive, systematisierende Ebene gehoben, als Element einer gezielten Gestaltung des Forschungsprozesses wahrgenommen oder in der Sprache bildungswissenschaftlicher Reflexion gefaßt.

In einigen Interviews kam dazu eine als mangelhaft empfundene Kompetenz des Managements hinsichtlich einer professionellen Gestaltung der Weiterbildungspraxis zur Sprache. Sequenzen, wie *"Wir alle haben letztendlich Management nicht gelernt. (...) Da dilettieren wir alle mehr oder weniger"* (PLAV 55ff.). Es *"kann nicht gut sein, wenn mehr oder weniger wichtige Funktionen von Laien wahrgenommen werden. Das ist sicherlich kein optimales System, und zufrieden kann man damit nicht sein."* (PLAV 95ff.), verweisen auf ein diesbezüglich erfahrenes Professionalisierungsdefizit. Diese Passagen könnten auch die Furcht vor wachsendem Legitimationsdruck oder vor extern attestierter Unzulänglichkeit vermuten lassen, wie sie oftmals mit der zunehmenden Entzauberung der wissenschaftlichen Forschungstätigkeit einher gehen. Unter den Stichworten "Fremdsteuerung", "Durchsetzung betriebswirtschaftlicher Modelle" oder "Finanzverknappung" werden Entwicklungen in diese Richtung sehr skeptisch betrachtet, wenn auch prinzipiell ein weitergehender **Professionalisierungsbedarf** nicht in Abrede gestellt wird. Dieser reicht bis hin zu Überlegungen zum Aufbau eines Studiengangs "Wissenschaftsmanagement"; ggf. analog zu den sich institutionalisierenden Krankenhaus- oder Pflegemanagement-

Ausbildungen im Sektor der Gesundheitsdienstleistungen. Insgesamt wird aber eine 'nachholende Modernisierung', ausschließlich orientiert an anderen gesellschaftlichen Teilbereichen - vor allem an der Ökonomie -, als unpassend verworfen.

Viele InterviewpartnerInnen teilen die Bedenken Kiesers, der vor einer Externalisierung der wissenschaftlichen Selbst-Bewertungskompetenz im Bereich der Evaluation warnt: "Evaluationen signalisieren einen Vertrauensschwund und fördern die Erosion berufsethischer Normen. Sie machen jedoch Vertrauen nicht überflüssig, sondern tauschen lediglich die Zielgruppen aus, auf die es zu richten ist. Früher mußte man den Professoren vertrauen, jetzt den Evaluatoren bzw. dem Prozeß der Auswahl der Evaluatoren" (Kieser 1998, S. 424). Auf der Ebene des Managements wird somit stärker die Differenz zu anderen Berufsbereichen betont und ein eigenständiger Modernisierungspfad angestrebt.

Bezogen auf die konkrete Weiterbildungspraxis sind hingegen zum Teil durchaus zu betrieblichen Organisationen analoge Praktiken und Trends zu verzeichnen. Verglichen mit der Bandbreite möglicher Formen bzw. Konzepte der Weiterbildung, wie sie etwa in der Privatwirtschaft oder in anderen Referenzfeldern zu finden sind, fällt hinsichtlich des empirischen Materials dieser Studie auf, daß dem Lernen vor allem im sozialen Zusammenhang der scientific community großes Gewicht beigemessen wird. Den verschiedensten Settings, wie internationalen Konferenzen, hausinternen Kolloquien oder dem Projektteam selbst, wird dabei ein - mehr oder minder vorrangiger - Lerneffekt zugeschrieben. Wie sich Lernen dort als Prozeß vollzieht, bleibt bei den Ausführungen der InterviewpartnerInnen jedoch eher im Dunkeln. Die starke Betonung des 'Learning by doing' oder des Lernens am Modell der Forschungspraxis anderer WissenschaftlerInnen läßt Lernen zwar in der Ausübung des Berufs ubiquitär erscheinen, doch verweisen die GesprächspartnerInnen nur in wenigen Fällen auf spezielle Techniken, benennbare Verfahren oder didaktische Überlegungen. Auch eine gezielte pädagogische Steuerung wird nur in wenigen Instituten in Betracht gezogen bzw. aus Gründen der Komplexität des Lern- und des Forschungsprozesses von der Hand gewiesen. Die Beschreibungen des Lernens bleiben in vielen Formulierungen unscharf, Metaphern - wie das „Hineingeworfen-Sein" in eine Lernsituation oder „der Versuch, Mitarbeiter umzubiegen" - lassen eine Konkretisierung offen.

Dieser Befund steht in seltsamem Widerspruch zur Vielfalt von **Modellen bzw. praktizierten Verfahren in anderen Berufsfeldern**, z.B. im Bereich der Gruppenarbeit als Lehr- und Lernmethode in Betrieben. Inwiefern diese Verfahren im einzelnen für das Lernen in der Forschungspraxis angemessen und nutzbringend sind, kann im Rahmen dieser Arbeit nicht beantwortet werden. Doch erscheint es zumindest prüfenswert, ob das reichhaltige Methodeninventar nicht auch für die Lernziele und -inhalte an Forschungseinrichtungen entsprechend modifiziert werden könnte. Dies betrifft sowohl fachliche Lerninhalte als auch die geforderten metafachlichen Kompetenzen; etwa via PC-gestützte Lerndatenbanken, Sensitivity-Trainings, gruppendynamische Übungen, Simulationen, Rollen- oder Planspiele, Scenario-Writing, Audits, Verfahren der kooperativen Selbstqualifikation, Kreativitätstechniken, wie Brainstorming, Synektik, Assoziations- oder Innovationstraining etc. (vgl. die Zusammenstellungen etwa bei Wiedemann 1980; Mees/Oefner-Py/Sünnemann 1993).

Für die Möglichkeit eines verstärkten Einsatzes solcher Verfahren spricht zum einen ihre zunehmende Etablierung auch in anderen Non-profit-Organisationen, wie in öffentlichen Verwaltungen oder Verbänden. Zum anderen könnte der von einigen InterviewpartnerInnen konstatierte Generationswechsel in der Wissenschaft und ein damit verbundenes anderes Verhältnis zu den o.g. Methoden ihre Verbreitung begünstigen. Analog zur Entwicklung der Lehrerausbildung - wobei hier zunächst davon ausgegangen wurde, daß gute PhilologInnen auch gute LehrerInnen seien - könnte vermutet werden, daß auch im Berufsfeld der Forschung zunächst die Güte der fachlichen Bildung und die Leistung als Kriterien gelungener beruflicher Umsetzung gewertet werden. Inzwischen wurde jedoch der Kanon fachlicher Inhalte im Rahmen der Lehrerausbildung um Inhalte und Formen ergänzt (z.B. Didaktik, Lehrproben etc.), die vielmehr die Bewährung in der berufspraktischen Umsetzung zum Ziel haben. Würde diese Analogie zutreffen, so zögen auch in die Aus- und Weiterbildung der Forschenden neben den fachlichen Wissensinhalten vermehrt performanzbezogene Elemente ein.

Gegen eine Erweiterung des Kanons der üblichen Lernformen sprechen die skeptischen Haltungen einiger InterviewpartnerInnen, die aufgrund negativer Erfahrungen von Inadäquatheit bzw. Nutzlosigkeit für die Belange der Forschung ausgehen, da diese Methoden aus anderen Kontexten stammen bzw. für diese entwickelt wurden. Hierbei spielen wiederum die o.g. Vorstellungen über die Grenzen der Erlernbarkeit forschungsrelevanter Fähigkeiten sowie das jeweilige Verständnis von Weiterbildung eine Rolle. Prinzipiell scheint nach den langen Qualifizierungszeiten der AkademikerInnen die Spitze der Bildungspyramide erreicht. Der traditionellen Vorstellung des Lebenszeitberufs folgend, müßte damit genug Kompetenz für die lebenslange Ausübung des Berufs 'angesammelt' worden sein. Den in Kap. II erläuterten Veränderungen hin zu einer 'neuen Beruflichkeit' unter der Perspektive lebenslangen Lernens zum Trotz entfaltet dieses 'Vorratsmodell' von Bildung noch immer seine Wirkung.

Diese Vorstellung wird allerdings durch die Zunahme von Zeitverträgen sowie durch drastische Stellenkürzung im öffentlichen Forschungssektor konterkariert; zumal der wissenschaftliche Nachwuchs vermehrt dazu angehalten wird, angesichts unsicherer Beschäftigungsaussichten auch andere Berufsfelder ins Auge zu fassen. Eine andere Quelle der Skepsis kann auch in der engen Assoziation von Bildung mit den aus der Schulzeit erinnerten frontalen Unterrichtsformen gesehen werden. Die hierbei erfahrene Hierarchisierung zwischen 'dummen Kindern' und 'klugen Lehrenden' führt zum Teil zu einer Zuschreibung einer als unangemessen empfundenen Infantilisierung der Lernenden. Diese Erfahrung wird oftmals auf alle Verfahren übertragen, die explizit mit einem pädagogischen Setting in Verbindung gebracht werden. Derartige Vorstellungen beschränken das Feld der Lernmöglichkeiten jedoch unnötig, da sie den etablierten Sektor der Formen des Erwachsenenlernens in der beruflichen wie in der privaten Sphäre vorschnell außer acht lassen.

Die o.g. ‚Infantilisierungsvermutung' und das ‚Vorratsmodell' von Bildung entfalten insbesondere hinsichtlich der Wahrnehmung der **Zielgruppe der älteren MitarbeiterInnen** ihre Wirkung. Hierzu tritt in manchen Interviews zudem die aufgrund erfahrener Grenzen der Veränderbarkeit vertretene These, daß nach dem 'Nachwuchsstadium' Bildung nur noch wenig Einfluß habe, da u.a. die Lernmotivation absinke: *"Es gibt ja den Spruch, was sie bis 30/35 nicht als fast Charaktereigenschaft verinnerlicht haben, das ändern sie später nicht mehr"* (PGAM 137ff., vgl. auch PHB 162ff.). Andererseits wird in den Aussagen anderer InterviewpartnerInnen die Gruppe der älteren MitarbeiterInnen keineswegs gesondert thematisiert. Sie werden nahtlos in die jeweilige Zielgruppenordnung, die sich primär an Positionen und Aufgaben orientiert, eingefügt. Lebenslanges Lernen erscheint unter der Perspektive der Lernfähigkeit als nur bei einem Teil der Institute in der Betrachtungsperspektive der Forschenden durch das Management verankert.

Diese kontroversen Einschätzungen und die daraus resultierende heterogene Weiterbildungspraxis wird besonders im Hinblick auf die **Zielgruppe der Führungskräfte** deutlich. Hier reicht das Spektrum von Positionen, die keinen Weiterbildungsbedarf diagnostizieren, über durchaus wahrgenommene Bedarfe, denen allerdings (noch) keine Umsetzung folgte, bis hin zu einem programmatisch verankerten Angebot spezieller

Veranstaltungen, die allerdings nur jeweils instituts- bzw. situationsspezifisch zu bestimmen seien. Insgesamt besteht insbesondere dieser Zielgruppe gegenüber wiederum eine große Diskrepanz zu Ressourcenaufwand[133], Vielfalt der Ansätze[134] und ihrer institutionellen Etabliertheit, wie sie in der Praxis der Führungskräfteförderung im privatwirtschaftlichen Sektor zu finden sind. Auch hier wäre zu klären, ob nicht verschiedene der vor allem in betriebswirtschaftlichen Zusammenhängen entwickelten Verfahren der Führungskräfteförderung und Personalentwicklung im Bereich außeruniversitärer Forschungseinrichtungen modifiziert ein Einsatzgebiet finden könnten.[135] Abstrahiert von seiten der beruflichen Anforderungen gesehen, wie sie sich etwa den Projektleitenden stellen, unterscheiden sich die in den Interviews beschriebenen Aufgaben kaum von den in der umfangreichen Literatur zum betrieblichen Projektmanagement geschilderten Profilen (vgl. etwa Kraus/Westermann 1997, S. 157). Inwiefern diese sich jedoch im Detail ähneln - und vor allem, inwiefern sie vergleichbaren Lernprozessen und -bedingungen unterliegen, wäre allerdings gesondert zu untersuchen.

Im Hinblick auf die **Zielgruppe des wissenschaftlichen Nachwuchses** fällt zudem auf, daß erforderliche metafachliche Kompetenzen, etwa für die spätere Leitung von Projekten, selten im Vordergrund stehen, obwohl ein dahingehendes Defizit bei den aktuell in Leitungsfunktionen befindlichen WissenschaftlerInnen diagnostiziert wird. Von wenigen Ausnahmen abgesehen, werden die beruflichen Anfangsjahre in den Interviews häufig nach der Art einer klassischen 'Meisterlehre' konzipiert. Dabei wird auf wenig formalisiertes Lernen in enger Verbindung zur jeweiligen Forschungstätigkeit und zu erfahreneren KollegInnen oder Vorgesetzten gesetzt. Wird die wissenschaftliche Weiterqualifikation eher als Fortsetzung der Ausbildung verstanden, so verschmelzen die Grenzen von berufsbezogener Aus- und Weiterbildung.

Diese Auffassung gleicht dem Bild, das Meusel aus der Sicht des Wissenschaftsrechtes entwirft. Dort ist ausdrücklich von "Auszubildenden" die Rede: "Der Auszubildende kommt bereits mit einer wissenschaftlichen Grundausbildung in die außeruniversitäre Einrichtung und erwirbt dort über die (Mit-) Arbeit an einzelnen Projekten Spezialkenntnisse und Berufserfahrung. (...) Der Auszubildende ist vom ersten Tag an in die Forschungsarbeiten der Einrichtung eingebunden und muß seinen eigenen Beitrag dazu leisten. Sein Vorgesetzter wird ihn dabei entsprechend seinen Vorkenntnissen mehr oder weniger detailliert anleiten. Der eigentliche Lernprozeß findet während der Arbeit selbst oder bei den anschließenden Diskussionen im Kreis anderer Wissenschaftler statt" (1992, S. 30f.).

Ob nun Aus- oder Weiterbildung des wissenschaftlichen Nachwuchses, sie wird zumindest offiziell als eine der zentralen Funktionen der Forschungseinrichtungen verstanden. Dabei werden zum Teil auch Zweifel angemeldet, ob nicht ein weiterer Ausbau intentionaler, primär auf Lerneffekte ausgerichteter, organisierter Bildungsformen

---

[133] Zu den Finanzierungsbedingungen von Weiterbildung in den untersuchten außeruniversitären Einrichtungen können auf der Basis dieser Untersuchung allerdings keine quantitativen Angaben gemacht werden, die z. B. den Pro-Kopf-Aufwand an Geldern vergleichbar erfassen. Die Einrichtungen verfügen zwar fast alle über eine Kostenstelle 'Weiterbildung', doch wird der Etat zu unterschiedlichen Zwecken eingesetzt (z.B. Pflichtaufgaben der Weiterbildung, vorwiegend für das wissenschaftlich-technische Personal, nur für projektfernere Themen etc.). In den meisten Fällen werden zudem Gelder aus anderen Kostenstellen - etwa aus Projekt- und Reisemitteln - ergänzt, über deren Umfang in den seltensten Fällen Auskunft gegeben werden konnte.

[134] (vgl. die enorme Breite der Fach- wie Ratgeberliteratur für den betriebswirtschaftlichen Kontext)

[135] (vgl. etwa Domsch/Jochum 1984; Riekhof 1989; Sarges 1990; Langosch 1993; Friebel/Winter 1995; Kempkes/Mayer 1996; Hacker 1998)

zur Ergänzung der informellen anzustreben sei. Doch es bleiben auch hier Unsicher-heiten: *"Jeder hat natürlich den Traum, daß er auch guten Nachwuchs produziert. Aber von welchen Regeln und Zufällen das eigentlich abhängig ist, da bin ich mir nicht sicher, ob das wirklich schon mal analytisch durchleuchtet ist"* (PSC 523ff.).

Überraschend fällt im Hinblick auf die Weiterbildungspraxis der Institute die **Wahr-nehmung von ost- und westdeutschen Beschäftigten** aus. Hier könnte aufgrund unterschiedlicher Sozialisationserfahrungen (vgl. Kap. II - 3.1) vermutet werden, daß die MitarbeiterInnen aus Ost oder West in den Einrichtungen als unterschiedlich zu berücksichtigende Lerntypen wahrgenommen werden. Doch in keinem der sieben un-tersuchten Institute, die ost- und westdeutsche WissenschaftlerInnen beschäftigen, wurde *bezüglich der Weiterbildungspraxis* eine zielgruppenspezifizierende Unterscheidung getroffen. In drei Interviews wurden zwar differierende Grundeinstellungen themati-siert, die sich etwa in unterschiedlichen 'Mentalitäten' (PHP) oder hinsichtlich der Trennung zwischen Beruf und Privatsphäre (PSC) erweisen, doch wirkten sich diese nicht bis in die konkrete Weiterbildungspraxis aus. Ohne die schmale empirische Basis hierzu überstrapazieren zu wollen, könnte dieser Befund u.U. als Hinweis in Richtung der Bedeutung grundlegender "emotionaler Orientierungssysteme" für das Weiterbil-dungsverhalten (vgl. Mader 1997) gelesen werden. Auch dazu wären gesonderte Erhe-bungen vonnöten.

Insgesamt ist oftmals eine generelle **Disparität** zwischen einer der berufsbezogenen Weiterbildung prinzipiell zugeschriebenen Bedeutung und ihrer alltäglichen Praxis zu konstatieren.

Analog zu den Ergebnissen einer Studie mittelständischer Unternehmen von Heger kann resümiert werden: "Verglichen mit den euphorischen Darstellungen der betriebli-chen Weiterbildung durch Vertreter der Arbeitgeber und neuerdings auch durch einige Erziehungswissenschaftler, zeichnen die Befragungsergebnisse ein eher ernüchterndes Bild von der Weiterbildungsrealität in den untersuchten Unternehmen. Zwar betonen fast alle befragten Unternehmensvertreter, daß angesichts steigender und häufig wech-selnder Anforderungen (...) berufliche Weiterbildung wichtig sei und in Zukunft noch wichtiger werde. Im betrieblichen Alltag kommt solche Überzeugung dann aber nicht immer zum Tragen" (Heger 1996, S. 139).

Trotz der vielfach diagnostizierten Bedeutung metafachlicher Kompetenzen dominie-ren in den Beschreibungen der außeruniversitären Lern- und Weiterbildungspraxis die üblichen fachwissenschaftlichen **Inhalte und Formen**, die primär an den etablierten Standards der scientific community orientiert sind. Inhalte allgemeiner oder politischer Bildung sowie die Nutzung des sog. Bildungsurlaubs werden in den Interviews nicht erwähnt. Insbesondere verschiedene Trends der Wissenschaftsentwicklung werden jedoch als folgenreich für die beruflichen Anforderungen empfunden, und ein zuneh-mender, auch die metafachliche Seite betreffender Bildungsbedarf wird abgeleitet. Von bereits vorhandenen Planungen oder Strategien, diesen Anforderungen zu begegnen, ist jedoch kaum die Rede.

Im Zuge zunehmender Globalisierung und eines Trends zu wachsender Interdisziplina-rität würden zudem die Erwartungen an die Kooperationsfähigkeiten der Forschenden steigen. Dabei handelt es sich um eine Entwicklung frühen Ursprungs, die ihren Nie-derschlag u.a. in der räumlichen Organisation und einer veränderten Definition des Arbeitsplatzes hatte (vgl. Friese 1993; auch Kap. III - 3.1). Infolge der Institutionalisie-rung von Wissenschaft ist dabei ebenso eine Auswirkung auf den Lern*ort* der For-schenden zu berücksichtigen, wie sie Friese beschreibt: "Mit der Schaffung von Ar-beitszimmern in den Universitätsgebäuden wird nach den Lehrtätigkeiten auch die Gedankenarbeit des Gelehrten (potentiell) aus dem privaten Raum in den Raum der Institution verlagert. Diese Verlagerung drückt sich (...) in der Einrichtung von 'Instituten' an den Universitäten und von gesonderten Forschungsinstituten aus. Für die Naturwissenschaften wird sie zumeist funktional begründet: Forschung benötigt zunehmend Geräte und Materialien, die der einzelne Forscher meist weder in seinem Hause lagern noch selbst finanzieren kann. Für die Geistes- und Sozialwissenschaften (...) steht eine andere (...) Argumentationsfigur im Vordergrund: Forschung sei nicht länger die Domäne des einzelnen schöpferischen Gelehrten, sondern immer mehr ein kooperativer, arbeitsteiliger, auch planbarer Prozeß, der auf kontinuierliche Kommunikation zwischen den beteiligten Wissenschaftlern angewiesen sei" (Friese 1993, S. 77).

Trotz der hierbei vollzogenen Trennung von privater und beruflicher Sphäre scheint den Interviews zufolge die ältere Vorstellung des allerorts, zu jeder Zeit sowie lebenslang tätigen Forschenden weiterhin - wenn auch eher unterschwellige - Präsenz zu beanspruchen.

Das erweist sich insbesondere in der Analyse der in den Interviews angesprochenen Lernprozesse im Hinblick auf den Grad ihrer **Intentionalität und Selbstorganisiertheit**. Die von den InterviewpartnerInnen genannten Lernformen, die vielfach jenseits intentionaler Bestrebungen liegen und Lerneffekte oftmals nur als indirekt zu erlangende konzipieren, gehen mit Erwartungen an die Forschenden einher, die fast alle Bereiche der beruflichen und zum Teil auch der privaten Sphäre zu einem potentiellen Lernort deklarieren: Eine Haltung, die zum einen zu Konflikten zwischen individuellen Bedürfnissen und institutionellem Bedarf angesichts unausgesprochener Anforderungen führen kann. Zum anderen erschwert sie eine transparente Evaluation von Lernprozeß und -ergebnis. Beides bezeichnen die InterviewpartnerInnen jedoch kaum ausdrücklich als Problem.

Wenn Lernerwartungen wenig explizit gemacht werden, könnte dies einerseits einen größeren Freiraum für die Forschenden bei der *spezifischen* Gestaltung ihres Lernprozesses bedeuten. Andererseits könnte im Bereich der intentionalen Lernformen eine einseitige Begünstigung der Forschenden die Folge sein, die von sich aus aktiv werden (können) oder die in bereits vorhandene Muster der Bedarfsermittlung passen. Ein Effekt, den Heger auch für den Bereich der Unternehmen konstatiert: "Man berücksichtigt vor allem die Weiterbildungsinteressen jener Beschäftigten, die (...) besser über Weiterbildungsmöglichkeiten informiert werden und bei denen die Unternehmensleitung eher davon ausgeht, daß sie ihre (...) für den Betrieb wichtige Qualifikation regelmäßig aktualisieren müssen" (1996, S. 143). Trotz bestehender struktureller Aufgabenstellung und Erwartungen der Institution scheint - dem empirischen Material zufolge - die Weiterbildungspraxis der Forschenden an den untersuchten Einrichtungen bzw. die Möglichkeit der selbstorganisierten Gestaltung des Bildungsprozesses von einem relativ großen Freiraum geprägt zu sein. Dieser kann sowohl als Chance als auch als Belastung empfunden werden. In bezug auf ein lebenslanges Lernen zeigt sich ein ebenso ambivalentes Gesicht: Einerseits werden Freiräume geboten, ein Weiterbildungsengagement in einem Fall sogar als Beförderungskriterium in die Personalakte aufgenommen, andererseits sehen sich die Forschenden oft unausgesprochenen Erwartungen gegenüber und können nur bedingt aktiv auf institutionalisierte oder kodifizierte Förderungsangebote zugreifen.

Dies hängt eng mit dem Stellenwert zusammen, der der Weiterbildung im Handlungsfeld der InterviewpartnerInnen - d.h. in dem des Managements - zugemessen wird. Mit diesem Zusammenhang von Management und Weiterbildung beschäftigt sich entsprechend das folgende Teilkapitel.

3 Weiterbildung im Kontext von Wissenschafts- und Personalmanagement

Im Anschluß an die Betrachtung von forschungsrelevanten Fähigkeiten sowie der Wahrnehmung der Weiterbildung widmet sich das folgende Kapitel nun der institutionellen Entsprechung bzw. organisatorischen Reaktion auf das Verhältnis von Berufs- und Weiterbildungsanforderungen. Das heißt: Es geht um das Institutsmanagement und die Einordnung der Weiterbildung in die grundlegenden Aufgabenbereiche des Personalwesens.

Bei den Fragen nach vorhandenen Konzepten und Strategien im Bereich der Weiterbildung wird in den Interviews häufig auf allgemeine Rahmenbedingungen und Spannungslagen des Wissenschafts- und Forschungsmanagements eingegangen. Deshalb wird zunächst auf das Managementverständnis der InterviewpartnerInnen - vor dem Hintergrund betriebswirtschaftlicher Konzeptionen - eingegangen (Teilkap. 3.1). Kontrastierend werden dazu die Aussagen der ergänzend interviewten UnternehmensberaterInnen/WeiterbildnerInnen eingesetzt.

In Teilkap. 3.2 erfolgt eine Einordnung weiterbildungsbezogener Aussagen der WissenschaftsmanagerInnen in die Personalarbeit.

Im dritten Teilkapitel werden die vorgefundenen Modelle des Weiterbildungsmanagements, seine Varianten und Probleme vorgestellt (Teilkap. 3.3).

Wiederum erfolgt eine Diskussion in einem abschließenden Teilkapitel (Teilkap. 3.4).

3.1 *"So was Einmaliges und Schwieriges wie das eigene Institut gibt es ja sonst nicht"* - Wissenschaftsmanagement zwischen wissenschaftlicher Eigengesetzlichkeit und betriebswirtschaftlichen Anforderungen

Hinsichtlich einer Einordnung der Weiterbildung in das Managementverständnis der InterviewpartnerInnen wird der Fokus vor allem auf das Verhältnis zu betriebswirtschaftlichen Konzepten gerichtet – zumal auch Forschungseinrichtungen, wie andere öffentliche Institutionen, vermehrt gehalten sind, sich mit einer betriebswirtschaftlichen Logik auseinanderzusetzen bzw. sich an ihr messen zu lassen. Zwar ist der Begriff ‚Management' in der Fachliteratur stark dominiert von betrieblichen Handlungsfeldern, doch muß er nicht auf betriebswirtschaftliche Zusammenhänge reduziert werden (vgl. Kap. II - 3.2).

Bereits die in vorausgegangenen Teilkapiteln angesprochenen Kontroversen um die Nutzung betriebswirtschaftlicher Konzepte erweisen die - wenn auch umstrittene - Präsenz dieser Ansätze in der Wahrnehmung durch die Forschung. Je nach Vorverständnis werden auch den Interviews zufolge die Aufgaben der Leitung und Organisation von Forschungseinrichtungen unterschiedlich nahe an betriebswirtschaftlichen Modellen konzipiert, was sich dann auch auf das Selbstverständnis im Hinblick auf ein Engagement im Bereich der Weiterbildung auswirkt.

3.1.1 Zur Einschätzung betriebswirtschaftlicher Konzepte im Kontext des Wissenschaftsmanagements

Im Hinblick auf die Nähe zu betriebswirtschaftlichen Management-Konzepten sind im Rahmen der Interviews mit den WissenschaftsmanagerInnen tendenziell drei Herangehensweisen zu unterscheiden:

1. Forschungseinrichtungen seien - wenn auch zum Teil unter externem Druck - als betriebsähnliche Institutionen zu verstehen und zu großen Teilen analog zu strukturieren bzw. zu leiten.
2. Forschungseinrichtungen seien zwar von Betrieben zu unterscheiden; wirtschaftsbezogenes Managementwissen werde jedoch partiell, in modifizierter Form herangezogen, um Steuerungs- und Organisationsprozesse zu gestalten.
3. Forschungseinrichtungen seien ausdrücklich von privatwirtschaftlichen Unternehmen abzugrenzen. Sie hätten eine eigene Organisationslogik auf der Basis eines eigenständigen, wenn auch eher auf implizitem Verständnis beruhenden Vokabulars.

zu 1. Analogie zu privatwirtschaftlichen Unternehmen

Angesichts der stark begrenzten personenbezogenen Wissenschaftsfreiheit innerhalb einer Einrichtung, wo aufgrund finanzieller Abhängigkeit Forschungsaufgaben an anderer Stelle inhaltlich (mit-) definiert werden, sei eine *"reine Wissenschaftsfreiheit hier pure Ideologie"*. Entsprechend müsse sich eine Wahrnehmung des - in diesem Falle sozial-/ geisteswissenschaftlichen - Institutes als *"Betrieb"* konstituieren (vgl. SN 45ff.).

Auch in einer naturwissenschaftlichen Einrichtung findet sich eine analoge Argumentation:

- *"Der Wissenschaftlertyp muß sich jetzt auch ändern; aufgrund der finanziellen Lage. Wir müssen mehr in die Industrie gehen mit der Forschung. Wir sind in Zugzwang. (...) Jetzt versuchen wir, Wissenschaftler mehr auf eine aus der Wirtschaft kommende Arbeitsweise umzubiegen, daß sie auf Termin arbeiten, ein Qualitätsbewußtsein kriegen. (...) die Wissenschaftler sollen Aufträge aus der Industrie akquirieren. Sie sollen wie Vertreter in die Industrie gehen, auch an Vermarktung denken"* (PGAM 292ff.).

Betriebsförmige Organisation sei auch eine Folge des Personalumfangs der Institute:

- *"Sowie Sie mehr Leute haben als ein paar Wissenschaftler, die sich zu einer 'WG' zusammentun, kommen Sie automatisch zu bestimmten betriebsförmigen Strukturen. Dem ist nicht auszuweichen, wobei ich nur hoffen kann, daß auf der eigentlichen Arbeitsebene in den Forschungsgruppen informellere Formen der Kooperation möglich sind. (...) D.h. aber, daß diese Gruppen nicht größer sein dürfen als etwa sechs Leute. Denn spätestens da ist informelle Kommunikation nicht mehr ohne weiteres möglich"* (PSA 291ff.).

Zwar müsse gezielt die Kompatibilität von betriebswirtschaftlichen Konzepten geprüft werden, doch wird prinzipiell eine Übernahme nicht ausgeschlossen. Etwa: *"Ob diese Methoden aus der Wirtschaft jeweils sinnvoll sind, muß man sehen, aber übertragbar sind sie. Lean Management ist natürlich auch in einem Betrieb, wie hier, machbar"* (PGAM 306ff.).

zu 2. Partielle Passungsfähigkeit betriebswirtschaftlicher Konzepte

Die Übertragbarkeit von Konzepten betriebswirtschaftlicher Herkunft steht auch in der zweiten Gruppe im Zentrum der Überlegungen - allerdings verbunden mit größerer Skepsis: *"Soweit ich davon etwas verstehe, kann man sie natürlich nicht 1 zu 1 übertragen. Ich persönlich bin der Auffassung, daß man doch einiges stärker berücksichtigen sollte"* (SV 281ff.).

So werden strukturelle Ähnlichkeiten zwischen Forschungseinrichtungen und privatwirtschaftlichen Betrieben angenommen:

- *"Daß da andere Gesetzmäßigkeiten herrschen, glaube ich nur bedingt. Natürlich ist Forschung nicht vergleichbar mit einem Produktionsbetrieb. Gleichwohl ist auch Grundlagenforschung Management. (...) Man darf freie Grundlagenforschung nicht verwechseln mit der Freiheit, zu tun und zu lassen, was man gerne möchte. Auch Forschung erfordert, wenn sie erfolgreich sein will, ständige Erfolgskontrollen und eine ständige Vereinbarung von Zielen und Zwischenzielen. Das ist eine wesentliche Funktion von Leitung eines Institutes. Insofern denke ich schon, daß Managementmethoden, die in der Wirtschaft erprobt und bewährt sind, durchaus in der Forschung geeignet sein können"* (PLAV 194ff.).

Gerade für das Personalmanagement wird auch auf die bereits bestehende Übernahme verwiesen.

- *"Ich bin zwar nicht ein Verfechter dessen, daß man das alles übernehmen kann, was die Wirtschaft vorführt. Aber bestimmte Dinge halte ich für zweckmäßig, ohne daß ich mich im einzelnen damit befasse. (...) Man kann das aber - im Personalbereich etwa - durchaus in Anlehnung umsetzen. Ich denke auch, da läuft auch eine ganze Menge"* (PBE 241ff.).

Als Vergleichsfall wird die partielle Adaptation ursprünglich betriebswirtschaftlicher Instrumente in anderen Bereichen des öffentlichen Dienstes herangezogen:

- *"Ich sehe dies so ähnlich wie im öffentlichen Bereich der Verwaltung. Es wird verschiedene Elemente geben aus der Betriebswirtschaft, die auch in die Wissenschaftsorganisation Eingang finden. Dazu gehören z.B. bestimmte Managementansätze oder bestimmte Arten der Informationsverarbeitung oder bestimmte Marketingstrategien im Sinne der Außendarstellung. Und das finde ich in einem gewissen Maße auch ganz sinnvoll"* (SK 436ff.).

Insgesamt wird von der schon vollzogenen bzw. nahenden Übernahme betriebswirtschaftlicher Modelle in folgenden Bereichen ausgegangen:

- Personalarbeit allgemein,
- Personalführung,
- Managementinstrumente, wie Matrixorganisation, Qualitätsmanagement, management by objectives oder lean management,
- Leistungs- und Kostenrechnung sowie
- Informationsverarbeitung.

zu 3. Differenz

In der dritten Gruppe ist die Frage der Zielvorgabe bzw. der Zielerreichung in der Forschung ein Dreh- und Angelpunkt der Argumentationen. Hinsichtlich der Ziele sei Wissenschaft deutlich von privatwirtschaftlichen Unternehmen zu unterscheiden, so daß eine Übernahme betriebswirtschaftlicher Instrumente hier eher als Gefahr wahrgenommen wird. Ausführlich wird dies in der folgenden Interviewpassage erläutert:

- *"Wenn ich schon so ein Stichwort höre, wie arbeite ich auf ein Ziel hin. Natürlich gibt es einen Zielrahmen, aber es ist keineswegs so, daß ich nun 'in dieses Loch' muß. Es gibt so eine Richtung, wo ich hinmarschieren möchte, da möchte ich was Neues herausfinden, weiß aber noch gar nicht was. Was die Leute häufig verwechseln, ist Forschung und Entwicklung. (...) Natürlich kann ich Ziele, die ich mir setze, in Einzelschritte zerlegen. Forschung heißt aber, den unbekannten Weg zu gehen. Wie ich das in Ziele und deren Bewertung zerlegen kann, da habe ich so meine Schwierigkeiten. In der Regel wirkt das eher demotivierend"* (PHP 135ff.).

"Das Beispiel Telekommunikation: Wären die Marktführer der Telekommunikation seinerzeit gefragt worden, hätten wir niemals Rundfunkwellen oder so erfinden dürfen. Die hätten Telegra-

phen getippt. Da wurde massiv gegen Maxwell polemisiert - von den Marktführern. Ich sehe uns heute ein bißchen in dieser Situation, daß die Marktführer bestimmen, wo es hingehen soll, obwohl sie diese Phantasie gar nicht haben können. Die hat keiner. Es kommt eben aus der systematischen Erforschung (...). Sie töten wissenschaftliche Kreativität ab, wenn sie das in ein Korsett zwingen. Was nicht heißt, daß man nicht hinterfragen muß, ob etwas erfolgsträchig ist" (PHP 334ff.).

Auch für die geistes- und sozialwissenschaftlichen Einrichtungen wird in einem der Interviews die Frage anderweitiger Zielsetzung als Kriterium der Unterscheidung herangezogen:

- *"Für den Unternehmenszweck ist es sozusagen rational, betriebswirtschaftlich zu strukturieren. Andere Gesichtspunkte sind da sekundär (...). Da der Wissenschafts- und Forschungsbetrieb eine andere Zweckstellung hat, wird es in den wesentlichen Fragen immer nicht-betriebswirtschaftliche Kriterien geben. (...) Es muß für diesen Teilbereich gesellschaftlicher Tätigkeit einen selbstdefinierten Gesamtzweck geben, aus dem sich dann die Kriterien für die eigene Arbeit ableiten lassen. Da muß eine Differenz bestehen. Sonst hätten wir eine Nivellierung der verschiedenen Teilbereiche der gesellschaftlichen Gliederung. Eigentlich ist ja das Gegenteil der Fall. Die Differenzierung schreitet weiter fort"* (SK 450ff.).

Zwar wird die Notwendigkeit einer Reorganisation von Wissenschaft betont, doch erschwerten die *"Komplexität"* des Forschungsgeschehens (vgl. PSC 623ff.) sowie negative Erfahrungen mit Beiträgen von Unternehmensberatungen die Rezeption betriebswirtschaftlicher Modelle (vgl. SV 354ff.). Dies hat zum Teil zur Konsequenz, daß die Begriffe des *"Manager-Parlando"* zu einer Abwehrhaltung führen:

- *"Es kommt bei den meisten von uns auch eine vielleicht rational nicht ganz begründete Abscheu gegenüber allem, was so sehr an Industrie, Handel, Gewerbe erinnert, was wir nie sein wollten, was wir sicher zu einem gewissen Grad sein müssen. (...) Sowie der Ausdruck 'Betrieb' auftaucht, bekommen ein ganze Reihe von meinen Leuten Allergien. Wir sind kein Betrieb, wir sind ein Forschungsinstitut"* (PSA 130ff.).

Hinsichtlich des eigenständigen Begriffsapparates des Wissenschafts- und Forschungsmanagements wird jedoch ein Defizit konstatiert. *"Für den Bereich des Forschungsmanagements haben wir noch eine völlig unterentwickelte Begrifflichkeit"* (PSA 390f.). Zwar wird auf einschlägige nicht-betriebswirtschaftliche Literatur verwiesen (konkret z.B. auf Mayntz, Kuhn, Bourdieu, Popper) und die Notwendigkeit der Auseinandersetzung anerkannt (vgl. PSA 412ff.). Der Stellenwert dieser Literatur sei jedoch zu relativieren: *"Also das habe ich nur gelesen, weil ich irgendwann dachte, da muß man mitreden können"* (PSA 414f.). Oder sie wird als *"zwar lesenswert, aber als Spielerei, als Zusammenfassung von Trends, als Denkanstoß"* (SN 138ff.) aufgefaßt. Problematisiert wird im Zusammenhang mit den wissenschaftstheoretischen bzw. forschungswissenschaftlichen Schriften vor allem ihre fehlende empirische Fundierung sowie mangelnder Praxisbezug, der den heterogenen Aufgabenstellungen im Arbeitsalltag der Institute nicht gerecht werde (vgl. PSA 21ff., SN 138ff.).

Der Hintergrund für die Abgrenzung von der Privatwirtschaft sowie für die Hervorhebung der eigenen Besonderheit kann in dem Streben der Institute nach Erhalt ihrer Autonomie gesehen werden. Mehrfach wird explizit auf die Spezifik und Einzigartigkeit des eigenen Institutes hingewiesen - und dies in einem Fall auch begründet: *"Außerdem sind die meisten da der Meinung, daß jedes unserer Institute einmalig ist: 'Was die anderen immer mit ihren Modellen haben: ... - Sowas Einmaliges und Schwieriges wie das eigene Institut gibt es ja sonst nicht.' - Wobei die meisten dann wiederum wissen, daß genau diese Einstellung wiederum relativiert werden muß. Wir haben Angst vor zu globalen Konzepten, weil sie dann genau auf dieses partikuläre Objekt nicht passen"* (PSA 405ff.).

Angesichts externen Drucks besteht allgemein die Sorge, zwischen Differenzierungs-
und Angleichungstendenzen aufgerieben zu werden und den eigenen Platz bzw. das
Profil zu verlieren (vgl. PHP, PSA, PGAM, SV). Dies gilt vor allem für den Bereich des
Wissenschaftsmanagements, im Sinne der Gestaltung der Außenbeziehungen der Institute bzw. des Umgangs mit externen Rahmenbedingungen. Bei aller wissenschaftlichen Unabhängigkeit der Institute gemäß dem jeweiligen Gründungsauftrag werden
externe Einflußnahmen als folgenreich auch für das interne Management der Einrichtungen beschrieben: Von seiten der ZuwendungsgeberInnen, der Bundespolitik, der
Öffentlichkeit, der Gesetzgebung und des Wissenschaftsrates (SV 220ff.). Etwa: *"Wenn
der Wissenschaftsrat fordert, daß ca. 30% der Wissenschaftlerstellen befristet besetzt werden sollen,
dann hat das massive Auswirkungen, auch auf eine Personalpolitik der Institute"* (SV 237ff.).
Damit ist auch das eher institutsintern orientierte Forschungsmanagement in eine
Spannungslage eingebunden, die indirekt oder direkt Auswirkungen auf die Personalpolitik hat. Sei es, daß bereits die Forderungen nach formaler Konzeptionalisierung der
Personalpolitik von einigen InterviewpartnerInnen als *"Schutzraumverletzung"* (SN), als
Eingriff in die Autonomie der Institute empfunden werden - oder daß die Rahmenbe-
dingungen als restriktiv in bezug auf die Möglichkeit einer strategischen Personalarbeit
empfunden werden:

- *"Wenn man all dieses zusammen nimmt, ist es zum Teil für einen Institutsleiter unheimlich
  schwierig, sich auch Personalentwicklungskonzepte zu erarbeiten, weil man gar nicht so autonom
  letztlich ist, zu sagen, den will ich jetzt hierhin, oder die fördere ich jetzt, weil ich gar nicht weiß,
  ob ich die Stelle in drei Jahren noch habe. Das ist schon ein Korsett, in das ich mich einbinden
  lassen muß"* (SV 239ff.).

Schließlich wird diesbezüglich zum Teil durchaus ein Bildungsdefizit moniert: *"Wir alle
haben letztendlich Management nicht gelernt. (...) Da dilettieren wir alle mehr oder weniger"* (PLAV
55ff.). Das *"kann nicht gut sein, wenn mehr oder weniger wichtige Funktionen von Laien wahrgenommen werden. Das ist sicherlich kein optimales System, und zufrieden kann man damit nicht sein.
Da sind Defizite - ganz ohne jeden Zweifel"* (PLAV 95ff.; auch PHP 110f.). [136]
Zumeist wird das jeweils eigene Managementhandeln, das auf der Basis der Eigenstän-
digkeit der Institute mehr oder minder unhinterfragt bleibt, aufgrund seines impliziten,
erfahrungsbezogenen Charakters als Normalität wahrgenommen und verallgemeinert.

3.1.2   Kontrastperspektiven aus Unternehmensberatung/Weiterbildung

Bevor nun der Einordnung der Weiterbildung in das Personalmanagement der befragten Forschungseinrichtungen nachgegangen wird, kommen zur Kontrastierung der
Perspektive der WissenschaftsmanagerInnen zunächst die befragten Unternehmens-
und PersonalberaterInnen bzw. WeiterbildnerInnen zu Wort. Diese sind sowohl in der
Industrie als auch in bzw. für Forschungseinrichtungen tätig. Ihre Erfahrungen mit
beiden Kundenstämmen ermöglichen somit eine vergleichende Perspektive. Doch auch
hier lassen sich die o.g. drei Herangehensweisen bezüglich der Übertragbarkeit betriebswirtschaftlicher Konzepte wiederfinden.

---

[136] Zudem wird in einem Fall sogar ein Bedarf an einer spezifischen Ausbildung im Bereich Wis-
senschaftsmanagement/-administration (einschließlich juristischer und betriebswirtschaftlicher Kenntnisse) gesehen:
*"Wenn ich jetzt mit rein betriebswirtschaftlichem Denken an ein Forschungsinstitut herangehe, dann kann ich
auch Schiffbruch erleiden. Was uns fehlt, ist eine Art Wissenschaftsadministrator"* (SV 310ff.).

zu 1.

Zum Teil wird die prinzipielle Vergleichbarkeit der Sektoren Wissenschaft und Wirtschaft betont, insbesondere was die Managementaufgaben im Bereich der Personalführung angeht. Unabhängig vom Ort gelte:

- *"Menschen sind Menschen - Probleme gibt es nur zu 25% aufgrund geringen Leistungswillens oder geringer Mitarbeiterzufriedenheit; zu 75% aufgrund von Führungsschwäche - weil es nicht gelernt wurde"* (BL 102ff.).

Auch unabhängig von der Organisationsform gelte: *"Wo mehr als einer an einer Sache arbeitet, wird Führung notwendig"* (BL 44f.). Dies sei in der Industrie nur früher erkannt worden als in öffentlich finanzierten Bereichen, doch müßten auch in der Forschung die gleichen Techniken und Managementformen zu Teamarbeit, Zeitvereinbarungen, leistungsgemäßen Entlohnungssystemen, Weiterbildung, job-enrichment, job-enlargement etc. *"gefördert und gefordert werden"* (BL 46ff.). Auch die Probleme und Defizite seien analog:

- *"Sie haben hervorragende Produktionsingenieure, hervorragende Produktentwickler, sie bringen Produkte mit enormem Aha-Effekt, aber die Schwäche ist jetzt, daß die Leute nie in ihrem Persönlichkeitsbild/ -profil mitgewachsen sind, weil sie nur die Anforderungen des Produktes im Auge hatten, aber nie die notwendigen Fähigkeiten, um etwa einen Vertrieb mit 120 Leuten zum Erfolg zu führen. (...) Da fehlt dann die Führungskompetenz, je höher sie nach oben steigen in der Hierarchie, desto mehr sind Führungsqualitäten gefragt - und nicht mehr das fachliche Spezialwissen"* (BT 140ff.).

In der Industrie wie in der öffentlichen Forschung herrsche im Hinblick auf die Managementformen ein eher *"innovationsfeindliches Klima"* (BL 65). Auch die *"Verhinderungsgründe"* seien ähnlich:

- *"Konkurrenzangst, Eifersucht, mangelnde Risikobereitschaft der Leitung, fehlende Gratifikationssysteme, Aufstiegsförderung eher für perfekte Kontrolleure, 'Beamtenmentalitäten', Kurzfristigkeit der Planung"* (BL 65ff.).

Es müsse also in beiden Fällen an der Entwicklung einer innovationsförderlichen Kultur des Hauses gearbeitet werden (vgl. BL 72ff.). Da bei der Nutzung der Instrumente generell eine Anpassung vonnöten ist, sind diese dann nur auf die speziellen Belange von Forschung zu justieren:

- *"Anpassungsfähig sind die Modelle schon, anpassen müssen Sie immer. Entscheidend ist auch hier die stetige Korrekturmöglichkeit, die schon in der Planung von Forschung verankert sein muß. Dadurch entsteht dann Passungsfähigkeit im Prozeß. Der Führungsprozeß fängt bei der Idee an, egal in welchem Bereich. Sobald der Wirkungsbereich von Einzelentscheidungen sich auf andere ausdehnt, andere Einflüsse zu berücksichtigen sind, da muß in Gruppen gearbeitet werden, da kommt dann auch Führung ins Spiel. Das ist überall so"* (BT 254ff.).

Im Zuge der verstärkten *Erfahrung "betriebswirtschaftlicher Notwendigkeiten"* sei eine dahingehende Beratung für Forschungseinrichtungen zwar ein *"neuer Trend"* in der Personalberatung (BL 83ff.). Zu unterscheiden seien dabei jedoch einzig die Rahmenbedingungen, die sich aus einer höheren Personalfluktuation in der Forschung sowie die andere Finanzierungslogik öffentlicher Haushalte ergäben (vgl. BL 97ff.).

zu 2.

Um von einer prinzipiellen Übertragbarkeit auszugehen, seien nicht nur die Rahmenbedingungen, sondern auch der Prozeß der Forschung selbst zu verschieden von den Gegebenheiten der Privatwirtschaft, lautet die These in einem anderen Interview aus der Gruppe der PersonalberaterInnen.

Es herrschten *"andere Strukturen, andere informelle Regeln, andere Produktionsgesetzmäßigkeiten"* (BM 24ff.).

Als interessanter für die Forschung werden Modelle erachtet, die aus dem inzwischen etablierten Bereich der Managementlehre für Non-profit-Organisationen stammten (vgl. BM 98ff.). Die Konzepte betriebswirtschaftlicher Provenienz müßten transdisziplinär erweitert in einen gesamtgesellschaftlichen Rahmen gerückt werden, wo Fragen des Allgemeinwohls und der Werte explizit eingebunden würden (vgl. BM 51ff.). Allerdings sei zu konstatieren, daß aufgrund der ubiquitären Erfahrung eines *"marktähnlichen Drucks"* alternative Ansätze in der tatsächlichen Beratungspraxis weniger gefragt seien (vgl. BM 55ff.). Insgesamt sei eine Adaptation betriebswirtschaftlicher Instrumente zwar möglich, jedoch für die Wissenschaften auch in besonderem Maße notwendig (vgl. BM 58ff.).

Aus der Sicht von Unternehmensberatungen stellten sich Wirtschaft und Forschung *als Kunden* trotzdem relativ ähnlich dar. Es gebe keine Unterschiede im Hinblick auf die Beziehung zu den konkreten AuftraggeberInnen, keine Unterschiede hinsichtlich der Räumlichkeiten, der Ausstattung, der Teilnehmermotivation oder der überall ähnlich mangelhaften Folgeeinbindung von Bildungs- bzw. Trainingsmaßnahmen (vgl. BM 68ff.). Anders seien jedoch eine stärker strategische Ausrichtung der Maßnahmen in der Industrie sowie die Entlohnung der ReferentInnen, die im öffentlichen Sektor ca. 20 bis 40% niedriger sei.

Mit Bezug auf die Art der Beteiligung der Teilnehmenden an den Veranstaltungen und Beratungen seien im Wissenschaftsbereich eher *"akademische Freigeister"*, aber auch *"Rechteckdenker"*, im Sinne bürokratischer oder inflexibler Haltungen, anzutreffen (vgl. BM 68ff.), die eine gesonderte Einbindung in den Prozeß erforderlich machten.

zu 3.

In einem der Interviews aus dem Kreise der PersonalberaterInnen und WeiterbildnerInnen wird - ebenso mit Bezug auf Non-profit-Organisationen - explizit die Differenz von KundInnen aus der öffentlich finanzierten Forschung und KundInnen aus der freien Wirtschaft konstatiert. Bei ersteren sei kein *"Rezeptwissen"* gefragt. Die Erfahrung zeige, daß die Berücksichtigung der konkreten Situationsspezifik hier extrem wichtig sei (vgl. BD 19ff.).

So stehe z.B. mit Blick auf die Kommunikationsprozesse in der Forschung nicht die Orientierung am *"Modell von Verkaufsgesprächen"* im Vordergrund; statt dessen gelte es vor allem zu lernen, wie man *"Konflikte aushalten, Standpunkte beziehen, verteidigen und wechseln, Kritikfähigkeit üben, aktiv zuhören, sich ausdrücken, sich selbst und andere verstehen"* kann (BD 24ff.). Darin unterscheide sich Wirtschaft von Wissenschaft als Kundenstamm mit anderen Anforderungen.

Insgesamt ist auch in der Perspektive dieser externen ZeugInnen keine eindeutige Tendenz erkennbar. Sicherlich z.T. vorerfahrungsbedingt und unterschiedlich stark von Gedanken der Erschließung eines zusätzlichen Marktes geprägt, stehen hier eher die Unterschiede oder eher die Gemeinsamkeiten von Wirtschaft und Wissenschaft im Vordergrund.

Angesichts des variierenden Management-Verständnisses sind für die Handhabung des Weiterbildungsmanagements aus der Sicht der interviewten UnternehmensberaterInnen/WeiterbildnerInnen keine allgemeinen Aussagen möglich. Es bleibt demnach instituts- bzw. kontextspezifisch zu untersuchen, wobei jedoch die Nähe bzw. Distanz zu betriebswirtschaftlichen Konzepten eine der Schlüsselvariablen darstellt.

3.2 *"Hauptsache, man kriegt ein paar gute Leute, und irgendwie kriegt man's dann hin"* - Die Einordnung der Weiterbildung in die Personalarbeit

Im folgenden Teilkapitel geht es nun um die Einbindung der Weiterbildung bzw. des Weiterbildungsmanagements in das institutionelle Personalwesen an den untersuchten Forschungseinrichtungen der WBL. Die GesprächspartnerInnen thematisierten Belange der Weiterbildung in verschiedenen Feldern personalpolitischer Maßnahmen und - je nach Management-Verständnis - in unterschiedlichen Terminologien. Ein Bezug zum Personalmanagement wird zwar vielfach angesprochen, doch *eine* organisatorisch fixierte Verankerung von Weiterbildung in einem bestimmten Sektor des Personalwesens war nicht auszumachen.

Als Analysefolie für die einzelnen Aussagen der InterviewpartnerInnen zur Einordnung von Weiterbildung in das Personalmanagement wird eine Systematisierung der Aufgabenbereiche des Personalwesens im Anschluß an ein Lehr- und Handbuch des betrieblichen Personalmanagements (Scholz 1989, S. VII; vgl. Abb. 14) herangezogen (vgl. auch Kap. II - 3.3). Diese Differenzierung dient als Raster dafür, welche Personalfunktionen in den untersuchten Forschungseinrichtungen im Zusammenhang mit Weiterbildungsmanagement als relevant assoziiert bzw. thematisiert werden.

Personalmanagement		EBENEN		
		operativ/ personen-bezogen	Taktisch/ Gruppen-Bezogen	strategisch/ betriebs-bezogen
F	1. Personalbestandsanalyse			
E	2. Personalbedarfsanalyse			
L	Personal-veränderung / 3. Beschaffung			
D	Personal-veränderung / 4. Entwicklung			
E	Personal-veränderung / 5. Freisetzung			
R	6. Personaleinsatz			
	7. Personalführung und -information			
	8. Personalkostenmanagement			

Abb. 14: Grundsystematik der Aufgabenbereiche im Personalmanagement[137]

Zu Feld 1 und 2: Analyse von Personalbestand und -bedarf

Die Aussagen zu Personalbestand und -bedarf werden hier zusammengefaßt, da sie in den Interviews meist im Zusammenhang gesehen bzw. problematisiert werden.

Die Zuständigkeit für die Beobachtung bzw. Gestaltung der Personalstruktur wird auf der strategischen Ebene der Institutsleitung, einschließlich der jeweiligen Kollegialorgane, zugeschrieben. Dies geschieht insbesondere vor dem Hintergrund der notwendi-

---

[137] In den Feldern (1.-8.), die im folgenden näher ausgeführt werden, variieren die InterviewpartnerInnen in ihren Aussagen. Zum Teil wird jedoch nur auf eine Ebene eingegangen, zum Teil beziehen sich die Gesprächssequenzen - in deskriptiver und/oder bewertender Form - nur auf einzelne Ziele, AkteurInnen, Instrumente oder Probleme. Ob bzw. wo im Rahmen der gewählten Folie von den WissenschaftsmanagerInnen ein Bezug zu Belangen der (Weiter-) Bildung hergestellt wird, dies wird am Ende dieses Kapitels auf der Basis derselben Tabelle nochmals zusammenfassend veranschaulicht.

gen Passung von wissenschaftlich-inhaltlichem Programm und dessen Erfüllung. Zwar gibt es in allen Instituten Stellen, die für den Personalbereich verantwortlich sind; diese sind jedoch meist auf Sachbearbeiterebene besetzt, in der Verwaltung angesiedelt und mit eher vollzugsorientierten Aufgaben der Arbeitsvertragsausfertigung und Kostenabrechnung (vgl. SST 15ff.) betraut.[138] Für allgemeinere, die Institutspraxis überschreitende Fragen steht zudem der Verwaltungsausschuß der WBL zur Verfügung.

Vielfach wird jedoch auf die Stärke der Restriktionen verwiesen, mit denen Personalmanagement in der außeruniversitären Forschung konfrontiert ist. Dazu gehören die folgenden Problemlagen:

- **mangelnde Zeit, unzureichende Ausstattung und Qualifikation der Führungskräfte**: *"Ich kann von einem gelernten Fachwissenschaftler nicht erwarten, daß er ein Personalkonzept erarbeitet. (...) Und ich vermute, das wird in den allermeisten Einrichtungen nicht viel anders aussehen. Einfach von dem Personalzuschnitt, von der Relation Verwaltung zum übrigen Bereich und vor allen Dingen von der qualitativen Ausstattung her"* (PLAV 134ff.);

- **Stellenabbau in der Forschung allgemein**: *"Seit den achtziger Jahren gibt es in dem wissenschaftlichen Bereich, den ich überblicke, kein Personalmanagement mehr, weil es nur noch Stellenkürzungen gibt. Die nächste frei werdende Stelle wird nicht mehr besetzt. Neueinstellungen gab es nicht mehr, und das Personalmanagement war nur noch Flickwerk"* (PHD 21ff.);

- **mangelnde Flexibilität hinsichtlich leistungsgerechter Entlohnung durch die Bindung an den Bundesangestelltentarif**: *"Sie können in bestimmten Bereichen Leute nur bis zu einem bestimmten Punkt befördern, und dann ist halt Schluß, egal ob er sich anstrengt oder nicht. Das ist ein echtes Hemmnis. Umgekehrt habe ich eine Menge Aufwand, wenn jemand seinen Bewährungsaufstieg nach 4 oder 7 Jahren nicht bekommen soll. (...) Mehr Flexibilität wäre da schon wünschenswert, was aber im Moment in diesem Gefüge nur schwer vorstellbar ist"* (SV 259ff.);

- **geringe Kalkulierbarkeit aufgrund unsicherer Finanzierungsperspektiven**: So heißt es etwa auf die Frage, ob es ein formalisiertes Personalkonzept im Hause gebe: *"Nein. Gibt es hier überhaupt nicht. Das ist hier auch schwer möglich. (...) Die Projekte sind unheimlich von der Außenwelt abhängig. Zum Beispiel sagt ein Auftraggeber, wir stellen das jetzt ein. Dann ist der Etat weg. Die Leute müssen sie dann neu unterbringen in kürzester Zeit. Oder ein Nachfolgeprojekt wird nicht genehmigt. Sie wissen also nicht, ob bzw. welche Projekte die kriegen und welche Fachleute sie dafür brauchen"* (PGAM 191ff.);

- **geringe Personalfluktuation angesichts fest besetzter Dauerstellen**: *"Was Einstellungen betrifft, ich kann mich gar nicht an die letzte Neueinstellung erinnern. Flexibilität ist sicher ein zukunftsweisendes Wort, aber wir können hier nicht viel mit anfangen. Man kann es nicht umsetzen"* (PBE 209ff., vgl. auch PHP 191ff.);

- **historische Sondersituationen**: *"Man darf bei alledem nicht vergessen, daß solche Forschungseinrichtungen ihre sehr komplizierte Geschichte haben, die vor allen Dingen in den letzten fünf, sechs Jahren sehr turbulent verlaufen ist. Obwohl wir hier im Westen beheimatet sind, haben wir 1992 starken Zuwachs von der Akademie der DDR gekriegt. Da waren in kürzester Zeit solche Personalentscheidungen zu treffen. Zunächst die der Auswahl und in den Jahren danach Maßnahmen, diese Integration gelingen zu lassen"* (PSA 156ff.).

---

[138] Exemplarisch hierzu folgende Stellungnahme: *"Ich leite ein Institut, das hat mittlerweile etwa 200 Mitarbeiter. Die Personalabteilung ist ausgestattet mit zwei Stellen, wovon die höchste eine Vb ist. Also von der Verwaltungsseite her kann ich nicht erwarten, daß dort irgendwelche Strategien entwickelt werden. Die schaffen kaum das tägliche Geschäft. Sie haben auch nicht die Qualifikation, so etwas zu machen"* (PLAV 132ff.).

Fällt die Einschätzung der Steuerungsmöglichkeiten wenig positiv aus, so ist auch die Nutzung entsprechend weniger Instrumente zu verzeichnen.

Zwar ist in einigen Fällen im Kontext der Evaluierung durch den Wissenschaftsrat oder im Zuge der Reorganisation von Instituten von einer *"Betriebsanalyse"* (PGAM 105), der berufsgruppenspezifischen Analyse von Weiterbildungsbedürfnissen (vgl. PHB 153ff.) oder *"Ist-Soll-Vergleichen"* (PBE 225ff.) die Rede, doch werden auch diese eher skeptisch betrachtet. Formelle Verfahren zu Beobachtung und Analyse der Personalstruktur oder Personalkonzepte sind - unter Verweis auf die einschränkenden Rahmenbedingungen - die absolute Ausnahme, was jedoch nicht heißt, daß nicht allgemeinere Vorstellungen existierten. Beispielsweise:

- *"Man ist natürlich bestrebt, eine gewisse Struktur zu bekommen. Eine Mischung von altem, erfahrenem Personal und einem Anteil jüngeren Nachwuchspersonals. Das kann man in gewisser Weise steuern, indem man für eine bestimmte Quote nur Verträge freigibt. Man hat Vorstellungen natürlich im Bezug auf die Motivation. Mir sind junge Leute, die ins Institut kommen mit dem festen Willen, daß sie sich habilitieren, lieber als die, die sagen, ich bin jetzt promoviert und das Gebiet hier interessiert mich so toll, da möchte ich jetzt die nächsten zwanzig Jahre dran arbeiten. Wie gesagt, das sind hier und da punktuelle Vorstellungen, die aber nicht planvoll in einem Konzept zusammenlaufen"* (PLAV 155ff.).

In der Praxis scheint eher der fallweise Eingriff zu dominieren: Zur Thematisierung von Personalfragen komme es *"bedarfsweise. Meist in irgendwelchen Kollegialorganen, wo es sich dann während der laufenden Besprechung ergibt, daß man dann da irgendwas tun müßte. Genau dieser sicher sehr wichtige Gesichtspunkt wird nicht laufend von jemand beobachtet"* (PSA 98ff.; vgl. auch SK 206ff.).

Konkretere Fragen der Weiterbildung werden in keinem Interview ausdrücklich mit Analyse bzw. Gestaltung des grundlegenden Verhältnisses von Personalbestand und Bedarf in Verbindung gebracht. Dies mag in den o.g. Einschätzungen begründet sein, daß vor allem die problematischen Rahmenbedingungen des Managements allgemein wahrgenommen werden, daß berufliche Weiterbildung eher auf individueller Ebene anzusiedeln sei, daß darüber nur geringe Veränderungen zu erwarten seien sowie daß Personal- und Organisationsentwicklung zum Teil als voneinander getrennt beschrieben werden.

Zu Feld 3: Personalbeschaffung

Aspekte der Auswahl und Neueinstellung von MitarbeiterInnen werden in den Interviews relativ ausführlich behandelt - zum einen, da Einstellungen trotz starker Restriktionen meist als wichtigstes Instrument der Personalpolitik wahrgenommen werden (vgl. PSA 146f.). Zum anderen können in diesem Zusammenhang erneut Fragen der Qualifikation und Bildung für den Bereich der Forschung thematisiert werden.

Der Kreis der an einem Auswahlverfahren Beteiligten variiert zwischen den befragten Instituten. Im allgemeinen wirkt ein aus verschiedenen Führungskräften und MitarbeitervertreterInnen mehr oder minder abteilungsübergreifend zusammengesetztes Gremium mit, wobei sich die Leitungsebene die letztendliche Entscheidung vorbehält. Bei höher dotierten Stellen müssen zum Teil auch externe Gremien, wie das Kuratorium des jeweiligen Institutes, gesondert zustimmen. Das Verfahren selbst besteht üblicherweise aus den Schritten: Kommissionsbildung und Verständigung über die Anforderungen, interne und/oder externe Ausschreibung, Auswahl der Einzuladenden, Bewerbungsgespräche, in manchen Fällen auch Probevorträge, Sichtung der Veröffentlichungen oder Kontakte mit früheren ArbeitgeberInnen u.ä., Verhandlung und Entscheidung, Einstellung und Probezeit.

Die Kriterien, die für die Besetzung der Stellen im Bereich der Forschung als relevant erachtet werden, beziehen sich dabei vor allem auf die einschlägige wissenschaftliche Qualifikation. Diese wird unterschiedlich operationalisiert über Kriterien wie Qualität der fachlichen Ausbildung, Publikationen, Zeugnisse, Stellungnahmen von ehemaligen Vorgesetzten sowie die Passung zu den Projektaufgaben (vgl. PGAM 21ff., PHP 255ff., PHP 274ff.).

Metafachliche Fähigkeiten werden als mindestens ebenso wichtig beschrieben, was folgende Aussagen verdeutlichen:

- *"Daß der Bedarf da ist, ist meiner Meinung nach ohne Zweifel. Das geht auch nicht mehr, daß man das geringachtet und nur sagt, Hauptsache jemand hat ein gutes Examen"* (SK 128ff.).
- *"Ja, vor allem bei gewissen Stellen, die besser als IIa dotiert sind. Da wird man auch Forschungserfahrung, Erfahrung in Projektarbeit, im Sinne der Zusammenarbeit erfragen"* (PSA 246ff.; vgl. auch PHP 99ff.).

Bei der Ausschreibung werde jedoch - so einer der GesprächspartnerInnen - auf die gesonderte Nennung metafachlicher Kompetenzen, wie Kommunikations- oder Teamfähigkeit, verzichtet:

- *"Es werden die wissenschaftlichen Qualitäten benannt. Ich schreibe dann rein, daß sich derjenige intensiv an Drittmitteleinwerbung beteiligen sollte. Beteiligung an der Lehre an Hochschulen wird erwartet und, und, und. Also Kommunikationsfähigkeit habe ich noch nie reingeschrieben. Da weiß ich auch nicht, was das in einer Ausschreibung soll. Es wird sich jeder für kommunikationsfähig und flexibel halten"* (PHP 242ff.).

Auch die Erfassung metafachlicher Kompetenzen im Rahmen der Möglichkeiten des Einstellungsverfahrens wird mehrfach problematisiert:

- *"Die kriegen sie beim Einstellungsgespräch aber nicht raus. Sie können zwar 'rumfragen, wie ist denn der. Aber wenn sie die selber fragen, sagen die natürlich immer: ich bin kooperativ, Teamarbeit schätze ich. Sie kriegen es auch nicht in der Probezeit von sechs Monaten raus. Das ist viel zu kurz. In den sechs Monaten ist man natürlich besonders engagiert"* (PGAM 79ff.; vgl. auch SK 243ff.).

Andere Auswahlverfahren, wie z.B. Assessment-Center, fragebogengestützte Verfahren oder Diskussionsrunden, werden nicht in Erwägung gezogen.

Insgesamt wird der Prozeß der Personalbeschaffung als stets risikoreich empfunden und v.a. im Fall einer Fehlentscheidung als folgenreich beschrieben (vgl. PHP 279ff.). Doch werde die Wichtigkeit der Entscheidung oftmals noch zu sehr unterschätzt:

- *"Wenn ich etwa ein blödes Dienstauto kaufe, was muß ich da an Anträgen, Genehmigungen und Beschreibungen usw. erledigen. Ob ich jetzt aber einen Mitarbeiter einstelle oder nicht, ob ich einen befristeten oder unbefristeten Vertrag vergebe, das ist eine Investitionsentscheidung von -zig Millionen Mark. Das machen sich die allerwenigsten klar. Da wird im Vorübergehen entschieden. Da haben wir Disproportionen"* (PLAV 213ff.).

Daß der Sektor der Personalbeschaffung in den Interviews sehr häufig und ausführlich mit Weiterbildung in Verbindung gebracht wird, verweist auf ein Verständnis, das Bildung oftmals als ein von den MitarbeiterInnen 'mitgebrachtes' Gut erachtet und das die Möglichkeiten einer berufsbegleitenden Weiterentwicklung im Vergleich zur Ausbildung als eher nachrangig einstuft.

Zu Feld 4: Personalentwicklung

Der Terminus 'Personalentwicklung' wird in den Gesprächen zum Teil selbstverständlich als Begriff des Managementinventars genutzt, zum Teil auch aufgrund seiner betriebswirtschaftlichen Herkunft abgelehnt oder hinterfragt (vgl. PHP 176). Im ersten Fall werden Maßnahmen der Personalentwicklung zum einen eher als institutionelle Flankierung bei individueller Initiative verstanden, zum anderen als Anreizfaktoren eher mit Motivationsinstrumenten assoziiert.[139] Es werden zwar weitere Instrumente der Personalentwicklung in anderen Interviews genannt; diese jedoch eher hinsichtlich der Passungsfähigkeit oder im Hinblick auf die konkrete Praxis problematisiert:

- **Punkte-Systeme** als Modus der Leistungsbewertung und Steuerung: *"Da war eigentlich überhaupt keine Tendenz, ein Punkte-System einzuführen (...). Alle haben gesagt, diese Formalisierung führt dazu, daß ein Zwang ausgeübt wird dadurch, daß in so einem Punkte-System dann auch die Verhaltensweisen, die als Konsequenz gedacht sind, eingefordert werden. Wir holen uns damit einen Haufen Probleme ins Haus, wo man vieles jetzt im Gespräch eigentlich viel glatter lösen kann. Ich will aber nicht ausschließen, daß in größeren Strukturen solche Dinge durchaus sinnvoll sein können"* (PSC 613ff.).

- **Mitarbeitergespräche**: *"Ich hatte mal einen Vorstoß unternommen, solche Mitarbeitergespräche meinerseits zu führen. Das war für mich sehr interessant, daß die Abteilungsleiter das fast einhellig nicht gewollt haben. Und weiter sind wir noch nicht, aber es wird da bald noch mal eine zweiten Vorstoß geben. Wobei die Lösung auch sein könnte, daß diese Gespräche dann seitens der Abteilungsleiter geführt werden"* (SK 282).

- **Wissenschaftliche Begleitung**, z.B. Krisengespräche, Projektbeiräte, Probevorträge: *"Das Begleiten findet meinerseits überwiegend in Form einer Kommentierung von Ergebnissen statt. Und wenn ich merke, daß jemand seinen Projekttermin wahnsinnig überzieht oder die Abschlußergebnisse so nicht herausgegeben werden können an den Auftraggeber, findet das Gespräch statt. Aber dann ist eigentlich schon eine Situation erreicht, wo das für die Betreffenden sehr schwierig ist, dies als Begleitung und als Unterstützung zu definieren. Die ist dann eher eine Intervention, die zwar auch Lernchancen enthält, aber es ist gleichzeitig negativ"* (SK 297ff.).

- **Hinzuziehung externer Kompetenz**: *"Ich hatte anfangs die Idee bzw. habe einen Beratungsbedarf durch einen neutralen Dritten gesehen wegen der Ost-West-Zusammenarbeit in der Anfangsphase. Aber das ist an der Finanzierbarkeit gescheitert. Auch projektbezogen wurde dies bisher nicht gemacht, obwohl wir ein paar Projekte haben, die so etwas dringend gebraucht hätten, aber das merkt man dann oft erst hinterher"* (SK 310ff.).

- **‚Weiterbildung'** in heterogenen Ausprägungen, darunter Nachwuchsförderung, Mitarbeitergespräche, gezielte Organisation von Auslandsaufenthalten: *"Unter Personalentwicklung verstehe ich, daß man das vorhandene Personal darin unterstützt, sich selber auch weiterzuentwickeln, die eigenen Fähigkeiten. Im umfassenden Sinne: Das können formale Qualifikationsmerkmale, das können weitere Schritte der Nachwuchsförderung sein, das können Weiterbildungsmaßnahmen allgemeiner Art sein"* (SK 180ff.). ABER: *"Mein Eindruck ist, daß letztlich der ausschlaggebende Faktor darin besteht, wie der Grundbestand eines Mitarbeiters aussieht, auf dem man aufbauen kann mit Weiterbildungsmaßnahmen. Aber wenn der Grundbestand nicht da ist, dann kann man das durch Weiterbildungsmaßnahmen nicht kompensieren. Das ist ein Problem, was sich bei uns strukturell durchzieht, daß versucht worden ist, eine ganze Reihe von Personen auf Arbeitsfelder zu richten, zu denen sie eigentlich ursprünglich nicht ausgebildet waren"* (SK 329ff.). *"Ich würde ja den Weiterbildungsbegriff ein bißchen weiter fassen, indem ich die Dinge, die für die wissenschaftlich tätigen Menschen außerordentlich bedeutsam sind, die Außenkontakte, auch ins Ausland, dazuzählen würde."* (PBE 126ff.).

Im Zusammenhang mit den Problemen im Bereich der Personalentwicklung werden wiederum die Unberechenbarkeit im Personalbestand bzw. die vorhandene Planungs-

---

[139] *"Das sind ganz sicher Personal und Geld. Denn das ist Kapital, damit kann man dann auch schneller vorwärts kommen, z.B. natürlich In-Aussicht-Stellungen, eine kleine Gruppe zu übernehmen. Eigentlich gibt es keine anderen Instrumente"* (PSC 563ff.).

unsicherheit, der grundlegende Zweifel an der Veränderbarkeit bestimmter Eigenschaften und Kompetenzen sowie unterschiedliche Ausgangslagen - u.a. im Hinblick auf in Ost- und Westdeutschland sozialisierte ForscherInnen (vgl. PHP 116ff., PSC 393ff.) - thematisiert.

Zu Feld 5: Freisetzung

Der euphemistisch mit "Freisetzung" umschriebene Aspekt der Kündigung des Beschäftigungsverhältnis' wird im Rahmen der Interviews insofern mit Bildungsfragen assoziiert, als auf operativer Ebene Probleme angesprochen werden, die sich auf fehlende Korrekturmöglichkeiten bei Fehlentscheidungen in der Personalauswahl (vgl. PHP, PGAM), auf die geringe Flexibilität des BAT hinsichtlich Um- oder Herabstufungen (vgl. ST 115ff.) oder auf personelle Umbesetzungen bei extremen Qualifikationsmängeln beziehen (vgl. PHB 193ff.). Unter Bezug auf die Altersstruktur des Forschungspersonals dominiert auf strategischer Ebene eine pessimistische Gesamtsicht: *"Seit den achtziger Jahren gibt es in dem wissenschaftlichen Bereich, den ich überblicke, kein Personalmanagement mehr, weil es nur noch Stellenkürzungen gibt. Die nächste frei werdende Stelle wird nicht mehr besetzt. Neueinstellungen gab es nicht mehr (...). Insgesamt hat es zu einer Überalterung der Mitarbeiter geführt, man wartet auf die jetzt langsam einsetzende Pensionswelle"* (PHD 21ff.).

Zu Feld 6: Personaleinsatz

Sofern in den Instituten Entscheidungen zum Einsatz von MitarbeiterInnen in bestimmten Aufgabenbereichen anstehen, ist es wiederum die Leitungsebene, d.h. die Direktion, z.T. unterstützt durch ein unterschiedlich breit besetztes Gremium, die diese fällt.

- *"Es gibt bisher ein internes kollegiales Beratungsgremium, den Institutsrat (Direktor, Abteilungsleiter und eine gewisse Anzahl gewählter Mitarbeiter). Dieses Gremium trifft sich monatlich. Fallweise auch häufiger. Da werden auch Personalfragen erörtert"* (PSA 191ff.).

Kriterium für die Auswahl eines Einsatzfeldes ist die Einschätzung der Potentiale der MitarbeiterInnen:

- *"Wenn ich mir so meine Lieben anschaue, da hat jeder so seine Stärken und Schwächen. Die versucht man zu fördern. Ich möchte möglichst aktuelle Forschung auf unserem Gebiet machen. Ich überlege, wer ist wofür geeignet"* (PHP 223ff.).

Neben der Eignung für eine bestimmte Forschungsaufgabe werden in einem anderen Fall Faktoren wie Motivation, Gruppenzusammensetzung, Gruppengröße sowie Möglichkeiten der Erfolgs- bzw. Qualitätskontrolle benannt (vgl. PSC 557ff.).

Das Ausmaß der Steuerung des Personaleinsatzes variiert mit der Art der Erstellung des wissenschaftlichen Arbeitsprogramms, wobei die MitarbeiterInnen in unterschiedlichem Ausmaß Initiativfunktion übernehmen. Insbesondere bei Drittmittelprojekten etwa sind oft die Antragstellenden mit den späteren BearbeiterInnen identisch (vgl. PBE). Die Grenzen der Entscheidungsfreiheit der MitarbeiterInnen werden in den Interviews im Vergleich unterschiedlich beurteilt - zwischen reiner Selbst- und völliger Fremdbestimmung angesiedelt (vgl. PSC 550ff.; PGAM 71ff.). Steuerung bezüglich des Einsatzes von MitarbeiterInnen findet auch im Anschluß an vorausgehende negative Erfahrungen statt. Sie ist entsprechend situationistisch operativ angelegt:

- *"Steuerung ist eigentlich erst in den Momenten passiert, wo es schon schiefgegangen ist. Wo man festgestellt hat, da ist jemand, der tut dem Projekt überhaupt nicht gut. Können wir dem oder der nicht nahelegen, in einer anderen Gruppe mitzuarbeiten, um da eine neue Chance zu haben. (...) aber immer nur fallweise"* (PSA 149ff.).

Zu Feld 7: Personalführung und -information

Der Bereich der Personalführung ist in den geführten Interviews insofern von Interesse, als sich hier zum einen ein Feld gesonderter qualifikatorischer Anforderungen an die leitenden WissenschaftlerInnen auftut und ggf. ein spezieller Weiterbildungsbedarf vermutet werden kann. Zum anderen kann die Entscheidung über die Weiterbildung anderer MitarbeiterInnen selbst zu den Führungsaufgaben gezählt werden.

Da in den untersuchten Instituten unterschiedliche Führungsmodelle vorliegen, variieren auch die Zuschreibung von notwendigen Fähigkeiten sowie das Bewußtsein für die Gestaltungsverantwortung der Leitenden im Bereich der Weiterbildung.[140] Je nach favorisiertem Führungsmodell wird die Aufgabe, für Fragen der Weiterbildung beratend, initiierend und ermöglichend zur Verfügung zu stehen, unterschiedlich stark zentralisiert, wobei in den Instituten zum Teil dezentralere und zentralere Wege parallel beschritten werden (vgl. Teilkap. 3.3).

Das Spektrum bewegt sich den Aussagen der InterviewpartnerInnen zufolge zwischen:

- dezentraler Eigenverantwortlichkeit des einzelnen Mitarbeiters/der einzelnen Mitarbeiterin *"im Rahmen ausgehandelter Ziele und Bereiche; d.h. Selbststeuerung in bezug auf materielle wie immaterielle Ressourcen im Sinne eines 'Contract-Managements'"* (SN 100ff.),
- teilzentraler Verankerung der Zuständigkeit für die Weiterbildung der MitarbeiterInnen in den Stellenbeschreibungen der AbteilungsleiterInnen und
- zentraler Beobachtung bzw. punktueller Steuerung der Weiterbildungsbelange durch das Direktorium.

Unabhängig vom jeweiligen Führungsverständnis wird vor dem Hintergrund des bereits erwähnten Defizits im Bereich der Managementausbildung von WissenschaftlerInnen durchgängig ein spezieller Weiterbildungsbedarf für die Gruppe der Leitungskräfte im Bereich der Führung anerkannt. Dieser bezieht sich vor allem auf die o.g. metafachlichen Fähigkeiten - sofern diese überhaupt als lern- bzw. trainierbar erachtet werden. Stellvertretend hierfür kann die folgende Passage stehen:

- *"Ich denke, daß in diesem Bereich eine Fortbildung nötig ist. Also, wie gehe ich mit Mitarbeitern um, was mache ich, um sie zu motivieren, oder wie weise ich nicht-motivierte Mitarbeiter auch einmal in die Schranken, bei Schlendrian, Einhalt zu gebieten. Oder: Was passiert mit Alkoholgeschichten am Arbeitsplatz. Solche Sachen"* (ST 25ff.; vgl. auch SK, PLAV, PSC, PSA, PGAM, PHP, SV, SN).

Was nun schließlich die Aufgaben des Informationsmanagements betrifft, so scheinen den Interviews zufolge - neben der verbreiteten Betonung der Relevanz von sozialer Kompetenz und Kommunikationsfähigkeiten im Kontext kooperativen Arbeitens auf allen Ebenen - eher organisatorische Lösungen gesucht zu werden. Zur Gewährleistung des internen Informationsflusses über die hierarchischen Ebenen hinweg werden gesonderte Koordinationsstellen eingerichtet (vgl. PBE), stellvertretende Gremien einberufen (vgl. PSC) oder Berichtspflichten eingeführt (vgl. PHB, SK). Auch sollen Maßnahmen der Reorganisation des gesamten Institutes im Rahmen einer Organisationsentwicklung zu transparenteren Strukturen[141] führen, die den Informationsfluß optimieren (vgl. PBE 271ff., SN 81ff.).

---

[140] So wird beispielsweise im Hinblick auf die Förderung wissenschaftlichen Nachwuchses in einem Interview problematisiert, daß keine stichhaltige Aussage hinsichtlich der Wirkung von Führungsstilen gemacht werden könne (vgl. PSC 514ff.).

[141] Was den Umgang mit den wissenschaftlichen Daten angeht, so wurden in einzelnen Instituten auch hierfür spezielle Zentraleinheiten geschaffen (vgl. PBE 220), um Archivierung und Zugang zu erleichtern.

Insgesamt ergibt sich im Hinblick auf die eingangs genannte Systematisierung nach Scholz (1989) folgendes Bild aus den Interviews (vgl. Abb. 15):

Schwerpunkte (weiter-)bildungsbezogener Aussagen aus den Interviews nach Ebenen und Feldern des Personalmanagements (*x = Präsenz dieses Bereichs in den Interviews*)		EBENEN		
		operativ/ personen- bezogen	taktisch/ gruppen- bezogen	strategisch/ betriebs- bezogen
F	1. Personalbestandsanalyse			x
	2. Personalbedarfsanalyse			
E	Personal- veränderung / 3. Beschaffung	x		
L	4. Entwicklung	x	x	x
D	5. Freisetzung	x		
E	6. Personaleinsatz	x	x	
R	7. Personalführung und -information	x	x	
	8. Personalkostenmanagement	- vgl. Teilkap. 3.3.2 -		

Abb. 15: Zur Thematisierung von Weiterbildung im Rahmen des Personalwesens

Gemäß dieser Zusammenschau ist festzuhalten, daß Belange der Bildung insgesamt gesehen von den Befragten in allen Feldern des Personalmanagements in ihre Aussagen einbezogen werden - wenn auch in unterschiedlicher Ausprägung und auf verschiedenen Ebenen, wobei die Schwerpunkte von Interview zu Interview variieren.

Der berufsbezogenen Weiterbildung im Sinne eines Steuerungsinstruments des Managements wird dabei kein einheitlicher Platz zugewiesen. Vielfach dominiert eine, kasuistische, eher punktuelle, nicht-institutionalisierte Einbeziehung der Bildungsbelange in das Managementhandeln quer zu den Ebenen. Nichtpräsenz in den Interviews ist allerdings nicht unbedingt damit gleichzusetzen, daß dazu generell keine Überlegungen in den Forschungseinrichtungen angestellt würden: Diese Bereiche wurden im Rahmen der Gespräche nur nicht gesondert mit Fragen der (Weiter-) Bildung assoziiert.

Zudem ist auch zu berücksichtigen, daß Belange der Weiterbildung z.T. auch den Kontext des direkten Personalmanagements sprengen. Dies ist der Fall, wenn ein Selbstverständnis der Forschenden als Lernende quasi als Prämisse im Berufs- bzw. Menschenbild verankert ist (vgl. SK 103ff.). Zum anderen werden Anforderungen an die Weiterbildung in manchen Fällen erst aus laufenden Reorganisationsprozessen abgeleitet.

Mit Blick auf das Verhältnis von Entscheidungs- zu Reflexionswissen bleibt in vielen Fällen der Eindruck einer eher situationistisch geprägten Managementpraxis.

So wird resümiert:

- *"Wir sehen da unsere Forschungsaufgabe und organisieren uns irgendwie da hin. So nach dem Motto: 'Hauptsache, man kriegt ein paar gute Leute, und irgendwie kriegt man's dann hin.' Das ist zur Zeit noch der Normalzustand"* (PSA 395ff.).

3.3 *"Der Wille macht es an der Stelle nicht mehr, man muß es auch ein bißchen fördern"* - Das institutionelle Weiterbildungsmanagement

Kann als ein Ergebnis des vorausgegangenen Teilkapitels festgehalten werden, daß der 'Weiterbildung' in den befragten Forschungseinrichtungen auf unterschiedliche Weise Platz im Personalwesen eingeräumt wird und ihr Stellenwert im Bereich des Wissenschaftsmanagement variiert, so ist nun zu fragen, wie die Organisation von Weiterbildung konkret gehandhabt bzw. inwiefern Weiterbildung gesteuert wird.

Dazu werden zunächst Aussagen aus den Interviews mit den WissenschaftsmanagerInnen zusammengestellt, die sich auf die generelle Notwendigkeit des Managements von Weiterbildungsprozessen in Forschungseinrichtungen beziehen (Teilkap. 3.3.1). Dann werden in einem zweiten Schritt Modelle, EntscheidungsträgerInnen und Instrumente des Weiterbildungsmanagements der untersuchten Einrichtungen vorgestellt. Der Schwerpunkt liegt dabei auf dem Aspekt der vorzufindenden organisatorischen Lösungen und Steuerungsformen (Teilkap. 3.3.2). Abschließend wird auf diverse Probleme bzw. Einflußfaktoren eingegangen, mit denen sich das Weiterbildungsmanagement konfrontiert sieht (Teilkap. 3.3.3).

3.3.1 Die Notwendigkeit des Managements von Weiterbildungsprozessen

Die Tatsache, daß berufsbezogene Weiterbildung im Berufsfeld Forschung prinzipiell als bedeutsam erachtet wird, sagt nun noch nichts darüber aus, inwiefern sich die Einrichtungen selbst bzw. ihre Leitungen zuständig fühlen, hierbei - in welcher Weise auch immer - fördernd und/oder fordernd, steuernd und/oder stützend tätig zu werden.

So wird in einem der befragten Forschungsinstitute ausdrücklich betont, daß jegliche steuernde Einflußnahme insbesondere im Bereich des Forschungsprozesses selbst auf ein Minimum zu beschränken sei: Man müsse *"den Freiraum geben, daß ich ein Jahr zugucke, wie jemand an was 'herumwurstelt', was interessant sein könnte. Ich kann da nur gucken, ob er etwas grundsätzlich falsch macht"* (PHP 385ff.).

Ein anderer Interviewpartner vermutet, daß diese Zurückhaltung unter der Annahme hoher Selbstlernmotivation bei WissenschaftlerInnen eine verbreitete Haltung der Leitungsebene sei (vgl. SK 159ff.). Dies sei aus der Sicht dieses Interviewpartners jedoch im Kontext größerer Forschungseinrichtungen ungenügend:

- *"Natürlich ist es wichtig, daß die Wissenschaftler so eine Selbstmotivation haben, aber das ist nicht ausreichend, weil einfach bei der Beanspruchung durch das Tagesgeschäft das nicht mehr als selbstverständlich unterstellt werden kann. Man wird also dauernd durch irgendwelche Verpflichtungen auch davon abgehalten. Also muß man da auch flankierend institutionelle Angebote machen. Insbesondere, wenn man die irgendwohin lenken will, wo man diese Weiterbildungsaktivitäten von selbst nicht erwarten kann"* (SK 166ff.).

Neben diesen Argumenten des Risikos der Vernachlässigung von Weiterbildung im wissenschaftlichen Tagesgeschäft der MitarbeiterInnen sowie der individuelle Interessen übergreifenden Ziele des Einrichtungsganzen werden in den Interviews folgende Gründe für die Notwendigkeit eines institutionellen Weiterbildungsmanagements genannt:

- Die **Größe** der Einrichtung und die damit verbundene **Komplexität** des Entscheidungshandelns bringen einen wachsenden Koordinationsaufwand mit sich: *"Wir sind immerhin über 80. Das ist nicht mehr ganz einfach. Der Wille macht es an der Stelle* *nicht mehr, man muß es auch ein bißchen fördern"* (PBE 192f.). *"Bedarf ist schon da. In komplizierteren Organisationen reicht das informelle Gespräch, der Kaffeeklatsch nicht aus; nach einem Jahr ist man oft überrascht, daß es Leute gibt, die es immer noch nicht kapiert haben. Das ist auch eine Führungsaufgabe"* (PSA 369ff.).

- **Defizite der universitären Ausbildung** müssen ausgeglichen werden. Es müsse z.B. auf die Qualität von Veröffentlichungen und Ergebnispräsentationen Einfluß genommen werden: *"Da wird sicher vieles dann nachgeholt, aber wir täten uns sicher sehr viel leichter, wenn die das frühzeitig schon im Studium einbauen würden"* (PHB 100ff.).

- Die Notwendigkeit der Steuerung von Weiterbildungsaktivitäten wird vielfach auf Situationen bezogen, in denen **Bildungsbedarfe individuell nicht erkannt** oder vernachlässigt werden. *"Man muß den Leuten eher immer wieder klar machen, daß es nicht mehr reicht, gut zu forschen - zum Beispiel unter Hinweis auf die technische Seite und auf die Finanzen"* (PGAM 361ff.).

- Insbesondere für die **Führungsebene** mit einem wachsenden Anteil an Managementaufgaben gewinnt organisierte Weiterbildung an Relevanz (vgl. PLAV 55ff., SN 81ff.). *"Ich denke, es ist schwierig für Personen, die aufgrund ihrer wissenschaftlichen Qualifikation in Führungspositionen kommen (also eine Abteilungsleiterstelle haben), daß die auch im Personalbereich gut geschult sind. (...) Ich glaube, daß es in vielen wissenschaftlichen Einrichtungen so ist: ach Gott, wir haben hier wissenschaftliche Arbeit zu tun, und das (d.h. das Weiterbildungsmanagement; A.d.V.) kostet uns nur Zeit. Ich denke auch, daß die Blaue-Liste als Gemeinschaftseinrichtung da auch den Leuten mehr Schulung geben muß"* (ST 21ff.).

- Außerdem wird ein Management von Weiterbildung in seltenen Fällen dort für sinnvoll erachtet, wo es darum geht, spezielle **Freiräume der Reflexion** der eigenen Arbeitsweise als Gegengewicht zu situationistischem Handeln zu schaffen, die in den Alltagsroutinen sonst nicht in Anspruch genommen würden.[142]

Die Einschätzung der Notwendigkeit eines expliziten Weiterbildungsmanagements variiert im Hinblick auf die einzelnen Forschungsinstitute je nach vertretenem Verständnis, welche Lernprozesse unter "Weiterbildung" zu subsumieren sind bzw. was unter 'Management' von Weiterbildung verstanden wird. So werden neben fremdorganisierten Seminarveranstaltungen selbstinitiierte und -organisierte Lernprozesse der MitarbeiterInnen in vielen Gesprächen implizit oder explizit als Teil der Weiterbildung verstanden.

Insgesamt gesehen kann die Steuerung von Weiterbildung sowohl die Förderung, Stimulation und Lenkung selbstorganisierten Lernens als auch dessen Ergänzung und Unterstützung durch fremdorganisierte Angebote und Maßnahmen umfassen. Prinzipiell müssen sich - den Interviews zufolge - Freiraum im Forschungsprozeß und Management von Weiterbildung dabei keineswegs ausschließen, doch spielt hier wiederum die generelle Haltung gegenüber den faktischen Möglichkeiten einer Beeinflußbarkeit und Steuerung im allgemeinen mit hinein. Zudem wird vielfach auf diverse erschwerende Einflußfaktoren verwiesen, mit denen das institutionelle Weiterbildungsmanagement konfrontiert ist (Auf diese wird in Teilkapitel 3.3 ausführlicher eingegangen.) Zudem kommt die Neigung der einzelnen InterviewpartnerInnen zum Tragen, eher die Chancen oder eher die Probleme zu verbalisieren. Meist wird jedoch nicht analytisch

---

[142] Dies wurde in einem Interview beispielsweise mit gezielten Überlegungen zur Ökonomie wissenschaftlicher Arbeitsformen verbunden: *"Der Gedanke der Ökonomie als Gegenteil von "Rumwursteln" ist wichtig. Man sollte im Bereich dieser Management- oder Berufskonzepte für den Bereich der Wirtschaft mal nach Kriterien fahnden für Ausbildung und Effizienz. Unter diesen Gesichtspunkten der Ökonomie: wie tun wir das, was wir tun - selbst unter dem Gesichtspunkt, daß wir mit etwas umgehen, was wir noch nicht wissen. Tun wir das eigentlich ökonomisch? Und da bin ich mir auch nicht sicher"* (PSC 977ff.).

zwischen verschiedenen Weiterbildungs- bzw. Lernformen unterschieden, da sich selbst- und fremdorganisiertes Lernen überlagern.

Je nachdem, welche Bildungsprozesse gemeint sind und wie stark diese beeinflußt werden sollen/können, wird im Zusammenhang mit ihrem 'Management' von formelleren Formen - z.B. von Weiterbildungsbeauftragten oder einer Betriebsvereinbarung - oder von informelleren Formen gesprochen. Letztere Interventionen werden als *"Weichenstellungen im Hause"* (PBE 217f.) oder als Unterstützung eines *"Bewußtseinswandels"* (PGAM 361ff.) gefaßt. Auf die konkrete Beschreibung der vorliegenden Entscheidungsverfahren und Instrumente des Weiterbildungsmanagements in den untersuchten Einrichtungen soll nun im folgenden Teilkapitel genauer eingegangen werden.

3.3.2 Weiterbildungsmanagement zwischen formaler Regelung und Situationismus - Modelle, EntscheidungsträgerInnen und Instrumente

Bezogen auf den Grad der gezielten Einflußnahme auf Belange der Weiterbildung der MitarbeiterInnen können im Rahmen der Interviews drei, z.T. nur graduell variierende Herangehensweisen an das institutsinterne Weiterbildungsmanagement unterschieden werden, die hier in Modellform typisiert dargestellt werden:

1. ein **"Delegationsmodell"** mit expliziten Regelungen und personellen Ressourcen speziell für Belange der Weiterbildung,
2. ein **"Prozeßmodell"** der eher impliziten Steuerung im Rahmen der Personalarbeit im allgemeinen,
3. ein **"Okkasionsmodell"**, wobei situationistisch einzelfallbezogen, vor allem im Krisenfall interveniert wird.

Orientiert an dieser Gliederung werden im folgenden die in der Gruppe der untersuchten Einrichtungen vertretenen Spielarten dieser Modelle jeweils fallbezogen vorgestellt. Dabei wird zur Ergänzung der Interviews auch auf andere Quellen zurückgegriffen, wie Weiterbildungskonzeptionen, Betriebsvereinbarungen oder Stellenbeschreibungen. Sofern das jeweils vorliegende Material Aussagen darüber zuläßt, wird dabei auf die nachstehenden Aspekte eingegangen:

- Wer ist für die Weiterbildung zuständig?
- Mit welchen Instrumenten wird Weiterbildung gesteuert bzw. unterstützt?
- Welche Ziele werden dabei verfolgt?
- Wie wird Weiterbildung finanziert?
- Wie wird die jeweilige Praxis aus der Sicht der Institutsleitung beurteilt?

zu 1. Das Delegationsmodell

Für dieses Modell der expliziten Regelung von Weiterbildung im Rahmen des Forschungsmanagements von Blaue-Liste-Instituten liegen zwei Varianten vor.

a. Die Kommissions-Variante

In diesem Modell eines Instituts mit über 200 Beschäftigten, davon ca. 100 WissenschaftlerInnen, fällt das Weiterbildungsmanagement des Hauses in die Zuständigkeit einer *"Fortbildungskommission"* (PHB 143ff.). Sie setzt sich aus der wissenschaftlichen Führungsspitze, der Frauenbeauftragten sowie jeweils einem Mitglied des Kollegiums und des Betriebsrates zusammen. Außerdem ist die Verwaltungsleitung in beratender Funktion beteiligt, wobei ihr ein Vetorecht in Budgetfragen zukommt. Die Kommission tagt bedarfsorientiert ca. einmal im Monat. Basis für die Arbeit der Kommission ist eine Betriebsvereinbarung (BV) zur Aus- und Weiterbildung, die zu Beginn der 90er Jahre verabschiedet wurde und sich sowohl auf die nicht-wissenschaftlichen als auch die wissenschaftlichen MitarbeiterInnen bezieht. Diese Betriebsvereinbarung wird zudem um gesonderte Regelungen zur Förderung von Promotionen - ebenfalls in Form einer Betriebsvereinbarung - ergänzt. Zu den Aufgaben der Kommission gehören vor allem die Verständigung und die Entscheidung über eingehende Anträge zur Aus- und Weiterbildung von MitarbeiterInnen. Zudem beteiligt sie sich an der Überprüfung des Bildungsbedarfs bestimmter Berufsgruppen, z.B. der Beschäftigten in den Sekretariaten oder der Abteilung für Datenverwaltung.

Die Initiative zu Weiterbildungsaktivitäten geht üblicherweise von den einzelnen Beschäftigten, speziellen Gremien oder Arbeitskreisen aus. So werden Fragen der Weiterbildung bei konkretem Bedarf in den Abteilungen bei den regelmäßigen Abteilungsgesprächen thematisiert (vgl. PHB 160ff.).

- *"Im Bereich der Wissenschaftler haben wir uns eigentlich auf diese beiden Betriebsvereinbarungen beschränkt, weil wir schon glauben, daß ein Wissenschaftler es einigermaßen selbst beurteilen können sollte, wann er mal wieder seinen 'Akku aufladen' muß, damit die Sache läuft"* (PHB 156ff.).

Die inhaltliche Ausrichtung der jeweiligen Weiterbildungsmaßnahmen unterliegt damit einem fallbezogenen, konsensorientierten Aushandlungsprozeß. Auch bei den hausinternen Kolloquien mit ausländischen Gästen, denen ausdrücklich eine Funktion im Rahmen der Fortbildung zugeschrieben wird, gebe es *"keinen Zwang, manchmal etwas 'moral persuasion'"* (PHB 264ff.).

Zu Instrumenten des Weiterbildungsmanagements gehören in diesem Beispiel: Erhebungen zu speziellen Weiterbildungsbedarfen, Gewährung von Bildungsgelegenheiten im Anschluß an informell-dezentrale Absprachen mit einzelnen MitarbeiterInnen, Einsatz bestimmter personeller Ressourcen im Rahmen der Kommissionsarbeit sowie die o.g. Betriebsvereinbarung. Letztere umfaßt folgende Möglichkeiten der Unterstützung bzw. Lenkung von Weiterbildungsinteressen:

- Angebote der Freistellung im Rahmen des Bildungsurlaubs;
- Ausbildungsangebote für neueingestellte und dauerhaft nicht-wissenschaftlich Beschäftigte (z.B. Software-Einführungen, Angebote zur Arbeitsmethodik);
- Allgemeine Weiterbildungsangebote: "Um den Mitarbeiterinnen und Mitarbeitern Gelegenheit zu Entwicklung, Förderung und Wiederauffrischung im dienstlichen Interesse liegender allgemeiner Fähigkeiten zu geben, kann das Institut finanzielle Unterstützung und Freistellung unter Fortzahlung des Gehalts gewähren. Innerhalb einer Frist von zwei Jahren besteht ein Anspruch auf Gewährung zumindest einer Fortbildungsmaßnahme" (BV S. 2). Die Höhe der finanziellen Zuwendung ist mit Ausnahme der fremdsprachlichen Schulung nicht geregelt und bedarf der Entscheidung durch die Fortbildungskommission.
- Freistellungen für die fachbezogene Weiterbildung vor allem des wissenschaftlichen Personals: Hierzu gehört die Möglichkeit, unter Fortzahlung des Gehaltes externe Forschungsvorhaben, z.B. im Ausland, in einem Umfang von drei bis sechs Monaten zu verwirklichen - unter der Auflage dabei eine Veröffentlichung, "zumindest aber ein Diskussionspapier" anzufertigen (BV S. 2). Zusätzlich können bis zu 2% des gesamten wissenschaftlichen Personals pro Jahr bis zu sechs Monaten im Rahmen von Promotionsverfahren freigestellt werden, wobei die geförderten DoktorandInnen einer Berichtspflicht in Form eines Hearings unterliegen.
- "Zusätzlich gewährt das Institut längerfristige Beurlaubungen (Sabbatjahr) für Fortbildungsmaßnahmen ohne Fortzahlung des Gehalts" (BV S. 3).

In der Betriebsvereinbarung ist auch die Erstellung eines integrierten Aus- und Weiterbildungskonzeptes verankert. Aufgrund personalpolitischer Planungsunsicherheit und mangelnder Prognostizierbarkeit der Wissenschaftsentwicklung wird darunter jedoch weniger eine formell festgelegte, zukünftige Schwerpunkte festschreibende Vereinbarung verstanden als vielmehr eine grundsätzliche Anerkennung der Bedeutung dauerhafter Qualifikationssicherung und -erweiterung in Form der verbrieften Gewährung eines Bildungsanspruchs durch die Betriebsvereinbarung.

Eine formelle Einbindung in die allgemeine Personalplanung besteht nicht. Jedoch sind bei Planung und Durchführung der Weiterbildung Abstimmungen mit den Belangen der Frauenförderung und personellen Sondersituationen gefordert. Zudem ist die Weiterbildungsteilnahme von MitarbeiterInnen bei der Entscheidung über Höhergruppierungen zu berücksichtigen.

Anlaß für und Ziele bei der Wahl dieses vor allem auf die formale Ermöglichung von Weiterbildung abgestellten Verfahrens werden in der Betriebsvereinbarung erläutert: Die stetig fortschreitende Wissensentwicklung innerhalb der Wissenschaften fordere insbesondere von den ForscherInnen eine dauerhafte Auseinandersetzung mit neuen Inhalten bzw. Methoden. Daraus wird ein wechselseitiger Bildungsanspruch an die MitarbeiterInnen und an die Institutsleitung abgeleitet, dessen Gewährleistung sowohl von seiten des Institutes als auch von seiten der einzelnen als personalpolitisch zwingend erachtet wird.

- "Nur über permanentes Lernen kann erworbene Qualifikation gesichert und erweitert werden. Für die Mitarbeiterinnen und Mitarbeiter eines wissenschaftlichen Forschungsinstitutes kommen spezifische Anforderungen hinzu: Sie müssen die jeweils neuesten wissenschaftlichen Erkenntnisse und Methoden beurteilen und anwenden sowie die wissenschaftliche Entwicklung forcieren, mindestens aber mit ihr Schritt halten können. (...) Es besteht ein Anspruch der Institutsangehörigen an die Hausleitung, Fort- und Weiterbildung möglich zu machen - wie auch der Hausleitung an die Institutsangehörigen, empfohlene Fort- und Weiterbildungsmaßnahmen auch wahrzunehmen. (...) Weil das Institut zudem aus Gründen der Arbeitskontinuität und des Expertenwissens personalpolitisch auf einen festen Mitarbeiterinnen-/Mitarbeiter-stamm setzt, erlangen Qualifizierungs- und Fort- und Weiterbildungsmaßnahmen nicht zuletzt als Instrument der Motivationsförderung besondere Bedeutung" (BV S. 1).

Der Weiterbildungsetat dieses Institutes umfaßte 1997 DM 40.000 im Rahmen des Grundhaushaltes. Dieser Posten wird punktuell durch Gelder aus der Auftragsforschung und durch anderweitige Verrechnung der Reisekosten ergänzt (PHB 247ff.): *"Wir gestatten es ja auch Leuten, zu Konferenzen zu fahren, was ja auch immer einen Weiterbildungs-Charakter hat"* (PHB 256f.). Zudem - darauf wird im Interview ausdrücklich hingewiesen - seien auch die indirekten Kosten von Freistellungen zu berücksichtigen:

- *"Wenn Sie das zusammenrechnen: eine halbjährige Freistellung kostet ja doch immerhin je nach Gehaltsstufe im Durchschnitt 50.000 DM. Wenn Sie dann im Jahr 2-3 Doktoranden draußen haben, wir haben z.T. in der Vergangenheit erheblich mehr gehabt, dann sind das schnell 200.000 DM"* (PHB 250ff.).

Gemessen an den vorhandenen Wünschen, Vorhaben und Notwendigkeiten, wird der finanzielle Rahmen jedoch eher als restriktiv eingeschätzt (vgl. PHB 249).

Insgesamt sieht die Bewertung dieses Verfahren aus Sicht der Institutsleitung positiv aus. Die Formalität der Regelung sichere die grundsätzliche Berücksichtigung von Bildungsbelangen, ermögliche den MitarbeiterInnen jedoch ausreichend Entscheidungsspielraum (vgl. PHB 156ff.). Insbesondere die Möglichkeiten der Freistellung zur Weiterbildung im Rahmen von Forschungsvorhaben im Ausland bzw. zur Promotion stießen auf reges Interesse und würden von beiden Seiten als Vorteil empfunden (vgl. PHB 117ff., 125ff.). Einschränkend wird jedoch angemerkt:

- *"Allerdings muß man dazu sagen, daß das viele Mitarbeiter (...) aus eigener Verantwortung in der Vergangenheit nicht in dem Maße genutzt haben, weil einfach durch diese Haushaltsmisere (...) die Finanzmasse so eng war, daß eigentlich viele gesagt haben, ich stelle das jetzt erstmal zurück und mache lieber Aufträge, daß wir Finanzen hineinkriegen"* (PHB 128ff.).

Zudem variiere die Weiterbildungsbeteiligung innerhalb der Belegschaft: *"Es gibt doch den einen oder anderen bei den Älteren, die sagen, das lohnt sich alles nicht mehr für mich - obwohl ich persönlich das falsch finde"* (PHB 164ff.). Neben dem Faktor 'Alter' wird auch die Höhe innerhalb der Institutshierarchie als Problem thematisiert, da mit zunehmenden Führungs- und Managementaufgaben trotz wachsendem Bildungsbedarf die zeitlichen Möglichkeiten einer Teilnahme beschränkt seien (vgl. PHB 181ff.).

b. Die Beauftragten-Variante

Diese zweite Variante des Modells der expliziten Regelung mit gesondertem Personaleinsatz organisiert das Weiterbildungsmanagement des Institutes über die Vergabe der Funktion eines/einer Weiterbildungsbeauftragten (SK 158). Im vorliegenden Fall eines Institutes mit ca. 60 MitarbeiterInnen, davon ca. 35 WissenschaftlerInnen, wurde im Anschluß an die Konstituierung der Einrichtung auf Initiative des Direktors für ein Jahr eine volle BAT-III-Stelle dafür zur Verfügung gestellt. Diese wurde mit einer Diplom-Pägagogin besetzt. Nach der einjährigen Aufbauphase wird diese Funktion anschließend nebenamtlich von einer wissenschaftlichen Mitarbeiterin wahrgenommen.

Die Entscheidung für den Einsatz eines/einer Weiterbildungbeauftragten war eng mit der Neugründung des Institutes auf der Basis der 'Abwicklung' einer DDR-Forschungseinrichtung verbunden. Die Ziele, die mit diesem Vorgehen verbunden sind, beziehen sich auf ein weitgefaßtes Verständnis von Weiterbildung. So heißt es in der Weiterbildungskonzeption (WBK) des Institutes:

- "Weiterbildung trifft in neugegründeten, mit neuen Aufgabenfeldern konfrontierten und aus veränderten Arbeitsgruppen zusammengesetzten Teams an einem Forschungsinstitut (...) auf vielfältige Aufgaben und Zielgruppen. (...) Weiterbildung wird (...) in einem umfassenden Sinn verstanden. In (...) Kategorien beschrieben, umfaßt sie die allgemeine, die politische sowie die berufliche Weiterbildung, letztere sowohl zum Zwecke der beruflichen Anpassung als auch des Aufstiegs. Das gemeinsame Ziel ist die Herausbildung bzw. die Aktualisierung der gemeinsamen Kompetenz sowie eines kooperativen Arbeitsverständnisses in der Forschungseinrichtung" (WBK S. 18).

Weiterbildung wird auf der Programmebene als Instrument der Personalpolitik und als Bestandteil der Organisationsentwicklung im allgemeinen konzipiert (vgl. WBK S. 3). Hinsichtlich der Instrumente wurde mit einer Bildungsbedarfs-Befragung der MitarbeiterInnen sowie der Führungsebene begonnen, innerhalb welcher notwendige Inhalte und angemessene Formen von weitergehenden Bildungsprozessen ermittelt werden sollten. Im Anschluß daran konnten verschiedene Aktivitäten, orientiert an den ermittelten Zielgruppenbedarfen, ins Leben gerufen werden.

- "Darunter fallen die verschiedensten Maßnahmen, von Workshop über Vortrag bis zur Schulung, sowie die verschiedensten Zielgruppen innerhalb des Institutes, von Sekretariatsarbeitskräften über Verwaltung bis zum wissenschaftlichen Personal. Inhaltlich beschäftigt sich Weiterbildung (...) mit der Auseinandersetzung mit im deutsch-deutschen Einigungsprozeß gewandelten Arbeitsbedingungen im allgemeinen, mit der Anpassung an die formalen und inhaltlichen Standards des jeweiligen Forschungsbereiches sowie mit der (Weiter-) Entwicklung der Fähigkeit aller zu einem eigenständigen Beitrag im Bereich der (...) Forschung" (WBK S. 18).

Zum Ende des Jahres der Vollzeit-Beschäftigung einer Weiterbildungsbeauftragten wurde unter Mitarbeit von Führungsetage, Verwaltung und Betriebsrat die bereits erwähnte Konzeption für die hausinterne Weiterbildung erarbeitet. Sie soll der Klärung des institutseigenen Weiterbildungsverständnisses dienen, das eigene Handeln in den Kontext von allgemeineren Problemlagen des Weiterbildungssektors (z.B. Wandel im Verständnis beruflicher Weiterbildung, soziale Faktoren, die Integration von beruflicher und allgemeiner Bildung) stellen sowie die inhaltlichen wie organisatorischen Grundlagen für weitere Entscheidungen und Planungen im Bildungsbereich des Hauses darstellen.

Die Aufgaben der in der Folge nun nebenamtlichen besetzten Funktionsstelle Weiterbildung beziehen sich entsprechend der Konzeption auf:

- weitere Beobachtung des Bildungsgeschehens,
- Bestückung des in der hauseigenen Bibliothek befindlichen "Info-Regals Weiterbildung" mit aktuellen Programmangeboten,
- punktuelle Bildungsberatung,
- fallweise Stellungnahme zu strittigen Weiterbildungsanträgen,
- Überwachung des Weiterbildungsetats sowie
- Organisation der einmal jährlich stattfindenden Inhouse-Veranstaltung (für das wissenschaftliche Personal zu Themen der Präsentation, Kommunikation, Projektorganisation, Moderation etc.).

Damit kommt der Funktionsstelle Weiterbildung eine eher dokumentierende, koordinierende Rolle zu. Die Zuständigkeit für die Initiative, Beantragung und Transfer liegt hauptsächlich bei den MitarbeiterInnen bzw. bei den LeiterInnen der Arbeitsbereiche. So ist die "Förderung der Weiterbildung und der beruflichen Entwicklung des MitarbeiterInnen" formal in jeder Stellenbeschreibung der AbteilungsleiterInnen des Institutes verankert. Dem jeweiligen Führungsverständnis entsprechend fällt das Engagement der einzelnen Führungskräfte in diesem Bereich unterschiedlich aus.

In indirekter Form sind zudem andere Gremien bzw. Einrichtungen des Institutes mit Qualifikationsbelangen betraut, so der Beauftragte für die Förderung des wissenschaftlichen Nachwuchses, die Abteilung Informationstechnik oder das Mitte der 90er Jahre ins Leben gerufene "Forschungskolleg".

Mit dem Ziel, unter einem übergreifenden thematischen Schwerpunkt regelmäßig GastwissenschaftlerInnen einzuladen, um während ihres Aufenthaltes zusammen mit MitarbeiterInnen des Instituts an Forschungsarbeiten mitzuwirken und gemeinsame Veranstaltungen durchzuführen, wird dem Forschungskolleg u.a. eine personalpolitische Dimension beigemessen: "Auch kann das Forschungskolleg in Anknüpfung an die hauseigenen Bestrebungen der wissenschaftlichen Weiterbildung eine Fortbildungsfunktion übernehmen (...). Gerade der Charakter des Forschungskollegs als längerfristige, wiederholte Auseinandersetzung mit anderen wissenschaftlichen Perspektiven ermöglicht - anders als bei einmaligen Kongreß- oder Workshop-Veranstaltungen - eine andere Form des vertiefenden Umgangs mit z.T. neuen Inhalten. Angesichts des Trends zur weiteren Flexibilisierung der Beschäftigungsdauer von WissenschaftlerInnen ist die Möglichkeit zu Kontakt und Information im Rahmen des Forschungskollegs von Relevanz im Rahmen einer attraktiven Personalpolitik" (zit. aus einem internen Begründungspapier zum Aufbau des Forschungskollegs).

Ein zentrales Problem stellt die Finanzierung dar, da der im Rahmen des Grundhaushaltes bewilligte Etat für Weiterbildung im Zuge allgemeiner Sparmaßnahmen in den letzten Jahren von ursprünglich DM 20.000 auf unter DM 9.000 gekürzt wurde. Zwar wird der Etat auch hier von Mitteln aus Auftragsprojekten und aus der Kostenstelle für Reisen flankiert, doch hat das ursprünglich in der Konzeption geplante Programm erhebliche Einschnitte erfahren.

Die Stellungnahme zur Bewertung des Modells aus Sicht der Institutsleitung fällt eher grundsätzlich aus. Neben der Betonung einer prinzipiellen Steuerungsnotwendigkeit im Bereich der hausinternen Weiterbildung (vgl. SK 163ff.) wird auch auf die Grenzen von Bildung verwiesen: *"Mein Eindruck ist, daß letztlich der ausschlaggebende Faktor darin besteht, wie der Grundbestand eines Mitarbeiters aussieht, auf dem man aufbauen kann mit Weiterbildungsmaßnahmen. Aber wenn der Grundbestand nicht da ist, dann kann man das durch Weiterbildungsmaßnahmen nicht kompensieren"* (SK 329). Der von seiten des Institutes gezielt organisierten Weiterbildung komme im wissenschaftlichen Bereich eine zwar wichtige, aber eher flankierend-kompensierende Bedeutung zu. Eine zentrale Voraussetzung sei vielmehr die grundsätzlich positive Haltung bzw. Aufgeschlossenheit von ForscherInnen ihrem eigenen Lernprozeß gegenüber, denn vor allem *"indem man forscht, lernt man zu forschen"* (SK 63).

zu 2. Das Prozeßmodell

Bei dem zweiten Modell, der 'impliziten Steuerung im Rahmen der Personalarbeit im allgemeinen', werden keine gesonderten personellen Zuständigkeiten oder formellen Regelungen ausgewiesen. Weiterbildung wird jedoch im Rahmen des Geschäftsprozesses an verschiedenen Stellen - dezentral - z.T. auch mit gesonderten Instrumenten gesteuert. Dieser Typ des Weiterbildungsmanagements kann an zwei Beispielen veranschaulicht werden.

Zwar befinde sich - in einer ersten Spielart des Prozeßmodells - ein System innerbetrieblicher Fortbildung im Aufbau, *"insbesondere zu allen Aspekten des beruflichen Handelns der Beschäftigten, die das Institut als Gesamtorganisation betreffen"* (SN 41ff.), jedoch steht im Verlauf des Interviews vor allem die Eigenverantwortlichkeit der MitarbeiterInnen für ihre jeweilige Arbeit, einschließlich ihrer Bildung, im Vordergrund. In diesem Institut mit ca. 90 Beschäftigten, davon mehr als ein Drittel im Forschungsbereich, werden im Rahmen eines *"Contract-Managements"* (SN 103) die jeweils ausgehandelten Arbeitsziele und die Ressourcenvergabe dezentral gesteuert. Grundlage dieses Vorgehens sei *"eine betriebsintern beteiligende Diskussionskultur"* (SN 115f.), die etwa auf der *"Institutskonferenz"* zu Fragen der Gesamtprofilierung oder bei Abteilungsbesprechungen zu Detailfragen Bedarfe bzw. Defizite zu explizieren helfe (vgl. SN 116ff.).

Auch die 'Weiterbildung' sei eher eine fallbezogen individuelle Aushandlungssache zwischen MitarbeiterIn und Führungskraft. Doch könnten gegebenenfalls von der Instituts- oder Abteilungsleitung Impulse dazu ausgehen (vgl. SN 56). Bei Motivationsproblemen hinsichtlich der Anerkennung neuer Bildungsbedarfe durch die MitarbeiterInnen müßten - in diesem auf Eigeninitiative bzw. -verantwortlichkeit ausgerichteten Vorgehen – von den Vorgesetzten die Alternativen aufgezeigt werden, die eine Nichtberücksichtigung zur Folge hätte (vgl. SN 74ff.). Um das Gesamtinteresse des Instituts nicht aus den Augen zu verlieren, werden zudem einmal jährlich abteilungsbezogene Supervisionstage unter externer Moderation organisiert (vgl. SN 92f.). Diese Supervision sei zwar teuer, lohne sich aber (vgl. SN 93). Außerdem könne bei Blaue-Liste-übergreifenden Fragen auf die Weiterbildungsangebote der Geschäftsstelle zurückgegriffen werden (z.B. im Bereich Öffentlichkeitsarbeit, Verwaltung; vgl. SN 163ff.).

Als problematisch wird zum einen ein fehlendes *"Trägersystem"* des Transfers empfunden, *"das Schulungserfahrungen durchgreifend im Berufsalltag wirksam werden läßt"* (vgl. SN 97f.). Zum anderen sei die *"Verzahnung"* (SN 57) des intern vorhandenen Know-hows zu verschiedenen Aspekten untereinander noch unzulänglich. Auch die finanziellen Möglichkeiten seien unzureichend, doch bemühe man sich um eine Aufstockung des Fortbildungsbudgets innerhalb des Grundhaushalts (vgl. SN 36f.). Außerdem werde durch Umschichtung versucht, zusätzliche Quellen zu erschließen, z.B. durch eigene Einnahmen aus Veröffentlichungen oder Veranstaltungen (vgl. SN 64ff.).

Auch in der zweiten im Rahmen der Interviews vorliegenden Spielart des Prozeßmodells ist niemand benannt, der/die speziell für Fragen der Weiterbildung zuständig ist (vgl. PBE 197). Trotzdem werden einige allgemeine Maßnahmen mit weiterbildungssteuernder Funktion belegt:

- Auslandsaufenthalte zu Forschungszwecken: *"Ich würde ja den Weiterbildungsbegriff ein bißchen weiter fassen, indem ich die Dinge, die für die wissenschaftlich tätigen Menschen außerordentlich bedeutsam sind, die Außenkontakte, auch ins Ausland, dazuzählen würde. (...) Diese Dinge sind schon ziemlich gesteuert: Gezielt die Förderer bekannt zu machen, das Förderspektrum, und dann die Wege zu ebnen. Die Ideen kommen ja von den Wissenschaftlern selber, die stehen vor meinem Schreibtisch und sagen, ich möchte: ... . Dann wird überlegt, wie es gehen könnte. (...). Auf der Strecke können wir ganz zufrieden sein"* (PBE 126ff.).

- Mitarbeitergespräche: *"Ich weiß, jeder Institutsleiter führt Gespräche mit seinen Mitarbeitern. Das ist nicht unbedingt das Gespräch, welchen Lehrgang besuchst du, und wie kannst du dich weiterqualifizieren. Aber es ist schon das Gespräch, einen Konsens zu finden, zwischen dem, was denjenigen interessiert, und dem, was hier wissenschaftlich notwendig ist. Da kann man schon bestimmte Weichen stellen, daß sich die eigenen Mitarbeiter fortentwickeln. In der Richtung läuft viel. Sie sind sicher nicht alle gleich rege, aber sie machen es"* (PBE 251ff.).

- Förderung des wissenschaftlichen Nachwuchses: *"Eine andere Strecke, die ich auch unter Weiterbildung fassen würde, wäre auch die Organisation von Veranstaltungen, die Betreuung von Dissertationen, Diplomarbeiten, Praktika. Das läuft ziemlich intensiv"* (PBE 135ff.).

Neben einer gesonderten, dem Direktor zugeordneten wissenschaftlichen Koordinationsstelle ist hier u.a. für Entscheidungen im Weiterbildungsbereich ein Gremium zuständig, das sich aus Instituts- und Verwaltungsleitung sowie drei in gewissem Rhythmus gewählten VertreterInnen des wissenschaftlichen Personals zusammensetzt. Dort stehe neben anderem der Punkt "Personal" auf der Tagesordnung. Doch dominierten bei der Verhandlung von Personalfragen weniger strategische als vielmehr reaktive Momente: *"Der Punkt wird eigentlich immer bemüht, wenn es Probleme gibt"* (PBE 206f.).

Auch in diesem Institut mit ca. 300 MitarbeiterInnen, davon etwa 90 WissenschaftlerInnen, gibt es einen gesonderten Titel von DM 40.000 (1998) für Weiterbildung im Rahmen des Grundhaushaltes. Wiederum wird dieser im Verhältnis zu den tatsächlichen Aufwendungen als *"relativ unbedeutende Summe"* eingeschätzt (PBE 83ff.). Finanziert würden daraus Angebote der Blauen Liste, Pflichtweiterbildungen im Rahmen gesonderter Funktionen (z.B. im Bereich des Datenschutzes), Kolloquien sowie die Kosten für die Teilnahme an Tagungen, die nicht direkt mit dem jeweiligen Projektthema zusammenhängen (vgl. PBE 86ff.).

zu 3. Das Okkasionsmodell

Das dritte vorfindliche Modell des Weiterbildungsmanagements zeichnet sich durch ein Minimum an explizit gemachter Steuerung aus. Es wird eher situationistisch, einzelfallbezogen bzw. vor allem im Krisenfall interveniert. Der Einsatz prozeß- oder zielgruppenbezogener Instrumente mußte ausdrücklich im Interview erfragt werden. Die vorhandenen Einflußmöglichkeiten wurden meist nicht direkt mit einer Steuerung von Personalwesen oder Bildungsarbeit assoziiert.

In einem Fall einer Einrichtung mit einem Personalstamm von ca. 100 Planstellen, davon etwa zwei Drittel wissenschaftlich Beschäftigte, heißt es explizit: *"Wobei hier im Hause (...) nie eine sehr starke Steuerung stattgefunden hat. Steuerung ist eigentlich erst in den Momenten passiert, wo es schon schiefgegangen ist. Wo man festgestellt hat, da ist jemand, der tut dem Projekt überhaupt nicht gut"* (PSA 148ff.). Auch über Weiterbildung werde *"bedarfsweise"* (PSA 98) entschieden. Zuständig dafür seien *"irgendwelche Kollegialorgane, wo es sich dann während der laufenden Besprechung ergibt, daß man dann da irgendwas tun müßte"* (PSA 98ff.). Im zentral für Fragen der Personalpolitik zuständigen, monatlich tagenden Gremium des Institutes dominierten Entscheidungen über Neueinstellungen von WissenschaftlerInnen, die Besetzung von Projektleitungen und Kriseninterventionen bei fehllaufenden Projekten (vgl. PSA 188ff.). Schließlich wird im Interview das Referat für Öffentlichkeitsarbeit erwähnt, das sich insbesondere für mögliche Aktivitäten zur Verbesserung der hausinternen Kommunikation einsetze (vgl. PSA 119ff.).

Begründet wird dieses Vorgehen mit der geringen Nachfrage von seiten der MitarbeiterInnen bzw. mit den Wegen, auf denen ein mögliches Weiterbildungsthema ins Bewußtsein der KollegInnen gelange. *"Es mögen Gedanken abteilungs- oder gruppenspezifisch aufgetaucht sein, aber sie wurden nicht zentral geäußert. Eher dann, wenn jemand etwas wissenschaftlich zum Thema gemacht hat. Zum Beispiel in der Abteilung (...) hat ein Doktorand das Kommunikationsverhalten bei einer Firma, etwa in Arbeitssitzungen, untersucht. Dann schwappt von da etwas sekundär ins Institut hinein"* (PSA 136ff.). Überdies liege es an der spezifischen Arbeitssituation von ForscherInnen, die diese unter stetigem Druck halte: *"Das hat auch damit zu tun, daß jeder mit seinem Forschungsthema so viel zu tun hat und es zur Natur der Forschung gehört, daß jeder Wissenschaftler mit einem schlechten Gewissen herumläuft, da er noch immer nicht das große Buch so schnell geschrieben hat, wie er es gerne möchte, und daß alles andere nur in Notsituationen wirklich deutlich wird"* (PSA 102ff.).

Es können jedoch verschiedene Maßnahmen, die vom Management initiiert wurden, mit der Unterstützung von Weiterbildung in Verbindung gebracht werden. Deren Praxis beschreibt der Interviewpartner z.T. aber als problematisch. Darunter sind:

- Wissenschaftliche Kolloquien: *"Ja, hausinterne Kolloquien gibt es sowieso. Das könnte eine Art der Weiterbildung sein. Hierbei stellt sich im monatlichen Wechsel eine Projektgruppe vor. Aber das ist im Zuge des aktuellen Umbaus der Organisation etwas eingeschlafen"* (PSA 201ff.).

- Förderung des wissenschaftlichen Nachwuchses: *"Wir haben - etwas zu wenig - drei bezahlte Doktorandenstellen im Haus. Darüber hinaus betreuen wir sicher noch ein halbes Dutzend weiterer Arbeiten, die aber nicht finanziell vom Institut gefördert werden. Die fördern wir in der Weise, wie man das immer macht, daß der Doktorvater bzw. die Doktormutter sich um den Doktoranden etwas kümmert, d.h. regelmäßig sich mit ihm zusammensetzt. (...) Sie müssen zumindest in einem erkennbaren, wenn auch lockeren Zusammenhang mit einem Projekt verbunden sein. Die kommen dann auch zu den Arbeitssitzungen. Wir haben zwar nicht für alle Arbeitsplätze im Hause, aber sie kommen zumindest zu den wöchentlichen oder zweiwöchentlichen Arbeitssitzungen dazu. Sie referieren dann auch, d.h. sie kriegen über das Stückchen Zuspruch, das der jeweilige Betreuer bietet, auch von den anderen, erfahreneren Wissenschaftlern Ratschläge"* (PSA 265ff.).

- Zielvereinbarungen in Jahresberichten: Auf die Frage, ob z.B. Mitarbeitergespräche, Beurteilungsverfahren oder Zielgespräche etc. zum Einsatz kämen, lautet die Antwort zwar: *"Nein, die gibt es bei uns nicht, obwohl es das vielleicht geben sollte. Es hat so was zwar fallweise gegeben, aber nicht als regelmäßige Einrichtung"* (PSA 168ff.). Es wird jedoch auf die Erstellung von hausinternen Jahresberichten durch die MitarbeiterInnen verwiesen. Inhalt dieser Berichte sei: *"Was gemacht wurde, wie weit man gekommen ist, und was man hofft, in der nächsten Zeit erledigen zu können"* (PSA 178ff.). Doch auch hier gibt es Kritik: *"Diese Jahresberichte sind zwar ein kostbares Gut, nur werden sie bis heute nicht richtig verwertet. Es wäre jetzt nötig, anhand dieser Berichte nachzugucken, wo gibt es da ouverte oder latente Probleme"* (PSA 172ff.).

Bisher würden über die Kostenstelle "Weiterbildung" des Haushaltes vor allem zwangsläufige Bildungsbedarfe im Zusammenhang mit neuer Software gedeckt: *"Das sind aber nur ein paar Tausend Mark, damit wir ab und zu jemand auf einen Kurs schicken können. Da geht es dann mehr darum, daß eine neue Textverarbeitung eingeführt wird mit jemandem im Hause, oder man schickt ein paar Leute auf einen Kurs"* (PSA 91ff.).
In verschiedenen Formulierungen wird deutlich, daß Steuerung und gezielte Förderung darüber hinaus durchaus sinnvoll sein könnten: *"Da ist sicher ein Erörterungsbedarf da. Das muß organisiert sein. Es müssen die Gelegenheiten geschaffen werden. Dazu muß Bereitschaft sein. Ich gebe zu, daß wir das noch zu wenig tun. Bedarf ist schon da"* (PSA 366ff.). So auch im Bereich der Bedarfs- bzw. Bedürfnisanalyse von Weiterbildung: *"Genau dieser sicher sehr wichtige Gesichtspunkt wird nicht laufend von jemand beobachtet"* (PSA 101f.). Die Nachrangigkeit des Weiterbildungsmanagements wird mit anderweitigen Prioritäten im Zusammenhang mit der aktuellen Reorganisation des Institutes begründet.

Stand im ersten Fall die anderweitige Inanspruchnahme des Managements u.a. durch eine Umstrukturierung des Hauses bei grundsätzlicher Akzeptanz steuernder Eingriffe im Vordergrund, so wird in einem zweiten Fall die explizite Steuerung, im Sinne formalisierter Verfahren und Instrumente, für die eigene Einrichtung als unpassend erachtet. Formalisierung bzw. Zentralisierung werden mit einer autoritären Struktur assoziiert, die angesichts der Größe und des Selbstverständnisses der Einrichtung nicht notwendig sei. *"Der Laden hier ist mit einer Größe von 70/75 Wissenschaftlern - wenn Sie die Doktoranden mitzählen - klein genug, daß man sich eigentlich noch so im Direktorium über jeden verständigen kann"* (PSC 569ff.). Entsprechend gebe es keine gesonderten Vereinbarungen oder Konzeptionen: *"Man setzt sich dann zusammen und plant - natürlich auch unter Beteiligung der Leute -, wenn man eine Idee hat und fragt die dann dazu und diskutiert das eben aus. Das heißt also: keine Anordnungsstruktur"* (PSC 574ff.). Neben einer bedarfsweisen Klärung von Fragen der Personalarbeit und Weiterbildung ist das Direktorium - bestehend aus den AbteilungsleiterInnen, der Verwaltungsleitung sowie ggf. den LeiterInnen der abteilungsunabhängigen Forschergruppen - auch der Ort für grundsätzlichere Überlegungen zu Motivationsfragen und Personaleinsatz.

- *"Also wir machen uns im zuständigen Direktorium schon Gedanken darüber, wen man wie in welchen Zusammenhängen auf welche Dinge ansetzt. Wobei sie Wissenschaftler ja irgendwie motivieren müssen, die kann man ja nicht so einfach irgendwohin setzen. Das kann man vielleicht im Bereich der Entwicklung machen, aber überall da, wo es sozusagen um Erkenntnisgewinn, also um das völlig Neue geht, können sie nur Leute motivieren, in diese Richtung zu gehen. Da machen wir uns auch schon Gedanken darüber, welche Leute zusammenpassen, auch persönlich, also nicht nur vom Thema oder von Kenntnissen her. Oder wie die Gruppengröße sein müßte. Wie man Erfolge abfragen kann. Welche Gewinne man in Aussicht stellt. Wie man motivieren kann. Das besprechen wir schon"* (PSC 550ff.).

Inhalte, Prozesse und Ziele der Weiterbildung von WissenschaftlerInnen werden stärker in den Interaktionen des Forschungsalltags selbst, in den persönlichen Beziehungen zu MitarbeiterInnen, Vorgesetzten oder BetreuerInnen angesiedelt. Weiterhin spiele die

Position der Einrichtung in der Forschungslandschaft eine wichtige Rolle im Lernprozeß: *"Für die Entwicklung von jüngeren Wissenschaftlern (...) ist es enorm wichtig, in einer Umgebung aufzuwachsen, in der wirklich Forschung an vorderster Front mit den nötigen Mitteln und Ausstattungen abläuft und wo exemplarisch gezeigt wird, wie man an solche Probleme im Ungewissen an der Front der Erkenntnis 'rangeht. Das färbt ab"* (PSC 129ff.). Insbesondere im Bereich der Nachwuchsförderung sei das Forschungsmanagement dabei keineswegs ohne Einfluß, doch dieser lasse sich nicht generalisierend festlegen oder auf Instrumentenebene operationalisieren. Es handle sich vielmehr um einen komplexen individuellen Entwicklungs- bzw. Sozialisationsprozeß auf der Basis von Identifikationen und Übertragungen. Erfahrenen KollegInnen und den ForschungsmanagerInnen komme damit eine Vorbild- bzw. Modellfunktion einschließlich eines entsprechenden Reflexionsbewußtseins in bezug auf ihr eigenes Forschungshandeln zu.

▪ *"Da kommt dieser hochtrabende Begriff von Lehrern herein. Ich glaube nicht, daß sich das immer so vollzieht, daß ein guter junger Wissenschaftler zu 'was kommt, wenn er einen guten Lehrer oder eine gute Lehrerin hat. So direkt ist das oft nicht. Obwohl es da natürlich Identifikationsphänomene gibt, d.h. es ist eher sehr häufig, daß jemand, der anfängt Wissenschaft zu betreiben, sich an irgend jemand orientiert. Das ist ja auch ganz natürlich. Das geschieht überall. Aber es müssen von den Leitern einer Forschungsstruktur Impulse ausgehen, d.h. also, man muß offensichtlich auch in gewisser Weise abgucken können, wie man an bestimmte Probleme überhaupt 'rangeht. (...) Das hat man nicht in die Wiege gelegt, sondern das muß man irgendwo lernen. Diese Übertragung funktioniert da eben besonders gut, wo von dem Wissenschaftsmanagement auch in Diskussionen oder in praktischen Beispielen offengelegt wird, wie man wirklich an ein Problem 'rangeht, wie man es strukturiert, wie man es aufteilt in Teilprobleme, wie man auch am Ball bleibt und sich nicht in irgendwas verliert. Also das ist eine wichtige Sache und das bewirkt auch, daß in Strukturen, in denen erfahrene Leute arbeiten, die sehr gut sind, dann oft auch wieder sehr guter Nachwuchs entsteht"* (PSC 64ff.; vgl. auch 278ff., 720ff.).

Weniger als formale Instrumente, mehr als Foren der Unterstützung bzw. Lenkung von Weiterbildungsinteressen werden überdies wöchentliche Kolloquien mit ausländischen Gästen (vgl. PSC 348f.) und die Gruppenseminare verstanden (vgl. PSC 738ff.). Motivierende Funktion gehe auch von "In-Aussicht-Stellungen" von zusätzlichem Personal oder von finanzieller Unterstützung aus (vgl. PSC 563ff.).

Die im Haushalt verankerte Kostenstelle für die Weiterbildung des Personals werde allein schon für die z.T. gesetzlich vorgeschriebenen Pflichtschulungen ausgeschöpft, die sich aus dem Umgang mit der hier genutzten Forschungstechnik ergeben (vgl. SST 22ff.). Diese Haushaltsstelle sei kaum "im Bewußtsein der Mitarbeiter verankert" (vgl. SST 19f.). Neben der finanziellen Einschränkung stellt sich überdies die Frage, ob z.B. Schulungen oder Seminare im Bereich von Managementfähigkeiten überhaupt forschungsadäquat angeboten würden. Ein potentieller Bedarf dazu wird nicht grundsätzlich in Abrede gestellt: *"Ich wüßte auch nicht, wo so etwas für wissenschaftliche Bereiche wirklich angeboten wird. Wenn es so etwas gäbe, dann --- ich glaube, daß das zumindest von Leuten, die ahnen, daß das wichtig ist, auch angenommen würde"* (PSC 375ff.).

Mit den vorgestellten Modellen bzw. ihren Varianten ist das Spektrum der in den untersuchten Blaue-Liste-Instituten vorfindlichen Herangehensweisen an das hausinterne Management von Weiterbildung aus der Sicht der Institutsleitungen umrissen.

Wie bereits erwähnt, unterstützt zudem die zentrale **Verbandsgeschäftsstelle der WBL** die Mitgliedsinstitute in Fragen der Weiterbildung. Die Geschäftsstelle verfügt zwar über keinerlei Kompetenzen, was Eingriffe in die Forschung der Institute anbelangt, organisiert aber *"im Bereich der Fortbildung ein übergreifendes Seminarprogramm"* (SV

22ff.). Letzteres wird aus der Perspektive der InstitutsleiterInnen auch als ein *"kleines Instrument"* (PLAV 114) betrachtet, sich *"im Bereich Personalentwicklung, Human Ressources den Belastungsproben und dem diagnostizierten Wandel zu stellen"* (PLAV 111 f.). Das Seminarprogramm wird *"von der Geschäftsstelle erarbeitet auf der Basis von Vorschlägen des Verwaltungsausschusses, des Präsidiums, der Sektionen und von Einzelpersonen, die Vorschläge einbringen"* (SV 419ff.).

Im Zuge der Reorganisation der "Arbeitsgemeinschaft Blaue Liste" zum Verband der "Wissenschaftsgemeinschaft Blaue Liste" (bzw. zur "Wissenschaftsgemeinschaft Gottfried Wilhelm Leibniz") wurde das Seminarangebot ausgebaut und das Angebotsspektrum erweitert. Das Ziel besteht in der Ermöglichung eines deutlich preiswerteren und explizit auf die Belange der Forschungseinrichtungen zugeschnittenen Seminarangebotes. So umfaßt die Seminarplanung für 1997 beispielsweise Themen wie "befristete Arbeitsverträge", "EU-Projektförderung", "Führung als Konfliktmanagement", "Controlling", "ISO 9000" sowie Workshops zu "Evaluierung" und "Öffentlichkeitsarbeit". Das Echo von seiten der Mitgliedsinstitute sei sehr positiv, und das Teilnahmeinteresse sei insbesondere im Bereich der Managementthemen hoch (vgl. SV 95ff.).

3.3.3 Bewußtseinsfrage, Generationswechsel, Wissenschaftspolitik ... - Probleme und Einflußfaktoren des Weiterbildungsmanagements

Die zum Teil bereits in den Passagen zur Bewertung der Weiterbildungsmodelle angesprochenen Probleme und Einflußfaktoren, mit denen das Management konfrontiert ist, werden in diesem Teilkapitel thematisch geordnet zusammengestellt, um die Realisierungsbedingungen des institutionellen Weiterbildungsmanagements insgesamt zu verdeutlichen. Es können folgende Gruppen von restriktiven Rahmenbedingungen aus der Sicht der InterviewpartnerInnen unterschieden werden:

1. Individuelle Faktoren,
2. Forschungsstrukturelle Faktoren und
3. Wissenschaftsstrukturelle Faktoren.

zu 1. Individuelle Faktoren

Als einer der individuellen Einflußfaktoren, die sich auf die Möglichkeiten des institutionellen Weiterbildungsmanagements auswirkten, wird in den Interviews mehrfach das Alter der MitarbeiterInnen angesprochen. *"Der ist jetzt 60, der läßt sich nicht mehr ändern"* (PGAM 97 f.) oder *"Es gibt ja den Spruch, was sie bis 30, 35 nicht als fast Charaktereigenschaft verinnerlicht haben, das ändern sie später nicht mehr"* (PGAM 137ff.), heißt es wörtlich. Andererseits wird ein späterer Lernprozeß im Bereich von Management*techniken* oder Konfliktbewältigungsverfahren durchaus nicht ausgeschlossen, nur grundsätzlichere Dispositionen, wie soziale Kompetenzen, seien ab 30 oder 40 Jahren nicht mehr zu beeinflussen (vgl. PGAM 98ff., 179ff.). Wie bereits angesprochen, sind die Forschungseinrichtungen als Arbeitgeberinnen mit *"weitgehend erwachsenen Leuten"* (PHP 69 f.) konfrontiert, die eine Sozialisation durch Elternhaus, Schule (vgl. PHP 68 f.) oder einschlägige fachliche Ausbildungsgänge (vgl. SK 329ff.) durchlaufen haben. Im höheren Alter spielten zudem Nutzenserwägungen und Anpassungsschwierigkeiten im Hinblick auf die Lernmotivation bei veränderten beruflichen Anforderungen eine Rolle:

■ *"Es gibt doch den einen oder anderen bei den Älteren, die sagen, das lohnt sich alles nicht mehr für mich"* (PHB 162ff.; vgl. auch ST 46ff.).

Doch wird in einigen Gesprächen auch ein Generationswechsel konstatiert. So wird zum einen bei den NachwuchswissenschaftlerInnen größere Selbstverständlichkeit im Umgang mit Management- und Arbeitsorganisationstechniken in Forschungsprojekten beschrieben (vgl. ST 40ff.). Zum anderen sei ein verändertes Verhalten im Hinblick auf die Vermarktung und Risikofreudigkeit zu bemerken:

- *"Wir haben junge Leute von der Uni, die sind schon von Anfang an so. Die haben zum Teil aus einem Projekt heraus eine GmbH gegründet. Die sagen, mein Vater war Kleinunternehmer, deswegen kenne ich das so. Also daß die jungen Studenten alle faul sind und nichts tun, das stimmt überhaupt nicht. Die sind sehr engagiert. Und die haben an dieser Art des Vermarktens der eigenen Ideen Spaß. Der alte Forscher nicht"* (PGAM 343ff.).

Jenseits des Alters seien auch interindividuelle Unterschiede hinsichtlich der Lernbereitschaft und der Motivation im Rahmen des Weiterbildungsmanagements zu bewältigen. *"Man darf allerdings auch nicht verschweigen, daß es immer Mitarbeiter gibt, die darauf stärker ansprechen und andere weniger"* (PHB 162ff.). Dabei sei neben einer generell stärkeren Orientierung auf die genuine Forschungsarbeit (vgl. PLAV 63ff., ST 32ff.) insbesondere eine Abwehr gegenüber Themen zu spüren, die mit den metafachlichen Aspekten von Forschung assoziiert sind (vgl. SN 72ff.).

- Zum Beispiel *"im Bereich Kommunikation. Wenn ich das so andeute, dann höre ich immer, um Gottes Willen, muß das sein"* (PHP 121ff.).
- Oder: *"Aber ich gebe nur mal den Response wieder, und der lautet, wozu brauchen wir das. Wir werden das sicher mal ausprobieren, aber die große Begeisterung ist da noch nicht ausgebrochen"* (PHP 131ff.).

Laut Aussage eines weiteren Interviewpartners stießen dabei vor allem Fragen auf Widerwillen, die mit betriebswirtschaftlichem Image behaftet sind:

- *"Das lag an der Art der Zubereitung, das war so dieser PR-Jargon, dieses Manager-Parlando von 'upgrading' und 'downsizing' und 'corporate identity' etc. (...). Es kommt bei den meisten von uns auch eine vielleicht rational nicht ganz begründete Abscheu gegenüber allem, was so sehr an Industrie, Handel, Gewerbe erinnert"* (PSA 124ff.).

Ein dritter Faktor, der das institutionelle Weiterbildungsmanagement erschwere, sei schließlich ein mangelndes Bewußtsein der Beschäftigten für die Relevanz von weitergehender Bildung, teils was Weiterbildung generell betrifft, teils in bezug auf bestimmte Themen oder Lernformen.

- *"Das Interesse bzw. das Selbstverständnis und die Selbstkritik ist in diesem Bereich nicht sehr ausgeprägt. Viele sehen gar nicht, daß sie da Defizite haben"* (PLAV 103ff.).

In einer anderen Einrichtung wird konstatiert, daß etwa die Möglichkeiten des sog. Bildungsurlaubs weder bei den wissenschaftlichen noch bei den nicht-wissenschaftlichen MitarbeiterInnen *"in den Köpfen verankert"* seien (vgl. SST 27ff.). Für das Weiterbildungsmanagement ergebe sich daraus das Problem, Weiterbildung zunächst als Form etablieren und deren Relevanz vermitteln zu müssen (vgl. PLAV 106f.). Das gilt insbesondere für den Bereich der metafachlichen Qualifikationen:

- *"Man muß den Leuten eher immer wieder klar machen, daß es nicht mehr reicht, gut zu forschen - unter Hinweis auf diese technische Seite und auf die Finanzen. Es ist mehr ein Bewußtseinswandel"* (PGAM 361ff.).

Wiederum wird ein Zusammenhang mit der Zugehörigkeit zu bestimmten Alterskohorten vermutet:

- *"Es ist mehr eine Bewußtseinsfrage, hier u.U. auch eine Generationsfrage, daß man das Bewußtsein hat, das Forschung allein nicht reicht"* (ST 78ff.).

zu 2. Forschungsstrukturelle Faktoren

Hierbei werden Probleme des Weiterbildungsmanagements angesprochen, die sich aus der Art ergeben, wie 'Forschung' als Beruf in den außeruniversitären Forschungseinrichtungen organisiert ist. Dazu wird zum einen ein *"fehlendes Belohnungssystem"* konstatiert (vgl. PSC 493): Auf der Basis der Annahme einer vor allem intrinsisch motivierten Arbeitshaltung bei Forschenden gebe es keine externen Anreizmöglichkeiten im Rahmen der dem öffentlichen Dienst gleichgestellten Beschäftigungslogik. Zum anderen mangle es an einem institutsinternen *"Trägersystem"* im Hinblick auf den Transfer, *„das Schulungserfahrungen durchgreifend im Berufsalltag wirksam werden läßt"* (SN 97ff.).

Des weiteren paßten die spezifischen Bildungserfordernisse der Forschungsinstitute nicht zum etablierten Markt der Weiterbildungsangebote. Es werden einerseits unzureichende Kenntnisse über die Praxis des Forschungsgeschehens auf seiten der AnbieterInnen moniert (vgl. SV 356ff.). Andererseits machen die InterviewpartnerInnen auf sich von privatwirtschaftlich organisierten Zielgruppen des Weiterbildungsmarktes unterscheidende Ziele und Aufgaben der Forschung aufmerksam (vgl. SK 147ff.). Hinzu kommt die Einschätzung, daß die angebotenen Weiterbildungsmaßnahmen den speziellen Anforderungen der einzelnen Institute nicht entsprächen: *"Wir haben Angst vor zu globalen Konzepten, weil sie sich dann genau auf dieses partikuläre Objekt nicht passen"* (PSA 410ff.).

Schließlich wird vielfach auf Probleme des Forschungsalltags verwiesen, die das Management von Weiterbildung erschwerten. So sei beispielsweise "Praxisorientierung" der Forschung zwar ein Lernziel, das jedoch *"in der eigentlichen Forschung immer wieder erkämpft werden"* (PSA 314) müsse:

- *"Sowohl der Druck als auch die Einsicht, daß die praktische Umsetzbarkeit ein kleines bißchen direkter am Projektergebnis sein müßte, nimmt bei Wissenschaftlern zu. Die Regel ist freilich immer noch: Man zieht aus, eine interessante wissenschaftliche Fragestellung so zu bearbeiten, daß möglichst viele Menschen etwas davon haben. Wenn es dann aber um das Aufschreiben der Forschungsergebnisse geht, dann stellt sich sehr schnell heraus, daß man doch nur den Kollegen im Kopf hat. Zwischen dem Wunsch und dem Ergebnis gibt es leider noch immer große Diskrepanzen. (...) Trotzdem versuche ich, die Umsetzbarkeit auch meinen Leuten als Kriterium zu vermitteln"* (PSA 314ff.).

Als Haupthindernis wird jedoch der in der Forschungspraxis als zwangsläufig erachtete Zeitdruck beschrieben, der den Beschäftigten kaum Raum für Weiterbildung lasse.

- *"Die sind derartig unter Projektstress, daß sie alles als lästig empfinden"* (PGAM 184f.; vgl. auch PHP 134). *"Es ist irgendwo auch eine Frage der Zeit. Wenn man es vernünftig machen will und wenn es auch etwas bringen soll, muß man einen erheblichen Zeitfaktor dafür ansetzen. Insbesondere bei Wissenschaftlern ist es so, daß die dann doch lieber ihre Forschung machen. als sich mit so was zu beschäftigen"* (PLAV 61ff.; vgl. auch PSA 103ff.).

- Dies gelte insbesondere für die Führungsebenen: *"Das Problem ist, daß unsere Leitung so mit Verpflichtungen außerhalb des Hauses ausgebucht ist, daß es außerordentlich schwierig ist, daß man überhaupt Termine findet, wo man die alle mal zusammen bekommt"* (PHB 181ff.; vgl. auch PLAV 76ff.).

zu 3. Wissenschaftsstrukturelle Faktoren

Zu den Problemen des Weiterbildungsmanagements, die aus der Organisation des Wissenschaftsgeschehens insgesamt resultieren, gehört in einigen Fällen die schwierige Situation eines Einrichtungsmanagements, das einem Reorganisationsprozeß unterliegt. Dabei spiele die Vereinigung Deutschlands nicht nur in neugegründeten Einrichtungen der neuen Bundesländer eine Rolle (vgl. PSA 156ff.).

Zudem führt in einigen Fällen auch die Neubesetzung der Leitungsebene zu reorganisatorischen Maßnahmen (vgl. SN 81ff.). Bei der organisatorischen Umstrukturierung würden jedoch Fragen der Weiterbildung oft nicht zu den prioritär zu lösenden Aufgaben gerechnet (vgl. PSA 203ff.).

Sei es, daß die Leitungsebene nun im Zuge einer Neuorganisation unterbesetzt ist (vgl. PSA 184ff.) oder daß der Stellenkegel der Institute generell für die Personalarbeit als unzureichend ausgestattet betrachtet wird (vgl. PLAV 150ff.), ein weiteres Problem stellen fehlende Personalkapazitäten bzw. Kompetenzen im Feld der Personalentwicklung und Weiterbildung dar (vgl. PLAV 135ff.).

Zudem führen die bereits angeführten allgemeineren Problemlagen des Personalmanagements wie Planungsunsicherheit (vgl. PGAM 191ff.), Haushaltsmisere (vgl. PHB 121), hohe Fluktuation (vgl. PGAM 216ff.), Stelleneinsparungen (vgl. PHD 23ff.) auch zu Engpässen im Bereich der Weiterbildung.

- *"Die Projekte sind unheimlich von der Außenwelt abhängig. Zum Beispiel sagt ein Auftraggeber, wir stellen das jetzt ein. Dann ist der Etat weg. Die Leute müssen sie dann neu unterbringen in kürzester Zeit. Oder ein Nachfolgeprojekt wird nicht genehmigt. Sie wissen also nicht, ob bzw. welche Projekte die kriegen und welche Fachleute sie dafür brauchen"* (PGAM 197ff.).

In diesen Bereich gehören auch Probleme, die sich aus der Bindung der Einrichtungen an den Bundesangestelltentarif und ähnliche Regelungen ergeben (PGAM 202ff.); z.B. die Grenze von fünf Jahren bei Zeitverträgen - da dann die Möglichkeit des Einklagens einer Weiterbeschäftigung besteht: *"Nach fünf Jahren wird es schon schwierig, weil da die Dauerbeschäftigung anfängt und ich ihn eigentlich 'rausschmeißen' muß. Das ist eine Rahmenbedingung"* (PHP 203ff.). Ein anderes Feld sind die begrenzten Aufstiegsmöglichkeiten, die damit nur bedingt als Anreiz für weitergehende Qualifikationen dienen können.

- *"Und wenn die Bundes- und Landesrechnungshöfe jetzt sagen, die Leute sind alle zu hoch eingestuft, dann sieht man, daß es einen Haufen Probleme damit gibt. Sie können in bestimmten Bereichen Leute nur bis zu einem bestimmten Punkt befördern. Und dann ist halt Schluß, egal, ob er sich anstrengt oder nicht. Das ist ein echtes Hemmnis (...). Mehr Flexibilität wäre da schon wünschenswert, was aber im Moment in diesem Gefüge nur schwer vorstellbar ist"* (SV 269ff.).

3.4 'Man kann nicht nicht managen' – Diskussion der Befunde zum institutionellen Weiterbildungsmanagement

Neben beruflichen Anforderungen und der Wahrnehmung der Weiterbildungspraxis lag der dritte und letzte Fokus dieser Studie auf der Frage nach der institutionellen Gestaltung der hauseigenen Weiterbildung, dem Weiterbildungsmanagement. Aus dem Bereich der empirischen Ergebnisse werden für die folgende Diskussion vor allem Aspekte des Wissens und des Handelns im Bereich des Weiterbildungsmanagements von Forschungseinrichtungen sowie der Vergleich mit Modellen aus privatwirtschaftlichen Betrieben herausgegriffen (vgl. Kap. II - 3.2).

Analog zu den theoretischen Diskussionen (vgl. Kap. III - 3.1) verweist bereits der Blick auf die Vorstellungen, die das Management von Wissenschaft im allgemeinen betreffen, auf die Problematik der prekären Freiheit der Wissenschaft angesichts gesellschaftlicher und ökonomischer Anforderungen. Daß in den Interviews einerseits auf betriebswirtschaftliche Modelle zurückgegriffen wird, diese andererseits als unpassend, z.T. gefährlich für den Bereich der Wissenschaft verworfen werden, läßt eine in sich heterogene Praxis des Managements vermuten. Das konstatierte Fehlen einer fundierten forschungsspezifischen Managementtheorie bringt eine Orientierung an unterschiedlichen Führungsmodellen mit sich, deren Stellenwert innerhalb des professionellen Selbstverständnisses des Leitungspersonals überdies von Fall zu Fall variiert. Der Versuch einer Einordnung der Weiterbildung in das außeruniversitäre Personalwesen mit ihrer großen Varianz an AkteurInnen, Zielen, Instrumenten und Problemen verdeutlicht dies insbesondere. Entsprechend unterschiedlich fällt auch die Handhabung des Weiterbildungsmanagements selbst aus. Das Spektrum der Organisationsformen in den untersuchten Einrichtungen reicht von kodifizierenden Betriebsvereinbarungen und institutionalisierten Weiterbildungs-Stabsstellen über dezentrale Steuerungsformen bis hin zu einer situationistischen eher den Einzel- oder Krisenfall in den Vordergrund rückenden Praxis.

Inwieweit strukturelle Faktoren, wie Altersstruktur der Beschäftigten, Organisationsform, Forschungsausrichtung oder Größe und Alter der Einrichtung etc., im Hinblick auf Wahl bzw. Entstehung des jeweiligen Weiterbildungsmanagements generell von Wirkung sind, darüber kann angesichts des explorativen Charakters der Studie nur wenig gesagt werden. Jedoch sind informelle, okkasionelle Management-Verfahren nicht auf kleinere oder jüngere Einrichtungen beschränkt - und umgekehrt ist der explizite Ressourceneinsatz des Delegationsmodells nicht nur in größeren oder älteren Institutionen zu finden. Ein Trend in dieser Richtung wäre theoretisch zu vermuten, da größere Forschungseinrichtungen über eine höhere Flexibilität des Etats verfügen könnten oder in älteren Organisationen die Etablierung und Fixierung von Verfahren weiter fortgeschritten sein könnte (vgl. Bonarius 1993).

Doch auch aus dem Kreis privatwirtschaftlicher Betriebe gibt es dazu auch gegenläufige Befunde: "Oft wird auch in Betrieben mit mehr als 100 Beschäftigten auf den 'familiären' Charakter der Firma verwiesen, der formale Regelungen überflüssig mache" (Heger 1996, S. 139). Interessant ist in diesem Zusammenhang auch der Vergleich zwischen den Interviewaussagen und dem schriftlichen Material zur Weiterbildung aus den Instituten, die über ein formalisiertes Verfahren verfügen. Wenngleich mit den gewählten Varianten der Betriebsvereinbarung und der Weiterbildungskonzeption ein Teil der Leitungsverantwortung delegiert werden konnte, führte dies bei der Institutsleitung nicht zwangsläufig zu einem gänzlichen Rückzug aus der Beschäftigung mit Fragen der Weiterbildung. Auch bzw. gerade in diesen Einrichtungen scheint ein Problembewußtsein für noch bestehende Mängel oder Lücken vorhanden zu sein.

Im Hinblick auf das Weiterbildungsmanagement in Unternehmen ist - zumindest auf der konzeptionellen Ebene - ein Trend zu einer Professionalisierung bzw. einer Wahrnehmung der gesamten Berufstätigkeit unter dem Aspekt lebenslangen Lernens zu konstatieren (vgl. Kap. II - 3.2). Dadurch wandelt sich ggf. auch die Managementpraxis der Betriebe. Die üblichen Organisationsformen (als Dienstleitung bzw. Stab oder in Autonomie), die partiell mit dem 'Delegationsmodell' aus der vorliegenden Studie verglichen werden können, verändern oder erweitern sich um Modelle, die eine Verankerung der Weiterbildung in allen Bereichen des Unternehmens suchen.

Diese unterscheiden sich jedoch vom klassischen 'Betriebsmodell' der Theorie sowie vom 'Prozeßmodell' und vom 'Okkasionsmodell' aus der empirischen Untersuchung der außeruniversitären Einrichtungen dadurch, daß es ihnen - im Idealfall - gelingt, die Ebene des impliziten Bewußtseins durch gezielte Information, transparente Erwartungen, ggf. formalisierte Verfahrenswege und strategische Planungs- und Steuerungsabsichten zu ergänzen. Ein derartiger Trend der stärkeren Einbindung von Personalfragen in die Organisationsentwicklung insgesamt ist für die untersuchten Einrichtungen nicht zu konstatieren. Die InterviewpartnerInnen beurteilen die managementbezogenen Gestaltungsmöglichkeiten des Personalbereichs tendenziell eher skeptisch und verweisen auf zahlreiche außerhalb ihres Einflußbereichs liegende Variablen. In einem

Fall wird Personalentwicklung ausdrücklich von Organisationsentwicklung abgegrenzt, in anderen Fällen ist von "Krisenmanagement" die Rede. In den Gesprächen kommt dabei eine Diskrepanz zum Ausdruck, die zwischen der durchaus vorhandenen Anerkennung einer Notwendigkeit des Managements von Weiterbildung und den als restriktiv erfahrenen bzw. beschriebenen Möglichkeiten liegt.

Doch - so könnte eingewandt werden - sind auch die Unternehmen nicht gänzlich frei in der Wahl ihrer Möglichkeiten. Trotzdem hat sich hier ein breites Spektrum an personalpolitischen Ansätzen und Instrumenten entwickelt. Dazu gehören beispielsweise einrichtungsübergreifende Weiterbildungs-Sharing-Modelle: Analog zur Praxis bei Klein- und Mittelbetrieben, wobei u.U. mehrere Institute zusammen ein externes Weiterbildungsteam gemeinsam finanzieren könnten, das dann ein jeweils entsprechendes Weiterbildungsangebot auf der Basis der spezifischen Bedarfe entwickelt, organisiert, durchführt, regelmäßig anpaßt sowie den Transfer begleitet. Damit könnten ggf. die nötigen Fachkompetenzen bedarfsgerecht ins Haus geholt, unterschiedlichste Lernformen in eine perspektivische Personalpolitik eingebunden sowie die Kosten geteilt werden, ohne auf die Normangebote des allgemeinen Marktes angewiesen zu sein.

Ähnliches gilt für den Aspekt der Weiterbildung integrierende Konzepte des Projektmanagements (vgl. Mees/Oefner-Py/Sünnemann 1993), des Controllings (vgl. für die industrielle Forschung und Entwicklung: Schlarmann 1987) oder des Qualitätsmanagements bzw. der Evaluation.

Wie im Fall der o.g. Lernformen ist auch für das Weiterbildungsmanagement umstritten, ob bzw. inwieweit diese Verfahren und Maßnahmen des Personalwesens im Kontext von außeruniversitären Forschungseinrichtungen von Nutzen sein könnten. Die als externe Zeugen eines Vergleichs von Wirtschaft und Wissenschaft flankierend hinzugezogenen UnternehmensberaterInnen und WeiterbildnerInnen lassen keine klare Tendenz erkennen. Ihre Einschätzungen schwanken zwischen der skeptischen Betonung der wissenschaftlichen Eigengesetzlichkeit, die sich auch in ihrer Organisation niederschlage, und den Ähnlichkeiten beider Bereiche, die einen, wenn auch modifizierten Einsatz durchaus ermöglichten bzw. sogar erforderten. Im letzten Fall wäre das Wissen des Managements um die vorhandenen Möglichkeiten und Instrumente von entscheidender Bedeutung, da eine fehlende Bekanntheit das Gestaltungsspektrum begrenzen würde.

In diesem Zusammenhang soll der Blick nun gesondert auf die in den Interviews argumentativ verwendeten Wissensarten bzw. -inhalte gerichtet werden. Hierbei geht es nicht darum, über welches Wissensrepertoire die InterviewpartnerInnen insgesamt verfügen. Vielmehr stehen die Wissensinhalte und Vorstellungen im Vordergrund, die in den Argumentationen zum Weiterbildungsgeschehen genutzt werden (vgl. Abb. 16) - verglichen mit dem im Rahmen der methodischen Überlegungen entwickelten Raster (vgl. Kap. IV - 2.3, Abb. 8).

	Betriebswissen	Kontextwissen
Explizites Wissen		
- allgemein relevant	**Wissen über rechtliche, ökonomische und Management-Grundlagen in Forschungseinrichtungen;** **Kenntnisse über Personalführung und -wesen im allgemeinen;**	Wissen über Strukturdaten, berufliche Anforderungen und Arbeitsbedingungen in der Forschung;
- fallspezifisch	Wissen über Kriterien bei Entscheidungen über die Bildungspraxis, z.B. bei Anträgen zu Bildungsmaßnahmen; *Wissen über die (geplante) Gestaltung und Begründung des institutsspezifischen Weiterbildungsmanagements;*	*Wissen über Bildungsbereitschaft, Bildungsinteressen oder Probleme der Mitarbeiterschaft des Hauses;*
Verbalisierbares Hintergrundwissen bzw. Erfahrungswissen		
- systematisch, aber ungezielt erworben	**im Vollzug der alltäglichen Management-Aufgaben erworbene Vorstellungen über die Inhalte von Wissenschafts- und Forschungsmanagement, Personalwesen sowie Bildung;**	Vorstellungen über Lernanforderungen und -bedingungen im Berufsfeld "Forschung";
	Verfahrenskenntnisse, z.B. wie Einstellungsgespräche zu führen sind oder wie MitarbeiterInnen motiviert werden können; *Handlungs- und Interventionskonzepte (auch dazu, wie in anderen Einrichtungen vorgegangen wird);*	*Vorstellungen, wie die Beschäftigten an ihre Aufgaben herangehen bzw. mit Bildungsanforderungen umgehen, wie sie auf Interventionen reagieren;*
- primär biographisch erworben	**Konzeption des eigenen Berufsbildes - mit ihren Konsequenzen für das Verhältnis von Bildung und Forschung;**	**Transfer eigener Sozialisationserfahrungen auf die Situation der Beschäftigten;**
- allgemeine Metaregeln	**Menschenbild (-er) (inkl. bildungstheoretische Annahmen, z.B. zur Anlage-Umwelt-Debatte);** *berufsethische Grundnormen von WissenschaftlerInnen;* *'Spielregeln' des Wissenschaftsbetriebs;*	*Kenntnisse über die Vorstellungen der MitarbeiterInnen über diesbezügliche Metaregeln;*
	Legende: ▪ „fett" = vor allem herangezogenes Wissen ▪ „normal" = häufig herangezogenes Wissen ▪ *„kursiv"* = selten herangezogenes Wissen	

Abb. 16: Von den InterviewpartnerInnen für die Erörterung des Weiterbildungsgeschehens herangezogene Wissensarten[143]

---

[143] Bei der Tabelle geht es nicht um die Betrachtung von Einzelfällen, vielmehr steht die Zusammenschau aller Interviews im Vordergrund.

Ein Vergleich der Nutzung von **Betriebs- zu Kontextwissen** in den Interviews erweist, daß sich die GesprächspartnerInnen primär auf ihr Betriebswissen als WissenschaftsmanagerInnen stützen - was auch in der Anlage der Untersuchung mitbegründet ist, die sich an die GesprächspartnerInnen als solche wandte. Fast alle GesprächspartnerInnen sind zudem selbst als Forschende tätig. Hier erscheint das Kontextwissen über die Arbeit in den Projekten vor allem vor dem Hintergrund der eigenen Biographie. Insbesondere auf der Ebene des expliziten Wissens scheinen sich jedoch nur wenige Einrichtungen um eine gezielte Erweiterung des Kontextwissens zur Weiterbildung, etwa in Erhebungen zum Bildungsbedarf, zu bemühen.

Im **Bereich des hier als 'explizit' bezeichneten Wissens** führen die InterviewpartnerInnen im Kontext von Weiterbildung vor allem Inhalte an, die sich auf eine allgemeine Ebene des Wissenschaftsmanagements beziehen. Auch Themen der Personalarbeit, die aus dem betriebswirtschaftlichen Zusammenhang stammen, werden häufig, wenn auch sehr kontrovers angesprochen. Allerdings werden sie nur selten vertieft. Die Rolle der wissenschaftstheoretischen und -organisatorischen Literatur fällt im Vergleich dazu eher marginal aus. Die GesprächspartnerInnen billigen ihr höchstens eine Funktion als "Denkanstoß" zu. Sie wird als nicht ausreichend empirisch fundiert und praxisfern beschrieben (vgl. analog Mayntz 1985). Selten wird dagegen auf ein systematisiertes Wissen über die spezifischen Bildungsinteressen oder -probleme der Mitarbeiterschaft zurückgegriffen. Zwangsläufig rar sind zudem Aussagen, die sich auf die Begründung der gewählten Form des Weiterbildungsmanagements beziehen, da nur in wenigen Fällen formalisierte Verfahren anzutreffen waren.

Im **Bereich des verbalisierten Hintergrundwissens** dominiert ein biographisch erworbenes Wissen, soweit dies aus Kennzeichnungen, wie *"das habe ich selbst erlebt"*, *"ich habe die Erfahrung gemacht"* oder *"bei mir war das auch so"* abzuleiten ist. Ebenso sind in den Argumentationen Wissensinhalte präsent, die zwar auch biographischen Bezug haben, jedoch systematisierter im Rahmen der Ausübung der alltäglichen Managementaufgaben erworben wurden. Im Gegensatz zum expliziten Wissen wird hierbei stärker indirekt, anhand konkreter Beispiele, gemachter Beobachtungen oder spezieller Einzelfälle argumentiert. Im Vergleich zu den Inhalten des explizit vorliegenden Wissens, das sich durch eine raschere verbale Zugriffsmöglichkeit, einen höheren Abstraktionsgrad und eine systematischere Einbindung von Einzelthemen in das gesamte Wissen auszeichnet, wird hinsichtlich der beruflichen Anforderungen und des Weiterbildungsgeschehens insgesamt relativ ausführlich auf das Hintergrundwissen zurückgegriffen.[144] Diese Bereiche werden stark mit den Routinen der Alltagspraxis verknüpft. Das kann allerdings zur Folge haben, daß sie kaum einer gezielten Reflexion unterzogen werden können - und nur indirekt einer intentionalen Veränderung zugänglich sind.

Deutlich wird diese damit stark von individuellen Erfahrungen geprägte Managementhaltung vor allem mit Blick auf das berufliche Verfahrenswissen über die Handlungs- und Interventionskonzepte der Weiterbildung an anderen Einrichtungen. Sei es, daß dem Thema 'Weiterbildung' im umfassenden Aufgabenspektrum der ManagerInnen nur wenig Bedeutung zukommt oder es keinen Anlaß gibt, die eigene Praxis zu hinterfragen - fast alle InterviewpartnerInnen wissen wenig darüber, wie die Weiterbildung an anderen Einrichtungen gehandhabt wird. Sie unterstellen zumeist, daß die Praxis dort nicht sehr viel anders aussehe als im eigenen Haus. Eine Heterogenität der Verfahrensvarianten wird in diesem speziellen Sektor nicht in Betracht gezogen. Angesichts der Handhabungsalternativen in den untersuchten Einrichtungen ist diese Unterstellung einer gemeinsamen Praxis jedoch nicht aufrechtzuerhalten.

---

[144] (wobei beide hier nur analytisch unterschiedenen Arten ineinander übergehen)

Diese Normalitätsunterstellung filtert jedoch das Problembewußtsein der WissenschaftsmanagerInnen vor allem im konkreten Bereich der Weiterbildungspraxis bzw.
ihres Managements - zumal wenn sie mit eher grundlegend im jeweiligen Menschenbild
verankerten Annahmen über den menschlichen Lernprozeß gekoppelt wird. Die darin
liegende Gefahr faßt Graf in den Worten: "Wer als Werkzeug nur den Hammer kennt,
sieht in jedem Problem erst einmal einen Nagel" (1998, S. 84).

Das Weiterbildungsmanagement stellt sich somit als komplexes Feld von Wissen und
Handeln dar, das mit der berufsbezogenen Weiterbildung einen ebenso komplexen
Gegenstand hat. So zeichnet sich die Lernpraxis - in der Lebensspanne betrachtet -
durch ihre Vielschichtigkeit und Fragilität aus: "Empirisch setzt sich lebenslanges Lernen aus einer Vielzahl von hochgradig kontextbezogener, situativer, punktueller und
disparater Praktiken der Inanspruchnahme von institutionellem, massenmedialen und
lebensweltlichen Bildungsangeboten zusammen (...). Die Logik seines Prozesses ist
eher die eines nicht rationalisierbaren Suchprozesses im Spannungsfeld von institutionellen Angeboten, biographischen Prozessen, alltäglicher Lebenspraxis und kontin-
genten historischen oder individuellen Ereignissen. (...) Bei aller gegenwärtig sich ab-
zeichnenden Gestaltbildung lebenslangen Lernens muß immer auch mit der Brüchig-
keit, der Fragilität, dem Zerfall solcher Gestalten gerechnet werden" (Kade 1997, S.
119).

Bei aller Skepsis gegenüber steuernden Eingriffen angesichts eines solchen nur höchst
bedingt rationalisierbaren Gegenstandes stellt sich den Forschungseinrichtungen trotzdem die Aufgabe, mit ihm - in welcher Form auch immer - umzugehen. In diesem Sinne ist die Überschrift dieses Teilkapitels gemeint: "Man kann nicht nicht managen". In
Anlehnung an ein Diktum Paul Watzlawicks wird darauf angespielt, daß jede Form des
Umgangs mit Weiterbildung direkte und indirekte, gewollte und ungewollte Konsequenzen hat.

Kapitel VI
Berufsbezogene Weiterbildung in der außeruniversitären Forschung - Ein Fazit

Die vorliegende Studie beschäftigte sich mit der Frage nach Wahrnehmung und Handhabung berufsbezogener Weiterbildung in außeruniversitären Forschungsinstitutionen. Als theoretischer Zugang wurde eine bildungswissenschaftliche Perspektive gewählt. Der Zusammenhang zwischen drei Foki bildete des thematische Feld, in das die empirische Fallstudie eingeordnet wurde: 'Forschung als Beruf', Weiterbildung und institutionellem Management. Da im Kontext des Wissenschaftsmanagements die institutionellen Rahmenbedingungen (mit-) gestaltet werden, unter denen sich die berufsbezogene Weiterbildung der Forschenden vollzieht, standen im Zentrum des empirischen Materials Experteninterviews mit InstitutsleiterInnen und anderen Führungskräften des Fallbeispiels, der Wissenschaftsgemeinschaft Blaue Liste. Flankierend wurde zudem auf weitere Interviews sowie auf Textmaterialien aus den Instituten zurückgegriffen.

Ohne die Detailbefunde der Studie nochmals aufzugreifen, kann hinsichtlich der Ergebnisse - zunächst mit Blick auf Ausführungen zu den beruflich-qualifikatorischen Anforderungen im Bereich der Forschung - festgehalten werden, daß sich insgesamt ein heterogenes Bild unterschiedlich wahrgenommener Erfordernisse ergibt. Neben der unbestrittenen Relevanz der fachlichen Qualifikation besteht ein prinzipieller Konsens hinsichtlich der - im Alltag allerdings oft unterschätzten - Bedeutung von jenseits des Fachwissens liegenden metafachlichen Fähigkeiten, etwa in den Bereichen Kommunikation, Kooperation, Kreativität und Arbeitsorganisation. Allerdings stellt aus der Sicht des Managements häufig die Transformationsleistung ein Problem dar, Verbindungen zwischen beruflichen Aufgabenstellungen, erforderlichen Fähigkeiten und performativen Kompetenzen herzustellen. Für eine fruchtbare Weiterbildungsarbeit ist es deshalb u.a. notwendig, die als relevant erfahrenen Anforderungen stärker im Sinne ihrer handlungspraktischen Umsetzung zu reflektieren.

Obwohl insbesondere die metafachlichen Fähigkeiten z.T. nur bedingt als erlernbar bzw. schulbar eingeschätzt werden, wird die Notwendigkeit eines Engagements der Institute für einen berufsbegleitenden Bildungsprozeß grundsätzlich anerkannt. Dieser wird stark mit strukturellen Bedingungen assoziiert, wie dem spannungsreichen Autonomiegefüge im Rahmen der wissenschaftlichen Arbeit, der auf Gemeinschaftsleistung ausgerichteten Art der Forschung sowie externen Ansprüchen an die Forschung. In den Befunden zum Berufsbild kommt vielfach die hintergründig normierende Wirkung des jeweils individuell entwickelten Berufs- und Menschenbildes des Leitungspersonals zum Ausdruck.

Auch mit Blick auf die Beurteilung der Weiterbildungspraxis an den Instituten entsteht aus der Sicht des Wissenschaftsmanagements ein facettenreiches Bild, das sich nicht auf einen bestimmten Typus wissenschaftsspezifischer Weiterbildung reduzieren läßt. Vielmehr haben sich an den Instituten unterschiedliche formale und inhaltliche Schwerpunkte etabliert. Dabei wird in manchen Fällen auf den Begriff 'Weiterbildung' zurückgegriffen, in anderen Fällen werden andere Konstrukte zur Beschreibung herangezogen. Insbesondere die für den vorliegenden Kontext gewählte Erweiterung von 'Weiterbildung' im engeren Sinne auf allgemeine Lernprozesse im allgemeinen erweist insgesamt ein vielfältiges Inhalts- und Formenrepertoire.

Betrachtet man die untersuchten Einrichtungen im Vergleich, variiert dessen Wahrnehmung und Eingrenzung allerdings stark. Lernen und Weiterbildung erscheinen einerseits allgegenwärtig - als in fast allen Phasen des forscherischen Arbeitsprozesses potentiell möglich sowie regelrecht erwartet. Mit Blick auf den Organisationsgrad und die Formalisierung der Lernstrukturen entsteht andererseits z.T. eher der Eindruck marginaler, unterschwelliger bzw. nicht-intentionaler Bedeutung. Da nur selten Bedarfserhebungen aus der Sicht der MitarbeiterInnen vorliegen, sind die meisten InterviewpartnerInnen auf Informationen angewiesen, die sich aus ihren eigenen Erfahrungen, aus punktuellen Kontakten mit einzelnen KollegInnen oder aus manifesten Problemen der Projektarbeit ergeben. Ein systematischer Bezug von Bildung und Lernen auf die beruflichen Anforderungen steht häufig hinter der routinisierten Alltagspraxis zurück. Das vielfach eher implizit vorliegende, z.T. auch wenig ausgeprägte Bewußtsein für die Bedeutung von Weiterbildung steht in enger Verbindung mit anderweitig Prioritäten setzenden Relevanzstrukturen des Wissenschaftsmanagements.

Entsprechend unterschiedlich fällt auch das Engagement der Institute im Rahmen des Weiterbildungsmanagements aus. Es lassen sich mehr und weniger formalisierte bzw. institutionalisierte Typen unterscheiden: Das Spektrum reicht von Modellen des Weiterbildungsmanagements, die eine kodifizierte Weiterbildungskonzeption, einen offiziellen Weiterbildungsausschuß oder bestellte Weiterbildungsbeauftragte umfassen, über Varianten, die auf eine prozeßorientierte, dezentral gesteuerte Praxis setzen, bis hin zu Spielarten, die der gezielten Steuerung wenig Bedeutung beimessen und eher situationistisch einzelfallbezogen operieren.

Die Entstehung der jeweiligen Gestaltungspraxis von Weiterbildung scheint wiederum stark von den individuellen Erfahrungen und Vorstellungen sowie vom jeweiligen Wissenschafts- wie Personalmanagement-Verständnis des Leitungspersonals geprägt zu werden. Zwar wird in den Interviews auch auf strukturelle Einflußgrößen hingewiesen, die im Zuge des jeweiligen Managements zwischen einzelnen Instituten als spezifizierend zu berücksichtigen seien. Es kann jedoch auf der Basis der hier vorgenommenen Typisierung kein direkter Zusammenhang zwischen strukturellen Bedingungen, wie der Art der Forschung, der Größe oder dem Alter der Einrichtungen, und dem jeweiligen Management-Modell hergestellt werden. In den Interviews dominiert vielmehr - sicherlich mitbedingt durch die explorative Art der Erhebung - die Erfahrung der Singularität der jeweils eigenen Organisationsentwicklung, wobei individuelle, forschungs- und wissenschaftsstrukturelle Rahmenbedingungen zwar anerkannt sowie gemeinsame Defizite vermutet werden. Selten kann in den Gesprächen jedoch der individuelle Pfad verlassen werden, um auf anderweitige Informationsquellen oder Vergleiche mit anderen Instituten zurückzugreifen.

Einen breiten Raum nimmt in den Interviews die Problematisierung bzw. der Bezug auf die Restriktionen im Rahmen des Managementhandelns ein. In systematisierter Form können die folgenden Einflußebenen unterschieden werden, denen die Handlungspraxis des Weiterbildungsmanagements unterliegt, welche sich zum Teil ergänzen und zum Teil in Konflikt miteinander stehen (vgl. auch Wiendieck 1994):

- Die Ebene des 'Könnens': Hierzu können die vor allem als Restriktionen thematisierten Aspekte der finanziellen und zeitlichen Grenzen sowie die aufgrund des Stellenzuschnitts der Institute mangelnden Verfügbarkeit von Personal mit professioneller Kompetenz im Bereich des wissenschaftlichen Weiterbildungsmanagements (ggf. auch in den Personalabteilungen) gerechnet werden.

- Die Ebene des 'Sollens': Sie betrifft den oftmals in sich konfliktreichen Raum heterogener Anforderungen an das Management, in welchem Erwartungshaltungen von WissenschaftspolitikerInnen, ZuwendungsgeberInnen und der (Fach-) Öffentlichkeit sowie von hauseigenen Führungskräften und der Mitarbeiterschaft ausbalanciert werden müssen.

- Die Ebene des 'Dürfens': Hiermit ist der Verantwortungsraum der Einrichtung gemeint, der sich aus den Anforderungen des eigenen Forschungsprogrammes, aus wissenschaftsethischen Normen sowie der Fürsorgepflicht als ArbeitgeberIn den Beschäftigten gegenüber ergibt. Sie steht in enger Beziehung mit der folgenden Ebene.

- Die Ebene des 'Müssens': Sie umfaßt die unabdingbaren Pflichten - auch in bezug auf die Weiterbildung, die sich aus der auch rechtlich kodifizierten Funktion der Einrichtungen als Garanten der Forschungsfreiheit sowie aus ihrem Status als ArbeitgeberInnen im allgemeinen ableiten (vgl. Sicherheitsbestimmungen für den Arbeitsplatz, Aufgaben im Bereich gesellschaftlicher Chancengleichheit).

- Die Ebene des 'Wollens': Hierbei stoßt man zum einen auf Argumentationen, die ein prinzipielles 'Wollen', im Sinne eines Verbesserungswillens im Hinblick auf die hausinterne Weiterbildungspraxis, durchaus konstatieren. Doch stehe aufgrund anderweitiger Relevanzen im Alltag kaum Zeit und Raum für eine Umsetzung zur Verfügung. Wiederum ohne die grundsätzliche Bedeutung von Bildung und Weiterbildung im Berufsfeld der Forschung in Abrede zu stellen, dominiert in manchen Häusern zum anderen eine grundlegende Skepsis gegenüber den faktischen Gestaltungsmöglichkeiten des Managements im Hinblick auf die Bildungsprozesse innerhalb des Forschungsalltags. Hierbei schließt sich der Kreis, insofern als in letzteren Fällen ein 'Können' bzw. 'Nicht-Können' über ein 'Wollen' gestellt wird.

Im Hinblick auf einen Wandel sind die genannten Ebenen, im Sinne von Handlungsoptionen und Restriktionen, in ein Gleichgewicht zu bringen und - mit Blick auf die Prozeßhaftigkeit organisationaler Veränderung - in einem solchen zu halten. Aus institutionentheoretischer Sicht stehen dem jedoch nicht nur die Schwierigkeiten bezüglich des Gegenstands im Wege (vgl. Sashkin/Morris/Horst 1973). Nicholson faßt die Zusammenhänge in den Worten: "Die Komplexität und Schwierigkeit bei der praktischen Umsetzung derartiger Konzepte geplanten Wandels sind enorm, nicht zuletzt wegen des 'dynamischen Konservativismus' in den meisten Organisationen: Organisationen können Innovationsprozesse absorbieren und neutralisieren, sie verfügen über die Fähigkeit, Widerstand gegen Änderungen zu leisten und sich dabei den Anschein der Innovativität zu geben, und außerdem gibt es eine Tendenz bei organisationalen Entscheidungsträgern, die eigenen Handlungen durch Theorien zu beschreiben, mit denen sie die eigentlich 'praktizierten Theorien' verbergen können" (Nicholson 1989, S. 340).

In diesem Sinne ist - mit Blick auf die Reichweite der vorliegenden Studie - auch einschränkend darauf hinzuweisen, daß die Ergebnisse primär auf der Basis des in einer Interviewsituation Gesagten bzw. auf der Sicht der befragten WissenschaftsmanagerInnen der Blauen Liste basieren. Es handelt sich um einen spezifischen Ausschnitt der Institutsrealität des Managements - vermittelt durch das gewählte empirische Material und dessen methodische Aufbereitung (vgl. Kap. IV).
Dabei wird von der Annahme ausgegangen, daß die in den Interviews zur Weiterbildung thematisierten Inhalte - wenn auch z.T. nur indirekt sowie unter Berücksichtigung der jeweiligen verbalen Inszenierungsleistungen - handlungswirksam werden können bzw. bereits wurden, da sich die InterviewpartnerInnen an Schlüsselpositionen der Gestaltung der Weiterbildungspraxis befinden. Von seiten der Institutionen sind es die in

Leitungspositionen und Schnittstellen der institutsinternen Kommunikation befindlichen Personen, die zentralen Einfluß auf ein ermöglichendes oder restriktives Management berufsbezogener Weiterbildung haben.

Da es sich bei dem für die Studie ausgewählten Fallbeispiel außeruniversitärer Forschungseinrichtungen um Einrichtungen der Blauen Liste, d.h. um Institutionen handelte, die im Bereich der "anwendungsorientierten Grundlagenforschung" arbeiten, spiegeln sich in den Ergebnissen insbesondere die Probleme wider, die sich auf den Ebenen 'Management' und 'Bildung' aus dem Spannungsfeld zwischen öffentlichem Nutzungsanspruch und Autonomie von Wissenschaft ergeben. Zudem sind bei einem Bezug der Ergebnisse auf andere Bereiche die spezifische Organisation und die Entwicklungsphase der Blauen Liste zu berücksichtigen.

Aufgrund der explorativen Anlage der Untersuchung bemißt sich die Reichweite der Ergebnisse nicht an einem repräsentativitätsgetragenen Modell der Generalisierung von ermittelten Zusammenhängen. Vielmehr stand eine sensibilisierende Erschließung der spezifischen Bedingungen und Strukturen berufsbezogener Weiterbildung an außeruniversitären Forschungseinrichtungen im Vordergrund. Unter wechselseitiger Befruchtung von Theorie und Empirie galt es, zunächst Kategorien zu entwickeln bzw. vorhandene Kategorien auf ihre Bedeutung und ihr Ausprägungsspektrum hin aufzubereiten sowie mögliche Ordnungsmuster zu bestimmen und ggf. zu typisieren. Relevanz gewinnen die Ergebnisse dabei vor allem durch einen bildungswissenschaftlichen Zugang zu einem Thema, das bis dato nur geringe Aufmerksamkeit erfahren hat. Ohne im Ergebnis dieser Arbeit einen Anspruch auf Vollständigkeit erheben zu können, eröffnet die Wahl eines pädagogischen Kontextes doch ein umfangreiches Inventar an Begriffen und Modellen, das auch im Hinblick auf Entwicklung und Erhalt von Kompetenzen im Berufsfeld der Forschung fruchtbar gemacht werden kann. Sowohl von seiten der Bildungswissenschaften als auch von seiten des Wissenschaftsmanagements und der -politik lassen die Ergebnisse eine vertiefende Reflexion des Weiterbildungsgeschehens an außeruniversitären Forschungseinrichtungen erforderlich scheinen. Zwar waren im Rahmen der vorliegenden Studie keine konkreten Empfehlungen für die Weiterbildungspraxis an einzelnen Instituten zu erwarten, doch können die ermittelten Verfahrensvarianten auch eine materiale Grundlage für die weitere konzeptionelle Tätigkeit an den Forschungseinrichtungen liefern.

Die explorative Breite der vorliegenden Studie eröffnet unter der Perspektive möglicher Schlußfolgerungen eine Vielzahl von Ansatzpunkten, die sich sowohl auf eine weitergehende bildungswissenschaftliche Forschung als auch auf die Handlungspraxis an den untersuchten Einrichtungen beziehen.

Aus den Befunden zur Wahrnehmung der berufsrelevanten Fähigkeiten leitet sich ein weitergehender Forschungsbedarf zu einer empirisch fundierten Fassung der beruflichen Anforderungen in der Wissenschaft ab, der nicht allein am Modell der Hochschule orientiert ist. Vertiefend wäre zu klären, was forschungsrelevante Fähigkeiten ausmacht und inwiefern diese den Möglichkeiten und Grenzen des Lernens unterliegen. Ergebnisse international vergleichender Studien, etwa zu den U.S.-amerikanischen Entwicklungen im Bereich 'career-enhancement' oder 'teaching-centers' an Universitäten (vgl. u.a. Härnqvist 1985; Fallon 1998), und Anregungen aus der hochschuldidaktischen Diskussion sollten hierzu aufgenommen werden (vgl. u.a. Meyer 1994).

Für die Einrichtungen wie für die Mitarbeiterschaft selbst könnte mit der Rezeption solcher Forschung auch ein Teil der impliziten Erwartungen explizit gemacht werden. Wie schwierig berufliche Anforderungen zu konkretisieren sind, erweisen zwar die jüngsten Debatten über den "Hochschullehrer von morgen" (vgl. Forschung & Lehre

7/98). Für den Kontext der Weiterbildung besteht das Ziel jedoch weniger in der Formulierung eines detailliert beschriebenen Berufsbildes als vielmehr in einem bewußteren Umgang mit alltäglichen Erwartungshaltungen sowie einer größeren - auch sprachlichen - Transparenz. Einrichtungsinterne wie öffentliche Diskussionsprozesse über die beruflichen Anforderungen an Forschende sind eine Voraussetzung der Klärung, was von den verschiedenen Beteiligten als machbar, was als unrealistisch eingeschätzt wird. Im Idealfall können über eine Thematisierung latente Konflikte im Sinne eines Problembewußtseins sichtbar und so ggf. bearbeitbar gemacht werden.

Von seiten der Institution wären auch mit Blick auf die Weiterbildungspraxis, d.h. auf Lerninhalte, -formen und Zielgruppen, Erwartungen explizit zu machen sowie Freiräume und Grenzen zu klären. Dies gilt insbesondere für den latenten Anspruch ubiquitären Lernens. Dazu besteht jedoch an den meisten Einrichtungen ein institutioneller Informationsbedarf, was die Wahrnehmung der Weiterbildungspraxis durch die Beschäftigten betrifft. Im Zuge einer transparenteren Weiterbildungspraxis könnten zudem auch die Begrifflichkeiten[145] eine dem hauseigenen Kontext angemessene Präzisierung erfahren und somit wiederum zur Klärung von Ansprüchen und Realisierungschancen beitragen.

Relativ konsensfähig erscheint aus der Sicht des Wissenschaftsmanagements ein vorhandener Bedarf bezüglich der metafachlichen Inhalte in den Bereichen Kommunikation, Kooperation, Präsentation und Arbeitsorganisation. Welche Lernformen hierbei jedoch möglich bzw. angemessen sind, wird sehr kontrovers beurteilt. Eine wichtige Ergänzung dazu können Forschungen aus dem Gebiet der Wissenschaftsdidaktik liefern, die den Lernbedürfnissen der spezifischen Zielgruppen von AkademikerInnen an außeruniversitären Forschungseinrichtungen nachgehen, unterschiedliche Lernformen evaluieren sowie wissenschaftsspezifische Inhalte einer methodisch-didaktischen Aufarbeitung unterziehen.

Unter der Voraussetzung, daß in einem Institut überdies bewußtes Interesse an einer Veränderung des Weiterbildungsmanagements vorliegt - und den Interviews zufolge besteht bei einigen Instituten die Absicht dazu, können verschiedene Veränderungsrichtungen identifiziert werden. In abstrahierter Form veranschaulicht die folgende Abbildung den Zusammenhang von faktischen und potentiellen Handlungsfeldern des Managements im Bereich der Weiterbildung (vgl. Abb. 17).

---

[145] (wie die unterschiedlich genutzten Termini Weiterbildung, Lernen, selbst- und fremdorganisiertes, Lernen, Learning by doing, Prägung, Kompetenz, Qualifikation, Didaktik, Training, Seminar, Schulung etc.)

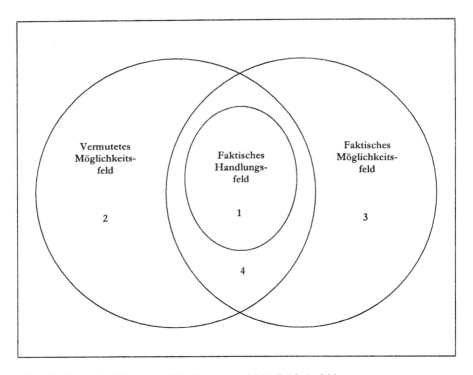

Abb. 17: Zum Verhältnis von Handlungs- und Möglichkeitsfeldern
im Bereich der Weiterbildung in bezug auf das Management *eines* Institutes[146]

Aus den drei sich überschneidenden Mengen ergeben sich folgende Teilsegmente:

1 = aktuell **realisiertes Handlungsfeld** des Weiterbildungsmanagements des Institutes
(dies entspräche jeweils den in Kap. V - 3 beschriebenen, praktizierten Varianten);

2 = **vermutete Möglichkeiten** des Weiterbildungsmanagements, denen Weiterbildung jedoch
nicht gerecht werden kann, da sie außerhalb des Einflußbereichs von Bildung liegen
(vgl. z.B. die erst erworbene Erfahrung: *"Ich kann nicht aus einem Planer einen
Soziologen machen"* (SK 338f.))

3 = **Möglichkeiten des Handelns**, die zwar prinzipiell vorhanden sind, aber nicht in Betracht
gezogen werden (die erstens in anderen Forschungseinrichtungen wahrgenommen
oder umgesetzt werden, die sich zweitens in der Praxis anderer Bereiche, z.B. in
privatwirtschaftlichen Unternehmen, bewährt haben, oder drittens Möglichkeiten,
die die Fachdiskussion zur Weiterbildung im Sinne von Konzepten oder Ideen
beisteuern könnte);

4 = **Schnittmenge** von über die bisherige Praxis hinaus bestehenden und auch
wahrgenommenen Möglichkeiten, im Bereich des Weiterbildungsmanagements
des Hauses tätig zu werden (vgl. Aussagen, wie *"da könnten wir mehr machen"*,
"das haben wir in der letzten Zeit vernachlässigt");

---

[146] Hierbei handelt es sich nicht um eine proportionale Darstellung, sondern vielmehr um die
polarisierende Veranschaulichung eines Zusammenhangs. Die Größe der Felder bzw. ihre Position zueinander kann - je nach Interview - unterschiedlich ausfallen. Die Grenzen sind flie-
ßend.

Soll nun der bisherige faktische Handlungsbereich - im Sinne eines Wandels - vergrößert bzw. verändert werden, so liegen die intentional zu erreichenden Optionen in einer Schnittmenge zwischen den vermuteten und den faktischen Möglichkeiten. Allerdings bleibt das Handlungsfeld dabei immer kleiner als das Möglichkeitsfeld, da aus Optionen ausgewählt werden muß bzw. Entscheidungen für das eine und gegen ein anderes getroffen werden.

Im Hinblick auf die untersuchten Einrichtungen sind dazu folgende Tendenzen festzustellen: Einerseits wird bzw. wurde der Bereich faktischen Einflusses überbewertet. Das im Rahmen des Weiterbildungsmanagements Veränderbare wird zum Teil überschätzt - und die enttäuschten Hoffnungen sind aus manchen bitteren Tönen der GesprächspartnerInnen heraus zu hören. Andererseits führt insbesondere eine unhinterfragte Unterstellung der Normalität des eigenen Handelns oftmals dazu, den Sektor der vermuteten Möglichkeiten stark einzugrenzen.

Eine Aufgabe der Bildungswissenschaften besteht somit einerseits darin, - soweit möglich - die Schnittmenge in den Vordergrund zu rücken, d.h. bewußt zu machen, was als unrealistisch zu gelten hat bzw. welche anderen Perspektiven bestehen. Dazu gehören etwa Ergebnisse und Forschungen zum Erwachsenenlernen (beispielsweise die neueren Forschungen zum eher indirekten Einfluß des Alters), zur Gruppenforschung bzw. zum Lernen in Projektzusammenhängen, zur Evaluation von Lernformen oder zu individuellen Lerntypen und anderen Einflußfaktoren der Bildung.[147]

Andererseits wären auch die vorhandenen Modelle des institutionellen Weiterbildungsmanagements an außeruniversitären Forschungseinrichtungen kontextspezifisch zu evaluieren. Hierbei könnten überdies weitere spezifizierende Dimensionen, wie Organisationsform, Mitarbeiterstruktur, Forschungsdisziplin etc., gesonderte Berücksichtigung erfahren; z.B. wäre zu prüfen, welche Formen des 'Umgangs' mit Weiterbildung gegenüber dem flüchtigen Gegenstand 'Bildung' als institutioneller Stabilisator fungieren könnten. Es handelt sich um ein Forschungsfeld, das gerade im Hinblick auf die Bedeutung der beruflichen Potentiale von Forschenden in einer stark von wissenschaftlichem Fortschritt geprägten Gesellschaft nicht zu vernachlässigen ist.

Insbesondere da viele Institute am Ende einer Expansion ihres Stellenkegels angekommen sind, wird die Pflege ihres Personalbestandes immer wichtiger. Zu den Voraussetzungen einer gezielten Bestandspflege gehört es aus der Sicht der Einrichtungen auch, berufsbezogene Weiterbildung dabei nicht als 'lästiges Management-Anhängsel' zu diskutieren. Sie kann vielmehr als Zugang zur einer zentralen Ressource von Forschung, zum Potential der MitarbeiterInnen, betrachtet werden. Gelingt es, 'Weiterbildung' nicht als 'Seminarangebot' zu marginalisieren, sondern sie als ein Kernelement der wissenschaftlichen Praxis zu verstehen (einschließlich aller Schwierigkeiten, die mit dem fragilen Prozeß des Lernens verbunden sind), so gewinnen auch die Forschenden als 'life-long-learners' einen anderen Stellenwert innerhalb der Wissenschaftsorganisation. Mit Blick auf den gesamten Lernprozeß kann dann geprüft werden, wann, wo und wie organisierte Formen der Weiterbildung unterstützend eingesetzt werden können.

Insgesamt betrachtet, zeichnen sich für die Forschungseinrichtungen somit folgende konkrete Optionen ab, wobei allerdings nach Art der Institution und bereits bestehender Weiterbildungspraxis kontextspezifisch zu differenzieren ist.

---

[147] (vgl. u.a. Reischmann 1993, Schrader 1994, Friedrich 1995, Reinmann-Rothmeier/Mandl 1995, Friedrich/Ballstaedt 1995, Götz 1997, Straka 1997)

Für die Einrichtungen könnte ein gestuftes Vorgehen in verallgemeinerter Form die folgenden Elemente enthalten:

- **Initiierung bzw. Fortsetzung eines hausinternen Reflexionsprozesses** über das institutionelle Bildungshandeln, der dazu dient, die Erwartungen und Ziele aller Beteiligten bzw. Betroffenen im Hinblick auf die erforderlichen Kompetenzen der Forschenden zur Sprache zu bringen und Konflikte zu identifizieren, um somit größere Transparenz und Handlungssicherheit zu schaffen. Besondere Berücksichtigung sollten dabei die Vorstellungen über teil- und nicht-intentionale Lernformen erfahren, wie Learning-by-doing oder die projektimmanente Qualifizierung am Arbeitsplatz, da auf diesen große Hoffnungen ruhen.
- **Abstimmung** möglicher Konsequenzen für Praxis und Management von Weiterbildung in der Einrichtung, die im Anschluß an den allgemeinen Reflexionsprozeß sinnvoll in Organisations- und Personalentwicklung zu verankern sind.
- **Prüfung,** inwieweit:
  - der hausinterne **Informationsfluß** zu Möglichkeiten und Grenzen von Weiterbildung generell intensiviert werden sollte;
  - gesonderte **inhaltliche Bedarfe bzw. Bedürfnisse** diagnostiziert werden; insbesondere im Bereich der metafachlichen Kompetenzen, z.B. der Arbeitsorganisation und des Zeitmanagements, der Kooperation und Kommunikation oder der Kreativitätstechniken;
  - bestimmte **Zielgruppen** mit gesonderten Bedürfnissen auszumachen sind (z.B. die Belange des wissenschaftlichen Nachwuchs oder der Leitung);
  - ausgewählte **Lernformen** aus anderen Kontexten modifiziert auf die Forschungseinrichtung zu übertragen sind, z.B. das reichhaltige Methodenrepertoire der Gruppenarbeit, PC-gestütztes Lernen, Rollen- und Planspiele, Lernwerkstätten, Medieneinsatz und Metaplantechnik, Job-Rotation etc.;
  - die vorhandenen **Managementformen** der Weiterbildung um andere Verfahren und Modelle bereichert werden könnten, wie z.B. Vereinbarungen, Stabs- oder Kommissionsmodelle, Weiterbildungs-Sharing, Bildungselemente innerhalb des Projektmanagements, Qualitätszirkel, Transfersicherung, Controlling und Evaluation von Bildung, Verfahren der neueren Management-Diagnostik, Mitarbeitergespräche, regelmäßige Feedback-Verfahren etc.;
  - dabei auf **externe Kapazitäten** für Schulung, Moderation, Supervision oder Beratung zurückgegriffen werden soll - bzw. ein Multiplikatorenmodell oder (ggf. kooperative) Selbstqualifikationen innerhalb des Hauses sinnvoll sind.

Zudem sollte auch auf der Ebene des Verbandes thematisiert werden, inwiefern:

- der **Informationsaustausch** zwischen den Mitgliedseinrichtungen verbessert werden kann, um die wissenschaftliche Managementpraxis und die Handhabung von Weiterbildung durch Vergleichsmöglichkeiten aus anderen WGL-Instituten transparenter zu gestalten,
- die insgesamt sehr positiv beurteilten **Seminarangebote der WGL-Geschäftsstelle** verstärkend eingebunden oder auch institutsübergreifende Kooperationen mit als gut eingestuften WeiterbildungsanbieterInnen genutzt werden können,
- ggf. verbandsintern eine **kontextspezifische Organisationsberatung** aufzubauen ist, die im Rahmen einer Begleitung von Reorganisationsprozessen - beispielsweise infolge von Evaluationen - auch die Belange der Bildung in die Organisationsentwicklung einbindet.

Diese Optionen sowie die o.g. Aufgaben der Bildungsforschung sind allerdings nicht mit einer umgehenden Ableitung professioneller Zuständigkeit von seiten der angewandten Pädagogik gleichzusetzen. Die aufgezeigten Möglichkeiten sollen vielmehr als Anhaltspunkte einer Reflexion des institutionellen Bildungshandelns in der außeruniversitären Forschung dienen.

Es bleibt dabei weitgehend im Einzelfall zu prüfen, inwieweit eine Nutzung der Möglichkeiten, die in bildungswissenschaftlichen Theorien oder der Praxis anderer Felder entwickelt wurden und sich bewährt haben, hier sinnvoll und fruchtbar sein kann: Sinnvoll als Steuerungs- und als Entwicklungsinstrument des Wissenschaftsmanagements sowie fruchtbar für die berufliche Entfaltung der Beschäftigten und die Güte der wissenschaftlichen Arbeit.

So könnte in Anlehnung an die Argumentation von Faulstich (1998, S.5) resümiert werden, daß es einer erweiterten Theorie des Handelns auch für Forschungseinrichtungen bedarf, die „die heroischen Annahmen des klassischen Rationalitätsmodells" aufgibt. Gerade angesichts der Lücken einer wenig realistischen Vorstellung „vollkommener Rationalität" entstehen „Offenheiten, welche erst durch eine interessenreflektierte Strategie gefüllt werden können". Konkurrenz und Erkenntnislogik allein definieren keine eindeutige Managementstrategie.

Die vorliegende Studie versteht sich somit als ein vorsichtiges Plädoyer für eine bewußtere Wahrnehmung der Fragestellung durch alle Beteiligten bzw. Betroffenen in den Einrichtungen selbst sowie in Wissenschaftsverwaltung und -politik. 'Vorsichtig' deshalb, da der Bereich „wissenschaftliche Forschung" - als Gegenstand - als noch allzu unbekanntes Terrain zu gelten hat, um hier direkt konkretistische Bildungsrezepte implementieren zu wollen. Auch oder gerade hier kommt zum Tragen, daß sich Lernen im Rahmen von Forschungsprozessen einer umfassenden Rationalisierung entzieht, und es sollte - in Anlehnung an Bourdieu (1984, S. 39) - nicht vorschnell ausgeschlossen werden, daß ein Geheimnis des wissenschaftlichen Erfolgs gerade darin liegt, sich selbst unbegriffen zu bleiben.

Andererseits sind - im Sinne der in Kap. V - 3.4 ausgeführten These, daß Weiterbildung nicht nicht zu managen ist - auch die Wirkungen einer Unterlassung gezielt gestaltender Einflußnahme auf die Weiterbildungspraxis an den Instituten in Rechnung stellen.

Wie auch immer die Entscheidung ausfällt, sie sollte Teil des aktiven Bemühens einer Forschungseinrichtung um ihre eigene Lernfähigkeit sein.

VERZEICHNIS DER ABBILDUNGEN

ZUSAMMENFASSUNG

Die Themenstellung dieser Studie zielt auf eine Auseinandersetzung mit den berufsrelevanten Bildungsprozessen von Forscherinnen und Forschern aus der Perspektive des Wissenschaftsmanagements. Auch vor dem Hintergrund der umfangreichen Berücksichtigung von Bildung im Rahmen der Personalpolitik von Wirtschaftsunternehmen wird danach gefragt, wie Bildungsprozesse im gesellschaftlichen Teilbereich der Wissenschaft bzw. im beruflichen Alltag der Forschung wahrgenommen und organisiert werden. Da hierzu bislang nur wenige empirische Befunde für die Bundesrepublik Deutschland vorliegen, stützt sich die Arbeit auf eine empirische, explorativ angelegte Fallstudie.

Der Blickwinkel der Fragestellung wird anhand drei thematischer Foki konstituiert: Die Kategorien ‚Beruf‘, ‚Weiterbildung‘ sowie ‚institutionelles Management‘ werden als das Thema strukturierendes Bedingungsgefüge betrachtet. In diesen Zusammenhang wird der Gegenstandsbereich eingebettet, d.h. es wird nach Anschlußstellen an den Stand der Wissenschaftsforschung zu 'Forschung' als Beruf und Bildungsaufgabe gesucht.

In einer qualitativen Untersuchung am Beispiel der Wissenschaftsgemeinschaft Blaue Liste (WBL) werden berufliche Anforderungen, Zielgruppen, Formen und Inhalte von Weiterbildung sowie Modelle des institutionellen Bildungsmanagements analysiert. Mit Hilfe von leitfadengestützten Experteninterviews und anderen schriftlichen Quellenmaterialien wird der Perspektive des Institutsmanagements nachgegangen.

Zusammenfassend betrachtet, stellt sich der Bereich der Weiterbildung in den untersuchten außeruniversitären Forschungseinrichtungen als komplexes Feld von Wissen und Handeln dar, das mit der berufsbezogenen Weiterbildung einen ebenso komplexen Gegenstand hat. Angesichts einer Vielzahl von Einflußgrößen haben sich in den untersuchten Einrichtungen unterschiedliche Formen des Umgangs mit Bedarfen und Bedürfnissen der berufsbezogenen Weiterbildung entwickelt, die von formalisierten und institutionalisierten Modellen des Managements von Weiterbildung bis hin zu einer eher einzelfallbezogen situationistisch operierenden Handhabung reichen. Die beruflichen Anforderungen an die Bildung der Beschäftigten werden in ein insgesamt breites, in vielen Einrichtungen aber vor allem auf die klassischen Lernformen ausgerichtetes Repertoire übersetzt.

Mit Blick auf die Inhalte spielt häufig die An- bzw. Aberkennung der Erlernbarkeit bestimmter Fähigkeiten eine Rolle. Dies betrifft primär die metafachlichen Kompetenzen der Kommunikation, Kooperation und Arbeitsorganisation, die jedoch durchweg als für die Forschung relevant erachtet werden. U.a. die häufig deutliche Abgrenzung von an betriebswirtschaftlichen Vorstellungen orientierten Entwicklungspfaden führt in manchen Einrichtungen zu einer Skepsis gegenüber neuen Inhalten und ungewohnten Lernformen. Auch oder gerade hier kommt zum Tragen, daß sich Lernen im Rahmen von Forschungsprozessen einer umfassenden Rationalisierung entzieht, was jedoch in weiten Teilen zur Folge hat, daß das Thema innerhalb des Forschungsmanagements kaum gezielte Aufmerksamkeit erlangt.

Die Ergebnisse der vorliegende Studie verweisen insgesamt auf die Notwendigkeit einer bewußteren Wahrnehmung der spezifischen Möglichkeiten wie der Grenzen berufsbezogener Weiterbildung und ihrer Organisation im Berufsfeld der Forschung. Dies gilt für die Beteiligten bzw. Betroffenen in den Einrichtungen selbst, für Wissenschaftsverwaltung und -politik sowie für eine vertiefte bildungswissenschaftliche Aufarbeitung.

Literatur- und Quellenverzeichnis

Agassi, J.: Rationality: Philosophical and Social Aspects.
  In: Minerva. A Review of Science, Learning and Policy.
  Vol. XXX, 1992, Nr. 3, Herbst, S. 366-390

Althoff, K./Thielpape, M.: Psychologie in der Verwaltung.
  Herford, 1993

Amabile, T. M.: The Social Psychology of Creativity.
  New York Berlin Heidelberg, 1983

Anrich, E. (Hg.): Die Idee der deutschen Universität.
  Darmstadt, 1964

Anweiler, O./Fuchs, H.-J./Dorner, M./Petermann E.: Bildungspolitik in Deutschland
  1945-1990. Schriftenreihe herausgegeben von der Bundeszentrale für
  politische Bildung, Band 311, Bonn, 1992

Antoni, M.: Menschliche Arbeit: Grundbedürfnis oder fremdgesetzte Norm?
  Konsequenzen für die Personalentwicklung. In: Riekhof, H.-C. (Hg.):
  Strategien der Personalentwicklung. Wiesbaden, 1989, S. 23-47

Arbeitsgruppe Bildungsbericht am Max-Planck-Institut für Bildungsforschung:
  Das Bildungswesen in der Bundesrepublik Deutschland. Strukturen und
  Entwicklungen im Überblick. Hamburg/Reinbek, 1994

Arnold, R.: Weiterbildung und Beruf. In: Tippelt, R. (Hg.): Handbuch
  Erwachsenenbildung/Weiterbildung. Opladen, 1994, S. 226-236

Arnold, R.: Ausgewählte Theorien zur beruflichen Bildung.
  Hohengehren, 1997

Arnold, R./Lipsmeier, A./Ott, B.: Berufspädagogik kompakt.
  Berlin, 1998

Autorenkollektiv: Leitung der Wissenschaft.
  Berlin, 1974

Axmacher, D.: Widerstand gegen Bildung. Zur Rekonstruktion einer verdrängten Welt
  des Wissens. Weinheim, 1990

Bär, S.: Forschen auf deutsch. Der Machiavelli für Forscher und solche,
  die es werden wollen. Frankfurt/M., 1992

Baltes, P. B.: Entwicklungspsychologie in der Lebensspanne. Theoretische Leitsätze.
  In: Psychologische Rundschau, 1990, H. 41, S. 1-24

Basalla, G. (Hg.): The Rise of Modern Science. External oder Internal Factors?
  Lexington/Mass., 1968

Baumgardt, J.: Beruf und Bildung als wissenschaftliches Problem.
  In: Müllges, U. (Hg.): Handbuch der Berufs- und Wirtschaftspädagogik.
  Düsseldorf, 1979, S. 147-204

Baus, M.: Professorinnen an deutschen Universitäten.
  Analyse des Berufserfolgs. Heidelberg, 1994

Beck, U.: Risikogesellschaft. Auf dem Weg in eine andere Moderne.
  Frankfurt/M., 1986

Beck, U./Brater, M./Daheim, H.: Soziologie der Arbeit und der Berufe.
  Grundlagen, Problemfelder, Forschungsergebnisse. Hamburg/Reinbek, 1980

Beck, U./Bonß, W. (Hg.): Weder Sozialtechnologie noch Aufklärung? Analysen zur
Verwendung sozialwissenschaftlichen Wissens. Frankfurt/M., 1989

Beck, U./Bonß, W.: Verwendungsforschung - Umsetzung wissenschaftlichen Wissens.
In: Flick, U. et al. (Hg.): Handbuch qualitative Sozialforschung. Grundlagen,
Konzepte, Methoden und Anwendungen. Weinheim, 1995, S. 416-419

Becker, E. (Hg.): Reflexionsprobleme der Hochschulforschung. Beiträge zur Theorie
und Methodendiskussion. Weinheim Basel, 1983

Becker-Schmidt, R.: Die doppelte Vergesellschaftung - die doppelte Unterdrückung.
Besonderheiten der Frauenforschung in den Sozialwissenschaften.
In: Unterkirchner, L./Wagner, I. (Hg.): Die andere Hälfte der Gesellschaft.
Wien, 1987, S. 10-25

Bernal, J. D.: Wissenschaft. (1939)
Hamburg/Reinbek, 1970

Bertram, H.: Strukturwandel der Lebensbedingungen, Strukturwandel der
Wissenschaft. In: Berliner Journal für Soziologie, 1995, H. 4, S. 435-441

Beywl, W./Geiter, C.: Evaluation - Controlling - Qualitätsmanagement in der
betrieblichen Weiterbildung: kommentierte Auswahlbibliographie.
Herausgegeben vom Bundesinstitut für Berufsbildung. Bielefeld, 1996

Blättner, F.: "Lehrjahre sind keine Herrenjahre". In: Spranger, E. et al. (Hg.):
Pädagogische Wahrheiten und Halbwahrheiten. Heidelberg, 1959, S. 19-45

Blankertz, H.: Zum Begriff des Berufs in unserer Zeit. In: Loch, W./Muth, J. (Hg.):
Neue Pädagogische Bemühungen. Band 29, Essen, 1967, S. 9-27

Blankertz, H.: Bildung - Bildungstheorie. In: Wulf, Ch. (Hg.): Wörterbuch der
Erziehung. München, 1974, S. 65-69

Blaschke, D.: Persönlichkeit und Forschungsorganisation.
In: Döring, P. A./Weishaupt, H./Weiß, M. (Hg.): Bildung in
sozioökonomischer Sicht. Festschrift für Hasso von Recum zum
60. Geburtstag. Köln Wien, 1989, S. 12-32

Blum, J./Sundermann, H.-G.: Evaluation der Infrastruktur einer
Großforschungseinrichtung. Ein neuer Weg zum alten Ziel
"Kundenorientierung". In: Wissenschaftsmanagement, H. 1, 1995, S. 34-39

Blumenberg, H.: Das Lachen der Thrakerin. Eine Urgeschichte der Theorie.
Frankfurt/M., 1987

ders.: Der Prozeß der theoretischen Neugierde.
Frankfurt/M., 1988

Blumer, H.: Symbolic Interaction. Perspecitve and Method.
Englewood Cliffs, N. J., 1969

Böhme, G./van den Daele, W./Krohn, W.: Die Finalisierung der Wissenschaft.
In: Zeitschrift für Soziologie, 1973, Jg. 2, H. 2, S. 128-144

Boesler, C./Dörschel, E./Laschinski, H.: Leitung der Forschung - Entwicklung des
Schöpfertums. Aktuelle Leitungsaufgaben zur Entwicklung der
schöpferischen Fähigkeiten und Leistungen sozialistischer Forscherkollektive
und -persönlichkeiten. Berlin, 1972

Bolder, A.: Widerstand gegen Weiterbildung. Ein Lehrstück über blinde Flecken sozialwissenschaftlicher Forschung. In: Sozialwissenschaften und Berufspraxis, 17.Jg., H. 3, 1994, S. 199-213

Bolte, K. M.: Typisch für die Entwicklung der Sozialforschung in der Bundesrepublik Deutschland (25 Jahre Jugendinstitut). In: DJI Bulletin, H. 8, 1988, S. 15-16

Bolz, N.: Der Professor als Held. Gedanken über den Hochschullehrer der Zukunft. In: Forschung & Lehre, H. 7, 1998, S. 340-342

Bonarius, S.: Entwarnung. In: management & seminar, H. 5, 1993, S. 27-29

Bonß, W./Hartmann, H.: Konstruierte Gesellschaft, rationale Deutung. Zum Wirklichkeitscharakter soziologischer Diskurse. In: Bonß, W./Hartmann, H. (Hg.): Entzauberte Wissenschaft. Zur Relativität und Geltung soziologischer Forschung. Soziale Welt, Sonderband 3, Göttingen, 1985, S. 9-48

Bourdieu, P.: Homo academicus. (1984) Frankfurt/M., 1992

Brandes, H.: Flexibilität und Qualifikation. Darmstadt, 1980

Braudel, F.: Civilisation materielle et Capitalism. Paris, 1976

Braun, F.: Mehr Frauen in die Sprache. Hg. von der Frauenministerin des Landes Schleswig-Holstein. Kiel, 1991

Bubenzer, R.: Grundlagen für Staatspflichten auf dem Gebiet der Weiterbildung. Zur Herleitung von Staatsaufgaben und Individualrechten im Weiterbildungswesen. Frankfurt/M., 1983

Bülow-Schramm, M.: Lehre weiblich - Forschung männlich? Zur Lehr- und Lernsituation von Frauen an der Hochschule. In: Macha, H./ Klinkhammer, M. (Hg.): Die andere Wissenschaft. Stimmen der Frauen an Hochschulen. Bielefeld, 1997, S. 143-162

Bund-Länder-Kommission für Bildungsplanung: Bildungsgesamtplan. Stuttgart, 1973

Bundesinstitut für Berufsbildungsforschung (Hg.): Weiterbildung in der Arbeitswelt. Das praktische Handbuch für Vorgesetzte. München, 1977

Bundesinstitut für Berufsbildung (BIBB): Berufliche Weiterbildung und Ausbildung – innovativer Faktor für die Zukunft der Arbeit. Pressemitteilung 10/1996

Bundesministerium für Bildung, Wissenschaft, Forschung und Technologie (BMBF) (Hg.): Grund- und Strukturdaten 1996/97. Bonn, 1996

Bundesministerium für Wirtschaft (Hg.): Standort Deutschland. Auftrag Zukunft. Bonn, 1994

Burrichter, C. (Hg.): Aufgaben und Funktion historischer Wissenschaftsforschung. Basel, 1979

Campbell, D. T.: Häuptlinge und Rituale. Das Sozialsystem der Wissenschaft als Stammesorganisation. In: Bonß, W./Hartmann, H. (Hg.): Entzauberte Wissenschaft. Zur Relativität und Geltung soziologischer Forschung. Göttingen, 1985, S. 257-274

Campbell, R. E./Heffernan, J. M.: Adult Vocational Behavior. In: Handbook of
vocational psychology. Hillsdale, New Jersey, 1983, S. 223-262

Clephas-Möcker, P./Krallmann, K.: Akademische Bildung - eine Chance zur
Selbstverwirklichung für Frauen? Lebensgeschichtlich orientierte Interviews
mit Gymnasiallehrerinnen und Ärztinnen der Jahre 1909 - 1923.
Weinheim, 1988

Coleman, M./Bush, T.: Managing with teams. In: Bush, T./West-Burnham, J. (Hg.):
The principles of educational management. Harlow, Essex, 1994, S. 265-285

Collins, H. M.: Die Soziologie des wissenschaftlichen Wissens: Studien zur
gegenwärtigen Wissenschaft. In: Bonß, W./Hartmann, H. (Hg.): Entzauberte
Wissenschaft. Zur Relativität und Geltung soziologischer Forschung. Soziale
Welt, Sonderband 3, Göttingen, 1985, S. 129-150

Cross, A.: In den besten Kreisen.
Frankfurt/M., 1989

Csikszentmihalyi, M.: Kreativität. Wie Sie das Unmögliche schaffen
und Ihre Grenzen überwinden. Stuttgart, 1997

Dedering, H./Schimming, P.: Qualifikationsforschung und arbeitsorientierte Bildung.
Opladen, 1984

Denzin, N.: The Research Act. (1970)
New York, 1978

Derichs-Kunstmann, K./Faulstich, P./Wittpoth, J./Tippelt, R. (Hg.):
Selbstorganisiertes Lernen als Problem der Erwachsenenbildung.
Dokumentaion der Jahrestagung 1997 der Kommission Erwachsenenbildung
der Deutschen Gesellschaft für Erziehungswissenschaft. Frankfurt/M., 1998

Detmer, H.: Freiheit vor Prospektion? Ein Streitgespräch über die Bedürfnisse der
Forschung. In: Forschung & Lehre, H. 5, 1995, S. 204-205

Deutscher Bildungsrat: Empfehlungen der Bildungskommission.
Strukturplan für das Bildungswesen. Bonn, 1970

Deutsches Institut für Erwachsenenbildung (Hg.): Thema: Lebenslanges Lernen –
Selbstorganisiert? Literatur- und Forschungsreport Weiterbildung.
Frankfurt/M., Nr. 39, Juni 1997

Diederich, W. (Hg.): Theorien zur Wissenschaftsgeschichte. Beiträge zur
diachronischen Wissenschaftstheorie. Frankfurt/M., 1974

Diemer, A./Seiffert, H.: Systematik der Wissenschaften.
In: Seiffert, H./Radnitzky, G. (Hg.): Handlexikon zur Wissenschaftstheorie.
Studienausgabe. München, 1989, S. 344-352

Dikau, J.: Der Weiterbildungsauftrag der Hochschulen. Zwischen Dienstleistung und
kritischer Innovation. In: Jagenlauf, M./Schulz, M./Wolgast, G. (Hg.):
Weiterbildung als quartärer Bildungsbereich.
Neuwied Kriftel Berlin, 1995, S. 343-354

Döring, K. W.: Praxis der Weiterbildung: Analysen - Reflexionen - Konzepte.
Mit einem Beitrag von Claire Döring. Weinheim, 1991

215

ders.: Schwachstellen und Potentiale betrieblicher Weiterbildung.
In: Steinle, C./Bruch, H. (Hg.): Führung und Qualifizierung:
Handlungshinweise für die Praxis in den neuen Bundesländern.
Frankfurt/M., 1993, S. 207-219

Dörner, D.: Empirische Psychologie und Alltagsrelevanz. In: Jüttemann, G. (Hg.):
Psychologie in der Veränderung. Perspektiven für eine
gegenstandsangemessene Forschungspraxis. Weinheim Basel, 1983, S. 13-29

Dohmen, G.: Integrative Weiterbildung: Lernen für Beruf und Leben.
In: Otto, V. (Hg.): Integrative Weiterbildung: Die Volkshochschule im
Spannungsfeld zwischen Beruf und Freizeit. Frankfurt/M., 1989, S. 7-16

ders.: Weiterbildung in Deutschland. Beitrag zur 5. UNESCO-Weltkonferenz "Lernen
im Erwachsenenalter", Hamburg, Juli 1997. Hrg. vom Bundesministerium für
Bildung, Wissenschaft, Forschung und Technologie. Bonn, 1997a

ders. (Hg.): Selbstgesteuertes lebenslanges Lernen? Im Auftag des Bundesministeriums
für Bildung, Wissenschaft, Forschung und Technologie. Bonn, 1997b

Dogan, M./Pahre, R.: Creative marginality. Innovation at the intersections of social
sciences. Boulder, Colorado, 1990

Domsch, M./Jochum, E. (Hg.): Personal-Management in der industriellen Forschung
und Entwicklung. Köln Bonn Berlin München, 1984

Dorsch, F./Häcker, H./Stapf, K. H.: Psychologisches Wörterbuch.
Bern Göttingen Toronto Seattle, 1994

Eberle, T. S.: Zeitmanagement-Experten. In: Hitzler, R./Honer, A./
Maeder, Chr. (Hg.): Expertenwissen. Die institutionalisierte Kompetenz
zur Konstruktion von Wirklichkeit. Opladen, 1994, S. 124-145

Eco, U.: Die Grenzen der Interpretation.
München, 1992

Eisel, U.: Über den Umgang mit dem Unmöglichen. Ein Erfahrungsbericht über
Interdisziplinarität im Studiengang Landschaftsplanung. Teil 1 und 2.
In: Das Gartenamt, H. 9, 1992, S. 593-605 und H. 10, 1992, S. 710-719

Enders, J.: Sesam öffne dich? "Schlüsselqualifikationen" in Studium und Beruf.
In: Das Hochschulwesen, H. 4, 1995, S. 214-219

Fallon, D.: Kein Geheimnis und nicht mühsam. Evaluation von Forschung, Lehre und
Service in den USA. In: Forschung & Lehre, H. 8, 1998, S. 416-418

Falter, A./Fülgraff, G.: Demokratische Verantwortung für Wissenschaft - ja. Aber wie?
In: Fülgraff, A./Falter, G. (Hg.): Wissenschaft in der Verantwortung.
Möglichkeiten der institutionellen Steuerung.
Frankfurt/M. New York, 1990, S. 10-36

Faßler, M.: Modell-Welten. Reflexive Verwissenschaftlichung und Kritik?
In: Wechselwirkung, H. 58, Dezember 1992, S. 24-29

Faulstich, P.: Strategien betrieblicher Weiterbildung.
München, 1998

Feuchthofen, J. E.: Ist Bildung noch zu bezahlen? - Zum Märktewandel in der
Bildungslandschaft. In: BWP, 24. Jg., H. 4, 1995, S. 3-6

Fleck, L.: Entstehung und Entwicklung einer wissenschaftlichen Tatsache.
　　Einführung in die Lehre vom Denkstil und Denkkollektiv. (1935)
　　Mit einer Einleitung herausgegeben von L. Schäfer und T. Schnelle.
　　Frankfurt/M., 1993

Fleischhauer, K.-H./Czihak A.-M.: Mit neuen Weiterbildungserfordernissen wachsen
　　die Aufgaben der Betriebsakademien und die Anforderungen an die
　　Lehrkräfte der Erwachsenenbildung.
　　In: Berufsbildung, 1988, 42. Jg., H. 9, S. 379-383

Flick, U.: Entzauberung der Intuition. Systematische Perspektiven-Triangulation als
　　Strategie der Geltungsbegründung qualitativer Daten und Interpretationen.
　　In: Hoffmeyer-Zlotnik, J. H. (Hg.): Analyse verbaler Daten. Über den
　　Umgang mit qualitativen Daten. Opladen, 1992, S. 11-55

ders.: Stationen des qualitativen Forschungsprozesses. In: Flick, U./
　　von Kardorff, E./Keupp, H./von Rosenstiel, L./Wolff, S. (Hg.):
　　Handbuch qualitative Sozialforschung. Grundlagen, Konzepte, Methoden
　　und Anwendungen. Weinheim, 1995, S. 148-175

Fölling, W.: Wissenschaftswissenschaft und erziehungswissenschaftliche Forschung:
　　Ein Versuch zur Funktionsbestimmung von Metatheorien bei der
　　Rekonstruktion erziehungswissenschaftlicher Programme.
　　Oldenburg/O., 1978

Franck, G.: Ein Kampf um Aufmerksamkeit. Zur Organisation von Wissenschaft.
　　In: Merkur, H. 1, 1997, S. 72-83

Friebel, H./Winter, R.: Betriebliche Weiterbildung in der Automobilindustrie:
　　'Learning Company'? In: Grundlagen der Weiterbildung - Zeitschrift,
　　6. Jg., H. 4, August 1995, S. 234-243

Friedrich, H. F.: Analyse und Förderung kognitiver Lernstrategien.
　　In: Empirische Pädagogik , 9 (2), 1995, S. 115-153

Friedrich, H. F./Ballstaedt, S.-P.: Förderung von Lernprozessen und Lernstrategien.
　　In: Grundlagen der Weiterbildung - Zeitschrift ,
　　6. Jg., H. 4, August 1995, S. 207-211

Friese, H.: Der Raum des Gelehrten. Eine Topographie akademischer Praxis.
　　Hg. vom Wissenschaftszentrum Berlin für Sozialforschung. Berlin, 1993

Gadamer, H.-G.: Wahrheit und Methode. Grundzüge einer philosophischen
　　Hermeneutik. Tübingen, 1972

Gardner, H.: Dem Denken auf der Spur: der Weg der Kognitionswissenschaft.
　　Stuttgart, 1989

Garfinkel, H.: Studies in Ethnomethodology.
　　Englewood Cliffs, N. J., 1967

Gebhardt, E.: Kreativität und Mündigkeit: zum gesellschaftspolitischen Stellenwert
　　kreativen Verhaltens. Weinheim, 1992

Geißler, Kh./Wittwer, W.: Die Entwicklung der beruflichen Aus- und Weiterbildung.
　　In: Arnold, R./Lipsmeier, A. (Hg.): Betriebspädagogik in nationaler und
　　internationaler Perspektive. Baden-Baden, 1989, S. 93-102

Gibbons, M./Limoges, C./Nowotny, H./Schwartzman, S./Scott, P./Trow, M.:
The new production of knowledge. The dynamics of science and research
in contemporary societies. London, 1994

Giddens, A.: Die Konstitution der Gesellschaft.
Grundzüge einer Theorie der Strukturierung. Frankfurt/M. New York, 1992

Gläser, J.: Lernen Forschungseinrichtungen anders? Handlungsbedingungen und
Organisationslernen in vier neugegründeten ostdeutschen
Forschungsinstituten. In: Albach, H./Dierkes, M./Berthoin Antal, A./
Vaillant, K. (Hg.): Organisationslernen – institutionelle und kulturelle
Dimensionen. Berlin, 1998, S. 193-214

Glaser, B. G.: Theoretical sensibility.
Mill Valley, 1978

Gnahs, D./Seidel, S./Giesbach, K.: Selbstgesteuertes Lernen - Beispiele aus der Praxis.
In: Literatur- und Forschungsreport Weiterbildung, Juni 1997, S. 155-164

Göbel, U./Schlaffke, W.: Bildungssituation und Bildungsaufgaben in den neuen
Bundesländern. Köln, 1991

Götz, K.: "Selbstorganisation" in der Weiterbildung von Führungskräften.
In: Literatur- und Forschungsreport Weiterbildung.
H. 39, Juni 1997, S. 138-145

Graf, J.: Wege aus dem Karrierekonflikt.
In: ManagerSeminare, H 30, I/1998, S. 82-89

Graumann, C. F.: Die Forschergruppe. Zum Verhältnis von Sozialpsychologie und
Wissenschaftsforschung. In: Sprondel, W. M. (Hg.): Die Objektivität der
Ordnungen. Frankfurt/M., 1994, S. 381-403

Gruber, H./Barrett, P.: Darwin on Man: A Psychological Study of Creativity.
New York, 1974

Grundsatzausschuß der Blauen Liste: Empfehlungen des Grundsatzausschusses für
Grundsätze und Arbeitsweisen der Wissenschaftsgemeinschaft Blaue Liste.
Berlin, 1995 (internes Arbeitspapier)

Guilford, J. P.: Creativity.
In: American Psychologist, H. 14, 1950, S. 469-479

Habermas, J.: Wahrheitstheorien. In: Wirklichkeit und Reflexion.
W. Schulz zum 60. Geburtstag. Pfullingen, 1973, S. 211-265

Hacker, W.: Allgemeine Arbeitspsychologie. Psychische Regulation von
Arbeitstätigkeiten. Bern Göttingen Toronto Seattle, 1998

Haefner, K.: Ein neues Modell? Der Universitätsprofessor des 21. Jahrhunderts.
In: Forschung & Lehre, H. 7, 1998, S. 343-344

Härnqvist, K.: Research Workers: Training. In: Husen, T./Postlethwaite, T. N. (Hg.):
The International Encyclopedia of Education.
Kronberg-Taunus, 1985, S. 4338-4345

Harnack, R.V./Fest, T.B./Schindler Jones, B.: Group Diskussion.
Theory and Technique. New Jersey, 1977

Hartmann, H./Hartmann, M.: Vom Elend der Experten. Zwischen Akademisierung
     und Professionalisierung. In: König, R./Neidhardt, F./Lepsius, M. R. (Hg.):
     Kölner Zeitschrift für Soziologie und Sozialpsychologie,
     Jg. 34, H. 2, 1982, S. 193-223

Heger, B.: Weiterbildung in mittelständischen Unternehmen. Ergebnisse einer
     empirischen Untersuchung in nordhessischen Betrieben.
     In: Der pädagogische Blick, H. 3, 1996, S. 138-148

Heger, R.-J.: Weiterbildung. In: Lenzen, D. (Hg.): Pädagogische Grundbegriffe.
     Band 2, Hamburg/Reinbek, 1989, S. 1610-1617

Heid, H.: Über die Schwierigkeiten, berufliche von allgemeinen Bildungsinhalten zu
     unterscheiden. In: Tenorth, H.-E. (Hg.): Allgemeine Bildung: Analysen zu
     ihrer Wirklichkeit, Versuche über ihre Zukunft.
     Weinheim München, 1986, S. 95-116

Heidack, C. (Hg.): Neue Lernorte in der beruflichen Weiterbildung.
     Berlin, 1987

Heidack, C. (Hg.): Lernen der Zukunft: kooperative Selbstqualifikation - die effektivste
     Form der Aus- und Weiterbildung im Betrieb. München, 1989

Heller, K./Nickel, H. (Hg.): Psychologie in der Erziehungswissenschaft:
     ein Studienprogramm. Band 1: Verhalten und Lernen. Stuttgart, 1976

Hitzler, R.: Verstehen: Alltagspraxis und wissenschaftliches Programm.
     In: Jung, T./Müller-Dohm, S. (Hg.): "Wirklichkeit" im Deutungsprozeß.
     Verstehen und Methoden in den Kultur- und Sozialwissenschaften.
     Frankfurt/M., 1993, S. 22-240

ders.: Wissen und Wesen des Experten. Ein Annäherungsversuch - zur Einleitung.
     In: Hitzler, R./Honer, A./Maeder, Chr. (Hg.): Expertenwissen. Die
     institutionalisierte Kompetenz zur Konstruktion von Wirklichkeit.
     Opladen, 1994, S. 13-30

Hölterhoff, H./Becker, M.: Aufgaben und Organisation der betrieblichen
     Weiterbildung. Handbuch der Weiterbildung für die Praxis in Wirtschaft und
     Verwaltung. Bd. 3, München Wien, 1986

Hofer, F.-J.: Bildungsmanagement im Prozeß des Organisationslernens - eine
     Herausforderung der Gegenwart für die Zukunft. In: Geißler, H. (Hg):
     Bildungsmanagement. Frankfurt/M., 1994, S. 231-261

Hohn, H.-W./ Schimank, U.: Konflikte und Gleichgewichte im Forschungssystem.
     Akteurskonstellationen und Entwicklungspfade in der staatlich finanzierten
     außeruniversitären Forschung. Frankfurt/M. New York, 1990

Horkheimer, M.: Traditionelle und kritische Theorie. (1937)
     Frankfurt/M., 1968

Huber, J.: Milieudynamik. Mittelschichts-Divergenzen als Kommunikations- und
     Steuerungsproblem der Wissensgesellschaft. In: Huber, J./Thurn, G. (Hg.):
     Wissenschaftsmilieus. Wissenschaftskontroversen und soziokulturelle
     Konflikte. Berlin, 1993, S. 13-37

Huber, J./Thurn, G. (Hg.): Wissenschaftsmilieus. Wissenschaftskontroversen und
     soziokulturelle Konflikte. Berlin, 1993

Huber, L./Portele, G.: Die Hochschullehrer. In: Lenzen, D. (Hg.): Enzyklopädie
    Erziehungswissenschaft. Bd. 10, Stuttgart, 1983, S. 193-218

Huber, L.: Interdisziplinäres Lehren und Studieren in amerikanischen Hochschulen.
    In: Das Hochschulwesen, H. 1, 1996, S. 38-46

Humboldt, W., von: Gesammelte Schriften. Bericht des Sektion des Kultus und
    Unterrichts. (1809) Herausgegeben von der Königlich Preussischen Akademie
    der Wissenschaften. Band X, Berlin, 1903

Jüttemann, G. (Hg.): Qualitative Forschung in der Psychologie. Grundfragen,
    Verfahrensweisen, Anwendungsfelder. Weinheim, 1985

Kade, J.: Riskante Biographien und die Risiken lebenslangen Lernens.
    In: Literatur- und Forschungsreport Weiterbildung,
    H. 39, 1997, S. 112-124

Kempkes, U./Mayer, F.: Management der Lernprozesse. Konzepte und praktisches
    Vorgehen bei der gestalteten Veränderung im Unternehmen.
    In: Wissenschaftsmanagement, H. 1, 1996, S. 121-126

Kern, H./Schumann, M.: Das Ende der Arbeitsteilung? Rationalisierung in der
    industriellen Produktion - Bestandsaufnahme, Trendbestimmung.
    München, 1986

Kiel, E.: Schlüsselqualifikation Wissensorganisation. In: Erwachsenenbildung.
    Vierteljahresschrift für Theorie und Praxis der Weiterbildung,
    H. 1, 1995, S. 19-22

Kieser, A.: Das Idealbild der Evaluationskonstrukteure. Was lehren niederländische
    Erfahrungen mit der Evaluation universitärer Forschung?
    In: Forschung & Lehre, H. 8, 1998, S. 421-424

Kleger, H.: Metropolitane Transformation durch urbane Regime. Berlin-Brandenburg
    auf dem Weg zu regionaler Handlungsfähigkeit. Amsterdam, 1996

Klemm, K./Block, R./Böttcher, W./Budde, H./Geiersbach, F.-W./Jost, W./
    Weegen, M.: Bildungsgesamtplan 1990. Ein Rahmen für Reformen.
    Weinheim München, 1990

Klüver, J.: Die Konstruktion der sozialen Realität Wissenschaft: Alltag und System.
    Braunschweig Wiesbaden, 1988

Konzertierte Aktion Weiterbildung: Empfehlungen zur wissenschaftlichen
    Weiterbildung durch die Hochschulen in der Region. Hg. Vom
    Bundesministerium für Bildung und Wissenschaft. Bonn, Nr. 8/90

dies.: Wissenschaftliche Weiterbildung unter überregionalen Aspekten.
    Hg. vom Bundesministerium für Bildung und Wissenschaft. Bonn, Nr. 5/91

dies.: Empfehlungen zur Didaktik und Methodik wissenschaftlicher Weiterbildung.
    Hg. vom Bundesministerium für Bildung und Wissenschaft. Bonn, Nr. 7/92

dies.: Wissenschaftliche Weiterbildung an den Hochschulen der neuen Bundesländer.
    Hg. vom Bundesministerium für Bildung und Wissenschaft. Bonn, Nr. 8/92

Knorr-Cetina, K. D.: Die Fabrikation von Erkenntnis.
    Frankfurt/M., 1984

Knorr-Cetina, K. D./Mulkay, M. (Hg.): Science observed.
    London, 1983

Knowles, M. S.: Self-directed learning.
Chicago, 1975

Kramer, H.: Schaubilder zur Berufsbildung. Ausgabe 1996. Band 2: Weiterbildung.
Herausgegeben vom Bundesinstitut für Berufsbildung. Bielefeld, 1996

Kraus, G./ Westermann, R.: Projektmanagement mit System.
Organisation, Methoden, Steuerung. Wiesbaden, 1997

Kraus, W.: Qualitative Evaluationsforschung. In: Flick, U. et al. (Hg.): Handbuch
qualitative Sozialforschung. Grundlagen, Konzepte, Methoden und
Anwendungen. Weinheim, 1995, S. 413-415

Krohn, W.: Zur soziologischen Interpretation der neuzeitlichen Wissenschaft.
In: Zilsel, E.: Die Ursprünge der neuzeitlichen Wissenschaft.
Frankfurt/M., 1976, S. 7-43

ders.: Probleme des wissenschaftlichen Fortschritts. Eine historische Perspektive.
Klagenfurt Wien, 1979

Krohn, W./Küppers, G.: Die Selbstorganisation der Wissenschaft.
Wissenschaftsforschung, Report 33, Science Studies.
Universität Bielefeld, 1987

Kuckartz, U.: WINMAX professionell. Computergestützte Textanalyse.
Berlin, 1995

Küppers, G./Lundgreen, P./Weingart, P.: Umweltforschung –
die gesteuerte Wissenschaft? Frankfurt/M., 1978

Kuhn, T. S.: Die Struktur wissenschaftlicher Revolutionen.
(engl. Original: The structure of scientific revolutions, 1962)
Frankfurt/M., 1996

Kutscha, G.: 'Entberuflichung' und 'Neue Beruflichkeit' - Thesen und Aspekte zur
Modernisierung der Berufsbildung und ihrer Theorie. In: Zeitschrift für
Berufs- und Wirtschaftspädagogik, H. 7, 1992, S. 535-548

Kuwan, H.: Weiterbildungsbarrieren. Ergebnisse einer Befragung typischer
"Nicht-Teilnehmer" an Weiterbildungsveranstaltungen.
Bonn, 1990

ders.: Berichtsystem Weiterbildung 1991. Herausgegeben vom Bundesministerium für
Bildung und Wissenschaft. Reihe Bildung-Wissenschaft-aktuell,
Bonn, H. 12, 1992

Lamnek, S.: Qualitative Sozialforschung.
Weinheim, 1995

Langosch, I.: Weiterbildung: Planen, Gestalten, Kontrollieren.
Stuttgart, 1993

Latour, B.: Der Biologe als wilder Kapitalist.
Karrierestrategien im internationalen Wettbewerb. In: Lettre international,
H. 77, 1994, S. 77-83

Latour, B./Woolgar, S.: Laboratory Life.
Beverly Hills London, 1979

Lenhardt, G.: Weiterbildung und gesellschaftlicher Fortschritt. Sozialpolitische Aspekte
der Weiterbildung. In: Weymann, A. (Hg.): Handbuch zur Soziologie der
Weiterbildung. Darmstadt Neuwied, 1980, S. 170-194

Legewie, H.: Interpretation und Validierung biographischer Interviews.
    In: Jüttemann, G./Thomae, H. (Hg.): Biographie und Psychologie.
    Berlin, 1987, S. 138-150

Lenzen, D. (Hg.): Pädagogische Grundbegriffe.
    Hamburg/Reinbek, 1989

Lenzen, W.: Erkenntnistheorie im Verhältnis zur Wissenschaftstheorie.
    In: Speck, J. (Hg.): Handbuch wissenschaftstheoretischer Begriffe.
    Göttingen, 1980, S. 171-175

Lisop, I.: Berufsbezogene Weiterbildung außerhalb des Arbeitsfeldes.
    In: Otto, V. (Hg.): Integrative Weiterbildung: Die Volkshochschule im
    Spannungsfeld zwischen Beruf und Freizeit. Frankfurt/M., 1989, S. 23-34

Lorenzen, P./Inhetveen, R.: Die Einheit der Wissenschaften. In: Kambartel, J./
    Mittelstrass, J. (Hg.): Zum normativen Fundament der Wissenschaft.
    Frankfurt/M., 1973, S. 70-78

Luers, R.: Zum Begriff des Berufs in der Erziehungswissenschaft. Kritik und
    Rekonstruktion aus empirisch-analytischer Sicht. Frankfurt/M., 1988

Luhmann, N.: Soziologische Aufklärung. Aufsätze zur Theorie sozialer Systeme.
    Bd. 1, Opladen, 1974

ders.: Die Ausdifferenzierung von Erkenntnisgewinn: Zur Genese von Wissenschaft.
    In: Stehr, N./Meja, V. (Hg.): Wissenssoziologie. Kölner Zeitschrift für
    Soziologie und Sozialpsychologie. Sonderheft 22, Opladen, 1981, S. 102-139

Maccoby, E. E./ Maccoby, N.: Das Interview: ein Werkzeug der Sozialforschung.
    In: König, R. (Hg.): Das Interview. Formen. Technik. Auswertung.
    Köln, 1976, S. 37-85

Macha, H.: Biographische Perspektiven von Wissenschaftlerinnen und
    Wissenschaftlern - berufliche und personale Sozialisation. In: Macha, H./
    Klinkhammer, M. (Hg.): Die andere Wissenschaft. Stimmen der Frauen an
    Hochschulen. Bielefeld, 1997, S. 71-90

Macha, H./Paetzold, B.: Elemente beruflicher Identität von Wissenschaftlerinnen:
    Vereinbarkeit von Kind und Beruf. In: Brüderl, L./Paetzold, B. (Hg.):
    Frauenleben zwischen Beruf und Familie. Psychosoziale Konsequenzen für
    Persönlichkeit und Gesundheit. Weinheim München, 1992, S. 123-137

Macha, H./Klinkhammer, M. (Hg.): Die andere Wissenschaft. Stimmen der Frauen
    an Hochschulen. Bielefeld, 1997

Mader, W.: Lebenslanges Lernen oder die lebenslange Wirksamkeit von emotionalen
    Orientierungssystemen. In: Literatur- und Forschungsreport Weiterbildung,
    H. 39, 1997, S. 88-100

Mai, M.: Inhalte und Formen der Weiterbildung unter den Bedingungen des
    industriellen Strukturwandels. Zur Planbarkeit von Qualifikationen am
    Beispiel der Ingenieure. München Wien, 1993

Maier-Leibnitz, H./Schneider, C.: The Status of Academic Research in the Federal
    German Republic: A Report on Two Surveys and the Testimony of Individual
    Scientists. In: Minerva. A Review of Science, Learning and Policy,
    Band XXIX, Nr.1, Frühling 1991, S. 27-60

Makarenko, A.S.: Ausgewählte pädagogische Schriften.
     Hrsg. von H. E. Wittig. Paderborn, 1961
Markl, H.: Seit Anbeginn der Menschheit: Wissenschaft als Gemeinschaftswerk.
     In: Wissenschaft - Zum Verständnis eines Begriffs. Köln, 1988, S. 5-7
ders.: Bildung für die Welt von morgen.
     In: schulreport, Nr. 2, Juni 1998, S. 12-15
Mayntz, R.: Forschungsmanagement - Steuerungsversuche zwischen Scylla und
     Charybdis. Probleme der Organisation und Leitung von hochschulfreien,
     öffentlich finanzierten Forschungsinstituten. Opladen, 1985
dies.: Sektorale Unterschiede in der Transformation des Wissenschaftssystems der
     DDR. In: Berliner Journal für Soziologie, H. 4, 1995, S. 443-453
Mees, J./Oefner-Py, S./Sünnemann, K.-O.: Projektmanagement in neuen
     Dimensionen. Das Hologramm zum Erfolg. Wiesbaden, 1993
Merk, R.: Weiterbildungsmanagement. Bildung innovativ und erfolgreich managen.
     Neuwied Kriftel Berlin, 1992
Merten, R.: Zum Verhältnis von Theorie und Praxis. Strukturprobleme des
     sozialarbeiterischen/sozialpädagogischen Studiums.
     In: Der pädagogische Blick, H. 1, 1998, S. 16-26
Merton, R. K.: Wissenschaft und demokratische Sozialstruktur.
     In: Weingart, P. (Hg.): Wissenschaftssoziologie I
     Frankfurt/M., 1972, S. 45-59
Methner, H.: Materialsatz zu einer Seminarveranstaltung zum Management
     betrieblicher Weiterbildung am Institut für Managementorganisation und
     Seminarplanung (MENSOR). Berlin, 1993
Meueler, E.: Erwachsene lernen. Beschreibung, Erfahrungen, Anstöße.
     Stuttgart, 1982
Meusel, E.-J.: Außeruniversitäre Forschung im Wissenschaftsrecht.
     Köln Berlin Bonn München, 1992
Meuser, M./Nagel, U.: ExpertInneninterviews - vielfach erprobt, wenig bedacht.
     Ein Beitrag zur qualitativen Methodendiskussion.
     In: Garz, D./Kraimer, K. (Hg.): Qualitativ-empirische Sozialforschung:
     Konzepte, Methoden, Analysen. Opladen, 1991, S. 441-471
dies.: Expertenwissen und Experteninterview. In: Hitzler, R./Honer, A./
     Maeder, Chr. (Hg.): Expertenwissen. Die institutionalisierte Kompetenz zur
     Konstruktion von Wirklichkeit. Opladen, 1994, S. 180-192
Meyer, M (Hg.).: Vom Hörsaal zum Tat-Ort. Neue Spuren von Hochschulunterricht?
     Beiträge und Materialien zur wissenschaftlichen Weiterbildung.
     Band 16, Bamberg, 1994
Mittelstraß, J.: Neuzeit und Aufklärung. Studien zur Entstehung der neuzeitlichen
     Wissenschaft und Philosophie. Berlin, 1970
Neges, R.: Personalentwicklungs- und Weiterbildungserfolg. Wege und Beispiele zur
     systematischen Erfolgssteuerung von Entwicklungs- und
     Schulungsmaßnahmen. Wien, 1991

Neidhardt, F.: Gruppierungsprobleme sozialwissenschaftlicher Forschungsteams.
In: ders. (Hg.): Gruppensoziologie. Perspektiven und Materialien. Kölner
Zeitschrift für Soziologie und Sozialpsychologie, Sonderheft 25,
Opladen, 1983, S. 552-573

Nicholson, N.: Organisationaler Wandel. In: Greif, S./Holling, H./
Nicholson, N. (Hg.): Arbeits- und Organisationspsychologie. Internationales
Handbuch in Schlüsselbegriffen. München, 1989, S. 336-341

Nikolajew, V.: Besonderheiten der wissenschaftlichen Forschung.
Berlin, 1974

Nuissl, E.: Zukunftschance Weiterbildung?! In: Siebert, H./Weinberg, J. (Hg.):
Literatur- und Forschungsreport Weiterbildung,
H. 15, Juli 1985, S. 16-32

Nuissl, E.: Ordnungsgrundsätze der Erwachsenenbildung in Deutschland.
In: Tippelt, R. (Hg.): Handbuch Erwachsenenbildung/Weiterbildung.
Opladen, 1994, S. 343-355

Nuissl, H.: Weiterbildung als Gegenstand von Stadtplanung.
In: Nuissl, E. (Hg.): Standortfaktor Weiterbildung.
Bad Heilbrunn, 1995, S. 76-101

Oechsler, W. A.: Personal und Arbeit - Einführung in die Personalwirtschaft.
München Wien, 1988

Oeser, E.: Wissenschaft und Information. Systematische Grundlagen einer Theorie der
Wissenschaftsentwicklung. Band 1. Wissenschaftstheorie und empirische
Wissenschaftsforschung. Wien München, 1976

Offe, C.: Berufsbildungsreform - Eine Fallstudie über Reformpolitik.
Frankfurt/M., 1975

ohne VerfasserIn (o.V.): Die Wissenschaftsgemeinschaft Blaue Liste.
In: AvH-Magazin, H. 68, 1996, S. 74-76

Otto, V. (Hg.): Integrative Weiterbildung: Die Volkshochschule im Spannungsfeld
zwischen Beruf und Freizeit. Frankfurt/M., 1989

Overington, M. A.: Einfach der Vernunft folgen: Neuere Entwicklungstendenzen in
der Metatheorie. In: Bonß, W./Hartmann, H. (Hg.): Entzauberte
Wissenschaft. Zur Relativität und Geltung soziologischer Forschung. Soziale
Welt, Sonderband 3, Göttingen, 1985, S. 113-128

Parsons, T.: 'Professions'. In: International Encyclopedia of the Social Science,
Bd. 12, 1968, S. 538-547

Patzelt, W. J.: Formen und Aufgaben von 'Theorieforschung' in den
Sozialwissenschaften. In: Ethik und Sozialwissenschaften,
H. 4, 1993, S. 111-123

Perkins, D. N.: Der zündende Funke. Jeder ist kreativ.
Berlin Frankfurt/M. Wien, 1984

Piaget, J.: Einführung in die genetische Erkenntnistheorie.
Frankfurt/M., 1973

Polanyi, M.: Implizites Wissen. (1966)
Frankfurt/M., 1985

Popper, K. R.: Problemlösendes Denken. In: Adorno, Th. W./Popper, K. R.: Der Positivismusstreit in der deutschen Soziologie. Darmstadt Neuwied, 1974, S. 14-74

Popper, K. R.: Logik der Forschung. Tübingen, 1976

Portele, G./Huber, L.: Hochschule und Persönlichkeitsentwicklung. In: Lenzen, D. (Hg.): Enzyklopädie Erziehungswissenschaft. Stuttgart, Bd. 10, 1983, S. 92-119

Porter, R./Teich, M. (Hg.): The Scientific Revolution in National Context. Cambridge, 1992

Pullig, K.-K.: Personalwirtschaft. München Wien, 1980

Rammert, W.: Technik, Technologie und technische Intelligenz in Geschichte und Gesellschaft. Bielefeld, 1975

Rappa, M./Debackere, K.: Youth and Scientific Innovation: The Role of Young Scientists in the Development of a New Field. In: Minerva. A Review of Science, Learning and Policy, Bd. XXXI, Nr. 1, Frühjahr 1993, S. 1-20

Rationalisierungskuratorium der Deutschen Wirtschaft (Hg.): RKW-Handbuch Personalplanung. Neuwied, 1990

Reicherts, J.: Abduktives Schlußfolgern und Typen(re)konstruktion. In: Jung, T./ Müller-Dohm, S. (Hg.): "Wirklichkeit" im Deutungsprozeß. Verstehen und Methoden in den Kultur- und Sozialwissenschaften. Frankfurt/M., 1993, S. 258-281

ders.: Polizeiliche Expertensysteme: Illusion oder Verheißung? In: Hitzler, R./Honer, A./Maeder, Chr. (Hg.): Expertenwissen. Die institutionalisierte Kompetenz zur Konstruktion von Wirklichkeit. Opladen, 1994, S. 193-213

Reiner, R.: Bausteine für ein effizientes Wissenschaftsmanagement. In: Wissenschaftsmanagement, H. 3, 1996, S. 112-120

Reinmann-Rothmeier, G./Mandl, H.: Lernen als Erwachsener. In: Grundlagen der Weiterbildung - Zeitschrift, H. 6, 1995, S.193-196

Reischmann, J.: Erfassung von Weiterbildungs-Wirkungen: Probleme und Möglichkeiten. In: Grundlagen der Weiterbildung - Zeitschrift, H. 4, 1993, S. 199-206

ders.: Lernen 'en-passant' - die vergessene Dimension. In: Grundlagen der Weiterbildung - Zeitschrift, H. 6, 1995, S. 200-204

ders: Self-directed Learning - die amerikanische Diskussion. In: Literatur- und Forschungsreport Weiterbildung, H. 39, Juni 1997, S. 125-137

Rieckhof, H.-C. (Hg.): Strategien der Personalentwicklung. Wiesbaden, 1989

Ritter, G. A.: Großforschung und Staat in Deutschland. Ein historischer Überblick. München, 1992

Röd, W.: Erkenntnistheorie. In: Seiffert, H./Radnitzky, G. (Hg.): Handlexikon zur
Wissenschaftstheorie. Studienausgabe. München, 1989, S. 52-58

Rühle, H.: Persönliche Arbeitstechniken. Funktionsneutrale individuelle
Qualifikationen für Arbeitstätigkeit mit Handlungsfreiräumen.
Ausbildungsbedarf, Ausbildungsintensität, Forschungskonzeption.
Goch, 1982

Sachs, W.: Lernen und Lernumstände. Vom gebrauchswertorientierten Lernen und der
lernfeindlichen Gesellschaft. In: Scheilke, C. Th. et al. (Hg.): Lerntheorie -
Lernpraxis. Lernkonzepte und alternative Lernmöglichkeiten. Argumente und
Beispiele. Hamburg, 1982, S. 104-139

Sashkin, M./Morris, W. C./Horst, L: A comparison of social and organizational change
models: Information flow and data use processes.
In: Psychological Review, Bd. 30, H. 6, 1973, S. 510-526

Sarges, W. (Hg.): Management-Diagnostik.
Göttingen, 1990

Sarton, G.: The History of Science and the New Humanism. (1921)
Huntington, 1975

Sattelberger, T. (Hg.): Innovative Personalentwicklung.
Grundlagen, Konzepte, Erfahrungen. Wiesbaden, 1989

Schäfer, H.-P.: Berufliche Weiterbildung in der DDR. In: Vergleich von Bildung und
Erziehung in der Bundesrepublik Deutschland und in der Deutschen
Demokratischen Republik. Hrg. von Bundesministerium für Innerdeutsche
Beziehungen, Köln, 1990, S. 377-393

Schelten, A.: Einführung in die Berufspädagogik.
Stuttgart, 1991

Schiersmann, C.: Zielgruppenforschung. In: Tippelt, R. (Hg.):
Handbuch Erwachsenenbildung/Weiterbildung. Opladen, 1994, S. 501-509

Schlarmann, F: Integrierte Planung von Umfang und Struktur der strategischen
Forschungs- und Entwicklungsaktivitäten. Münster, 1987

Schönweiss, F.: Bildung als Bedrohung? Grundlegung einer Sozialen Pädagogik.
Opladen, 1994

Scholz, C.: Personalmanagement. Informationsorientierte und verhaltensorientierte
Grundlagen. München, 1989

Schrader, J.: Lerntypen bei Erwachsenen. Empirische Analysen zum Lernen und
Lehren in der beruflichen Weiterbildung. Weinheim, 1994

Schultz, D.: Das Geschlecht läuft immer mit. Die Arbeitswelt von Professorinnen und
Professoren. Pfaffenweiler, 1990

Schulz, L.-C.: Zum Verhältnis von Maß und Wert. Wissenschaftstheoretische Umwege
der Biopathologie zu den Spannungsfeldern der Natur.
In: Ebbinghaus, H.-D./Vollmer, G. (Hg.): Denken unterwegs. Fünfzehn
metawissenschaftliche Exkursionen. Stuttgart, 1992, S. 117-136

Schütz, A./Luckmann, T.: Strukturen der Lebenswelt.
Frankfurt/M., 1979

Schuler, K./Bausch, V.: Einblicke in das Berufsfeld der Bildungsmanager.
München, 1992

Schwarzer, R.: Befragung. In: Feger, H./Bredenkamp, J. (Hg.): Enzyklopädie der
    Psychologie. Göttingen, 1983, S. 302-321

Seiffert, H./Radnitzky, G. (Hg.): Handlexikon zur Wissenschaftstheorie.
    Studienausgabe. München, 1989

Severing, E.: Arbeitsplatznahe Weiterbildung. Betriebspädagogische Konzepte und
    betriebliche Umsetzungsstrategien. Neuwied, 1994

Solla Price, D.J., de: Little Science. Big Science.
    New York London, 1963

Spiegel-Rösing, I. S.: Wissenschaftsentwicklung und Wissenschaftssteuerung.
    Einführung und Material zur Wissenschaftsforschung. Frankfurt/M., 1973

Statistisches Bundesamt: Klassifizierung der Berufe. Systematisches und alphabetisches
    Verzeichnis der Berufsbenennungen. Stuttgart Mainz, 1975

dass.: Statistisches Jahrbuch 1997 für die Bundesrepublik Deutschland.
    Wiesbaden, 1997

Stengers, I./Benvenuto, S.: Wissenschaft als Passion. Gesetze und Erklärungen,
    Geschichten und Zeit. In: Lettre international, H. 77, 1994, S. 72-76

Sternberg, R. J.: Implicit theories of intelligence, creativity, and wisdom.
    In: Journal of Personality and Social Psychology,
    H. 49, 1985, S. 607-627

Stimpel, R.: Nur Gute überleben.
    In: WirtschaftsWoche, Nr. 52, 18.12.1992, S. 46-47

Straka, G. A.: Selbstgesteuertes Lernen in der Arbeitswelt.
    In: Literatur- und Forschungsreport Weiterbildung.
    H. 39, Juni 1997, S. 146-154

Stratmann, K.: Berufsorientierung als pädagogisches Problem.
    In: Zeitschrift für Pädagogik, H. 12, 1966, S. 570-584

Strauss, A. L.: Qualitative analysis for social scientists.
    Cambridge, 1987

Strauss, A. L.: Grundlagen qualitativer Sozialforschung: Datenanalyse und
    Theoriebildung in der empirischen und soziologischen Forschung.
    München, 1994

Strunk, G.: Bildung und/oder Qualifikation. In: Faulstich, P. (Hg.):
    Wo bleibt die wissenschaftliche Weiterbildung? Zwischen Bildungsmärkten
    und staatlichen Qualifizierungsprogrammen. GH Kassel, 1989, S. 37-51

ders.: Weiterbildung als Qualifizierung? Anmerkungen zur einer aktuellen Kontroverse.
    In: KAW - Konzertierte Aktion Weiterbildung. Schriftenreihe hrg. vom
    Bundesministerium für Bildung und Wissenschaft: Mit Weiterbildung den
    Herausforderungen der "Risikogesellschaft" begegnen, 4/92, S. 40-49

Stucke, A.: Institutionalisierung der Forschungspolitik. Entstehung, Entwicklung und
    Steuerungsprobleme des Bundesforschungsministeriums.
    Frankfurt/M. New York, 1993

Teich, N./Young, R. (Hg.): Changing Perspectives in the History of Science.
    Essays in Honour of Joseph Needham. London, 1973

Tenbruck, F.: Der Fortschritt der Wissenschaft als Trivialisierungsprozeß.
In: Stehr, N./König, R.: Wissenschaftssoziologie.
Opladen, 1975, S. 67-90

Tenorth, H.-E. (Hg.): Allgemeine Bildung: Analysen zu ihrer Wirklichkeit,
Versuche über ihre Zukunft. Weinheim München, 1986

Tippelt, R. (Hg.): Handbuch Erwachsenenbildung/Weiterbildung.
Opladen, 1994

Trute, H.-H.: Die Forschung zwischen grundrechtlicher Freiheit und staatlicher
Institutionalisierung. Das Wissenschaftsrecht als Recht kooperativer
Verwaltungsvorgänge. Tübingen, 1994

Ulrich, H.: Management. Gesammelte Beiträge.
Bern Stuttgart, 1984

van den Daele, W./Krohn, W./Weingart, P. (Hg.): Geplante Forschung.
Vergleichende Studien über den Einfluß politischer Programme auf die
Wissenschaftsentwicklung. Frankfurt/M., 1979

Vierkorn-Rudolph, B.: Die Wissenschaftsgemeinschaft Blaue Liste vor neuen
Herausforderungen. In: Wissenschaftsmanagement, H. 5, 1997, S. 265-268

von Arnim, U.: Schandfleck im Lebenslauf.
In: Der Tagesspiegel, 16.07.1997, S. 3

Wagner, K.: Anforderungen an die Weiterbildung im ostdeutschen Strukturwandel.
In: Kommission der Europäischen Gemeinschaften (Hg.):
Beschäftigungsobservatorium Ostdeutschland, Nr. 6, 1993, S. 3-4

Wahl, K./Honig, M.-S./Gravenhorst, L.: Wissenschaftlichkeit und Interessen.
Frankfurt/M., 1982

Walter, W.: Strategien der Politikberatung. Die Interpretation der Sachverständigen-
Rolle im Lichte von Experteninterviews.
In: Hitzler, R./Honer, A./Maeder, Chr. (Hg.): Expertenwissen. Die
institutionalisierte Kompetenz zur Konstruktion von Wirklichkeit.
Opladen, 1994, S. 268-284

Warnecke, H.-J.: Fraktale Organisationsformen in der Forschung.
In: Wissenschaftsmanagement, H. 1, 1995, S. 8-13

Weber, M.: Wissenschaft als Beruf. (1919)
In: ders.: Gesammelte Aufsätze zur Wissenschaftslehre.
Tübingen, 1988, S. 582-613

ders.: Die protestantische Ethik I. (1920)
Hrg. von J. Winckelmann. München Hamburg, 1969

ders.: Wirtschaft und Gesellschaft. Grundriß einer verstehenden Soziologie.
Hrg. von J. Winckelmann. Tübingen, 1956

ders.: Bildung als Besitz.
In: Tenorth, H.-E. (Hg.): Allgemeine Bildung. Analysen zu ihrer Wirklichkeit,
Versuche über ihre Zukunft. Weinheim München, 1986, S. 39-43

Weidemann, B.: Den Erfordernissen der wissenschaftlich-technischen
Neuerungsprozesse durch die berufliche Aus- und Weiterbildung
entsprechen. In: Berufsbildung, 42. Jg., H. 1, 1988, S. 8-11

Weinert, F. E.: Der aktuelle Stand der psychologischen Kreativitätsforschung.
    In: Albach, H. (Hg.): Innovation und Erziehung. Deutschland - Japan.
    Wiesbaden, 1991, S. 55-76

ders.: Wissenschaftliche Kreativität: Mythen, Fakten und Perspektiven.
    Paderborn, 1993

Weingart, P.: Wissensproduktion und soziale Struktur.
    Frankfurt/M., 1976

ders.: Prospektion und strategische Planung. Konzepte einer neuen
    gesellschaftsorientierten Wissenschaftspolitik.
    In: Wirtschaft und Wissenschaft, H. 3, 1995, S. 44-51

ders. (Hg.): Wissenschaftssoziologie 1 und 2.
    Frankfurt/M., 1972/1974

Weisberg, R. W.: Kreativität und Begabung.
    Heidelberg, 1989

Weiß, R.: Innovations- und Integrationsfaktor: Berufliche Weiterbildung.
    In: Göbel, U./Schlaffke, W. (Hg.): Bildungssituation und Bildungsaufgaben
    in den neuen Bundesländern. Köln, 1991, S. 172-218

Wiedemann, H.: Mitarbeiter weiterbilden. Fallstudien, Gruppendynamik,
    Kreativitätstraining, Motivationstraining. Ludwigshafen, 1980

Wiedemann, P.: Gegenstandsnahe Theoriebildung. In: Flick, U. et al. (Hg.):
    Handbuch qualitative Sozialforschung. Grundlagen, Konzepte, Methoden
    und Anwendungen. Weinheim, 1995, S. 440-445

Wiendieck, G.: Arbeits- und Organisationspsychologie.
    Berlin München, 1994

Wingens, M./Fuchs, S.: Ist die Soziologie gesellschaftlich irrelevant?
    Perspektiven einer konstruktivistisch ansetzenden Verwendungsforschung.
    In: Zeitschrift für Soziologie, Jg. 18, H. 3, Juni 1989, S. 208-219

Wissenschaftsrat: Empfehlungen des Wissenschaftsrates zum Ausbau der
    wissenschaftlichen Einrichtungen. Teil III, Bd. 1, Köln, 1965

ders.: Empfehlungen zur Neuordnung der Blauen Liste.
    Wiesbaden, 1993

ders.: Wissenschaftsrat empfiehlt strukturelle Verbesserungen der Doktoranden-
    ausbildung. Pressemitteilung des Wissenschaftsrats. 23. Mai 1995

Witzel, A.: Verfahren der qualitativen Sozialforschung. Überblick und Alternativen.
    Frankfurt/M. New York, 1982

Wunderer, R./ Kuhn, T.: Unternehmerisches Personalmanagement: Konzepte,
    Prognosen und Strategien für das Jahr 2000. Frankfurt/M. New York, 1993

Zabeck, J.: Die Berufs- und Wirtschaftspädagogik als erziehungswissenschaftliche
    Teildisziplin. Baltmannsweiler, 1992

Zilsel, E.: Die Ursprünge der neuzeitlichen Wissenschaft.
    Frankfurt/M., 1976

Zimmerli, W. Ch. (Hg.): Technik, oder: Wissen wir, was wir tun?
    Basel Stuttgart, 1976

ders.: "Königin oder Magd? Zur Zukunft der Philosophie" Abschiedsvorlesung
    an der Otto-Friedrich-Universität Bamberg am 25.07.1996